JN441676

언어와의 만남

이상억 저

學研社

고 김한곤 선생님께

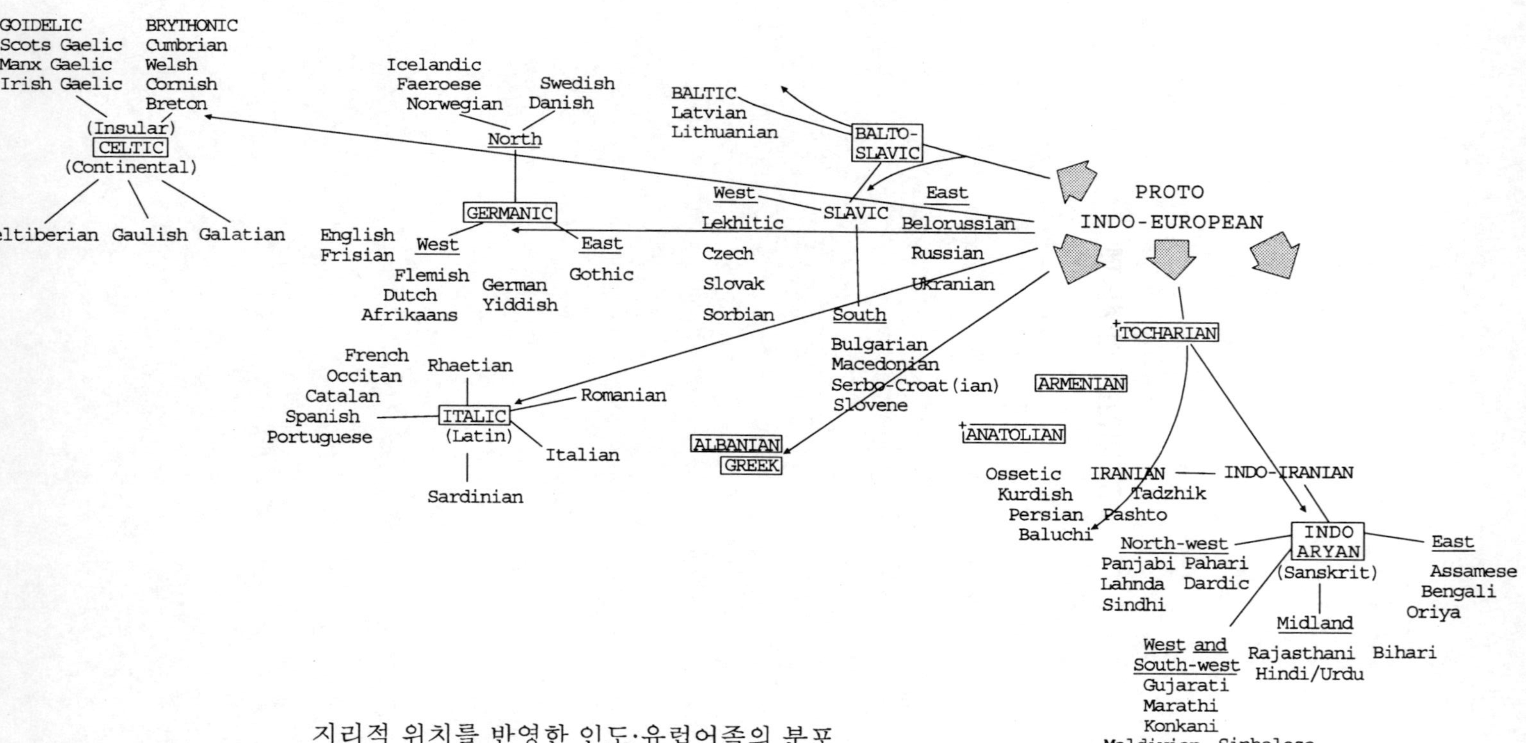

지리적 위치를 반영한 인도·유럽어족의 분포

머 리 말

우리가 "인간"으로 존재하는 데 기본이 될 요소 중 하나는 분명히 언어라 할 수 있다. 언어 없는 인간은 일반 동물에 비해 크게 다를 바 없고, 인간의 사고능력 자체가 말하는 능력에 크게 의존한다는 것은 많은 연구가들이 발견한 사실이다.

이 책은 이러한 언어의 성질에 대해 그 가장 기본적인 양상은 물론, 분야에 따라 깊이 있는 내용까지도 살펴보게 된다. 언어는 사고의 도구임과 아울러, 사람이 사회의 일원으로서 살아가는 데 필요한 것이기 때문에 반드시 사회적인 성질을 띠게 된다. <제 1장 첫 선: 도입>은 언어가 사회적인 문맥에서 가지는 성질을 먼저 간략히 살피고 있다. 다음으로 <제 2장 또 만나기: 서론>은 보다 더 체계적인 고찰을 위한 기초작업으로서 몇 기본 개념을 소개한다. 아울러 언어의 기원과 계통, 언어에 관한 연구의 역사 등도 간략히 살핀다. <제 3장 목소리: 음성학>은 언어의 기초 자료인 말소리의 성질을 배우기 위한 것이다. 목소리는 그것들이 있는 그대로 아무렇게나 언어의 자료로 쓰이는 것이 아니라, 어떤 체계적인 조직에 의해 구성되고 그 체계를 인식하는 틀을 음운체계라 한다. <제 4장 뜻소리: 음운론>은 음운 체계에 대한 서술의 기본개념을 보여 준다. 음운체계에 의하여 이루어진 언어의 조각들은 어떤 뜻, 즉 의미를 가지게 되고, 그들은 흔히 단어라 일컬어지는데 그러한 뜻을 가진 조각들은 다시 어떤 조직에 의해 합쳐져 문(sentence)을 이룬다. <제 5장 말만들기: 형태론>은 형태소의 개념을 비롯하여 품사론의 전통적 내용을 고찰하고,

형태론의 두 주요부분인 조어론과 굴절론에 대해 살핀다. <제 6장 글낳기: 통사론>은 그처럼 뜻을 가진 언어의 조각들이 어떻게 나열되고 조직되어 한 문을 이루는가를 살피면서 기본적 개념들을 설명하고 있다.

여기까지에서 우리는 소리가 어떤 체계에 의해 문을 이루는가까지 언어구성의 기본단계를 살핀다. 그러나 언어란 결국은 인간 의사를 남에게 전달하는 것이 그 주요 기능이므로 의사의 주요 부분인 의미, 즉 뜻에 관한 고찰을 <제 7장 뜻캐기: 의미론>에서 하게 된다. 언어는 인간이 오래 사용하면서 시간의 흐름을 통해 자꾸 바뀌며, 같은 시대 속에서도 달라지는 양상을 보인다. <제 8장 언어는 변한다: 역사비교언어학>은 이처럼 언어가 통시적(通時的), 공시적(共時的)으로 변천하는 양상을 다룬다. 마지막으로, <제 9장 쓸모 있는 언어학: 언어학의 응용>에서는 언어자체에 관한 연구에 도움을 줄 수 있는 관련분야에 대하여 기본적인 방향만을 제시하였다.

각 장의 끝에는 <참고>와 <연습문제>를 두었다. <참고>는 본문을 읽고 나서 보다 더 깊은 연구를 하고자 하는 독자에게 길잡이가 되도록 둔 것이다. <연습문제>는 본문을 읽는 것만으로는 그 내용이 자기 것이 되지 못하는 경우에 대비하여 본문의 복습과 확대 재확인의 기회를 마련한 것이다. 본문을 읽는 데에 그치지 말고 이들 두 부분을 잘 활용한다면 독자들께 도움이 되리라고 생각한다.

아울러 책 끝의 <참고논저> 뒤에 붙인 <언어학 각 분야별 주요 서목>은 개론의 수준에 안주하기를 거부하는 독자들을 위하여 마련한 것이다. 보다 깊이 전공분야에 들어갈 경우라면 최소한 읽어야 할 책들이지만, 바로 접하여 소화하는 데에는 다소 힘들 수도 있을 것이다. 그 뒤의 <언어학 이론 해설 논저 목록>은 그러한 독자들을 위하여 마련하였다. 그 내용의 전부나 일부가 언어학의 기본적 이론을 해설 · 소개하는 것들로서 초학자들의 길잡이가 되리라 믿는다. 이 부록 부분들은 2006년의 시점에서 최근 서목까지 보충하였고, 본문에서도 몇 군데를 상당량 새 내용으로 보충하였다.

1989년에 첫 선을 보였던 이 책을 새 모습으로 다시 살려낸 학연사에 고마움을 표한다. 또 1, 6, 7장의 애초 원고를 주셨던 고 김한곤 교수님과 8장의 초고 작성 및 원고정리와 교정을 비롯하여 여러 가지 남은 일을 맡아 준 한재영 선생의 도움이 없이는 이 책이 햇빛을 보지 못하였을 것이다.

이 책자가 독자들의 마음에 언어에 대한 조그마한 흥미와 관심이라도 불러일으킨다면 큰 보람으로 여기겠다.

요즘 자극적 소제목을 붙이고 현란한 삽화를 넣어 흥미위주의 새로운 스타일의 교재들이 나와 있기는 하지만, 결국 언어학의 핵심적 내용은 전과 다름없이 체계적으로 차분히 학습되어져야 하고, 그것이 올바른 길이라면 이 책의 내용을 다시 내 놓아도 좋겠다는 생각에서 개정판을 내는 것이다.

2006년 6월 관악의 기슭에서

저 자

ㅁ ㄹ ㅊ ㄴ ㅂ ㄱ ㄴ ㄷ

ㅏ ㅗ ㅓ ㅑ ㅣ ㅏ ㅡ ㅏ

ㄹ ㄴ ㅇ ㅈ ㅍ ㄴ

문자 비교 : Tibetan, hPags-pa, Korean

	Ti	hPp	Ko		Ti	hPp	Ko		Ti	hPp	Ko		Ti	hPp	Ko
k	ཀ	ꡀ	ㄲ	kh	ཁ	ꡁ	ㅋ	g	ག	ꡂ	ㄱ	ñ	ང	ꡃ	ㅇ
				q		ꡢ		γ		ꡥ					
c	ཅ	ꡄ	ㅉ	ch	ཆ	ꡅ	ㅊ	j	ཇ	ꡆ	ㅈ	ñ	ཉ	ꡇ	
t	ཏ	ꡈ	ㄸ	th	ཐ	ꡉ	ㅌ	d	ད	ꡊ	ㄷ	n	ན	ꡋ	ㄴ
p	པ	ꡌ	ㅃ	ph	ཕ	ꡍ	ㅍ	b	བ	ꡎ	ㅂ	m	མ	ꡏ	ㅁ
ts	ཙ	ꡐ		tsh	ཚ	ꡑ		dz	ཛ	ꡒ					
('a)	འ	ꡖ		ž	ཞ	ꡔ		z	ཟ	ꡕ					
w	ཝ	ꡓ		y	ཡ	ꡗ		r	ར	ꡘ		l	ལ	ꡙ	ㄹ
ṷ		ꡧ		i̯		ꡨ									
f		ꡤ		š	ཤ	ꡚ		s	ས	ꡛ	ㅅ	ss			ㅆ
h	ཧ	ꡜ	ㅎ	(a)	ཨ										
i	ི	ꡞ	ㅣ	u	ུ	ꡟ	ㅡ	e	ེ	ꡠ	ㅓ	o	ོ	ꡡ	ㅗ
ey			ㅔ									wu			ㅜ
ay			ㅐ									a			ㅏ

Aronoff & Rees-Miller eds.(2001), The Handbook of Linguistics, Oxford ; Blackwells, p.63의 위 도표는 파스파 문자와 한글의 ㄷ, ㄹ이 비슷하다는 주장을 반영하여 대비시킨 듯하지만, 오히려 모든 다른 글자 모양이 다르다는 사실만을 체계적으로 증명해 주고 있다.

保	部	不	比	八	乃	禰	奴	二	奈	止	天	川	千	多
保	部	不	比	八	乃	禰	奴	二	奈	止	天	川	千	多
ホ	ヘ	フ	ヒ	ハ	ノ	ネ	ヌ	ニ	ナ	ト	テ	ツ	チ	タ
ho	he	hu	hi	ha	no	ne	nu	ni	na	to	te	tu	ti	ta

保	部	不	比	波	乃	禰	奴	仁	奈	止	天	川	知	太
保	部	不	比	波	乃	禰	奴	仁	奈	止	天	川	知	太
保	部			波	乃	禰			奈	止	天	川		太
ほ	へ	ふ	ひ	は	の	ね	ぬ	に	な	と	て	つ	ち	た
ho	he	hu	hi	ha	no	ne	nu	ni	na	to	te	tu	ti	ta

위 표는 가타가나, 아래 표는 히라가나의 발달을 보이고 있다. 奈자는 향가와 만연집(萬葉集)에서 같이 쓰였던 것으로 한국의 차자 표기 체재가 일본에 전수되었을 가능성을 보여준다.

차 례

제 3 장 목소리 : **음성학** <<소리의 발성 · 전달 과정>>

제 4 장 뜻소리 : **음운론** <<소리의 구조와 규칙>>

제 5 장 말만들기 : **형태론** <<형태소들의 결합관계>>

모국어 제대로 말하기 [1]

한국 사람이라고 다 한국어를 맞게 말하는 것은 아니다. 특히 요즘 젊은이들이 많이 틀리는 것들 중에 몇 가지는 다음과 같다.

너가/니가, 나가/저가 : 2인칭대명사 '너'는 '너는, 너도, 너만'에서는 '너'지만 '네가'에서는 '네'가 되어야 한다. (그리고 구어에서는 그냥 '니가'라는 편한 발음이 쓰여도 글(문어)에서는 안 된다.) 이와 짝으로 1인칭 '나/저'는 '나/저는, 나/저를, 나/저에게'에서는 '나/저'지만 '내/제가'에서는 '내/제'가 되어야 한다. 그러나 많은 젊은이와 사투리 사용자들이 '너가'와 '나가/저가'라고 잘못 쓰고 있다.

배워 주다 : '가르쳐 주다'는 뜻으로 '배워 주다'를 쓰는 사람들이 꽤 있다. 무슨 심리에서 이런 표현을 하는지 잘은 모르겠으나, 아마 수동적으로 주입식 교육을 많이 받다 보니 "선생님, 제게 배워 주세요."라는 식으로 말하게 된 듯하다. "제가 배우게 해 주세요."로 말했다면 괜찮겠고, "저를/제게 가르쳐 주세요."라고 하면 더 좋겠다.

제 1 장 첫 선 : 도입(導入)

≪언어활동의 과정≫

1.1 인간과 사회

인간은 사회적 동물이다. 사람은 혼자 사는 것이 아니라 여럿이 모여 산다는 말이다. 태어나는 일부터가 부모와 형제자매로 구성된 가정 속에서 이루어진다. 이렇게 가정과 사회 속에 태어난 인간은 나면서부터 다른 사람과 상호 교섭(相互交涉 mutual interaction)을 가지게 된다. 어린 아기가 배고파서 울음소리를 내면 엄마는 젖을 먹여준다. 사람은 남이 슬플 때나 괴로움을 당할 때, 같이 슬퍼하고 괴로워한다. 이처럼 자기 욕구를 충족시키기 위하여 내는 울음소리나, 남과 함께 슬픔을 나타내는 행위—그것이 표정으로 나타나건 말로 표현된 것이건 간에—등은 모두가 인간과 인간 사이의 교섭 행위(interaction)이며, 그러한 교섭 행위는 넓은 의미에서는 모두가 **의사소통**(意思疏通 communication)이라고 볼 수 있다. 그렇게 보는 이유는 어린 아기의 울음소리나 동정의 슬픈 표정이 '엄마, 나 젖줘', '나도 당신의 처지에 마음 아프오' 등의 말로 이루어진 표현들과 다름없이 어떤 상황이나 의미 내용을 전달하기 때문이다.

이와 같은 의미 내용의 전달은 인간들 사이에서만 이루어지는 것은 아니다. 사람이 다른 사람들에게 둘러싸여 사는 것—즉 사회적인 환경 안에서 사는 것—과 마찬가지로 사람은 또 자연 환경에 둘러싸여서 산다.

자연 환경 속에서, 가령 먹구름이 일면 사람은 소나기나 폭풍이 일 징조로 알며, 산에서 나는 연기로 산불이 났음을 알게 된다. 냇물이 얼어붙은 것을 보고 추위의 정도를 짐작한다. 이러한 경우에, 먹구름이나 연기, 얼어붙은 냇물은 보는 사람으로 하여금 소나기나 산불 추위라는 상황의 존재, 즉 어떤 의미를 받아들이게끔 한다. 즉 그러한 상황의 포착—즉 의미 전달이 자연 환경과 인간 사이에 이루어졌다고 볼 수 있다.

이처럼 인간이 사회 환경과 자연 환경 속에서 벌이는 상호 작용에는 행위를 통한 것(behavior)과 말을 통한 것(speech)의 두 가지가 있다. 어린 아기의 울음이나 표정이 행위에 속한 것이라면 '엄마, 젖줘' '나도 당신의 처지에 마음 아프오'는 말을 통한 의미 전달이다. 이러한 구분은 편의를 위한 것뿐이며, 이들이 한 가지로 어떤 상황이나 의미를 전달하는 기능을 가진 점에서 볼 때, 이들을 모두 넓은 뜻에서 **언어**(言語 language)라고 볼 수 있다. 가령 떨어진 거리에서 손짓으로 남을 부르는 행위도 '이리 오세요!'라는 말과 꼭 같은 의미를 가지며, 그 행위를 말이라고는 할 수 없더라도 넓은 뜻에서 언어라고 할 수밖에 없다. 이 같은 논의를 발전시켜 보면 거리에 있는 교통신호등의 반짝임도 일종의 언어이며 수학책에 나오는 수식도 일종의 언어이다. 그 증거로 10×2=20이라는 등식은 '열에 둘을 곱하면 스물이다' 또는 '열개씩으로 이루어진 물건 두 뭇은 스무 개다'로 해석할 수 있음을 본다. 이것은 'Two times ten is twenty.'라는 영어 문장을 '10의 2배는 20이다'라고 번역할 수 있음과 다름없다.

이렇게 '언어'라는 말을 넓은 의미로 해석하건 좁은 의미로 해석하건 간에, 인간은 언어를 떠나서는 하루도 살기가 힘들다. 인간은 사회 환경, 자연 환경 등과 의사소통을 하는 정도로 모든 것을 언어에 의존해서 해결하고 행동한다. 인간이 언어와 얼마나 떼어 놓을 수 없는 관계에 있는가는 Robinson Crusoe의 이야기에도 잘 나타나 있다. 그의 30년 내외의 외딴섬에서의 삶을 위한 싸움에서 그가 가장 어려움을 겪는 시기는 식인종 흑인 한 사람(크루소는 그를 Friday라 이름 지었다)을 그의 적의 손에서 구출한 후 그에게 영어를 가르쳐 의사소통을 할 수 있게 되기 이전까지였다.

그 전까지의 몇 해를 크루소는 대화자를 찾지 못해 가지각색의 방법으로 정신적 고독을 달래고 "말 상대"를 만들었다. 그 말 상대란 그가 배에서 데려온 개와 잡아 기른 앵무새였다. 또 자기의 처지를 길흉(吉凶)의 두 가지 경우에 비추어 생각해 본 대조표를 만들어 스스로 자문자답했고 날마다 일기를 쓰고 상상과 상념(想念) 속에서 그의 아버지인 신(神)과 대화했다. 그가 이러한 "말 상대"를 찾지 않았던들 그는 아마 미쳐 버렸을지도 모른다. 이러한 그에게 Friday의 출현은 단순한 협조자 이상의 것—즉 그의 사회적인 욕구와 언어적 상호 작용과 교섭의 상대자—으로서의 의미가 있었다.

1.2 인간과 언어

1.2.1 언어와 상호교섭

위에서는 사회적 동물로서의 인간이 상호 교섭의 한 표현으로서 언어를 사용한다는 것을 살폈다. 그러나 흔히는 언어가 의사소통의 수단(means of communication)이라고들 한다. 사람이 어떤 생각을 가졌을 때, 이를 다른 사람에게 전달할 수 있는 길은 입을 움직이고 소리를 내서 한다든가, 아니면 종이에 글을 써서 전하는 것보다 더 손쉬운 방법이 없으므로, 그러한 의사 전달의 수단으로 쓰이는 언어의 기능이 의사소통이라고 생각하는 것은 너무나 당연한 일인지도 모른다.

그러나 1.1에서 이미 논의한 바와 같이 의사소통의 수단이란 것만이 언어가 가진 기능의 전부는 아닐 것 같다. 가령 누군가가 화가 나서 남에게 욕지거리를 퍼부을 때 이것을 그가 화가 났다는 의사를 표시하는 것이라고 해석할 수도 있겠으나, 그것이 어떤 의사 전달이라기보다 감정의 순간적인 발산이라고 봄이 더 자연스러운 해석일 것이다. 또 우리말에서,

(1) 안녕하십니까?

라는 인사를 받고

(2) 예, 저는 평안합니다.

라고만 대답하는 사람이 있다면, 이것이 상대방을 웃길 생각에서나 풍자의 뜻으로 한 말이라면 모르되, 부자연스럽기 짝이 없을 것이다. 이러한 인사는 의사 전달이라기보다는 말하는 이가 듣는 이와 이미 맺고 있는 사회적 관계—여기에서는 앎—를 재확인하고 나아가서는 더 굳게 하려는 행위라고 볼 수 있다. 또 다음을 보자.

(3) A : A nice day, isn't it?
B : Yes, I didn't expect it would be so beautiful after such foggy days.
A : No one would have.

(4) A : 날씨가 좋지요?
B : 예, 여러 날 안개가 짙어서 이렇게 개리라곤 예상 못했어요.
A : 이렇게 개리라곤 아무도 생각 못했겠지요.

영국 사람들은 날씨 얘기를 곧잘 한다. 이는 해를 많이 보지 못하는 영국의 기후 때문에 날씨에 깊은 관심을 가지게 되는데서 얻은 습성일 것이다. 그러나 사람을 만나 (3), (4)와 같은 말들을 주고받는 것은 날씨에 관한 상호간의 생각을 확인해 보려는 의도보다는 서로의 긴장을 풀고 대화를 조금 더 부드럽게 이끌어 가기 위한 언어 행위에 불과한 것이다. 바꾸어 말하면 '나는 당신과 특별한 의미가 없는—즉 어떤 긴요한 정보의 전달이 아닌—얘기를 할 수 있는 허물없는 사이를 유지하고 싶다'는 의미의 언어 행위라고 볼 수 있다.

이렇게 보면 언어라는 것은 좁은 의미의 의사 전달 수단에 머무는 것은 아니다. 본래 언어는 인간이 사회적인 존재로서 태어나서 살아가는 사회적 삶의 일부이며 그 중에서도 아주 중요하고 없어서는 안 될 부분이다.

1.2.2 언어를 통한 상호 교섭의 유형

언어를 통한 인간의 상호 교섭의 양태는 인간 생활의 상황과 생활상 필요가 다양한 만큼이나 다양한 양상을 띤다. 사람은 생활하는 중에 남에게 정보를 주고나 요청할 필요가 생기며 또 자기의 감정이나 느낌을 나타내거나 발산할 필요가 생긴다. 자기를 위해 남이 어떤 행동을 해 주기를 바랄 때도 있고 그와 반대로 남이 원하는 일을 해 주기로 약속하거나, 허용하는 일도 있다. 경우에 따라서는 남의 말을 부정하거나 반대할 때도 있고 그와 달리 동의하는 일도 있다. 이처럼 무한히 다양한 사회적 상호 교섭의 대부분을 인간은 언어라는 매체를 통해서 행하게 되는데 우리는 이와 같은 언어를 통한 사회적 상호 작용 행위를 Austin(1962)의 술어를 빌어 **언화 행위**(言話行爲 speech act)라고 부르기로 하며 언화 행위를 위해 사용되는 말 자체만을 가리킬 때 이를 **언화**(言話 speech)라고 부르기도 한다.

언화 행위에는 인간들 사이의 상호 교섭의 양태가 복잡한 만큼이나 많은 종류와 유형이 있으리라고 예상된다. 그러나 그렇게 다양한 언화 행위라 할지라도 어느 정도는 이들을 기능별 유형으로 구분할 수가 있으며, 그 중에서도 가장 중요한 것들을 밝혀낼 수가 있다. 먼저 다음 예문들을 보자.

(5) a. 영희는 수학을 싫어한다.
b. 금성에는 생물이 살고 있다.
c. 25에서 15를 곱하면 375가 된다.
d. It's raining outside.
e. The earth moves round the sun.
f. The first spaceship landed on the moon in 1978.

(6) a. 영희가 수학을 싫어하나요?
b. 25에 15를 곱하면 385입니까?
c. Is it raining outside?
d. Did the first spaceship land on the moon in 1980?

(7) a. 25에 15를 곱하세요.
b. 내일까지 모든 일을 끝내십시오.
c. Knock it off! I'm sick of your idle talk.

(8) a. 그가 살아날 수만 있다면!
b. I wish John would come more often.
c. If only I could come to his aid!

위 예문들을 번호별로 살펴보면 이것들이 언화 행위로서 가지는 기능이 다름을 알 수 있다. (5)는 이른바 **서술**(敘述 statement)로서 "무엇이 어떠하다"는 내용으로 되어 있으며 어떤 상황에 관해 단정적인 진술을 하고 있음을 알 수 있다. 이러한 언화 행위는 남에게 어떤 사물에 관한 정보를 제공하는 기능을 가졌기 때문에 그 정보나 진술이 사실과 부합되는 것인지 아닌지를 따질 수가 있다. 이것을 논리학에서는 **진리치**(眞理値 truth value)라고 한다. 이러한 서술이나 **주장**(assertion)들의 진리치는 그것들이 기술하고 있는 상황을 확인해 봄으로써 사실인지 아닌지 알 수가 있다. 가령 (5)a, (5)d는 영희의 상황을 살펴보거나 밖을 내다봄으로써 사실 여부를 확인할 수 있다. (5)b, (5)e는 과학적인 증거나 답사가 필요하다.

(5)c는 계산을 해보거나 실제 물건의 수효를 세어 보면 된다. (5)f는 역사적 기록을 확인해 봄으로써 그 진리치를 알아낼 수 있다.

(6)은 남이 화자(話者 speaker)에게 어떤 상황에 관한 정보를 주기를 요청하는 언화 행위이다. 이것들은 흔히 일컫는 **질의**(質疑 question)이다. 청자(聽者 hearer)는 자기 처지나 결정에 따라 정보를 제공할 수도 있고 안할 수도 있으나 대답하는 경우를 상상해 보면 다음 (9)를 생각해 볼 수 있다. (9)a, b, c, d는 각기 (6)a, b, c, d의 정보 요청에 대한 정보 제공(대답)을 하는 언화 행위로서 이것들은 (5)와 같이 서술임에 유의하기 바란다.

(9) a. 수학이 아니라 지리가 질색이래요.
b. 아니지요, 375에요.
c. Yes, it's raining cats and dogs.
d. I don't think it was in 1980, but I don't remember the exact year myself.

(7)은 상대방(청자)에게 어떤 행위를 하도록 요청하는 언화 행위로서 이것을 흔히 **명령**(命令 order)이라고 한다. 앞에 논의한 질의와 여기의 명령은 공통점이 있는 언화 행위이다. 그 공통된 바는 둘이 다 청자에 대한 화자의 **요청**(要請 request)이라는 점이다. 다만 차이는 질의는 정보제공 요청이며 명령은 행동 요청이라는 점에 있다.

요청은 위에서와 같이 질의나 명령을 통해서만 이루어지는 것은 아니다.

다음의 예를 보자.

(10) a. 나는 그 일에 대해서는 좀 더 구체적으로 알고 싶어.
  b. I don't think I have enough information to carry out the mission.

(11) a. 이 장을 저쪽 구석으로 옮겼으면 좋겠다.
  b. 그 일을 자네가 해야지.
  c. I think you are the right person for the job.
  d. I would like to see you at my office tomorrow morning.

예문 (10)의 문법 형태는 서술문 같지만 대화의 상황에 따라서는 조금 더 정보를 달라는 요청(질의의 대신)으로 받아들일 수 있다. 예문 (11)도 형태는 모두 서술문 같지만 상황에 따라서는 상대방(청자)에 대한 행동 요청(명령의 대신)으로 받아들여진다. 이처럼 어떤 언화 행위의 한 가지 유형—예컨대 서술, 질의, 명령 등—은 언제나 일정한 문장 형식으로만 표현되는 것이 아니므로 언화 행위와 문법 구조는 언제나 일정한 상응 관계를 가지는 것은 아니다. 그렇다고 그 관계가 전혀 체계가 없고 무질서한 것은 아니다. 만일 그렇다면 언어를 통한 의사소통이나 자기표현은 불가능할 것인 까닭이다.

위에서 언화 행위의 유형 중에 세 가지—서술, 질의, 명령—를 살폈는데 일상생활에서 자주 마주치는 것들을 더 살피기로 한다. 넷째로 들 수 있는 언화 행위에는 **약속**(約束 promise)이 있다.

(12) a. 내가 모레는 꼭 다시 오겠다고 약속해.
b. (아빠가) 너에게 좋은 선물을 하나 사다 주마.
c. I promise you to be there at six.
d. I will buy you a bike on your birthday.

위에서 a, b, c는 「약속해」, 「-마」, promise 등 약속의 문법적 장치(grammatical devices)가 있어서 약속임을 알 수 있으며 d의 I will은 화자의 의사를 나타내므로 역시 약속이 성립되는 것이다.

다섯째로는 **감탄**(感嘆 exclamation) 또는 **놀람**이 있다.

(13) a. 사과도 참 크구나!
b. 네가 이제 커서 노래를 부르는구나!
c. What a fine day (it is)!

등이 모두 감탄의 표현들이다.

다음으로 **허락**(許諾 permission)이 있다.

(14) a. 이제 가도 좋아.
b. You may leave now.
c. Now, I give you a permission to leave.

허락은 행동의 의사는 청자 쪽에 있고 화자는 그에 대한 구속을 풀어 주기만 하는—즉 행동의 계기만을 마련해 주는—언화 행위이다. 이는 명령의 경우에서 의사도 화자 쪽에 있고 행위의 계기 마련도 화자가 해주는 것과 대조를 이룬다.

일곱째로 **충고**(忠告 advice)에는 다음과 같은 예들이 있다.

(15) a. 그 돈에서 손을 떼라고 충고하고 싶다.
b. 불필요한 가구는 치우는 것이 좋겠어요.
c. I advice you to get your hands off the money.
d. It would be convenient for you to get rid of unnecessary furniture.

충고는 권하는 행위가 어떤 의미에서건 청자에게 편리하거나 유리하다는 암시가 포함되어 있는데 그와 달리 청자의 편익(便益)에 상관없이 권하는 경우를 **권유**(勸誘 suggestion)라고 한다.

(16) a. 우리, 출발은 네시로 하자.
b. 복습은 그날그날 해두렴.
c. I suggest that the political prisoners be set free.
d. Let's go out for a walk, shall we?
e. How about going on a picnic this weekend?

(16)b 같은 예는 충고와 권유의 차이가 불분명한 본보기가 되는 경우이다.

아홉째로 언화 행위에는 **비난**(非難 accusation)이 있다.

(17) a. 당신이 틀림없이 그 은행을 털었어.
b. Yes! I accuse you of the bank robbery. I'm sure it was none other than you.

위 예에서 보면 영어에서는 비난의 언화 행위를 나타내는 동사 accuse같은 말이 있으나 우리말에서는 직접적인 표현은 없는 듯하다. '나는 네가 어떠어떻게 했다고 비난한다'는 표현이 어색하다. 여기 비난은 어떤 행위가 도의적으로나 어떤 입장에서 볼 때 옳지 않다고 화자가 판단할 때 행하는 언화 행위임에 주목할 필요가 있다.

(18) a. 이곳에 쓰레기를 버린 사람에게는 벌금을 과할 것을 경고 한다.

b. I warn you not to go on skating on such thin ice.

c. It's dangerous to go on skating on such thin ice.

위 (18)은 **경고**(警告 warning)라는 언화 행위의 예들이다. 경고는 그것을 어길 때 청자에 어떤 불리한 결과가 올 것이라는 예고를 포함하고 있다. (15)의 충고는 청자에게 편리하거나 유리하고 바람직하다는 암시가 포함되어 있는 정도에 그침에 반해서 여기 경고는 한 걸음 더 나아가 청자에게 불리한 결과가 올 것이라는 예고까지를 포함하므로 경고는 충고보다 훨씬 강경한 언화 행위가 된다. (18)c는 그러한 예상되는 불리한 상황을 dangerous라는 말로써 표현한 경고이다.

(19) a. 옴짝달싹이라도 하면 네 머리는 박살이 난다.

b. I'm going to blow off your head if you make a move.

(19)는 **협박**(脅迫 threatening)의 예다. 협박은 불리한 결과를 예고하는데 그치는 경고보다 더 나아가서 화자 자신이 청자에게 불리한 일을 초래토록 하겠다고 경고하는 언화 행위이다.

우리는 이상에서 서술, 질의, 명령, 약속 감탄, 허락, 충고, 권유, 비난, 경고, 협박 등 11개의 예를 들어 언어를 통한 사회적 상호 교섭 행위인 언화 행위를 살펴보았다. 이러한 언화 행위는 이미 본절(1.2)의 서두에서 지적한 바와 같이 인간의 사회적 상호 교섭 행위로서 매우 다양하므로 이상에서 예시한 11개에 그치는 것이 아니라 더 많은 수효가 있을 것으로 예상된다. 몇 개 예만을 들어봐도 제안(proposal), 후회(regret), 축하(congratulation), 인사(greeting), 감사(thanking), … 등 끝이 없을 것이다. 위에 예시한 11개는 많은 언화 행위 중에서도 문법적인 형태나 어휘, 표현 등 문법 장치가 어느 정도 잘 드러나는 것들이다.

Austin(1962)은 위 (5)와 같이 진리치를 가진 문장과 (6)~(7), (9)~(18)처럼 진리치를 갖지 않는 문장들을 구분하여 전자를 **진술문**(陳述文 constatives), 후자를 **행위문**(行爲文 performatives)이라고 불렀다. 바꾸어 말하면 전자는 어떤 상황에 대하여 참(true) 또는 거짓(false)이 되는 진술을 하기 위해 쓰이는 문장들인데 반해서 후자는 상황의 진술이 아니라 화자가 그 문장들을 사용하는 일 자체가 정보 요청, 행동 요청, 약속, 감탄 …… 등의 행위를 성립시킨다는 것에 착안했다. 그는 또한 진술문을 사용하여 어떤 상황에 대한 참 또는 거짓—즉 진 · 위(眞 · 僞)의 서술을 하는 언화 행위를 **표현 행위**(表現行爲 locutionary act)라고 부르고, 행위문을 사용함으로써 그 자체가 언화 행위를 이루는 것을 **표현중 행위**(表現中行爲 illocutionary act)라고 불렀다. Austin은 또한 이 두 가지 행위의 중간성격을 띤 것으로 **표현 의존 행위**(表現依存行爲 perlocutionary act)를 구분했다. 가령 다음을 보자.

(20) a. Sam *persuaded* me to shoot her.
b. John *surprised* me by saying that he doesn't want to go with me.
c. Mary *convinced* John that she loved him.

(20)은 어떤 상황을 그린 서술들이다. a는 Sam이 '설득'을 하였고, b에서는 John이 '놀라게'했으며 c에서는 Mary가 John에게 '확신'을 주었다. 이러한 상황을 초래하기 위해서 위 (19)의 행동주들은 아래 (20)의 직접 인용과 같은 표현을 썼을 것이다.

(21) a. Sam said to me, "*You must shoot her. You cannot afford not to.*"
b. John said to me, "*I don't want to go with you,*" and I was really surprised.
c. Mary said to John convincingly, "*I really love you.*"

이러한 경우 Sam, John, Mary 등의 말은 그 자체로써는 설득, 놀라게 함, 확신을 줌 등을 직접 표현하는 언화 행위는 아니지만 그러한 언화 행위를 함으로써 결과적으로 설득, 놀람, 확신 등을 주는 행위가 되는 것이다. Austin이 표현 의존 행위라 함은 바로 이런 경우를 가리키는 것이다.

지금까지에서, 언어는 좁은 의미의 순전한 의사 전달 수단만이 아니라 인간 사회 활동의 주요한 일부라는 것, 그리고 사회 환경 안에서 화자와 청자가 정보 전달(서술), 정보 요청(질의), 행동 요청(명령), 약속, 행동 허용(허락), 충고, 권유 등 가지가지 언화 행위로서의 기능을 가졌음을 살피고 아울러 Austin의 언화 행위의 세 구분—표현 행위, 표현중 행위, 표현 의존 행위—을 소개하였다.

1.3 언어의 성립 요건 및 문화

우리는 언어가 사회적 활동이므로 사회적 환경 안에서만 이루어진다는 것을 이미 지적하였다. 언어가 성립되는 데 필요한 사회적 환경의 첫째 요소는 화자(話者 speaker)이며 둘째 요소는 청자(聽者 hearer), 셋째 요소는 제 3자(인간, 생물, 무생물, 추상 개념 등 무엇이나 됨)이다. 넷째로 언어 행위는 어떤 특정 언어를 통해 이루어진다. 가령 한국어, 영어, 프랑스어 또한 경상 방언, 전라 방언, 서울말 등 특정 언어에는 여러 가지가 있다. 다섯째로 언어 행위는 어떤 시간의 한 점에서 이루어지며 여섯째로는 어떤 장소에서 이루어진다. 이를 Fishman식으로 표현하면, 말이란 '누가 무엇(누구)에 관해 어떤 언어로 누구에게 언제 어디에서 말하는가'로 규정할 수 있다.[1] 이 여섯 요소는 언어 행위의 사회적 여건의 최대공약수라고 볼 수 있으며 이 여건 여하에 따라서 어떤 말을 어떻게 말할 것인가, 그리고 어떻게 해석할 것인가가 결정된다.

보다 더 포괄적인 논의는 9.3에 미루거니와 여기에서는 위 사회적 요건에 관해 우선 간략히 살펴보기로 한다. 위 요건 중에서 말하는 이와 듣는 이, 그리고 제 3자의 관계에 따라 말이 결정되는 예로 한국말의 **공대법**(恭待法 speech level)을 들 수 있다. 이중 첫째는 존비법(尊卑法)이라 하는데 아는 바와 같이 화자와 견주어 청자의 연령이나 신분의 높낮이가 어떠한가에 따라,

---

1) 이러한 언어의 사회적 요건에 관한 더 자상한 규명에 관해서는 Fishman(1970) 전권을 참조.

(22) a. 해라체 : 읽는다, 읽느냐, 읽어라, 읽자, ……
b. 하게체 : 읽네, 읽나, 읽게, 읽세, ……
c. 하오체 : 읽으오(서술), 읽으오(의문), 읽으오(명령), 읽읍시다, ……
d. 합쇼체 : 읽읍니다, 읽읍니까, 읽으시오, 읽읍시다, ……
e. 하소서체 : 읽나이다, 읽나이까, 읽으소서, 읽사이다, ……

의 다섯 가지가 있다. 이러한 구분은 어려서부터 생활 속에서 배워 익힌 우리에게는 아주 쉬운 것이나 그러한 계층적 구분에 익숙하지 못한, 가령 인구어(印歐語 Indo-European language)를 모국어로 배운 사람들이 한국어를 배우는 경우에는 무척 힘들어하는 구분이다.

같은 공대법에서도 존경의 뜻을 나타내는 '시'의 용법은 위에 든 높임 · 낮춤(존비법)의 다섯 구분과는 상당히 다른 면이 있다. (22)의 존비법은 높낮이의 구분이 화자 · 청자 두 사람의 관계로써만 결정되는데 반하여 '시'는 화자 · 청자와 아울러 제 3자까지도 포함하여 3자 중의 둘의 관계에 따라 결정된다.

(23) a. 형님께서 거기에 가시오.
b. 내가 네 대신 가신다.
c. 아버지께서 오시라고 하십니다.

(23)a는 화자와 청자(형님)의 관계에서 청자가 지체가 더 높으므로 주어인 '형님'의 서술어 '가다'에 '시'를 붙인 것이다. (23)b의 경우는 주어인 화자의 서술어에 '시'를 붙여 '가신다'로 했으므로 농담이나 뽐내는 말투가 아니고서는 부자연스럽다. 화자가 청자보다 지체가 높다 하더라도 흔히는 자신을 높여 말하지 않는 것이 한국어의

어법이기 때문이다. (23)c에는 '시'가 두 곳에 쓰인 말이다. '하시다'의 주어는 제 3자인 '아버지'인데 이 '시'는 화자('나')와 제 3자인 아버지와의 관계에서 아버지가 나보다 지체가 높으시다는 표시다. 그와 달리 '오시라고'의 주어는 청자인데 이 '시'는 청자와 제 3자(아버지)의 관계에서 청자의 지체가 더 높음을 표시한 것이다. 즉 여기 청자는 제 3자인 아버지보다 지체가 높으신 할아버지나 백부 같은 분들의 경우이다.

흔히 생각하기를, 영어에는 공대법이 없으므로 지체의 높낮이에 상관없이 아무렇게나 말해도 좋은 것처럼 여기기 쉽다. 그러나 그렇게만 믿고 영미인을 대하다가는 원만한 교제를 이루지 못하거나 실례를 저지르는 경우가 있다. 가령 다음의 예를 보자.

(24) a. Hey, Jim. Got a light?
b. Excuse me, Sir. Do you have a match?
c. Excuse me, but may I borrow a match?

가령 (24)a를 어느 직장의 말단 직원이 상사(중역 등)에게 사용했다면 그 상사는 이 사람의 용기(?)나 무례함에 흠칫 놀랄지도 모른다. 이것은 우리말로는 마치 '이봐, 짐, 불 있나?'는 정도의 말투이며 더 예절 바르게 하려면 (24)b처럼 말해야 할 것이고 더 공손하려면 (24)c 정도로 해야 하기 때문이다. 청자 쪽에서도,

(25) a. Yeah… Keep'em. I got my lighter here.
b. Yes, Please keep the box. I have my lighter with me.

등 대답이 가능한데 (25)a는(예컨대 성냥을 휙 던져주며) 허물없이

하는 말이며, (25)b는 좀더 정중하게 하는 말이다.

영어에서는 한 문장의 문법 구조를 제대로 갖추어 빠뜨림 없이 다 말할수록, 그리고 보다 더 격식을 갖출 때 쓰는 낱말들(대개 Greek이나 Latin에 어원이 있는 단어들)을 더 많이 쓸수록 공손함과 아울러 격식 바른 말씨가 된다. 그와 반대로 더 많이 생략할수록, 그리고 일상 용어(대개 Anglo-Saxon에 어원이 있는 말들)를 더 많이 쓸수록 낮추어 얘기하는 뜻과 아울러 허물없이(즉 친근하게) 얘기하는 것이 된다. 가령 고마움의 표시만 해도,

(26) a. Thanks.
b. Thanks a lot.
c. Thanks million.
d. Thanks you so much.
e. Thanks you very much.
f. I'm very much obliged to you.
g. I appreciate your help very much.

등 다양한 표현이 가능하며 이 중 앞의 것일수록 허물없고 함부로 하는 표현이며 뒤의 것일수록 정중하고 격식 바른 표현이 된다.

지금까지는 언어가 성립되기 위한 사회적 요건 중에서 '누가 누구에게 누구(무엇)에 관하여'의 세 부분을 예시해 보았다. 아래에서는 '어떤 언어로'를 살피되 '어디에서', '언제'와 관련지어 보기로 한다. 오랜 세월을 식민지로 지낸 역사를 가진 민족이나 남의 나라에 이민 가서 사는 사람들은 **2중언어 사용자**(二重言語使用者 bilinguals)인 경우가 대부분이다. 그러한 경우, 말하는 이는 말하는 장소와 처지에 따라서 두 언어를 구분하며 쓰는 일이 많다. 가령 필리핀 사람(the

Philippines)의 경우, 외국인도 참석하는 정도의 큰 모임 같은 데에서는 영어를 사용하는데, 학교나 관공서 같은 국가시책과 관련이 있는 처지에서는 Tagalog[2)]을 사용한다. 또한 자기 방언이 Tagalog과 달리 따로 있는 사람들은 가정에 돌아가서나 고향 친지를 만났을 때와 같은 경우에는 본디 자기의 방언을 그대로 사용한다. 이것을 뒤집어 말하면 어떤 언어를 쓰느냐는 그 화자가 자기 언어 사용의 상황을 어떻게 판단하는가를 나타내 주는 것이다. 가령 학교 같은 곳에서 두 사람이 Tagalog으로 얘기하다가 제 고장 방언으로 전환했다면 이것은 상황에 따라서 친근감의 표시나 밀담의 표시 등 가지가지 사회언어학적 의미로 해석될 수 있는 것이다.

위에서는 언어 사용이 어떤 대화 상황에서 무슨 목적으로 누구와 누구 사이에, 언제 어디서 어떤 개별 언어(또는 방언)를 통해 이루어지는가를 극히 비근한 예를 들어 살펴보았다. 이제 본 절의 마지막으로 언어가 문화와 어떤 관계가 있는지를 살피기로 한다.

Sapir와 Whorf 같은 학자들은, 1.4에서 언급한 바와 같이, 한 언어는 그것을 사용하는 사람들의 세계관 내지는 사고방식을 지배한다고 주장했으며 이 학설은 오늘날 「Sapir-Whorf 가설」(the Sapir-Whorfian Hypothesis)이라고 불리고 있다.[3)] 그 이후 상당 수효의 학자들이 이 가설의 타당성 여부를 밝혀 보려고 심리학, 인류학, 언어학 등 분야에서 노력해 왔으나 아직 이렇다 할 만한 뚜렷한 증거를 찾아내지 못했다. 한 예로 색깔에 대한 연구를 들 수 있는데 색은 적외선에서부터 자외선에 이르기까지 연속적 스펙트럼(spectrum)의 변

---

2) Tagalog은 말레이·폴리네시아 어족 중에서 인도네시아계의 언어로서 필리핀의 180만 명에 해당하는 부족들이 사용하던 것인데 근래에 필리핀에 민족적 자각이 고조되면서 국가 공용어(national language)로 채택되었다.

3) 이에 대한 자세한 논의는 Sapir(1929), Sapir(1931) 참고.

화인데 이것을 몇으로 쪼개서 그 조각들에 이름을 붙이는가는 개별 언어에 따라 다르다는 점을 이미 1.2에서 언급했다. 그러면 가령 색깔을 7색으로 구분하여 부르는 종족에 비하여 4색으로만 구분해 부르는 종족은 색깔을 그만큼 더 적게밖에 보지 못하는 것일까? 물론 그렇지는 않다고 생각된다. 그들 역시 색깔의 변화는 다 볼 수 있지만 그것을 더 큰 단위로 구분해서 더 크게 이름을 붙였을 뿐이다. 그러나 연구가들이 실험한 바로는 적절한 이름을 갖지 않은 색깔에 대해서는 가령 'reddish green'과 같이 복합어를 사용해야 되며 그러한 색깔은 한 단어로 된 적절한 명칭을 가진 색깔보다도 기억에 더 짧게 남는 현상이 있다고 한다. 그리고 이처럼 어떤 개념을 위한 적절한 단어가 없어서 기생적인 표현을 필요로 하는 경우는 적절한 명칭을 가진 개념보다도 그 개념에 대한 사고가 상당한 제약을 받는다고 생각되고 있다.

그러나 이러한 현상들도 언어가 인간의 사고 방식을 지배한다는 결론을 내리기 위한 증거는 못된다. 그와 반대로 언어가 인간 문화 또는 어느 종족 또는 민족의 문화와 그들의 생활상 관심 등을 반영하는 것이라는 데에는 이론(異論)이 없는 것 같다. 즉 언어는 인간 사고의 규제자라기보다는 인간생활 · 문화의 반영체라는 생각이다.

한 언어가 그것을 쓰는 공동 사회의 사회 조직을 가장 잘 반영하는 예로는 친족어(kinship terminology)가 있다. 가령 언어에는 직계 존비칭(直系尊卑稱)에 관계되는 친족어가 손꼽을 만한 수효밖에 없다. 얼핏 보아서 grandfather, grandmother, father, mother, brother, sister 정도이다.

직계가 아니고 결혼에 의하여 생기는 친척 관계에는 brother-in-law, sister-in-law, mother-in-law, father-in-law, step-father, stepmother 등이 있다.

그와 달리 우리말에는 필자가 조사한 바로는 동의어를 제외하고도 적어도 100개 내외의 친족어가 있다. 뿐만 아니라 이처럼 많은 친족어를 체계적으로 구분해서 화자 자신과의 거리를 나타내 주는 촌수(寸數)라는 것까지 있다. 이것을 도표로 나타내면 도표 1-1과 같다.

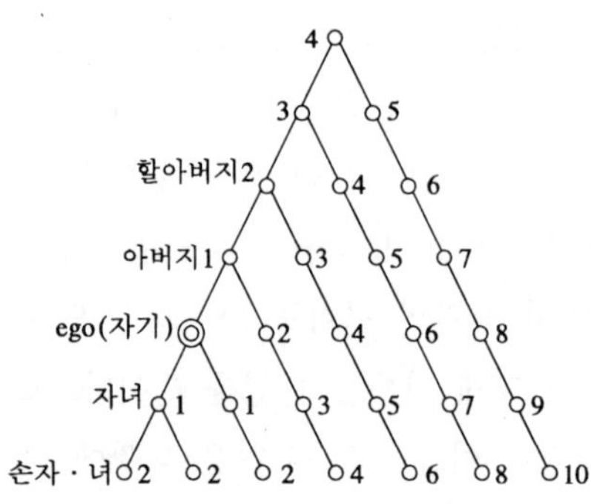

도표 1-1 한국 친족(어)의 촌수

촌수는 화자 자신(ego)을 기점으로 하여 어느 친척과의 관계가 몇 사람이나 거쳐서 이루어지는가를 그 사이 거리(관계의 단계) 수효로 나타낸 것이다.

우리말이 이처럼 많은 수효의 친족어에다 촌수 표시까지 곁들여 가진 이유는 과거의 가족 제도가 대가족 제도로서, 이에서 핵가족으로의 추이는 극히 최근에야 시작된 현실을 반영하는 것이라 볼 수 있다. 그 증거로 요즘 젊은 세대일수록 이 많은 친족어를 다 익혀 알고 있지 않은 현상을 볼 수 있다. 한 집안이나 고을에 수십 가구씩 친척들이 떼 지어 살지 않는 상황에서 친족어는 점차로 그 수효가 줄어드는 경향에 있다고 생각된다.

위에서 한 언어의 어휘가 그 사용 종족의 사회 구조를 어떻게 반영하고 있는지를 예시했는데, 그러면 문법 구조도 사회 구조 내지는 사고방식을 반영하는 것일까? 가령 프랑스어나 독일어는 명사가 남·여·중성(男·女·中性) 중에서 2성 또는 3성으로 구분되는데, 그렇다면 프랑스 사람의 *le fromage*는 치즈를 남성답다고 생각해서 남성으로 부르며 *la viande*는 고기를 여성으로 생각해서 그리 부르는 것일까? 정확한 언어심리적 측정이 없으므로 단언하기는 어렵지만 그런 일은 도저히 상상할 수 없을 듯하다. 가령 또 아래 예를 보자.

(27) a. I *picked up* the pencil.
b. I'll *pick* you *up* at eight tomorrow morning.

영어의 숙어 pick up은 (27)a에서처럼 연필 같은 물건을 '집어 든다'는 뜻으로도 쓰이고 (27)b에서 '내일 아침 여덟시에 (차로) 모시겠습니다'와 같이 사람을 집어 드는(?), 아니면 집어 태우는 경우에도 쓰인다. 그렇다고 한국인은 인간과 물건을 구분하는데 영미인들은 구분 못해서 그런다고는 말할 수 없을 것이다.

이상 1.1~1.3절에서 한 이야기를 결론 삼아 요약해 본다. 우선 언어는 사회적 환경 안에서 인간이 수행하는 사회적 행위 또는 인간 생활의 주요한 일부이다. 그 사회 환경이란 말하는 이, 듣는 이, 그리고 두 사람의 관심 속에 있는 제 3자(인간, 생물, 무생물 또는 추상개념 등)이며, 이들 사이에서 이루어지는 언어 행위는 어떤 시점(時點)에, 어떤 장소에서, 어떤 사회 여건 또는 상황 속에서 이루어진다. 따라서 언어는 인간 생활의 구석구석까지 샅샅이 침투해 있으며, 상징적 동물로서의 인간의 사고 활동이나 생활을 편리하게 해주고 발전시키는 데 큰 몫을 하며, 그러한 생활이나 문화를 반영하는 것은 사실이나 인간 사고나 문화 자체를 규제하는 것은 아닌 성싶다. 다시 말하면 언어는 우리 인간 생활에서 빼놓을 수 없는 부분이며 우리 생활 욕구와 관심의 표현에서 가장 큰 몫을 차지하는 물건이다. 그러므로 인간 생활과 관련이 있는 한에서는, 그 어떤 인간 활동이나 어떤 학술 분야, 예술 분야나 인간의 언어 현상을 따로 내놓고서는 논의가 성립될 수 없는 것이다.

1.4 의사 전달의 과정

위에서는 언어 현상을 사용자의 사회적 여건과 관련해서 살폈다. 또 하나 가능한 관점은 화자의 머리 속에서 형성된 개념 또는 생각이 발성 기관을 통해 음파를 이루어 공기를 통해 전파되면 그것이 청자의 청각을 통해 청자의 머리 속에 개념이나 생각을 유발하기까지의 과정을 살피는 입장이다. 이처럼 화자의 뇌로부터 청자의 뇌에까지 개념이나 생각이 전달되는 과정을 **언화 연쇄**(言話連鎖 speech chain)라고 한다. 언화 연쇄란 화자의 뇌 속에서부터 청자의 뇌에 이르기까지의 여러 단계에서 언어가 여러 가지 다른 형태를 취하며 이것이 연쇄(連鎖)의 모양으로 연결되는 상태의 전체를 이르는 말이다 (Denes and Pinson 1963, p.5).

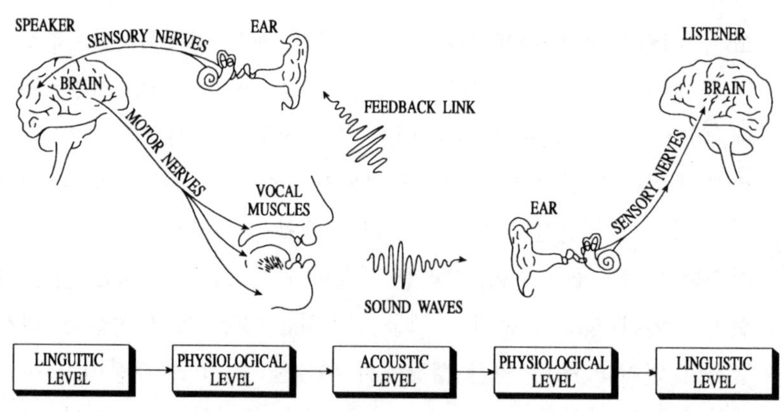

도표 1-2 언화연쇄

언화는 먼저 화자의 머리 속에 개념이나 생각으로 탄생한다. 이것을 상식적으로 말하자면 이른바 언화의 의미(意味 meaning)에 해당한다. 이 생각을 상대방에게 전달하기 위해서 화자는 자기의 개념이나 생각들을 어떤 규칙적인 체계(이것을 우선 문법(grammar)이라 해두자)에 맞추어 정돈하고 조직화한다. 다음으로 화자는 그처럼 체계화된 언화의 구상에 따라서 **운동신경 계통**(motor nerves)을 통해서 **발성기관**(發聲器管 speech organ)에 명령을 전달하면 발성 기관은 그 지시에 따라 그에 상응하는 음성을 낸다. 발성 기관은 주로 **발성 근육**(vocal muscles)으로 이루어져 있다.

만들어진 음성은 공기 중에 **음파**(音波 sound waves)를 이루어 청자의 귀까지 전파(傳播 promulgate)된다. 청자의 귀는 공기의 진동인 음파를 받아서 이를 청각 신경을 통해 처리하여 **감각신경 계통**(sensory nerves)을 통해서 뇌에 전달한다. 청자의 뇌는 이에 따라 화자의 개념이나 생각과 거의 유사한 개념이나 생각을 재생한다.

이와 같은 언어 전달의 연쇄의 각 단계에서 언화는 다른 형태를 취한다. 인간의 뇌의 언어 작용에 관하여는 실험에 난관이 많으므로 알려진 바가 적으나 뇌신경 세포(neuron)가 전기를 띤 상태에서 작용한다는 것 이외에는, 가령 개념이나 생각이 어떤 모양으로 생성·저장되는지 알려진 바가 적다. 어쨌든 뇌신경 세포들이 인간의 개념이나 생각과 아울러 언어의 음성이나 문법 구조에 관한 규칙까지도 다 다스리고 저장한다는 것은 틀림없는 사실이라고 생각된다. 이처럼 뇌 속에 존재하는 의미나 언어 규칙의 추상적인 체계의 상태를 우리는 언화의 **언어적 차원**(言語的 次元 linguistic level)이라 한다. 다음으로 뇌에서 운동 신경 계통을 통해서 내려지는 지시나 청각 신경에서 감각 신경 계통을 통해서 다시 뇌로 전달되는 수신정보

(received information)는 전기적 맥류(電氣的 脈流 electrical impulse)로 이루어진다. 이 전기적 맥류에 자극받은 발성 기관의 발성 근육들은 그에 상응한 운동을 일으켜 발성을 하는데 이 둘째의 생리적 언화 단계를 **생리적 차원**(生理的 次元 physiological level)이라 한다. 공기 중에서의 언화는 순전한 공기 진동의 형태를 가진다. 이 단계를 자연과학적으로 보면 완전히 물리적인 운동 현상이며 이 단계를 **음향적 차원**(音響的 次元 acoustic level)이라 한다.

이렇게 보면 언어 현상은 인간의 뇌 속에 있는 추상적 체계(즉 의미와 문법 체계)가 운동 신경의 전기적 맥류로 변형(變形 transform)되고 그것이 다시 발성 근육의 작용으로 공기 진동파로 변형되고, 공기 파동이 다시 청각 신경을 통해 수신된 전기적 맥류로 변형되고, 또 다시 그것이 뇌 속의 추상적인 개념으로 변형되는 과정—즉 변형과 역변형(逆變形)의 과정—이라고 볼 수 있다.

여기에 하나 덧붙여 둘 것은 화자의 청각은 자신의 발화 작용에 피드백 또는 **귀환**(歸還 feedback) 작용을 한다는 점에 주목해야 한다. 풀어 말하면, 화자의 입에서 나온 음성파는 청자의 귀에만 전파되는 것이 아니라 그 일부가 화자 자신의 귀에 포착되어 자신의 감각 신경 계통을 경유해서 자신의 뇌에 귀환한다. 이 귀환 신호는 화자의 발성 기능을 순간순간 대조 검사하여 원활하고 정확한 언화 행위가 되도록 통제하는 역할을 한다. 사람이 이미 말을 다 배우고 난 후에도 청각에 장애가 생기면 점차로 말을 잃어가며 마침내는 벙어리가 되어버리는 것도 청각의 장애가 귀환 작용을 앗아가기 때문이다.

1.5 언어 연구의 분야

위에서 우리는 사회 · 문화 현상으로서의 언어(1.1~1.3)와 물리적 의사 전달 과정으로서의 언어(1.4)를 살폈다. 언어 연구가 제대로 원만하게 이루어지려면 이와 같은 양면을 다 완벽하게 기술함이 바람직하다. 그러나 이미 언어와 뇌의 작용에서 지적한 바와 같이 우리는 이 양 분야에 관해 완벽한 지식을 갖추고 있지도 못하며 또한 가까운 장래에 모든 의문을 다 해결할 성 싶지도 않다. 그러므로 우리가 바랄 수 있는 것은 우선 지금까지 연구된 바를 바탕으로 하여 더욱 새로운 사실을 파헤치고 천착하는 것 밖에 없다. 또한 개개인의 능력에는 한계가 있고 시간과 기타 여러 제약이 따르므로 위 두 분야를 세분하고 분업화해서 연구함이 바람직하다고 생각된다. 본 절에서는 이러한 분업에 해당하는 언어학의 여러 분야를 간략히 살피기로 한다.

언어학의 분야를 살피기에 앞서 언어 현상을 살핌에 있어 우리가 취할 수 있는 관점에 대해 알아보기로 한다. 먼저 언어란 어떤 표준(標準 standard)이나 규범(規範 norm)이 있어서 거기에 맞추어서 말해야 하며 문법도 거기에 맞지 않는 것은 잘못된 것이라는 관점이 있는데 이것을 **규범 문법**(規範文法 prescriptive grammar)이라고 부른다. 현행 **학교 문법**(學校文法 school grammar)은 어떤 표준이 될 만한 규범 규칙을 정하고 거기에 어긋나는 것은 오류로 취급하기 때문에 규범 문법에 속한다.

이와 달리 언어 현상을 있는 그대로—즉 사람들이 말하고 쓰는 상태 그대로—받아들이고 거기에 있는 체계를 기술(記述 describe)하는 관점이 있다. 이런 관점에 선 문법을 **기술 문법**(記述文法 descriptive grammar)이라고 하며 전통적인 학술 문법은 모두 이 범

주에 속하는 문법이다. 예컨대 Jespersen같은 학자의 문법이 이에 속한다.[4]

언어 현상을 표준이나 규범에 맞추어야 하는 것으로 보느냐, 있는 그대로의 현상을 받아들이느냐는 관점의 차이 이외에 또 하나 가능한 관점의 차이가 있다. 그것은 언어 현상을 어느 한 시점(時點)을 기준삼아 변화가 없이 고정된 상태로 볼 것인가, 아니면 변화하는 양상으로 포착할 것인가 하는 문제이다. 이러한 구분은 de Saussure (1915, 1965)가 정립한 것이며 그는 전자를 **공시 언어학**(共時言語學 la linguistique synchronique, synchronic linguistics)이라 하고 후자를 **통시 언어학**(通時言語學 la linguistique diachronique, diachronic linguistics)이라 불렀음은 2.4 언어학사에서 이미 소개한 바와 같다. 양자 중에서 통시 연구는 시간을 통하여 일어나는 변화의 양상을 기술하는 것이므로 일명 **역사 언어학**(歷史言語學 historical linguistics)이라고도 한다. 또한 공시적인 관점의 연구는 일명 기술 언어학(記述言語學 descriptive linguistics)이라고도 불리나 이것은 적절치 못한 혼동스런 이름이다. 그 까닭은 언어를 기술적으로 - 즉 있는 그대로를 과학적으로 - 연구하는 것은 공시적인 관점에만 적용할 수 있는 것이 아니라 통시적으로 역사적 변화 현상에도 적용할 수 있는 관점이기 때문이다. 이 술어는 이점에서 위의 '기술 문법'과 견주어 볼 필요가 있다.

이상 두 가지 관점의 구분과 언어 연구의 큰 분야를 도표로 나타내면 도표 1-3과 같다. 학술적 연구는 이중에서 규범적인 것을 배제하고 언어 현상이 존재하는 그대로를 대상으로 하므로 언어학은 결과적으로 공시 언어학과 역사 언어학에 국한된다. 이 도표에서 규범

4) 그의 문법 이론을 체계적으로 제시한 이론서는 Jespersen(1924)으로 아주 독창적이고 값진 제안을 많이 포함하고 있기는 하다.

적 통시 언어학이 있을 수 없음은 당연한 일이다. 그 이유는 역사적으로 지나가 버린 과거에 관해 규범이나 표준을 정해 그것이 지켜지기를 요구할 수는 없기 때문이다. 또 하나 우리가 여기에서 '공시 언어학'이라 함은 이미 지적한 바와 같이 '기술 언어학'이라 부르던 것이 적절하지 못함을 고려해서 쓰는 술어이다.

시간의 관점 / 규범의 관점	공시적(Synchronic)	통시적(Diachronic)
규범적(Prescriptive)	학 교 문 법 (School Grammar)	
기술적(Descriptive)	공 시 언 어 학 (Synchronic Linguistics)	역 사 언 어 학 (Historical Linguistics)

도표 1-3

언어의 공시적 기술(공시 언어학)과 통시적 기술(역사 언어학)은 또 다시 세분된 분야로 나뉜다. 그러한 세분화된 분야를 살피기 전에, 우리는 이미 논의한 의사 전달의 물리적 여건 및 과정(1.4 참조)과 관련해서 더 준비적 관찰이 필요하다. 도표 1-2(p.22)의 언화 연쇄에서 언어학적 차원의 모든 체계는 인간의 두뇌 속에 있음을 보았다. 바꾸어 말하면 입은 말을 하고 귀는 듣는 것 같지만 그것은 표면상 그렇게 보일 뿐 말을 하고 이해하는 **능력**(能力 competence)은 인간 두뇌가 가진 기능이며 입과 귀는 다만 두뇌의 지시에 따라 심부름을 하는 것뿐이다. 즉 언어의 입과 귀는 다만 두뇌의 지시에 따라 심부름을 하는 것뿐이다. 즉 언어의 이해력이나 생성 능력은 두뇌가 가진 것이며 입과 귀는 두뇌의 지시에 따라 그의 집행 또는 **운용**(運用 performance)을 맡아하는 역할밖에는 하지 않는 것이다. 이와 같은 능력과 운용의 구분은 매우 중요한 것이며 문법 규칙 · 발음 규칙 · 의미의 이해 등을 내포하는 언어의 체계는 그러한 언어 능력에 속하는 것이며 운용에 속하는 것은 아니다.

이러한 능력의 특성을 간략히 한마디로 요약하면 '음성과 의미를 연관짓는 능력'이라고 할 수 있다. 어떤 소리를 어떤 의미—이것을 우선 어떤 개념 또는 사물이라고 해두자—와 관련짓는 능력은 바꾸어 말하면 그러한 개념이나 사물을 가리키기 위해 어떤 소리를 **기호**(記號 sign)로 사용할 수 있음을 말한다. 비근한 예를 들어 '비둘기'라는 소리를 듣고 그렇게 불리는 새를 연상할 줄 알거나 또 그러한 새의 시각적 영상(映像)이 머리 속에 떠오를 때 그에 맞추어 '비둘기'라는 소리를 낼 줄 안다면 그는 '비둘기'란 소리를 그 새를 가리키기 위한 기호로 사용하는 능력을 가진 것이다. 영미인(英美人)의 경우라면 같은 새를 보고도 'pigeon'이라는 발음을 기호로 쓸 것이다. 이처럼 언어 능력이란 어떤 소리를 가지고 어떤 의미나 상황을 나타내는 능력—즉 기호를 사용하는 능력이라고 볼 수 있다.

그런데 사람이 사용하는 언화(speech)는 기호 한 개로만 이루어진 경우는 드물고 대개의 경우 2개 이상의 기호로 이루어진다. 가령,

(28) A : (나는) 백화점에 가야겠다.
B : 뭘 사시게요?
A : 옷을 좀 살께 있어서.
B : 그럼 저도 같이 가야겠어요.

(29) A : Let's go to the movies.
B : What's on?
A : The Scala is putting on "The Prairie."
B : That's great.

같은 일상 대화를 보면 어떤 문장이나 두 개 이상의 단어(우선 이것을 기호라고 해두자)로 이루어져 있다. 언어의 성질을 규명하는 언어학은 이미 위에서 본 것처럼 규범 : 기술, 공시 : 통시의 두 관점의 구분에 따라 분야가 달라진다고 했는데 이는 또다시 여기에서 살핀 기호의 성질을 어떤 관점에서 다루느냐에 따라 그 분야를 세분화할 수 있다.

그러한 관점의 첫째 것으로 우선 한 **발화**(發話 utterance) 안에서의 기호와 기호의 관계를 살피는 일이 가능하다. 가령 (27)의 「'지금 (나는) 백화점에 가야겠다'」라는 발화에서 '나', '는', '백화점', '에', '가', '야', '겠', '다' 등은 다 제각기 기호라고 볼 수 있는데 이 8개의 기호가 서로 어떤 관계에 있는가를 살필 수 있다는 말이다. 우선 여러분이 배운 문법 지식을 활용해서 '나+는'이 주격 또는 주제격(主題格)의 명사구, '백화점+에'가 처소격, '가+야+겠+다'가 서술부라고 하고 이 세 성분이 다시 어떻게 결합되어서 발화를 이루는가를 규명해 볼 수 있을 것이다. 이처럼 언어 현상을 기호와 기호와의 관계라는 관점에서 규명하는 분야를 우리는 **통사론**(統辭論 syntax 또는 철학에서는 syntactics)이라 한다. 학교 문법에서 이른바 구문론이라든가 흔히 좁은 의미로 문법이라고 일컫는 것들은 이 통사론의 분야에 속한다고 할 수 있다. 그러나 여기 통사론이란 그런 것들과는 차원이 다르고 성질도 판연히 다른 보다 과학적이고 기술적인—즉 있는 현상을 있는 그대로 규명하는—것임에 유념할 필요가 있다.

둘째로는 기호와 그것이 가리키는 의미(개념)나 현실과의 관계를 규명하는 일이 가능하다. 가령 (29)의 *The Scala is putting on "The Prairie."*란 발화는 *the, Scala, is, put, -ing on, the, Prairie*의 7개[5)]

5) 이것은 기호가 8개가 아닌 7개이다. the가 두 번 반복된 것은 한 기호의 두 번의 발생이기 때문이다. 더 상세한 것은 6.1을 참조.

기호로 이루어져 있다. 그러면 우선 가능한 의문은 이 7개 기호가 각기 어떤 개념(의미)이나 현실(또는 사물)을 가리키느냐는 것이다. 다음으로는 *the+Scale*, *is+ing*, *put+on*, "*the Prairie*" 등의 4개 성분이 각기 무엇을 가리키는 것인가를 규명해 볼 수 있고 더욱 나아가서, 셋째로, 이 4개 성분이 모두 합쳐서 어떤 사물이나 상황을 가리키는 것인가를 밝혀 볼 수가 있다. 이처럼 각 기호와 개념 · 사물과의 연관이나 두 개 이상의 기호들의 결합체와 그것이 가리키는 사물의 상황과의 연관 관계 등을 규명하는 것을 **의미론**(意味論 semantics)이라고 부른다. 사실 더 엄격하게 말하면 '기호'란 소리의 형태만이 아니라 그 의미까지를 지칭하는 말이므로 의미론은 엄밀하게는 기호의 형태와 그 의미와의 관계라고 해야 마땅하다.

셋째로는 기호와 그 사용자(즉 화자 · 청자)와의 관계를 규명해 보는 일이 가능하다. 기호가 기호로서 – 즉 의미를 가진 음성 형태로서 역할 할 수 있는 이유는 사용자(즉 인간)가 기호의 형태를 의미 있게 사용할 수 있는 능력이 있을 뿐더러 그것을 그렇게 의미 있게 사용하기 때문이다. 그러므로 화 · 청자가 어떻게 말하고 해석하는가는 바로 그 화 · 청자의 상황판단이나 의도, 개인의 취향 등에 따라 크게 달라지는 수가 많다. 그러므로 사용자와 언어 기호와의 관계는 언어의 성질을 규명하는데 한 중요한 분야이

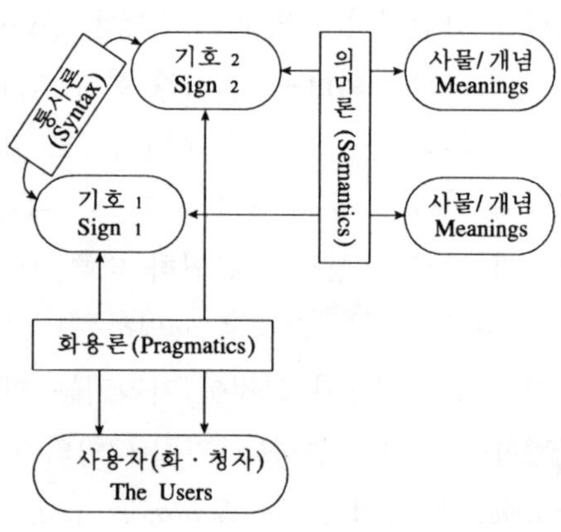

도표 1-4 언어연구의 3분야

며 이것을 **화용론**(話用論 pragmatics)이라 일컫는다. 화용론은 언어 연구에서 지금까지 제대로 손을 대지 못했던 분야로서 많은 연구가 더 요청되는 영역이다. 따라서 여기에서는 예시를 할애하고 6.5에서 간략히 소개하기로 한다.

이상 언어학의 세 분야를 도해하면 도표 1-4와 같다. 다시 요약하면, 먼저 기호와 기호와의 관계를 규명하는 것을 통사론, 다음으로 기호와 의미와의 관계를 규명하는 것을 의미론, 셋째로 기호와 그 사용자(화 · 청자)와의 관계를 규명하는 것을 화용론이라 일컫는다.

다시 도표 1-2(p.22)로 돌아가서, 지금까지는 사람의 두뇌 속에서 이루어지는—즉 언어적 차원에 속하는—기호와 기호의 관계, 기호와 의미와의 관계, 기호와 사용자와의 관계 등을 살폈는데, 다음으로는 생리적 차원(physiological level)에 관계되는 연구가 가능하다. 그 중에서 첫째 발성 기관(구강, 비강, 혀, 성대 등)의 작용에 따라 음성이 발생하므로 이러한 발성 기관의 **조음**(調音 articulation)작용을 주로 관찰 연구하는 분야가 가능한데 이것을 **조음 음성학**(調音音聲學 articulatory phonetics)이라 한다. 여기에 음성학이란 말이 붙는 이유는 조음의 주요 기능은 음성을 내는 일이며 조음의 방법이 여러 다른 음성을 내는데 직접적인 영향을 미치기 때문이다. 예컨대 양입술을 폐쇄했다가 터뜨리면 한국어의 ㅂ, ㅃ, ㅍ 등이나 영어의 b, p음이 나며 혀의 앞부분을 잇몸에 댔다가 터뜨리면 ㄷ, ㄸ, ㅌ이나 d, t 음이 나는 따위와 같다.

언어의 생리적 차원의 현상을 화자의 입장에서 보면 조음 음성학이 성립되나 청자의 입장에서 보면 **청음 음성학**(聽音音聲學 auditory phonetics 또는 auditory study of speech)이 성립된다. 그러나 이 청음 현상은 귀의 청각 신경에만 국한시킬 수가 없고 소리를 듣는 뇌의 작용이나 심리와 밀접한 관계가 있으므로 뇌의 언어적인 심리 작용을 연구하는 **심리 언어학**(心理言語學 또는 言語心理學 psycho-linguistics)의 한 분야로서 다루어지기도 한다.

심리 언어학에는 청음 음성학 이외에 적어도 두 분야가 더 있는데 그 하나는 순전히 뇌의 언어 작용만을 다루는 **뇌신경 언어 심리학**(neuro-psycho-linguistics 또는 neuro-linguistics)이며, 다른 하나는 사람의 언어 습득 과정을 연구하는 **언어 습득 심리학**(言語習得心理學 psycholinguistic study of language acquisition) 또는 **발달 언어학**(developmental linguistics)이 있다. 이 밖에도 언어학과 심리학·생리학·의학이 상관되는 분야로 **생리 언어학**(biolinguistics)이라는 총칭을 쓰기도 하며, 실어증(失語症 aphasia) 등의 언어적·병리적 장애 현상을 다루는 **임상 언어학**(臨床言語學 clinical linguistics)이 성립될 수 있겠다.

위에서 음성에 관한 분야로서 조음 음성학과 청음 음성학을 소개했는데 이들은 음성을 생리적인 각도에서 천착하는 것이라고 지적하였다. 역시 음성을 연구하기는 하되 이들과는 달리 생리 현상으로서가 아니라 뇌 속에 존재하는 음성의 추상적 체계로서 다루는 분야가 있는데 이것을 **음운론**(音韻論 phonology)이라 한다. 음성학의 대상인 개개의 음성은 결국 뇌속에 존재하는 음운적인 체계에 따라 발성되고 분류되는 성질의 것이므로 음성학은 그러한 의미에서는 음운론의 한 하위 분야라고 볼 수도 있다.

도표 1-2(p.22)에서 마지막으로 공기 중의 진동으로서의 언화—즉 음향적 차원의 언화—를 연구하는 분야를 **음향 음성학**(音響音聲學 acoustic phonetics)이라 한다. 그러나 언어 연구의 한 분야로서의 음향적 성질의 연구는 그것들이 언어의 체계(뇌 속에 있는)와 어떤 관

련이나 상응 관계가 있는 한에서 의미가 있는 것이다. 이 분야에 대하여는 3.5에서 간략한 소개가 있을 것이므로 예시는 할애한다.

지금까지에서 우리는 언어학의 분야를 살피되 (1) 규범 : 기술, 공시 : 통시의 두 기준에 의한 구분, (2) 언어 기호의 특성과 언화 연쇄의 단계에 따른 구분을 소개했다. (1)에 따른 구분으로는 학교 문법, 공시 언어학(또는 기술 언어학), 역사 언어학 등이 있음을 소개했고 (2)에 따른 분야로는 통사론, 의미론, 화용론, 음운론, 조음 음성학, 음향 음성학, 심리 언어학(청음 음성학, 뇌신경 언어 심리학, 언어 습득 심리학 포함) 등이 있다고 하였다. (2)에는 흔히 **형태론**(形態論 morphology)이라고 하여 기호의 형태에 관해서 연구하는 분야가 있으나 이것은 통사론의 한 부분이므로 다룰 수도 있는 것이므로 우리는 이것을 제 5장에 포함시켜 간략히 논의하기로 한다.

위 두 가지 큰 기준에 의한 구분에 덧붙여 우리는 (3) 언어의 사회성에 관련한 분야의 구분이 가능하다. 1.1~1.3에서 살핀 바와 같이 언어는 인간 사회 활동의 주요한 부분이므로 사회적 여건(社會的 與件 social context)에 따라 영향 받는다. 이러한 사회적 여건의 주요한 요소로는 지역, 언어 사용자의 사회적 계층과 역(役 roles), 언화 상황(言話狀況 speech situations)등 여러 요건으로 이루어지는데 언화와 이런 모든 사회적 여건과의 연관을 연구하는 것을 **사회 언어학**(社會言語學 social linguistics)이라 일컫는다. 이러한 크게 포괄적인 사회 언어학이 융성하기 시작한 것은 근래의 일이나 언어의 지역적인 분포에 관해 연구하는 **방언학**(方言學 dialectology)은 오래 전부터 언어학의 주요한 한 부분으로 각광을 받아 왔다.

이상 소개한 분야 중에서 언어학이 가장 많은 관심을 가져왔던 분야는 음성학, 음운론, 통사론, 역사 언어학의 4개 분야였다. 여기에 미개척의 의미론 및 화용론을 더하고 음성학을 음운론에 포함시키면 이 5개 분야는 가히 언어학의 5대 주요 분야라 할 만하다. 본서는 제 3장에서 음성학을 그리고 제4장에서 음운론, 제5장에서 형태론, 제 6장 통사론, 제7장 의미론(화용론 포함), 제8장 역사 언어학의 차례로 다루며 제9장에서는 남은 심리 언어학, 방언학, 사회 언어학 등과 아울러 위 분야 부분에서 소개하지 않은 **전산 · 수리 언어학**(電算 · 數理言語學 computational and mathematical linguistics), **언어교육**(言語教育 language teaching)등도 간략히 소개한다.

참 고

1.1, 1.2와 관련하여 인간과 언어, 사회 전반에 관여하는 Fishman(1970)을 참조, 1.2.2의 언화 행위에 관해서는 Austin(1962)과 Searle(1969)를 참조. 1.3의 한국어 친족어에 관하여는 Kim(1967)을 참조. Sapir-Whorf 가설에 관하여는 Whorf(1936, 1939), Sapir(1929, 1931)를 참조. 1.4 의사전달의 과정을 언화 연쇄(the speech chain)로서 다룬 책은 Denes and Pinson(1963)을 참조.

1.5 언어 연구의 분야와 관련하여 통사론, 의미론, 화용론의 3분법은 Morris(1938)에 의존한 것이며 언어 연구의 역사와 더불어 전통 문법, 역사 및 비교 언어학, 구조주의(Saussure), 인류 언어학(Boas, Sapir), 미국의 기계주의(Bloomfield), 사회 환경 이론(Malinowski, Firth), 언리학(Hjelmslev), 변형이론(Chomsky) 등을 개관한 개론서로서는 Dineen(1967)이 있다. 언어의 본질과 발전, 연원 등에 관해서는 Jespersen(1929)으로 아주 좋은 서적이며 문법이론서로서 Jespersen(1924)도 탁월하고 독창적 견해를 가지 있다.

위에 든 참고문헌은 본장의 내용의 근간을 이루는 것들이나 조금 전문적인 것들이니 초보자는 제 2장의 참고에 소개된 개론서 Langacker(1967, 1972), Wardhaugh(1972), Grinder and Elgin(1973), Fromkin & Rodman(1974), Liles (1975), Lyons(1981), Radford(1988) 등을 먼저 보는 편이 좋다.

◈ 연 습 문 제 ◈

A. 다음에서 옳은 진술에는 (O)표를, 틀린 진술에는 (×)표를 하라.

1. (　　) 아기의 울음소리나 손짓으로 남을 부르는 행위 등은 모두가 넓은 의미에서의 의사소통이요 의미를 전달하는 기능이 있으므로 언어라고 볼 수 있다.
2. (　　) 인간과 인간 사이의 상호교섭 작용에는 말을 통한 것 한 가지밖에 없다.
3. (　　) 언화 행위 중에서 서술(또는 주장)은 논리상 진리치를 가지고 있다.
4. (　　) 언화 행위 중에서 명령도 진리치를 가질 수 있다.
5. (　　) "당신이 틀림없이 그 은행을 털었어"와 같은 남에 대한 비난의 말은 언화 행위가 아니다.
6. (　　) 인간의 언어 행위나 발언의 과정에서 귀환(feedback) 작용은 그것이 있으므로 해서 발언에 편리하기는 하나 필수불가결한 것은 아니다.
7. (　　) "언화 연쇄(the speech chain)"는 화자의 뇌 속의 생각으로부터 운동신경계통, 발성기관, 공기진동, 청각기관, 감각신경계통, 화자의 뇌신경 속의 생각까지에 이르는 변형과 역변형의 과정을 이르는 말이다.

B. 다음에 대하여 아는 바를 써라.

1. 질의(question)와 명령(order)의 공통점과 차이점을 말하라.
2. 우리말에서 "표현 의존 행위"에 속하는 발화의 예를 세 개만 들고 그것들을 서술적으로는 어떤 표현을 쓸지 말해 보아라.

<보기> 표현 의존 행위 : 순이 : "내 돈을 도적맞았다는 것이 사실은 거짓말이었어."

서술의 표현 행위 : 순이는 자기 돈을 도적맞았다는 것이 사실은 거짓말이었다고 해서 나는 놀랐다.

3. 한국어의 존비법이나 "시"를 쓰는 공대법 이외에 다른 공대말이 있는가? 있다면 그 예를 3 · 4개 들어 보아라.
4. 한국어 공대법 중에서 존비법(말의 높임 · 낮춤)의 사용기준을 말해 보라.

C. 다음에 대하여 논하라.

1. 본문 (5)의 서술(주장)은 모두가 (6)과 같은 질의가 가능하다. 그렇다면 (5)에 해당하는 명령은 가능한지 적어보아라. 질의가 불가능한 경우에 대해서는 그 이유를 생각해 보아라.
2. 아래 표는 어떤 언화 행위에 흔히 쓰이는 문장의 문법적인 형식을 나타낸 것이다.

언화 행위	주장	명령	질의	약속	.....
문장 형식	서술문	명령문	의문문	서술문	.....

그러나 한 유형의 언화 행위는 언제나 일정한 문장 형식으로만 표현 되는 것이 아님을 본문에서 보았다. 본문에서 소개된 서술(주장), 질의, 명령, 약속, 감탄, 허락, 충고, 권유, 비난, 경고, 협박 등 11가지 언화 행위에 쓰이는 문장 형식을 가능한 대로 많이 들고 그 예문도 들어 보아라.

제 2 장 또 만나기 : 서론

≪언어에 대한 흥미와 탐구를 위하여≫

2.1 언어 능력 · 문법성 · 보편성

(1) a. *환자는 의사에게 감기라고 진단했다.
b. *Colorless green ideas sleep furiously.
c. 의사는 환자에게 감기라고 진단했다.
d. The doctor ordered his patient to rest.
e. 의사는 감기라고 진단했다.
f. The doctor ordered to rest.
g. *의사는 감기를 진단했다.
h. *The doctor ordered resting.
i. *진단 환자 감기 의사는 라고 에게 했다.
j. *Furiously sleep ideas greens colorless.

위에 제시된 문장들을 자세히 보면, 우리가 매일 무심히 말하고 있는 우리의 언어에는 어느 만큼은 허용이 되고, 어느 만큼은 허용이 되지 않는 부류(*로 표시한 문장들)로 나뉘는 기준이 있다는 사실을 알게 된다. 그리고 그 각각의 부류 가운데도 정도의 차이가 있어서 좀더 자연스러운 문장과 좀더 어색한 문장으로 구별을 지을 수 있는 우리의 **직관**(直觀 intuition)이 있다. 언어학자들은 많은 다른 문제들을 다루지만 바로 이 같은 문제에도 깊은 흥미를 느껴 과학적인 방법으로 설명해 보려 하고 있다.

a와 b 두 문장은 문법적으로는 각 문장의 요소들(주어 · 술어 등

등)이 제자리에 잘 놓인 문장이지만 의미상 보통 납득할 수 없는 내용이 된 것이다. 이들은 c와 d 같이 문법상으로나 의미상으로 완전한 문장에 비교해 보면 괴이하기 짝이 없는 상황을 나타낸다. 간혹 특수하게 a의 문장이 성립될 수는 있다. '본래 의사인 환자'가 자기 아닌 딴 의사에게 감기 든 것이라고 병상에 누워 진단을 할 수 있기 때문이다. b도 난해시(難解詩)에서는 드물게 나타날 수도 있을지 모를 표현이다. 문학에서 많이 쓰이는 비유적 표현은 이 부류에 속한다고 볼 수 있다.

(2) He's a *green* doctor. (그는 풋내기 의사다.)

(2)의 예는 문법적으로는 흠이 없으나, 의미상으로는 특수한 뜻으로만 성립되는 것이다. (1)의 a~d는 모두 문법적이나, 의미가 이상한 a, b와 의미가 정상적인 c, d 두 부류로 나뉠 수 있고 그 사이에 (2)가 위치한다고 볼 수 있겠다.

다음 (1)의 e와 f는 얼핏 들었을 때는 의미가 무리 없이 전달되는 듯하나, 문법적으로는 어딘가 결함이 있는 문장들이다. e는 '환자에게'라는 대상이 빠졌고, f도 'his patient'라는 명령 받을 대상이 사라졌다. 이들에 비해 (1)의 g와 h는 의미 전달에 무리함이 적잖이 생기고, 문법적으로도 더욱 결함이 뚜렷한 것들이다. g는 '의사는 환자에게 감기를 얻었다고 진단했다'나 '의사는 환자의 감기를 진찰했다'는 의미의 문장으로 바꾸어 생각하게 한다. h는 영어에서 동사 order가 부정사 to rest를 받는다는 문법 규칙을 어긴 것이다.

한편 (1)의 i와 j는 문법적으로나 의미상으로나 결코 나타날 수 없는 형태의 것들이다. 단어들을 무질서하게 늘어놓는 것만으로는 문장이 될 수 없기 때문이다. 언어학자는 바로 이런 경우 어떤 질서가 문장 속에 있어야 하는가에 관심을 가지는 것이다.

지금까지 말한 내용을 도식화해서 보인다면 다음 (3)과 같이 될 것이다. 물론 실제 언어는 연속체(continuum)의 상태여서 (3)과 같이 명백한 구분이 항상 가능한 것은 아니나 편의상 이 같은 구분을 지을 수 있을 것이다.

예 문

(3) 문법적 / 비문법적 | 의미성립

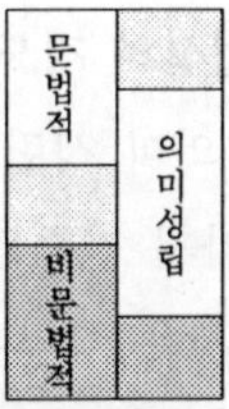

A부류 (1) a, b문법적, 비정상적 의미성립
B부류 (1) c, d문법적, 의미성립
C부류 (1) e, f 준문법적, 의미성립
D부류 (1) g, h 비문법적, 의미전달 가능
E부류 (1) i, j 비문법적, 의미성립 불능

위의 A부류는 어휘들의 상호 배열관계에는 일정한 선택 규칙(selectional rule)이 있고 이것을 어기면 의미를 성립시킬 수 없다는 의미 제약(意味制約 semantic constraints) 때문에, 또 C, D 부류와 같은 문장 구조로는 문법성(文法性 grammaticalness)을 어겼기 때문에 빗금을 그어 표시한 것이다. A와 C, D 부류를 각각 의미적 비문법성(semantic ungrammaticalness)과 통사적(syntactic) 비문법성이라 부를 수 있다. E부류는 이 두 가지 기준을 다 어겼으므로 모두 빗금을 그은 것이다. 즉 빗금은 우리가 정상적인 문장의 적절한 형태로 받아들일 수 없는 부분을 가리킨다.

바꿔 말하자면 문법성과 의미 제약은 문장의 **적형조건**(適形條件 well-formedness condition)을 이루는 별개의 기준들로서 양자가 다 충족되어야만 완전한 정상적 문장을 만들어 내는 것이다.

그런데 이 같은 기준은 우리가 언어에 대해 애초부터 가지고 있는 지식을 바탕으로 이루어진다. 언어에 대한 지식, 즉 어떤 문장이 문법적이고 또 의미가 성립된다든가 하는 잠재적 판단 능력을 바로 우리의 **언어능력**(competence)이라고 부를 수 있는 것이다. 현대 언어학의 주요한 목표 중의 하나는 바로 이 언어 능력의 정체를 밝혀 기술(記述)하는 데 있다.

다시 (1)의 예문들을 살펴보면 g와 h는, 위의 (3)에서 보인 바처럼 준문법적(準文法的)인 e와 f보다는, 더 비문법적이며 의미 전달에 지장이 심해지는 것이다. 따라서 문장에 따라 **문법성의 정도**(degree of grammaticalness)가 다른 것을 인정하게 되며, 의미 성립의 정도에도 차이가 있는 것을 알 수 있게 된다. 물론 두 가지 기준은 B부류처럼 다 충족되는 경우도 있지만, 항상 충족되는 것은 아님이 (3)에서 명백하다. **언어**(language)란 이 가운데 주로 B부류 같이 문법성을 어기지 않고 만들어 낼 수 있는, 즉 생성(生成 generate)해 낼 수 있는, 무한(無限 infinite)한 수의 문장으로 이루어졌다고 정의할 수 있다. 한편 **문법**(grammar)이란 이 같이 무한한 문법적 문장만을 생성해 내는 규칙들의 유한(有限 finite)한 집합(集合 set)이라고 할 수 있다.

우리의 실제 언어생활은 반드시 언어 지식에 맞는 대로만 실행되는 것은 아니어서 말의 실수(speech errors)를 저지르는 일이 많다.

우리의 머리 속에 알고 있는 언어 규칙, 즉 언어 능력이 실제로 말로 실현되어 나오는 과정에서 잘못 적용될 수도 있고 또 기억력의 한계, 피로감, 건망증 또는 잡음 같은 비언어적 요인에 의해서도 장해를 받을 수 있는 것이다. (1)의 g와 h 같은 비문법적 문장도, 언어능력이 실제 관찰 할 수 있는 언어 행위로 수행되어진 것, 즉 **언어운**

용(言語運用 performance)의 경우에는 일어날 수 있는 가능성이 충분한 것이다. 그러나 그런 실수가 근본적으로 언어 능력이 손상되어서 일어나는 것은 아니다. 자전거를 잘 타다가 한 번 넘어졌다 해서 그 사람이 균형을 잡는 법을 다 잊어버리는 것은 아닌 것과 마찬가지다. 또한 균형 잡는 법을 그 사람 자신이 물리학적 규칙으로 잘 설명할 수 없다 해도 그 사람은 여전히 자전거를 잘 타는 것이다. 마찬가지로 언어 능력을 규칙화해서 잘 말할 수 없는 사람이라도 언어 운용에는 하등 지장이 없는 것이다. (1)의 e, f와 g, h에서도, 왜 '감기를' 대신 '감기라고'가 더 적절하고 'resting' 대신 'to rest'가 더 문법에 맞는지 잘 설명하기는 쉬운 일이 아니다. 외국어를 학습하는 경우 이런 부분들이 가장 어렵고 틀리기 쉽다. 그 언어에만 존재하는 특수한 규칙들을 외워야 하기 때문이다.

언어 능력과 언어 운용이 구별될 수 있는 좋은 예로 말의 실수에서 비롯된 **두음전환**(頭音轉換 spoonerism)의 경우가 있다. 옥스퍼드 대학의 Spooner라는 교목(校牧)은 여왕에게 'dear old queen'이라고 해야 할 것을 'queen old dean'이라고 발음했다 한다. 그는 앞의 형태로 말해야 옳다는 언어 능력을 가졌으면서도 그의 혀가 수행 과정에서 실수를 저질러 무례한 언어 운용이 된 것이다. 말더듬이도 마찬가지 경우라 할 수 있다.

언어 능력에 대해 따져볼 때는 문법성이 주로 관련되지만, 언어 운용에 대해 고찰할 때는 그것만으로는 충분하지 못하다. 말의 실수, 반복, 주저, 중단, 기억의 한계성, 억양 및 문체상의 요인, 논리적 주어를 이야기 앞부분에 내세우기 등등의 요인들에 의해서도 영향을 받기 때문이다. 이런 점을 포괄하여 **용인 가능성**(容認可能性 acceptability)이라는 좀 더 넓은 기준을 세워, 실제 언어 운용의 가능성을 판단하는 척도로 삼는다.

(4) a. *Huck built Huck a raft.

b. Huck built himself a raft.

c. Huck built a raft.

d. ?The raft built Huck.

e. *Built Huck a raft.

위의 (4) 예들은 (1)의 예들과 거의 병행하는 것들이다. (1)을 (3)의 도식으로써 설명했듯이 (4)를 도식 (5)로써 설명해 보겠다.

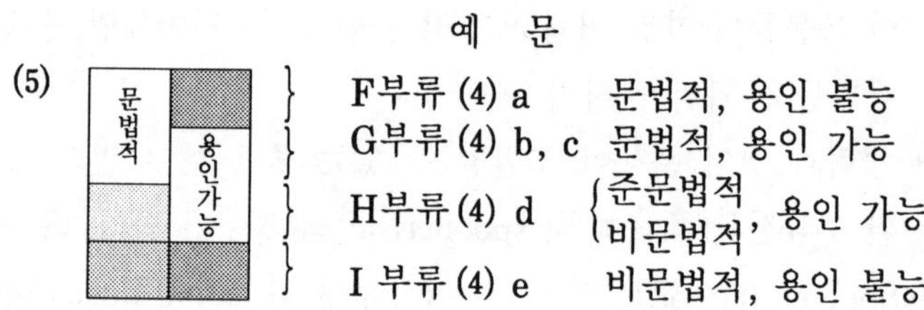

위의 H부류에는 비문법적(非文法的)이라기보다는 준문법적(準文法的)이라고 하는 것이 더 적절한 중간적인 존재도 포함된다. 이같이 명확하게 구분지어 판단하기 어려운 경우는 (4)의 d에서처럼 ?로 표시한다. (4)의 d문장은 도치법으로 보면 어느 정도는 문법적이며 용인 가능하다. H부류에 들 수 있는 다른 예로, 흔히 외국인의 유창하지 않은 영어('You like?'로 의문을 나타내는 일) 또는 실제 대화에서 불필요한 말씨(에-, 말이야, 그래설라무네 등등)를 마구 넣어 비문법적 문장을 만들지만 용인되는 경우가 해당된다.

(5)의 F부류에 드는 또 다른 예로 흔히 지적하는 것은 다음 (6)의 a, c와 같다.

(6) a. *하나 더하기 하나 더하기 하나 더하기 하나 더하기 하나 더하기………하나 더하기는 얼마냐?
b. I called up the man who wrote the book that you told me about.
c. *I called the man who wrote the book that you told me about *up*.

(6)의 a는 이론상으로는 얼마든지 길어질 수 있는 가능성이 있는 문장이겠으나 실제로 인간의 파악 능력을 벗어나는 시간상 제약 때문에 곤란한 경우다. 이런 예를 보면 인간의 언어는 이론상으로는 문장 길이에 제한이 없으나, 언어 운용의 실제에서는 파악이 용이하게 적당한 길이를 취한다고 할 수 있다. (6)의 c는 b와 같은 원 문장에서의 up을 called와 연관짓기 어렵게 너무 떼어 놓은 경우다. 즉 기억력의 한계를 벗어나리 만큼 산만하게 떼어 놓으면 아무리 문법적으로 그럴 듯해도 용인되기 어려운 문장이 된다.

언어는 위와 같은 논리적, 심리적 제약에 의해서만 용인 가능성이 결정되는 것이 아니고 물리적 또는 생리적 제약도 갖게 된다. 문법성의 정도나 마찬가지로 음(音)의 결합 형태에도 **허용 가능성의 정도**(degree of phonological admissibility)가 있다. 영어에서 bring, brick과 같이 항상 허용될 수 있는(admissible) 형태가 있는가 하면, bling, blick처럼 **우연의 공백**(accidental gap)으로 나타나지 않거나 (blink, bliss같은 어휘가 있는 것으로 보아 bl-의 음결합이 영어에서 체계적으로 공백인 것은 아니다.), 또는 bning, bnick처럼 생리적으로 조음(調音)하기가 어려워 허용될 수 없는(inadmissible) 것들이 일련의 정도 차이를 가진 척도로 파악될 수 있다.

위의 둘째 경우에는 그 언어에만 특유하게 나타나지 않는, 가령 언어라면 trick은 나타나도 tlick은 안 된다는, 영어 특유의 **음성 제약**(phonetic constraints)도 포함된다. 미국 알라스카 인디안 말 중에는 Tlingit라는 언어가 있는데 이들은 tl-을 단어 첫머리에 잘 쓸 수 있는 것으로 보아, 영어에서 안 나타나는 것은 그 언어 특유의 현상으로 보아야 한다. tnick은 어느 언어에서나 불가능한 **체계적 공백**(systematic gap)이다.

앞서 의미 제약이라는 것과 바로 위에서는 음성 제약에 대해 말했는데, 이들은 모든 언어에 공통되는 구조적 특질인 **언어적 보편성**(linguistic universals)의 일부라고 할 수 있다. colorless란 수식어가 green이란 피수식어 앞에 놓이면 어떤 언어에서나 성립되기 어려운 의미인 것은 보편적인 사실이다. 또한 어두(語頭)의 bn-이나 tn-은 어떤 언어에서나 나타나기 어려운 음의 결합인 것도 보편적 사실이다. 이러한 **보편 제약**(universal constraints)의 사항만이 아니라 다른 예도 얼마든지 있다. 예컨대 세계의 언어들은 모두 자음과 모음 등의 소리로 나눌 수 있으며 그것으로 단어와 문장들을 만드는데 거기에는 일정한 규칙이 보인다는 점이 보편적이다. 또 어떤 언어나 명사·동사 등의 주요 품사가 있고, 아버지·어머니 등의 어휘가 있는데 대개 p와 m소리로 특징을 이룬다는 것 등이다.

또 부정(否定)의 표현도 보편적으로 존재하는데 n소리와 깊은 관계를 가진 것 같고(아니요, no, nein 등), 긍정은 j소리와 관련이 많다(예, yes, ya). 또한 어순(語順)을 보면 한국어는 주어(S), 목적어(O), 동사(V)인데, 영어는 SVO, 히브리어는 VSO, 마다가스카르섬의 말 라가시(Malagasy)어는 VOS다. 세계 어느 언어도 OSV나 OVS처럼 목적어를 첫머리에 놓는 일은 없다고 보편화할 수 있다. 이와 같은 보편성은 인간 언어가 공유하는 특질들이기 때문에, 언어 습득 과정에서도 선천적으로 전제되는 것으로 믿어진다. 이러한 보편성을 근거하여 모든 언어를 포괄 설명할 수 있는 **보편문법**(universal grammar)을 수립하려는 것이 오랜 동안 언어학자들의 소망이 되어 왔다.

이에 반해 위의 우연의 공백이라든가, (1)의 f와 h에서 영어의 동사 order는 to-부정사를 받는다는 것 등은 그 **개별 언어 특유**(language particular)의 현상이라고 할 수 있다. 외국어 학습의 경우에 우리는 이미 아는 보편성을 기반으로 개별 언어 특유의 규칙들을 익혀 가게 되는 것이다. 언어 이론은 이러한 보편성과 개별성의 양면을 다 설명할 수 있어야 할 것이다.

2.2 언어의 특성과 언어 습득

흔히 인간은 사회적 동물이라 하며, 또 동물과 구별되는 점을 들라면 언어를 가졌다고 한다. 인간이 사회적이기 위해선 언어가 의사소통의 필수적 도구로 따라 다니게 마련이고, 만물의 영장이기 위해서도 언어의 사용에 힘을 입어야 한다. 인간이 있는 곳에는 미개지건 문명국이건 언어가 존재하기 마련이다. 그러한 언어에 대해 우리는 평소에 적잖은 오해를 갖고 있는 것이 보통이다. 우선 언어는 음과 의미가 상관을 맺고 있는 체계라 할 수 있는데, 그 관계가 반드시 어떤 필연성에 의한 것인지 또는 자의성(恣意性)이 있는 것인지 분명히 할 필요가 있다. '家'라는 의미에 대해 한국어는 '집', 영어는 'house', 프랑스어는 'maison', 스페인어는 'casa', 러시아어는 'dom', 터키어는 'ev' 등으로 발음을 달리하는 사실은 어떤 의미가 한 발음과 필연적 관계가 없다는 사실을 단적으로 말해 준다. 즉 사회적인 관습과 규약에 따라 우연히 맺어진 음과 의미의 상관 체계가 언어인 것이다. 또 언어와 사고(思考)체계와의 관계도 자의적이어서, 보통 7가지 색깔이 있는 것으로 보는 무지개를 어떤 아프리카 언어에서는 더운색과 찬색 단 2가지 색깔로 인식하는 것이다. 한국어만 해도 파랑 · 노랑 · 빨강의 3색깔은 고유어가 존재하지만 그 사이 사이의 보라 · 남(藍) · 초록(草綠) · 주홍(朱紅)은 고유어가 아닌 것으로 보아(혹시 쪽빛 · 풀빛 · 불빛 등의 말이 존재하다가 밀려난 것이라 생각할지도 모르나 '풀'은 '파랑', '불'은 '빨강'과 더 직결되는 것이다. 보라는 몽고어 차용이라는 설이 있다.) 과연 무지개의 색깔을 본래부터 7개로 구분했는지는 의심스럽다.

이때 또 한 가지 오해하기 쉬운 점은 색깔의 이름이 적은 언어들은 미개한 것이냐 하는 문제다. 문명의 발달과 어휘 수의 증가는 어느 정도 비례한다고도 볼 수 있으나, 반드시 문화 수준과 언어 구조의 복잡도가 일치하는 것은 아니다. 언어는 그것이 쓰이는 사회의 생활에 알맞게 발달되는 것이므로 한 언어에 많이 보이는 어휘들이 다른 언어에 안 나타난다고 그것으로 우열을 말하는 것은 과학적이 아니다. 에스키모어에는 '얼음집(igloo)을 만들기 좋은 눈'이란 표현이 한마디 말로 있는데 다른 선진국의 언어에 그런 어휘가 없으니 미개하다고 할 수 없는 것이다. 미개지역의 언어라도 세상의 복잡한 사상(事象)을 얼마든지 나타낼 수 있는 능력과 새로운 사물의 도입에 따라 새 어휘를 만들어 낼 수 있는 능력이 갖추어 있다. 결국 언어란 그 사용 지역의 생활에 아무 불편을 주지 않도록 자족(自足)적인 체계를 이루게 마련이다. 우리가 귀 아프게 들어 온 '한글은 우수하다'라는 표현도 문자로서의 '한글'이 우수하다면 옳아도, '한국어'라는 의미로서 '한글이 우수하다'는 식의 용법은 도무지 이론적 근거가 없다. 도대체 '한글'을 '국어'와 동일하게 쓰는 용법부터가 비과학적이다. 전자는 문자, 후자는 언어를 가리키는 것이니 동일시 할 수 없다. **문자**는 언어(즉, 소리)를 시각적으로 표기해 놓는 부차적 수단일 뿐이다. 따라서 언어학자는 문자에도 관심은 갖겠지만 우선 언어 자체의 과학적 연구를 힘쓰는 사람들이다.

언어에 대한 다른 오해로서 어떤 특정 언어는 어떤 특정한 지역이나 문화 또는 민족과 불가분리의 관련성이 있다고 믿는 경향이 있다. 그러나 실제로 미국과 같이 한 지역에 각기 다른 문화적 배경과 민족적 계통을 가진 사람들이 모여 영어를 주로 쓰고 산다든가, 한국 이민 2세는 미국서 자라면서 영어를 한국어보다 더 잘 배우는 사실로 보아, 언어가 문화 배경이나 혈통과 필연적 관계는 없음을 알 수 있다.

언어에 대한 오해 가운데 또 하나는, 어린이는 어른이 가르쳐 주는 말을 흉내 내는 것만으로 말을 배운다고 믿는 경향이 있다. 어른이 쓰는 언어만 본받는다면 그 문장의 수는 극히 제한된 것이고 그 종류도 다양성이 적은 단편적 형태를 접할 텐데, 이런 비조직적이고 또 말의 실수도 섞였을 산만한 자료를 토대로 아이들은 추상적이고 복잡한 언어 체계를 잘 습득한다. 외국어를 배울 때 어려운 문법책을 단계적으로 배워나가도 완전히 익히기 어려운 일을, 아이들이 모국어를 배울 때는 일정한 나이쯤 되면 특별한 훈련 없이도 누구나 균등하게 또 거의 완전하게 배워 낸다. 저능아라든가 인간 사회에서 격리되어 동물에 의해 키워졌다든가 하는 특수한 경우를 빼고는, 인간은 지능지수나 육체 조건, 환경, 경험 등에 관계없이 천부적인 언어 능력에 의해 말을 배우는 것이다. 어린이가 산수나 음악을 못할 수는 있어도 자기 모국어를 못 배운다는 일은 없다. 인간은 선천적으로 말을 배울 수 있는 능력을 타고난다는 사실은 다른 동물들과 비교해 보아도 확인된다. 침팬지 · 돌고래 등이 간단한 기호 체계는 익혀도 그 이상 습득하기 어려운 것은 언어 능력이 주어지지 않았기 때문이다. 그러므로 동물의 의사소통 체계와 인간 언어는 질적으로 근본적 차이가 있다. 전자는 제한된 정보 표현만 허용된 유한 체계(有限體系 finite system)의 일종이며 후자는 무한한 정보를 전달할 수 있는 개방적 기호 체계다. 어린이는 부모나 주위 사람들에게 한 번도 들어본 일이 없는 새로운 문장을 창조하며 또 이해할 수 있고, 우리의 매일 쓰는 말도(인사말로 굳어 있는 표현을 제외하면) 한 번도 같은 경우가 없이 달라지는 것을 느낄 수 있다. 즉 인공이 아닌 **자연 언어**(natural language)가 가지고 있는 문장의 수는 무한하다. 또 앞서 말한 대로 그 길이도 이론적으로는 무한하다. 다만 이런 문장을 만드는, 바꿔 말해 **생성**(生成 generate)해 내는, 문법 규칙과 음운 및 어휘 수 등의 기본 요소는 유한해야 한다. 그렇지 않다면 우리는 어떤 언어도 학습할 수 없을 것이다. 무한한 어휘와 규칙만 외우다 말 것이고 전체를 끝내 파악하지 못할 것이다. 외국어를 공부할 때도 어느 수준 이상만 넘기면 좀 수월해지는 것은 이 유한한 기초를 어느 정도 익혔기 때문이다.

언어 습득에 대한 이해를 위해 더 알아 두어야 할 것이 있다. 다시 말하지만, 인간에게 선천적인 언어 능력이 유전된다는 점은 어린이가 말을 익히는 과정에서 어른을 따라 그대로 입을 놀리는 것만이 아님을 뜻한다.

어휘는 반복 연습으로 가르쳐 줄 수 있을지언정, 문법 규칙을 가르칠 수는 없는 것이고 어린이 자신이 규칙을 발견해 가는 것이다. 어른이 알고 있는 문법 규칙을 세우기까지에는, 어린이는 자기 나름의 가정을 세워 그것을 시행착오 속에 수정해 나가는 것이지 단순한 모방을 하는 것은 아니다. 가령 부정법(否定法)을 배우는 과정에서 '안 먹어'로부터 유추(類推)하여 '안 바보, 안 울보'하다가 '바보가 아니야' 등으로 고치는 것을 볼 수 있다. 이러한 규칙의 형성, 수정 과정은 심리적인 내면화 과정이므로 언어 심리학(제9장 참조)에서 본격적으로 다루어야 할 것이다. 인간에게 있어서 언어 습득 능력은 전승되지만 언어 자체는 유전적으로 전승되는 것이 아니다.

2.3 언어의 기원과 계통

앞의 2.2에서 언어는 음과 의미의 자의적 관계로 약속된 체계라 했는데, 반드시 자의적인 것 같지는 않은 경우가 보인다. 약간의 어휘들은 그 발음이 의미를 암시하는 것 같거나, 또는 그 특성을 소리로 모방했다고 할 만한 것들이 있다. 흔히 의성의태어(擬聲擬態語)가 대표적인 것으로서, 수탉의 울음을 '꼬끼요'라든가 'cockadoodledoo'(영어), 'kikeriki'(독어), 'coquerico'(불어), 'kukuriku'(로어)로 말하는 데는 어떤 공통점이 느껴진다. 물론 이때에도 각 언어들의 음성 체계를 반영하여 약간씩 다를 수밖에 없다. 영어에서 gl-은 glare, glint, gleam, glitter, glossy, glaze, glance, glimmer, glimpse, glisten 같은 어휘에서 모두 시각(視覺 sight)에 관한 내용과 관계된다. 한국에서도 '밝다, 붉다, 불' 등도 위와 같은 **음성 상징**(音性象徵 sound symbolism)을 바탕에 가지고 있음을 알아챌 수 있다. 이렇게 어떤 어휘가 취한 형태(음)와 사물(의미) 사이에 필연적인 관계가 있다고 보는 **자연주의자**(naturalist)의 견해는 이미 기원전 5세기에 비롯되었다. 그러나 이 주장에 들어맞는 예들은 극히 제한된 일부에 지나지 않는

다. 한편 음과 의미의 자의적인 관계가 사회적 관습에 의해 정해진 것이라고 보는 **관습주의자**(conventionalist)의 입장도 당초부터 대두되어, 대부분의 어휘에 들어맞는 설명 방법이 된 것이다.

언어의 기원이 어디에 있느냐는 질문은 언어학자들이 한동안 부질없는 질문으로 백안시(白眼視)해 오던 것이다. 언어학이 과학적인 학문으로 기반을 잡을 무렵인 1886년 파리 언어학회는 이 주제에 관한 논문은 취급하지 않기로 결의할 정도였다. 그도 그럴 것이 증명하기도 불가능한 여러 가설(假說)들만 쏟아져 나왔을 뿐, 실질적인 다른 문제 해결에 필요한 정력과 시간만 낭비시키는 것이었다. 가령 언어는 신(神)이 부여한 것이며 주술(呪術)적인 힘이 있다고 보는 가설은, 신의 존재에 대한 과학적 논증을 하기 어려운 만큼이나 막연한 것이다. 예로부터 여러 왕들이 어린이를 일부러 격리시켜 길러서 그가 처음 내뱉는 말을 조사하려는 헛된 실험을 행한 사례가 드물지 않다. 그러나 이런 실험은 비인도적일 뿐 아니라 아무 것도 증명될 성격의 것이 아니다. 어렸을 때 인간 사회에서 떨어져 늑대에게 키워졌다가 1920년 인도에서 발견된 소위 늑대 소년들을 보아도, 인간은 언어 습득 능력이 유전되긴 하지만 후천적으로 언어에 대한 적절한 노출과 접촉이 없으면 말을 배우지 못함을 알 수 있다.

다음 가설로는 언어는 인간의 발명품이라는 생각이 있다. 이에 해당하는 주장으로는 음성 상징을 언어 발생의 시초로 보는 '딩동설(ding-dong說)' 또는 '멍멍설(bow-bow說)'이 있다. 그러나 이에 해당되는 어휘가 극소수라는 사실은 이미 언급했고, 또 어휘 형성의 설명만으로는 그것을 복잡한 언어 체계에 맞춰 나열하는 법칙 등을 설명하지 못할 것이다. 또 다른 주장으로는 18세기 중엽 J. J. Rousseau가 언어는 자연적 감탄사에서 시작했을 것이라든가 현대 언어학자 O. Jespersen이 노래에서 비롯되었다고 한 것 등은 역시 인간 언어가 갖는 복잡한 발음 구조의 발생을 설명하기에는 미약한 가설들이다. 인간 언어는 사고와 관련이 있는 것인데, 짐승의 울음 · 새들의 노래와 일맥상통하는 본능적인 면만 강조한 것이기 때문이다.

좀더 최근의 가설로는 현대 언어학자 P. Lieberman의 **진화설**(進化說)이 있다. 생리해부학적 연구를 바탕으로 언어 발생은 발성 청취 기관의 진화와 밀접한 관계가 있다고 주장한다. 비영장류(非靈長類)들은 인간처럼 언어를 발성 청취할 수 있는 기관이 진화되어 있지 않다는 것이다. 이 가설은 아마 백만년전 인간이 처음 나타났을 때는 현재의 언어보다는 덜 복잡한 체계였다는 가정을 내포한다. 생물학적 진화론에서도 인간의 직계 조상을 아직 확실히 밝힐 수 없듯이 이 가설에서도 동물의 소리에서 인간의 언어로 연결되는 과정을 보여줄 언어적 조상을 실증하기가 어렵다. 한편 앵무새나 구관조(九官鳥)가 인간 언어를 비슷하게 발성할 수 있다 해도 단순한 반복 모방일 뿐 어린이처럼 응용력은 없다. 즉 bad, dad를 가르치면 그대로만 할 뿐 어린이처럼 bab, dab를 창조해 낼 수 있는 능력이 없다. 이 언어 능력은 바로 인간의 뇌가 다른 동물과는 다르게 진화되어 있기 때문일 것이다. 포유동물의 두뇌는 왼쪽 · 오른쪽의 두 반구(半球)로 구성되어 있는데 인간만이 두 부분 사이에 해부적 차이를 보인다는 사실은 주목할 만하다. 아마 이 뇌의 구조에 대한 연구가 깊어지는 날 언어의 기원을 밝히는 작업도 한결 수월해질 것이다. 좌우간 언어는 신의 선물도, 인간의 발명품도 아니요, 인간의 진화 과정에서 생존의 편리한 수단으로 개발된 것이라 볼 수 있다.

위의 진화설에서 오해하지 말아야 할 점을 한 가지 지적해 두겠다. 언어가 고대에는 미개했다가 현대로 오면서 진화되었다고 생각하기 쉬운데, 판독된 문자를 가진 최고(最古) 언어인 6000년전의 수메리아어(Sumerian)도 역시 복잡한 구조였고 희랍어를 보아도 고대에 덜 발달된 언어를 쓴 것은 아니다. 그러나 그 시대를 더 거슬러 올라가 인류 및 언어의 발생을 따지는 때쯤이면 아마 진화를 추적해 볼 수 있을지도 모른다. 현재의 인간은 언어를 관장하는 뇌의 좌반구(左半球)가 더 발달되어 있으나, 인간 이전의 유인화석(類人化石)에선 그런 증거를 찾을 수 없다는 사실이 어떤 진화를 가정하게 한다.

1918년 독일학자 A. V. Schlegel이 언어의 삼분법(三分法)을 처음 주장한 뒤, 진화론이 풍미하던 19세기 중반 A. Schieicher는 중국어 같은 **어근고립어**(root-isolating language)가 가장 덜 진화된 언어고, 한국어 같은 **교착어**(膠着語 agglutinative or subordinating language)는 중간 단계, 독일어 같은 어간－**굴절어**(stem-inflecting language)가 가장 발달된 언어라고 보았다. 그러나 언어 자체가 진화하는 것은 아니고 언어 중추인 두뇌가 진화를 했을 뿐이며, 언어는 변화를 할 따름이다. 언어 변화는 제8장 역사 언어학에서 상세히 다룰 것이다. 모든 언어는 시간의 흐름에 따라 변화하게 마련인데, 이 현상을 고대에는 순수했던 것이 현대로 오면서 타락했다고 생각하는 일이 있다면 역시 큰 오해다(제8장 부정회귀(不正回歸)현상 참조).

언어를 분류하는 방법의 하나로 위와 같이 언어의 표면상 특징을 기초로 하여 **유형적 분류**(typological classification)를 할 수 있다. F. N. Finck는 1909년 앞의 3가지 외에 그린랜드 에스키모어 같은 포합어(抱合語 incorporating lg.), 수비아(Subiya)어 같은 나열어(juxtaposing or serializing lg.), 타갈로그(Tagalog)어 같은 어간－고립어(stem-isolating lg.), 아랍어 같은 어근－굴절어(root-inflecting lg.), 조지아어(Georgian) 같은 집단-굴절어(group-inflecting lg.)로

도합 8가지 유형을 제시하였다. 그러나 이와 같은 유형적 분류는 국수주의적(國粹主義的) 사고방식에서 인구어(印歐語)를 가장 진화한 언어라고 합리화하려는 의도가 있었기 때문에 좀더 과학적인 수정이 가해져야 한다. 그리고 굴절 현상에만 초점을 두었기 때문에 영어 같이 굴절 체계가 단순화되고 어순에 의한 문법적 관계의 표시가 많아진 언어는 이 분류가 적당하지 못함을 입증한다. 중국어도 어떤 단어는 점차 허사화(虛辭化)하여 문법적 기능만을 나타내니 부분적으로는 교착어의 면모를 띠어 간다고도 할 수 있는 것이다. (언어 분류 방법에 대한 상세한 내용은 부록 5. '언어에 관한 총설' 참조)

언어 분류 방법의 또 하나로 **계통적 분류**(genealogical classification)가 있다. 세상의 언어들을 잘 비교해 보면 마치 사람에게 족보가 있듯이 언어들 간에도 **친연성**(親緣性 affinity)에 따라 **자매어**(sister language)가 있고 4촌간의 언어가 있고 또 역사적으로 소급해 올라가면 동일 조상인 **조어**(祖語 또는 共通祖語 parent language)가 짐작될 수 있다. 이렇게 언어들의 친족 관계를 밝혀서 계보적으로 분류하는 방법이 계통적 분류다. 성경학자들이 희랍어 bilbel(혼돈)에서 유래했다고 하는 Babel탑의 이야기는 언어가 왜 다양해졌는가를 흥미롭게 설명한다. 원래 인간 언어는 한 가지였으나 탑을 쌓아 하늘에 닿아보려는 인간들의 무엄한 노력을 허물어 버리기 위해 신(神)이 지구상의 언어에 혼돈이 일어나게 하여서 인간들이 곳곳으로 흩어져 살게 함으로써, 다시는 원활한 의사소통을 하면서 힘을 모아 신에게 도전하지 못하도록 했다는 것이다. 이 이야기는 두 가지 점에서 현대 언어학의 상식과는 틀린다. 첫째, 혼돈이 먼저 일어나서 사람들이 흩어진 것이 아니고 사실은 그 반대다. 인접한 지역에 있던 동일 언어 사용 집단이 어떤 연유로 갈라져 한동안 격리되어 있게 되면 처음에는 여전히 서로 소통이 가능한 방언 정도의 차이만 지니다가, 오랜 세월이 지나면서 더 큰 변화들을 겪어 상호 의사소통이 아주 불가능한 언어의 차이로 발전된다. 그러나 그들 사이에는 여전히 친연성이 남아 있으므로 **동계어**(同系語 related language)라 부를 수 있다. 둘째, 성경처럼 한 언어만 존재했던 것이 분기되었다고 볼 수는 없다. 현대 인류학자들이 인간은 지구상의 여러 다른 지역에서 각기 발생했다고 믿고 있듯이, 언어도 지구상의 여러 지역에서 각기 다른 20여 개의 조어들을 조상으로 분기되어 나왔다고 본다.

족보에서 어느 두 집단의 아버지의 이름이 우연히 같으니 한 자손이라고 할 수 없듯이, 언어의 친족 관계도 한국어 '많이'와 영어의 'many'같은 우연적 유사성은 무시한다. 의성의태어가 서로 비슷한 것도 마찬가지로 다룬다. 또한 국어의 '빵'은 스페인어의 'pan'을 국어의 '먹'은 중국어의 '墨'을 입양(入養)하여 생긴 관계이지 원래의 고유한 혈통이 아니므로 **차용어**(借用語 borrowed word)로 다룬다. 계통적 분류에서 중요시하는 것은 다음과 같은 체계적 유사성이다.

(7)

독일어	영어	불어	스페인어	cf.피마(Pima)인디언어	한국어
eins	one	un	uno	hermako	hana
zwei	two	deux	dos	gohk	tur
drei	three	trois	tres	walk	ses

여기서 처음 4개 언어는 체계적으로 유사성이 보이나, 한국어나 피마어는 이들과는 전혀 유사성이 보이지 않는다. 국어의 '둘'이 영어의 'two'나 불어의 'deux'와 비슷한 것은 역시 우연일 뿐, 1이나 3은 전혀 다르기 때문에 체계적 일치가 아니다. 그리고 유사성은 어휘에서 뿐만 아니라 문법 체계에서도 찾아 볼 수 있어야 하며 이렇게

체계적인 유사성을 밝혀 친족 관계를 증명하는 분야가 **비교 언어학**(comparative linguistics)이다.

이 분야는 19세기에 인구어를 중심으로 크게 발달하여 A. Schleicher는 **계통수설**(系統樹說 family-tree theory, Stammbaumtheorie)이라는 이론을 정립하였다(제8장 역사언어학 참조). 친족 관계에 있는 동계어들을 묶는 단계로서 **어족**(語族 language family)을 제일 상위에 두고 그 밑에 분기 발달된 언어들을 **어군** 또는 **어파**(語群, 語派 language group), 또 그 밑에 속하는 언어들을 하위어군(sub-group), 또 더 밑의 단계를 **어계**(語系 language branch)로 지칭한다. 또 초기 단계에 쓰였던 언어를 조어라는 용어 외에도 몇 개의 하위 단위를 전제한 용어로, 가령 알타이 **공통어**(common Altaic language) 또는 원초(原初)가 되었다는 의미로 **원시** 알타이어(proto-Altaic language)라고도 부르며, 그보다 하위의 중간단계 공통어(intermediate common language)라든가, 어느 언어보다 전(前)단계의 언어란 의미로 **선**퉁구스어(先通古斯語 pre-Tungusic)란 용도로 쓴다. 이들은 상대적인 개념의 용어라 어느 시기를 기준으로 상하(上下) 관계를 맞춰서 지칭하면 되는 것이 관례인 듯하다.

위에 설명한 계통적 분류에 따라 세계 언어들의 계보와 명칭들을 보이기로 하되, 고대로부터 많은 기록이 남아 있고 오랜 연구로 가장 비교가 잘 된 인구어족(Indo-European family)과 우리 한국어가 소속되리라고 보는 알타이어족에 대해서는 상세한 도표를 제시하기로 한다.

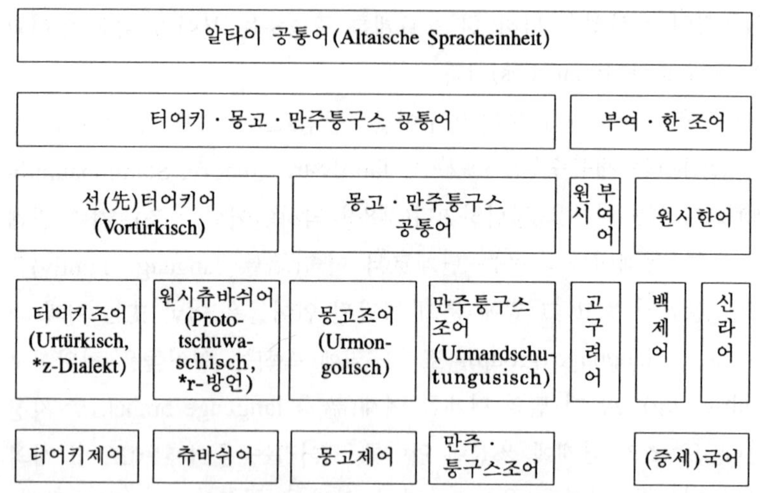

도표 (8)은 N. Poppe(1960)와 이기문(1972) 교수의 계통도를 종합한 것인데, J. Street(1962)는 여기에 일본어와 아이누(Ainu)어까지 포함시키려 하지만 아직 확실한 증거는 제시하지 못하고 있다. 아이누어처럼 그 친족 관계를 전혀 알 수 없는 언어를 기원불명어(起源不明語 language isolate)라 할 수 있다. 한국어가 알타이어족에 속한다 해도 (8)에서 알 수 있듯이 다른 세 어파들과는 상당히 이른 시기에 갈라져 나온 어파라고 볼 수 있을 뿐이며, 일부 학자는 한국어를 알타이어족에 넣지 않기도 한다.

또 어떤 학자들은 우랄(Uralic)어족을 알타이어족과 통합하여 우랄 · 알타이어족이라는 상위 단계를 설정하지만 상당히 회의적이다. 알타이어족 중에도 만주 · 퉁구스 제어와 몽고 제어는 한국어와 비교해 볼 만한 가장 가까운 언어들로 주목되고 있으므로 다음에 주로 그 현대어들의 상세한 목록을 보이고, 터키제어는 큰 분류를 중심으로 제시하겠다. 중요한 언어는 고딕체로, 이미 사라져 쓰이지 않는 사어(死語 dead language)는 †로 표시하겠다.

(9) a. 만주 · 퉁구스 제어 : 동시베리아 및 만주 일대, 약 10개어, 20만 인구.

① 만주어군 ⓐ †여진어(女眞語 Juchen) ⓑ 만주어(滿洲語 **Manchu**) ⓒ 골디(Goldi)어 ⓓ 울차(Ulcha)어 ⓔ 오로치(Orochi)어 ⓕ 오로키(Oroki)어 ⓖ 우데헤(Udehe)어

② 퉁구스어군 ⓐ 네기달(Negidal)어 ⓑ 에벤키(**Evenki**)**어** ⓒ 라무트(Lamut)어 ⓓ 솔론(Solon)어

b. 몽고(Mongolian)제어 : 주로 몽고지방 및 인접 지역, 약 10개어, 3백만 인구.

ⓐ 산타(Santa)어 ⓑ 몽구올(Monguor)어 ⓒ 다굴(Dagur)어 ⓓ 모골(Mogol)어 ⓔ 외뢰트(Oirat)어 ⓕ 부랴트(Buriat)어 ⓖ 몽골(Mongol)어:칼카(**Khalkha**), 차칼(Chakhar), 올도스(Ordos) 방언 등.

c. 츄바쉬 · 터키(Chuvash-Turkic)제어 : 발칸 반도 일부, 소아시아 및 중앙아시아 등, 약 25개 언어, 6천 6백만 인구.

① 츄바쉬어

② 터키 제어 ⓐ 야쿠트(Uakut)어 ⓑ 투바 · 카가스(Tuva-Khakas)제어:옐로 · 위굴(Yellow Uighur)어 등

ⓒ 큽착(Kypchak)제어:타타르(Tatar)어, 카자크(Kazakh)어, 키르기즈(Kirghiz)어 등 ⓓ 차가타이(Chaghatai)제어:우즈벡(Uzbek)어 등 ⓔ 투르크멘(Turkmen)제어:터키어(**Turkish**), 아제르바이잔(Azerbaijan)터키, 투르크멘어(Turkmenian) 등.

인구어족에 대해서는 (10)과 같이 9개 어파 150여종의 언어에 걸친 계통수도(系統樹圖)를 그릴 수 있겠다. (10)(지리적 위치를 반영한 인도·유럽어족의 분포)는 8장 뒷부분을 참조.

(10)의 인구어족은 우선 크게 동서 두 어군으로 나눈다. 인구조어의 k를 그대로 k로 내는 centum(百) 어군과 s로 바꾼 satem 어군이 각각 서쪽과 동쪽으로 갈려 나갔다. 또한 게르만어파에서도 조어의 ww를 그대로 유지한 서게르만어파와 gww로 바꾼 동·북 게르만어파로 나눌 수 있다. (10)에서 가지의 맨 끝에 있는 언어 중에서만 †로 사어를 표시하였으나 물론 그 위의 중간단계 언어들도 현재는 쓰이지 않는다. 토카리언(Tocharian)어도 중국 서부의 터키스탄 지방에 존재했던 언어로서 7세기 전후의 기록으로 남아 있을 뿐이다.

한편 (10)에 보인 9개 어파 외에 히타이트(Hittite), 루비안(Luwian), 팔라익(Palaic), 리시안(Lycian), 리디안(Lydian)어 등의 사어를 포함하는 아나톨리안(Anatolian)어파도 centum어군의 하나로 넣거나 또는 더 신빙성 있는 주장에 따르면 인구조어와 자매어의 관계에 있다고 보아 더 상위 단계의 인도-히타이트(Indo-Hittite)어족을 설정하기도 한다. 히타이트어 등은 기원전 1400년 전후 약 천년 사이의 설형문자 기록이 소아시아 지방에서 20세기 초에 발견됨으로 해서 기원전 3000년 이전에 시작되는 인구조어 연구에 결정적 도움을 주었다. 바스크(Basque)어는 스페인 북부에 인구어로 둘러싸여 있는 기원 불명어의 하나다.

다음에는 위의 두 어족 이외에 현재까지 조사된 세계 언어들의 계통별 분류를 보이겠다.

(11) a. URALIC : 헝가리, 핀란드, 우랄산맥 및 서북 시베리아의 20여 언어와 2천2백만의 인구를 포괄하는 어족.

① FINNO-UGRIC ⓐ Finnic : **Finnish**, Estonian …
ⓑ Ugric : **Hungarian**, Ostyak, Vogul …
ⓒ Lappic ; Lapp ⓓ Vogaic : Mari(Cheremiss), Mordvin … ⓔ Permic : Komi, Votyak.
② SAMOYED : Selkup, Yurak …

b. PALEO-ASIATIC(PALEO-SIBERIAN, HYPERBOREAN) : 시베리아 동북단 지방과 캄차카 반도의 8개어에 대한 지리적 분류, 2만 6천의 인구.
CHUKCHI-KAMCHATKAN:Chukchi, Koryak, Kamchadal, Kerek, Alutor
ISOLATES : Ket, Gilyak, Yukaghir

c. SINO-TIBETAN : 중국 · 티베트 · 버마의 대략 300여 언어, 8억 이상의 인구.
① SINITIC ⓐ Chinese : **Mandarin**, **Wu**, **Min**(Fukien, Amoy-Swatow : Fuchow), **Hunanese**(Haiang), **Kan**, **Hakka**, **Cantonese**(Yüeh) …
② MOAO-YAO : Miao, Yao(e. Austro-Tai에 포함하기도 함.)
③ TIBETO-KAREN ⓐ Karenic : Karen
ⓑ Tibeto-Burman : **Burmese**, Lolo, Bodo, Kachin, Naga, **Tibetan** …

d. AUSTRO-ASIATIC : 동남아시아, 150여종의 언어, 4천만인.
① MUNDA ⓐ North : Korku ⓑ East : Mundari, Santali
ⓒ Central : Juang ⓓ South : Sora …
② MON-KHMER ⓐ **Cambodian** ⓑ Viet-Muong :

Vietnamese, Muong ⓒ Katuic : Pacoh ⓓ Bahnaric : Sedang, Koho ⓔ Monic : Mon …

③ NICOBARESE : Car

④ MALACCAN : Sakai

e. AUSTRO (c) TAI : 마다가스카르섬에서 하와이섬, 이스터섬 사이의 광대한 지역. 대만, 태국, 뉴질랜드도 포함. 550여 언어, 1억 8천만 인구.

① TAI-KADAI(KAM-TAI) ⓐ Tai : **Thai-Siamese**, **Lao**, Nung, Yay, Shan … ⓑ Kam-Sui : Lakkia ⓒ Kadai : Laqua

② AUSTRONESIAN(MALAYO-POLYNESIAN)

ⓐ Indonesian : (East Ind.) Wolio, (West) **Bahasa Indonesian**, **Malay**, **Javanese**, **Sundanese**, Batak, Malagasy … (North) **Tagalog**, **Bisayan**, Cebuano, Chamorro … (Formosan) Kanakanabu, Tsou…

ⓑ Oceanic : (Polynesian) Samoan, Tongan, Tahitian, Maori, Hawaiian … (Micronesian) Gilbertese, Trukese, Marshallese, Ulithian … (Melanesian) Fijian …

f. INDO-PACIFIC : 뉴기니아, 안다만, 타스마니아섬 등, 700여 언어 2백 50만인.

① NEW GUINEA (West, North, Southwest, South, Central Northeast, East N. G.) ⓐ ANDAMANESE

ⓑ † TASMANIAN ⓒ TIMOR-ALOR

ⓓ HALMAHERA ⓔ NEW BRITAIN

ⓕ BOUGAINVILLE ⓖ CENTRAL MELANESIAN

g. AUSTRALIAN : 오스트레일리아, 200여 언어 현존(60여 어는 사멸), 10만 미만의 인구. PAMA-NYUNGAN의 27어파

h. DRAVIDIAN : 인도 남부, 약 23어종의 언어, 약 1억 5천만의 인구.

① NORTH ⓐ Kurux ⓑ Brahui

② CENTRAL ⓐ **Telegu** ⓑ Gondi

③ SOUTH ⓐ **Tamil** ⓑ **Malayalam**

ⓒ **Kannada**(Canarese) ⓓ Tulu …

i. CAUCASIAN : 흑해와 카스피해 사이, 약 35어, 5백만 인구.

① NORTH

ⓐ Northeast : Avaro-Andi-Dido, Lak-Dargwa, ezghian, Vejnax … ⓑ Northwest : Abkhazian, Circassian …

② SOUTH ⓐ **Georgian** ⓑ Zan …

j. AFRO-ASIATIC(HAMITO-SEMITIC) : 북아프리카 및 서남아시아, 20여 언어, 1억 8천만 인구.

① BERBER ⓐ Shilha ⓑ Tamazight

② CHADIC ⓐ East : Margi, Ga'anda …

ⓑ West : **Hausa**, Angas …

③ CUSHITIC ⓐ Northern : Beja ⓑ Central : Awiya

ⓒ Eastern : Somali, Galla ⓓ Southern : Iraqw …

④ OMOTHC ⓐ Walamo ⓑ Kefa

⑤ EGYPTIAN ⓐ † Ancient Egyptian ⓑ Coptic

⑥ SEMITIC ⓐ North : **Hebrew**, East Aramaic

ⓑ South : (South-west) **Arabic**(Syrian, Iraqi, Egyptian,

Moroccan, Maltese 등), (Ethiopic) **Amharic**, Tigre …

k. NIGER-KORDOFANIAN : 세네갈과 케냐를 잇는 사하라사막 이남(以南)의 아프리카 대륙, 최대한 9백종의 언어, 1억 8천만여의 인구.

① KORDOFANIAN ⓐ Koalib ⓑ Tegali ⓒ Talodi ⓓ Tumtum ⓔ Katla

② NIGER-KONGO ⓐ West Atlantic : (Northern) Wolof, **Fulani**, (Southern) Temne, Gola …

ⓑ Mande:(Western) Malinka, Kpelle, (Eastern) Dan …

ⓒ Gur(Voltaic) : Mossi, Dagbani …

ⓓ Kwa : Akan, Bini, Ewe, Gã, **I(g)bo**, Ijo, Kru, Nupe, Gbari, Twi-Fanti, **Yoruba** …

ⓔ Benue-Kongo : (Plateau) Kamibari, (Jukunoid) Jukun, Mbembe, (Cross-River) Efik, Ibibio, (Bantoid) Tiv, Ngwe, (Bantu) **Swahili**, Bembe, Luganda, Yaka, Zulu, Shona, Xhosa, Kikongo …

ⓕ Adamawa-Eastern : (Adamawa) Mbum, (Eastern) Zande, **Sango** …

l. NILO-SAHARAN : 동 · 중부 아프리카, 최소한 80종의 언어, 3천만 인구.

① SONGHAI : Songhai

② SAHARAN ⓐ Kanuri ⓑ Teda …

③ MABAN ⓐ Maba ⓑ Runga …

④ FUR

⑤ CHARI-NILE ⓐ Berta ⓑ Kunama

ⓒ Central Sudanic : Moru, Bongo, Sara

ⓓ Eastern Sudanic : Nubian, Nilotic, Maasai, Dinka, Luo, Neer …

⑥ KOMAN ⓐ Koma ⓑ Mao …

m. KHOISAN : 남아프리카 칼라하리 사막 일대, 약 15개어, 15만 미만.

① SOUTH AFRICAN KHOISAN ⓐ Northern : Kung

ⓑ Central : **Hottentot** ⓒ Southern : Xam

② SANDAWE ③ HATSA

n. ESKIMO-ALEUT : 시베리아 동단(東端), 알류샨 열도 및 알래스카, 캐나다 북부, 그린란드, 5개어, 8만 3천인.

① ALEUT

② ESKIMO : Yupik, Inupik(Greenlandic)

o. NA-DENE(ATHABASKAN) : 알래스카 해안, 캐나다 북서부, 캘리포니아 북서 해안, 미국, 애리조나 · 뉴맥시코주, 현재 22개 어종, 약 14만인.

① ATHABASKAN-EYAK ⓐ Athabaskan : **Navajo** (Navaho), Kiowa, Apache, Chipewyan, Sarsi …

ⓑ Eyak

② TLINGIT ③ HAIDA

p. MACRO-ALGONQUIAN : 로키산맥 이동(以東) 지역의 전 북미 대륙, 약 21어종, 15만인.

① ALGONQUIAN ⓐ Eastern : Delaware

ⓑ Central : Ojibwa, Cree, Menomini, Micmac,

Cheyenne, Blackfoot, Arapaho …

② MUSKOGEAN ⓐ Muskogee(Creek) ⓑ Choctaw
ⓒ Natchez …

③ TONKAWA

④ † TUNICA

⑤ † WIYOT

p, q, r을 다 묶어 ALGONKIAN-MOSAN 또는 ALGONKIAN-WAKASHAN stock으로 통칭하기도 함.

q. SALISH : 미국 워싱턴 주 일대. 약 16개어, 7천인 가량.

① COAST ⓐ Central : Squamish …
ⓑ Olympic : Cowlitz …

② INTERIOR : Columbian …

r. WAKASHAN : 캐나다 부리티시 · 콜럼비아 주 해안, 6개어, 약 4천인.

① KWAKIUTLAN : Haisla …

② NOOTKAN : Nootka …

q와 r을 합쳐서 MOSAN 어족을 설정하기도 함.

s. MACRO-SIOUAN : 북미 동부 · 중부, 약 18어, 3만 8천인.

① IROQUOIAN ⓐ Northern : Seneca, Oneida, Mohawk … ⓑ Southern : Cherokee

② SIOUAN ⓐ Crow ⓑ Dakota ⓒ Winnebago

③ CADDOAN ⓐ Pawnee
ⓑ Wichita ⓒ Caddo

s와 u을 합쳐 HOKAN-SIOUAN이라고도 함.

t. PENUTIAN : 북 · 중 · 남미 태평양 쪽, 약 58어, 약 2백 60만인.

① SAHAPTIN-NEZ PERCE ⓐ Sahaptin ⓑ Nez Percé

② YAKONAN : Siuslaw

③ MAIDU : Maidu

④ MIWOK-COSTANOAN : Miwok …

⑤ TOTONACAN : Totonac

⑥ MIXE-ZOQUE ⓐ Mixe ⓑ Zoque

⑦ MAYAN ⓐ Kanjobalan : Jacaltec, Kekchi

ⓑ Mamean : **Maya**, Mam

ⓒ Quichean : **Quiche**, Cakchiquel …

⑧ CHIPAYAN : Chipaya

⑨ YOKUTS : Yawelmani

KLAMATH

CHINOOK

t와 v를 합쳐 MACRO-PENUTIAN이라고도 함.

u. HOKAN : 미국 캘리포니아 및 멕시코, 약 20어, 3만 7천인 가량.

① KAROK ② POMO ③ WASHO ④ TLAPANECAN

⑤ TEQUISTLATECAN ⑥ YUMAN : Diegueño …

v. AZTEC-TANOAN : 미국 남서부, 멕시코 북부, 약 30어종, 1백만 이상.

① TANOAN ⓐ Kiowa ⓑ Tewa …

② UTO-AZTECAN ⓐ Numic : Southern Paiute, Northern Paiute, Shoshone … ⓑ Takic : Luiseño …

ⓒ Sonoran : Tarahumar, Pima, Huichol …

ⓓ Aztecan : **Aztec**(Nahuatl), Hopi …

w. OTO-MANGUEAN : 주로 멕시코 중부, 30여 어종, 1백만 이상.

① CHINANTECAN ② MIXTECAN ③ OTOMIAN

④ ZAPOTECAN ⑤ POPOLOCAN

x. MACRO-CHIBCHAN : 중미 온두라스로부터 남미 북서부

일대 사이의 지역, 최소한 15어종 이상, 약 15만 이상.

① CHIBCHAN ⓐ Cuna ⓑ Waica …

② PAEZAN ⓐ Barbacoan : Colorado

ⓑ Choco : Northern Epera ⓒ Inter-Andine : Paez …

y. GE-PANO-CARIB : 남미 전역, 최소한 70어 이상, 약 1백 50만인.

① MACRO-CARIB ⓐ Peba-Yaguan ⓑ Witotoan

ⓒ Carib

② MACRO-GE-BORORO ⓐ Bororo ⓑ Macro-Ge

③ MACRO-PANOAN ⓐ Mataco ⓑ Pano-Tacana

z. ANDEAN-EQUATORIAL : 서인도제도 및 남미 전역에 산재, 200종 이상, 1천만 정도.

① ANDEAN ⓐ Zaparoan : Zaparo

ⓑ Quechumaran : **Quechua** …

② EQUATORIAL ⓐ Arawakan : Maipuran, Arauan …

ⓑ Tupi : **Guarani** …

③ MACRO-TUCANOAN ⓐ Catuquina-Tucanoan

ⓑ Puinave

④ TIVAROAN : Jivaro

이상 (11)에서의 분류는 토착어를 위주로 한 것이나, 지난 약 5세기간의 식민 정책의 영향으로 북미에서는 영어 · 불어, 중남미에서는 스페인어 · 포르투갈어, 오스트레일리아어에서도 영어가 압도적으로 되었다.

지구상에는 약 3~4천에서 7~8천종의 언어(특히 아프리카와 남미 대륙에 각각 1,000종 정도의 언어)가 존재한다고 추정하는데 사실

언어와 방언의 엄격한 구별 기준이 서 있지 못해서 정확히 단정하기는 어렵다. 서로 의사소통을 하지 못할 정도면 언어로, 할 수 있으면 방언으로 처리하는 것이 보통인 듯하다. 그러나 중국어는 흔히 한 언어로 분류하고 있지만 북경 관화(官話 Mandarin)와 광동어(廣東語 Cantonese)는 서로 한자(漢字)를 쓰지 않으면 알아들을 수 없고, 스웨덴어와 덴마크어는 각기 다른 언어로 분류하는데도 서로 의사소통을 할 수 있다. 아랍어 속에도 상당히 여러 지역의 방언이 묶여 있어서 고전 아랍어(Classical Arabic)를 써야만 상호 의사 전달이 가능하며, 인도의 힌디어와 파키스탄의 우르두어는 실상 한 언어 속의 약간 다른 방언에 지나지 않는다. 인도네시아와 말레이어, 즉 바하사-말레이지아어의 경우도 마찬가지다.

한국어는 사용자 수에 있어서 세계 언어 중 열두번 째이다. 사용자 수가 가장 많은 15개 언어를 살펴보면 1위는 중국어(만다린어)로 세계 인구의 15%에 해당하는 8억8500만명(총인구 약13억)이 사용한다. 만다린어는 중국 본토뿐 아니라 타이완, 홍콩, 싱가포르에서도 쓰인다. 2위는 영어로 세계 인구의 5.4%(3억2200만명)가 미국, 영국, 캐나다, 오스트레일리아, 뉴질랜드, 남아프리카 등지에서 사용한다. 이어서 3위는 스페인어 2억 6600만명(4.5%), 4위는 벵갈어 1억 8900만명(3.2%), 5위 힌디어 1억 8200만명(3.1%) 순이다. 힌디어는 19위 파키스탄의 우르두(Urdu)어[5800만(1.0%)]와 내용상 같은 언어이므로 합산[2억400만(4%)]할 수도 있다.

6위는 포르투갈(브라질)어로 1억8000만(3.1%), 7위는 (고전)아랍어로 1억 7400만명(2.9%), 8위는 러시아어로 1억5000만(2.5%), 9위는 일본어로 1억2000만(2%), 10위는 독일어(오스트리아 포함)로 9천8백만(1.7%), 11위 인도네시아(자바어) · 말레이어로 8천만(1.4%)

에 이어 12위인 한국어는 세계 인구의 1.2%(7500만명)가 사용하며, 미국에 2백10만, 중국 2백만, 일본 70여만, 러시아 15만, 중앙아시아 30여만 명 등 5백60만여 명에 이르는 재외동포를 가지는 언어다.

(12) 1. 중국어(8억8500만) 2. 영어(3.22억) 3. 스페인어(2.66억)
4. 힌디 · 우르두어(2.4억) 5. 벵갈어(1.89억) 6. 포투갈어(1.8억)
7. 아랍어(1.74억) 8. 러시아어(1.5억) 9. 일본어(1.2억)
10. 독일어(0.98억) 11. 인도네시아 · 말레이어(0.8억)
12. 한국어(0.75억) 13. 프랑스어(0.72억)
14. 베트남어(0.67억) 15. 텔레구어(0.66억)

세계 인구의 거의 절반이 15대 언어 중 한 개를 사용하는 반면에 나머지 사람들은 대부분 사용자 수가 1만명 미만인 언어를 사용한다. 이런 언어의 대부분은 열대 국가들에서 사용되어, 아프리카에는 언어 대국이 즐비하다. 가령 427개 언어를 보유한 나이지리아를 비롯해 카메룬(270개), 자이레(210개), 탄자니아(131개), 코트디부아르(73개) 등이 있다. 태평양의 섬나라들도 역시 언어 대국으로, 파푸아뉴기니(860개), 바누아투(105개), 솔로몬 제도(66개) 등이다.

파푸아뉴기니의 경우, 400만 주민이 860종에 달하는 다양한 언어를 사용하고 있다. 그러나 지난 500년 동안, 세계 언어의 거의 절반가량이 사라졌다. 언어 고밀도 지대인 열대 국가들에서 보듯이, 언어의 사멸은 우리 눈앞에서 진행되고 있다. 오늘날 세계적으로 대략 5000~6700개의 언어들이 존재한다고 한다. 이 중에서 최소한 절반이나 그 이상의 언어가 21세기에 사멸할 것으로 전망된다. <하나의 언어가 사멸된다는 것은 수백~수천 년에 이르는 인간 경험이 동시에 사멸된다는 것을 의미한다>는 말처럼 언어의 사멸은 바로 그 언어를

쓰는 인간 정신의 사멸을 의미한다. (언어 수에 대한 상세한 내용은 부록 5. '언어에 관한 총설' 참조)

결국 (12)에 보인 바와 같이 세계 인구의 반 가량에 해당하는 약 30억은 15개 언어들 중의 하나를 사용하고 있을 뿐이며, 특히 인구어족은 전 인구의 1/3에 가까운 17억 이상(이 중 유럽어는 약12억)의 사용자를 누리고 있다. 반면 (9)~(11)에 나열한 언어들 중에는 단지 수천, 수백 명의 사용자만 남아 있는 경우도 드물지 않다. 결국 전세계는 수많은 언어로 언어 소통의 어려움을 겪고 있다. 그래서 오늘날 지구촌의 공통 언어로 영어가 득세하여, 이 국제어를 사용하지 않으면 세계화의 대열에서 낙오할 수밖에 없다. 영어가 모국어인 사람들보다 제2언어로 영어를 쓰는 사람들의 수가 더 많을 정도다. 우리나라 사람들의 영어 학습 열풍도 이런 상황의 반영이다. 영어의 세계지배는 곧 <팍스 아메리카나(미국의 세계지배)>를 의미한다. 인터넷을 통한 세계 정보망화는 영어를 앞세워 세계지배를 이루어가고 있는 미국의 세력 확대로 이어진다. 아무리 큰 경제력, 거대한 언어 인구를 갖고 있더라도 이 막강한 언어와 정보 통신력의 결합 앞에서는 무력하게만 보인다.

이제까지 계통적 분류에 대해 말했으나, 앞서 (8)이나 (10)에서 보인 계통 수도는 다음과 같은 문제점이 있다. 첫째, 언어의 분기가 갑자기 일어난 것 같아 보이고, 둘째, 분기된 뒤라도 서로 영향을 미치는 법인데 이 같은 점을 나타낼 수 없다는 것이다. 이 문제점들을 해결하려는 주장이 J. Schmidt의 **파동설**(波動說 wave theory, Wellentheorie)로서, 친족 관계에 있는 언어들이 공통조어를 기점으로 형성되지만 물결이 사방으로 퍼지다 멀어져 나가면 잔잔해지듯 조어와의 공통점이 희박해져서 새 언어가 생겨난다고 했다. 그는 또

다원적(多元的) 공통조어를 인정하며 지구상 도처에 몇 개가 동시에 존재했다고 보았다.

2.4 언어학사

언어학이 발달되어온 역사를 대충 개관해 보는 것은 현대 언어학의 뿌리를 이해하고 앞으로 뻗어나갈 가지를 준비하는 데 큰 도움이 될 것이다.

2.4.1 고대 인도 및 그리스 시대의 언어관

언어에 대한 본격적 연구로 기록될 수 있는 가장 오랜 문법의 전통은 인도에 있었다. 기원전 4세기말 Pāṇini가 집대성한 산스크리트어 문법은 논리적 일관성과 간결한 설명 및 단어의 구조의 철저한 분석에서 탁월한 모범이 되고 있다. 4천여 항(sutras)의 규칙과 어근의 목록을 약호로서 표시하였는데, 특히 음성 분류는 우수하여서 중국을 통해 전해져 15세기 한국의 훈민정음 창제에도 영향을 끼쳤고, 19세기 서양의 음성학 · 비교 언어학 발달에 밑거름이 되었다.

한편 인도와는 달리 철학의 일부로 언어 문제를 다룬 희랍에는 기원전 5세기부터 앞(2.3)에서 말한 자연주의자와 관습주의자의 논쟁이 있었다. Plato는 ónoma와 rhêma라는 이름으로 명사와 동사의 구별을 하였고, Aristotle은 sýndesmoi라는 접속사 같은 품사를 더 설정하였다. 스토아학파(stoics)는 관사를 더 세웠고, 언어와 사물은 직접적 관계가 없다는 자의성(恣意性) 문제를 지적했고, 언어 구조는 비논리적이라는 **변칙주의자**(變則主義者 anomalist)의 견해를 취했다. 알렉산드리아학파는 언어가 규칙적이라는 **유비주의자**(類比主義

者 또는 유추주의자 類推 analogist)의 입장을 취했고, 특히 D. Thrax(170~90 B.C.)는 최초로 희랍어의 8품사, 즉 명사, 동사, 분사(分詞 participle, 명사와 동사의 양쪽 특성에 'participate'한다는 뜻), 관사, 대명사, 전치사, 부사, 접속사를 설정하였다. 이러한 문법의 윤곽이 잡혀져 이후 약 2천년 간 유럽 언어들의 연구 방법이 된 전통문법이 싹튼 것이다.

2.4.2 중세의 보편문법과 문예부흥기 이후의 이론

로마의 문법은 다른 분야나 마찬가지로 희랍의 모범에 대한 답습이었고, 보편문법을 이상(理想)으로 하는 태도는 17세기 R. Descartes나 Port Royal 학파의 이성주의(理性主義)에까지 이어졌던 것이다. 따라서 Priscian(512~560) 등의 라틴어 문법을 오랜 중세 동안 표준적 체계로 다른 모든 언어에도 무리하게 적용시키려 했다. 한편 문예부흥기를 맞아 유럽 각 국어 및 히브리어, 아랍어 등의 유형이 관심의 대상이 되었고, 특히 17세기 후반엔 세계 언어들이 히브리어에서 갈라져 나왔으리라는 추측도 있었다. 1772년에 Herder는 언어의 기원에 대해 신의 창조물이 아니라 인간이 만들어 낸 것이며 그래서 언어에는 비합리적 · 불규칙적인 면도 있다고 하였다.

Humboldt(1767~1835)는 언어의 일반 이론을 철학적으로 연구하여 인간의 본성에 내재하는 언어 형식과 여러 형태의 언어에 나타나는 외부적 언어 형식을 구별하였다.

2.4.3 비교언어학의 성립

1786년 W. Jones가 산스크리트어는 희랍어나 라틴어와 관계있다는 사실을 발견한 이래 **비교 언어학**이 점차 수립되어, 북구 언어들을 비교한 덴마크의 R. Rask(1787~1832)가 1814년 게르만어와 기타 인구제어 사이에 음운대응(sound correspondence) 관계가 있음을 밝혔다. 이 내용은 J. Grimm(1785~1863)의 법칙으로 많이 소개되어 있으나 M. Müller에 의해 잘못 명명된 것이다. Grimm형제의 동화로도 잘 알려진 형 Jacob은 인구어들의 음성 체계를 비교하여 공통조어를 **재구**(再構 reconstruct)하고, 그 음성 변화의 역사적 과정을 연구하는 역사 문법의 창시에 공헌하였다.

1870년대 독일 라이프치히(Leipzig) 대학을 중심으로 **소장 문법학자**(少壯文法學者 young grammarians, Junggrammatiker)들이 등장하여 "음성규칙에는 예외가 없다"는 신조로서 모든 언어 변화는 개인적, 심리적 요인에 의한 **유추**(類推 analogy)로 설명하려 하였다. 이들의 중심인물인 H. Paul은 언어학을 역사과학으로 생각하여 언어사의 연구를 너무 강조한 나머지 공시적 기술(共時的記述 synchronic description)을 등한시 하게 하는 경향을 낳았다. 19세기는 과거의 문헌학(文獻學 philology)을 탈피하여 언어학(linguistics)이 학문으로 정립된 시기였으며 특히 비교·역사언어학이 왕성하였다. 그러나 언어 사실을 있는 그대로 기록하는 **기술**(記述 descriptive)문법이 아니라, 어떤 규범을 보이고 그에 따라야 한다는 태도로 흔히 언어 사실을 왜곡하는 **규범**(規範 prescriptive) 문법이 20세기 초까지의 전통문법(traditional grammar)을 지배하였다. 우리가 중고교를 통해 배우는 학교 문법은 주로 품사 분류를 일삼는 규범적 전통 문법의 수준에서 그치는 것으로 볼 수 있다.

2.4.4 구조주의 언어학

20세기에 들어와 현대적 기술 언어학 특히 **구조주의**(structuralism)

의 시대가 50년대까지 계속되었다. F. de Saussure(1857~1913)가 제네바 대학에서 행한 강의를 제자들이 사후(1915)에 노트를 기초로 하여 일반언어학강의(*Cours de linguistique générale*)를 출판하였다. 현재 다른 인문 · 사회과학 분야에서도 주목을 받고 있는 '구조'의 개념은, 원래 불란서 사회학자 Durkheim의 영향을 받아 Saussure가 언어학에 적용한 것이라고 하나, 그는 '구조'라는 술어 자체는 쓰지 않았고 그 개념만을 독창적인 그의 이론 형성에 반영한 것이다. 언어를 **랑그**(langue)와 **빠롤**(parole)로 구분지어 전자는 추상적 · 고정적 · 잠재적 · 사회적이며 후자는 구체적 · 가변적 · 실현적 · 개인적이라 하였다(2.1절의 언어 능력 · 문법성 · 보편성 참조). 랑그가 악보라면 빠롤은 실제 연주와 같은 관계다. 또한 언어는 **기표**(記標 signifiant)와 **기의**(記意 signfié)의 양면으로 이뤄진 기호(記號 sign)의 체계라고 하였다. 기표는 언어의 의미를 전달하는 기호로서의 음향영상(音響映像 acoustic image)으로 나타나며, 기의는 언어 기호의 의미 개념 자체를 나타낸다. 2.2절에서 말했듯이 음과 의미 사이의 관계는 자의적이며 사회 관습에 의해 이루어지는 구조인 것이다. Saussure에게서 비롯된 현대 언어학의 중요한 개념 가운데 또 한 쌍은 **직렬적** 또는 **통합적 관계**(直列的 · 統合的關係 syntagmatic relations)와 **병렬적** 또는 **연합적 관계**(竝列的 · 聯合的關係 associative relations, 뒤에 系列的 paradigmatic이란 술어로 바뀌어서 많이 씀.)의 구별이다. 직렬적 관계는 언어 단위가 전후(前後)연쇄로, 즉 횡적으로 공기(共起)하여 전개되는 방식이고, 병렬적 관계는 어떤 단위가 그 문맥의 한 위치에 선택 대치(代置)되어 들어갈 수 있는 종적 관계를 말한다.

(13) p — i — n
↑ ↑ ↑
t e t
s a g
k u p

(14) 나는 학교에 간다.
↑ ↑ ↑
너는 집에 있다.
영이는 거기 갔다.

(13)에서 첫줄의 p는 i, n과 직렬적 관계, 밑의 t, s, k와는 병렬적 관계에 있다. 다음 i는 앞뒤의 p 및 n과 직렬적 관계, 밑의 e, a, u와는 병렬적 관계에 있다. 이 같은 식으로 서로의 관계를 다르게 조합해 보면 pin, tin, sin, kin; pen, pan, pun; pit, pig, pip 등이 나올 수 있다. 한편 (14)도 마찬가지 관계들을 확인할 수 있다.

Saussure는 종전의 통념과 반대로, 말로 하는 언어(音聲言語 spoken language)가 글로 쓰인 언어(文字言語 written language)보다 오히려 중요하며 언어학의 대상이 되어야 한다고 주장하였다. 즉 언어와 그것의 기록 수단에 불과한 문자는 구별되어야 한다는 것이다. 그는 또한 어떤 시점에서의 언어 상태를 대상으로 하는 **공시적**(共時的 synchronic) 연구와 역사적으로 변해 내려오는 과정에 대한 **통시적**(通時的 diachronic) 연구를 엄격히 구별하여, 전자는 후자와 무관하게 독자적으로 연구되어야 한다고 했다. 또 공시적 연구가 우선적인 기초가 되는 것이기 때문에 한 언어의 두 시점(時點)에 있어서의 공시적 연구가 없이는 언어 변화에 대한 연구도 완전할 수 없다고 했다. 이 주장은 앞서 말한 바와 같이 역사적 연구로 시종한 19세기까지의 전통을 정반대로 뒤집는 관점이었다.

Saussure 이후에 더 발전된 구조주의는 크게 유럽과 미국의 두 갈래로 뻗어 나갔는데, 먼저 유럽의 **코펜하겐 학파**(Copenhagen school)부터 간략히 소개하기로 한다. 덴마크의 L. Hjelmslev(1899~1965) 등이 언어를 기호의 체계로서 논리적으로 파악하려 한 점이 특색이 있기 때문에 **언리학**(言理學 glossematics)이라고 한다. 그러나 이 학설이 독창성은 짙지만 너무 추상적이어서 일반적으로 널리 받아들여지지는 못했다. 유럽 구조주의 가운데 **프라그 학파**(Prague school)는 N. Trubetzkoy(1890~1938)와 R. Jakobson이 주동이 되어 언어의 공시적 기술 방법을 세분 정립하였고 특히 음운체계(音韻體系 phonological system)의 **대립**(對立 opposition) 구조를 밝히려 하였다. Trubetzkoy는 특정 음운체계 속의 한 음운에 대한 연구만이 아니라 세계 여러 언어의 음운체계를 비교하여 일반규칙화해 보려 했다. 또한 어떤 음의 일반적 · 자연적 · 정상적인 상태에 대해 특수적 · 비자연적 · 예외적 특징을 더 부가 받았을 때를 일컫는 용어인 **유표성**(有標性 markedness)도 그의 착안이다. Trubetzkoy 사후(死後)에 더욱 그의 이론을 발전시켜 음운은 **변별적 자질**(辨別的 資質 distinctive feature)의 묶음이며 각 자질은 이분적(二分的 binary) 대립이 되는 것이라고 체계화해 간 학자는 Jakobson이다(이 이론에 대한 상세한 설명은 제 4장 참조).

미국에서의 구조주의는 Saussure의 영향을 유럽보다는 덜 받은 편이다. 미국 인디안 문화와 언어를 연구하는 과정에서, E. Sapir (1884~1939) 등의 학자가 언어는 심리적 유형이 반영되는 체계라는 견해를 갖고, 언어와 사고 사이에 밀접한 관계가 있다는 소위

Sapir-Whorf 가설(假說)을 제시하였다. Sapir는 음소(音素 phoneme)를 정의함에 있어서, **분포**(分布 distribution)를 기준으로 삼는 구조음운론의 방법을 처음 세웠다. 뒤이어 나온 L. Bloomfield(1887~1949)는 유럽 학자들이나 Sapir가 심리적인 면을 고려한데 반대하여 순전히 기계주의적(mechanistic)인 기술 방법을 내세워 **블름필드학파**(Bloomfieldian School)라 불리운다.

Language(1933)라는 저서에 집약된 방법론에 의하면, 심성주의적(心性主義的 mentalistic)인 고려를 피하기 위해 의미는 배제하고, 순전히 자극과 반응의 기제(機制)에 따라 언어를 분석하는 행동주의(行動主義 behaviorism) 심리학의 영향을 보인다. 이 방법은 문헌기록이 없어 사전에 예비지식을 갖출 수 없는 인디안어들의 연구 작업에는 적합한 듯도 하지만 다음에 얘기할 여러 가지 이유로 타당한 것이라 볼 수 없다. 미국 구조주의 언어학은 언어 자료의 분포에 따른 분류(classification)에만 너무 주력하였고 언어 체계 전체의 관점에서 설명하려는 노력은 적었기 때문에 **분류론적 언어학**(分類論的言語學 taxonomic linguistics)이라고도 한다. 이때까지의 연구는 거의 음운체계만을 대상으로 하는 음운론(音韻論 phonology) 위주였고 문장 단위까지 대상으로 하는 통사론(統辭論 syntax)이나 의미를 대상으로 하는 의미론(意味論 semantics)은 거의 미개척 상태였다.

2.4.5 변형문법 이후 현대 언어학

1957년 미국의 N. Chomsky가 *Syntactic Structures*란 책을 내놓아 통사론에 대한 관심을 모으고, 1965년 다시 *Aspects of the Theory of Syntax*란 책을 내놓아 의미론에 대한 중요성도 인정한 것은 현대 언어학의 분야가 점차 확충되어 가는 당연한 과정을 보일 뿐만 아니라, 구조주의 시대가 끝나고 **변형 생성 문법**(變形生成文法 transformational generative grammar)이라는 새 방법론이 등장하여 그 내용이 바뀌어가는 내력을 말하는 것이다. '변형'이란 명칭은 어떤 문장의 기저(基底)에서 의미를 결정해 주는 추상적 **심층구조**(深層構造 deep structure)가 변형(transform)규칙의 적용을 받아, 음성적 표현을 산출해 내는 구체적 **표면구조**(表面構造 surface structure)로 변형되는 데서 유래한다. 가령 '나는 그녀의 요리를 좋아한다'는 한 문장의 표면 구조를 잘 따져보면, '나는 그녀가 요리해 놓은 음식 자체를 좋아한다. 나는 그녀가 요리한다는 사실을 좋아한다. 나는 그녀의 요리 방식을 좋아한다.' 심지어는 '나는 그녀를 통째로 요리해 먹는 것을 좋아한다' 등의 여러가지 의미 해석이 심층 구조로서 내재해 있는 것이다. 이 경우를 구조적 애매성(構造的 曖昧性 structural ambiguity) 또는 **중의성**(重義性)이라 한다. 반면에 표면 구조가 여럿이나 심층 구조는 하나인 경우는 **동의성**(同義性 synonymy)이 될 것이다.

'생성'이란 명칭은 이 이론이 자연 언어의 모든 가능한 문법적인 문장들만을 무한히 생성(generate)해 낼 수 있는 유한수의 규칙의 집합이라고 본데서 연유한다. '변형 생성 문법'이란 명칭은 이 두 특징을 나타낸 것이다.

구조주의에서는 현장 조사 등으로 채집된 언어 자료의 집적(集積 corpus)만을 놓고 분류 귀납하는 것인데, 아무리 많은 자료를 수집했다 해도 무한히 가능한 문장 수에는 미칠 수가 없으므로 자료에 근원적 제한이 가해지는 것이다. 따라서 1.1절에서 언급한 언어 운용의 실례로 나타난 몇 문장을 연구 대상으로 할 것이 아니라 무한의 문장을 생성할 수 있는 언어 능력을 대상으로 해야 한다는 것이다. 언어 능력과 언어 운용의 구별도 바로 Chomsky가 Humboldt나 Saussure의 관점을 되새겨 만들어낸 술어다. 인간이 언어에 대한 내재적 지식, 즉 언어 능력을 어느 정도 선천적으로 타고난다고 보는 그의 관점은 Descartes로부터 이어 내려온 이성주의(理性主義 rationalism)의 흐름에 서는 것이다. 이는 구조 언어학이 경험 · 훈련 · 습관 등에 의해 후천적으로 말을 배워 나간다고 보아, J. Locke로부터 행동주의 심리학자에까지 이어지는 경험주의(經驗主義 empiricism)의 흐름에 서는 것과 대립된다. Chomsky는 만약 언어가 습관적 반복이라면 어떻게 변화와 개신(改新)이 생기느냐고 반문한다. 즉 경험으로 얻어지는 지식도 창조적 형식으로 바꿀 수 있는 본유(本有 innate)의 능력이 인간에게 있어야 한다고 보는 것이다. 어린이에게 애써 말을 가르치지 않아도 습득할 수 있는 능력은 바로 이것이다. 인간 언어는 표면상의 차이는 있으나 모두 변형 규칙이 필요하다든가 1.1절에서 말한 보편 제약을 받는다는 점 등에서 보편 문법을 세울 수 있다고 Chomsky는 믿는 것이다. 따라서 그는 Bloomfield 학파에서 지나치게 기계주의적 경향의 분석 절차에만 열중하여 피상적 분류론에 그친 것을 비판하고 심성주의적인 입장으로 돌아와 자연 언어의 여러 현상을 설명할 기저(基底) 원리에 대해 탐구한 것이다.

Chomsky는 주어진 자료를 설명하는 문법을 세우는 데 있어, 단지 문법 규칙의 **발견 절차**(discovery procedure)에 지나지 않는 것이 구조 언어학이고, 여러 문법 가운데 어느 것이 더 우수한가의 **평가 절차**(evaluation procedure)가 되는 것이 변형 생성 문법이라고 하였다. 가능한 여러 문법 가운데 최선의 것을 취해야 한다는 그의 말과 같이, 과연 *Aspects*가 소위 **표준 이론**(standard theory)으로서 1965년에 나온 이후 이에 대한 반박과 수정이 일어나 여러 가지 문법 이론이

나오게 되었다. 우선 그의 심층 구조란 개념은 필요없는 것이며 의미구조(semantic structure)가 곧 심층의 기저구조(基底構造 underlying structure)와 다름없다고 보는 **생성의미론**(生成意味論 generative semantics 또는 變形論 transformationalism)이 대두하였다. J. D. McCawley, G. Lakoff 등이 주장하는 이 이론은 의미론적 기초를 가진 문법(semantically based grammar)이라 할 수 있다. 이에 대해 원래 Chomsky의 이론을 옹호하여 확대 표준 이론(擴大標準理論 extended standard theory) 또는 **해석 의미론**(解釋意味論 interpretive semantics 또는 解釋論 interpretivism)이란 반론이 등장하였다. R. Jackendoff 등이 주장한 그 내용은 심층 구조를 인정하며 그것에 대하여 의미해석 규칙을 적용하고 다시 중간 과정이나 표면구조에도 적용하는 방법이다. 결국 변형론자들은 추상적 기저 구조를, 해석론자들은 구체적인 기저 구조를 설정하고 출발하는 점이 다른 것이다.

이후 기술적 타당성의 추구와 설명적 타당성의 추구가 서로 충돌하면서 문법연구의 새 모형이 요구되었다. 70년대 말에 대두된 원리(principle)와 매개변인(parameter) 이론에서 비롯하여, 80년대 초에 Chomsky(1981)의 "지배(government)와 결속(binding)" 이론에 의해 구체화된 모형이 그것이다. 이 이론에서는 개별언어의 피동구문이나 관계절 등은 분류상 가공일 뿐이라 하여 이런 구문을 형성하는 규칙들의 존재를 부인한다. 80년대 이후 언어특정(language-particular)이나 구문특정(construction-specific) 규칙은 없고 보편적 원리들과 그 적용에 대한 제한적 선택 사항, 즉 매개변인들만 존재한다고 본다. 이 이론은 어린이가 모국어문법을 '배우는' 것이 아니라, 모든 문법의 가능한 원리들이 이미 정해진 상태로 주어져 있고 언어습득 과정에서 경험을 통해 올바른 필요항목만을 '선택'하는 것일 뿐이라 한다. Chomsky(1981)에서 보편적 원리의 하위 체계로 한계이론(bounding theory), 지배이론(government theory), 의미역할이론(θ-theory), 결속이론(binding theory), 격이론(case theory), 통제이론(control theory)이 제안되었다. 이 이론체계는 각기 한 모듈이 되어 그 집합체가 '지배'라는 보편 원리로 통괄되어 4 표시 층위를 가진 문법 체계가 된다. 언어별 구문별로 세분화 되었던 변형규칙들은 α 이동(Move α)이라는 극도로 일반화된 한 변형 규칙으로 통일되어 '규칙'이라기보다 한 '원리'로 존재하게 되었다.

그러나 위의 원리와 매개변인적 접근법은 다시 단순성, 자연성의 규준에서 재평가를 받아, 91년 이후 현금까지 Chomsky(1991)에서 '표시와 도출의 경제성'(Economy of Derivation and Representation)을 추구하게 되어 Chomsky(1993, 1995)에서는 소위 최소주의(minimalist) 프로그램이 제안되었다. 최소주의는 언어능력이 외부 수행체계의 조건들을 얼마나 잘 충족시키고 있는가를 주제로 삼다가, Chomsky(1999, 2000)에서는 최강력 최소주의 가설(strongest minimalist theories)까지 나와 언어가 그 수행체계의 해독/해석 조건들에 대한 최적의 해결(optimal solution)이라고 가정한다. 이에 따르면 모든 문법적 작용은 필요한 경우에만, 횟수가 적게, 이동은 짧게, 단위는 작게, 또 도출과정에서 새 요소가 개입되지 않게, 표시층위에서 불필요 요소가 나타나지 않게 경제적으로 구현되어야 한다. 그런데 최소주의 프로그램은 그야말로 프로그램 단계에 있기 때문에 아직 구체적인 발전 모습은 Chomsky도 다 체계화하지 못한 셈이다. 다만 경험적으로 그 존재의 필연성이 증명되지 않은 어떤 요소, 작용, 장치도 허용하지 않겠다는 최소주의의 개념은 지켜질 것이다.

한편 실제 의사소통(communication)을 위한 언어 사용의 상황과 문맥을 고려에 넣은 **화용론**(話用論 pragmatics), 화행 분석(話行 分析 discourse analysis)의 분야도 언어 이론의 일부로 포함시키려는 노력이 계속되고 있다(제7장 참조).

기능언어학(functional linguistics), 형식의미론(formal semantics), 유형론(typology) 등의 새로운 연구도 구축되고 있다.

1968년 Chomsky는 M. Halle와의 공저로 *The Sound Pattern of English*라는 책을 써내어서 **생성 음운론**(generative phonology)의 연구도 크게 발전시켰다. 프라그 학파의 Jakobson이 미국으로 건너와 변별적 자질의 이론을 Halle와 함께 더욱 세련되게 만든 뒤, 다시 이 책이 나왔고, 그 뒤 음운론 분야에서도 추상적 기저 구조와 구체적 기저 구조의 설정을 놓고 논란이 있었다(제 4장 참조). 1970년대 중반 이후에는 자모음과 운율적 요소가 각기 다른 층열(層列)에서 연쇄를 이루고 이어진다는 복선음운론(multi-linear phonology)의 개념이 Goldsmith(1973)에 의해 제안되어 자립분절(自立分節 autosegmental) 음운론이 시작되었다. 동시에 Liberman(1975)의 율격(律格 metrical)음운론과 Kahn(1976)의 음절음운론은 각각 강세(stress)와 음절의 계층적 구조의 문제를 복선적으로 해결하였다. 이후 Kiparsky(1982) 등에 의한 어휘음운론은 음운론과 형태론의 결속을 구축하였고, Nespor & Vogel(1982) 등의 운율(prosodic)음운론은 여러 이론을 통합하는 중심에서 형태론, 통사론, 의미론과의 관계와 그 작용 단위를 주목한다. Archangeli(1984)의 미명시(未明示 under-specification)이론은 기저형에는 변별적 자질을 다 명시 않고 간결히 하다가 필요시에 명시해 넣는 방식이다. Mohanan(1983), Clements(1985) 등에 의한 자질계층이론 또는 자질기하학(feature geometry)은 분절음의 하위 자질들이 입체적 계층 구조를 가지고 있다고 보아 자질수형도(樹型圖)를 그린다.

끝으로 Prince & Smolensky(1993)의 최적성(最適性 optimality) 이론은 과거의 규칙 대신 제약(constraint)을 중시하여 그에 의해 걸러지는 출력형 중 어느 것을 최적형으로 선택하는가에 주목하며, 현재까지 10여년 동안 음운론 분야를 독보적으로 지배하고 있는 이론이다.

한편 변형 생성 문법이 등장하면서 언어학과 인접 학문과의 협동적 연구가 더욱 활발해져서 심리언어학 · 언어철학 및 논리학 · 수리(數理)언어학 · 전산(電算)언어학 · 생리(生理)언어학 · 신경언어학 · 치료언어학 · 법언어학 · 사회언어학 · 인류언어학 등등의 응용언어학 분야(제 9장 참조)가 점차 자리를 잡아가고 있다. 언어학을 보다 넓은 인식심리학(認識心理學 cognitive psychology)의 일부로, 또는 문화 인류학(文化人類學 cultural anthropology)의 일부로 취급하는 견해도 모두 인접 과학과의 관계를 중시하는 경향과 일맥상통하는 것이다.

2.5 세계의 문자와 한글

문자의 발달 단계에는 그림문자, 상형문자(고대 이집트 등), 설형문자(고대 페르시아, 바빌로니아, 아시리아[1]) 등), 단어문자(중국 한자), 음절문자(일본 카타가나, 인도 데바나가리[2])), 자음문자(아랍, 즉

1) 쐐기 모양의 글자로서 서기전 3500년경에 출현하여 1000년경까지의 사용 시기는 약 2500년간이다.

2) Devanagari는 자음과 모음 또는 모음만을 표현하는 단위를 가진 Abugida라는 문자 체계를 가졌다.

Abjad 체계), 알파벳[3](라틴 문자 등) 따위가 있다. 그리고 이 모든 것들보다 진화된 자질(featural) 문자에는 한글밖에 다른 예가 없어 한글의 우수성을 확인할 수 있다. (Sampson 1985) 세종대왕이 15세기에 이미 현대언어학의 음운론, 음성학에 대해 현대학자도 놀랄 만큼 동등한 식견을 가지고 있었음을 알 수 있다.

세계의 주요 문자들이 아무 것도 음성기관의 형상을 본따 문자의 모양을 삼은 것들이 없었는데, 한글 자음자들은 문자 디자인의 관점에서 볼 때, 그것은 표기체계의 단위 기호 속 부분 부분들이 음성의 분석적 자질을 대표하는 문자 체계다.

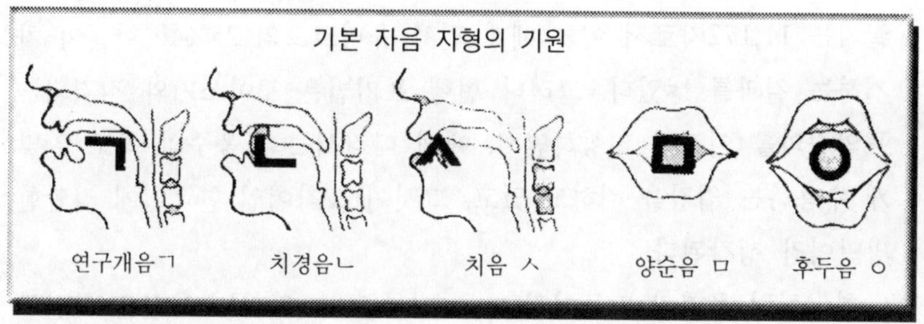

"자모의 일부분조차도 음성학적으로 연관성이 있다. 예컨대, 경음의 글자는 평음 기호를 겹쳐서 만드는데, ㅅ은 평음 s이고, ㅆ은 경음 s(흔히 로마자로 'ss'로 표기한다)를 나타내며, ㄱ은 k를, ㄲ은 경음 k('kk')를 나타내는 것 등이다. 모음자의 어떤 가획(加劃)수식은 선행 반모음(y-)을 의미하는데, 예를 들면 ㅏ는 a, ㅑ는 ya, ㅓ는 ŏ를, ㅕ는 yŏ를, ㅗ는 o를, ㅛ는 yo를 나타내는 것 등이다. Chao

3) 대부분의 음소문자(音素文字; phonemic writing), 즉 자모문자(字母文字; alphabetic writing)가 여기 속한다. 한글은 기본적으로 여기 속할 뿐더러 한 단계 더 발달된 자질문자라는 별정범주로 분류할 수도 있다.

(1968:107)"

만일 한글 자모를 영어에서처럼 일렬로 배열하는 방식, 즉 풀어쓰기 방식을 취하면 한글 글자의 종류는 복합 자모까지 합쳐 40개 자모면 족하다. 그러나 한글은 음절 단위로 묶어 쓰기로 되었고 그 모아쓰기의 모습은 음절문자(syllabary)나 단어문자(logogram)와 다를 바 없어 가로쓰기든 세로쓰기든 다 자유롭게 한다. 이러한 한글의 모아쓰기에 대해 부정적인 시각도 있는데 그것이 기계화에 방해가 되기 때문이다. 근래 컴퓨터의 개발로 모아쓰기가 완성형을 만드느냐 조합형을 만드느냐의 문제를 일으킨다. 완성형에서 쓰이는 글자수만도 2,350자에 이르고, 더욱이 조합형으로 등록된 유니코드에 할당된 글자는 11,172자로서 이는 세계 전체 유니코드의 25%를 한글이 차지하는 결과를 낳았다. 그러나 현행 표기법은 모아쓰기와 직결되는 표의주의를 여전히 지향하면서, 때에 따라서는 표음주의 쪽도 알맞게 수용하는 입장을 취하고 있고, 그것이 교착어인 한국어에 적합한 방안이라 생각된다.

한글처럼 문자가 만들어진 날을 기념할 수 있다는 사실은 특별한 경우다. 세계 문자들 대부분은 오랜 세월에 걸쳐 누가 만들었는지도 모르게 서서히 만들어졌다. Coulmas(1989:3)의 다음 말은 이러한 사정을 가리키는 말이다. 문자란 "어느날 누군가가 문자가 필요하다고 결정하고, 그것을 발명하기 위해 책상에 앉아서 만들어 내는, 그런 의미에서 발명된 것이 아니다." 그런데 한글만은 바로 책상 앞에 앉아서 머리를 짜낸 발명품이다. 한글은 그 탄생 기록을 가지고 있는, 세계 문자사상 그 유례를 찾아보기 힘든 문자라는 사실이 우리가 한글의 역사를 공부하면서 가장 먼저 주목해야 할 사실일 것이다.

참 고

2.1절의 언어 능력 · 언어 운용 · 용인 가능성에 대한 자세한 논의는 Chomsky(1965)의 제 1장 첫 부분 등을 참조. 문법성(의 정도)도 같은 부분 및 Chomsky(1957) 참조. 음운론적 허용 가능성은 Chomsky(1964) 및 Chomsky & Halle(1968) 등을 참조. 선택규칙 및 언어적 보편성도 Chomsky(1965) 참조. 보편문법도 Chomsky(1965), Chomsky & Halle(1968) 등을 참조.

위의 이론서들은 초보자들이 대뜸 읽기에 어려우므로 우선 국어로 쓰인 언어학개론 책들을 읽거나, 영어로 된 개론서들 중 Langacker(1967, 1972), Wardhaugh(1972), Grinder & Elgin(1973), Fromkin & Rodman(1974), Liles (1975), Akmajian, Demers & Harnish(1979, 1995), Simpson(1979), Smith & Wilson(1979), Crane, Yeager & Whitman(1981), Lyons(1981), Radford(1988), Finegan & Besnier(1989), Burling(1992), Caplan(1992), Clark, Eschholz & Rosa(1998), Aronoff & Rees-Miller(2001) 같은 책을 먼저 보는 순서가 알맞을 것이다. <참고>에 소개하는 논저들은 이렇게 난이도(難易度)의 순서에 따라 배열한 것이 아니고, 어떤 문제점에 대해 더 전문적인 정보를 얻고 싶은 경우를 위한 안내라는 점을 주의해 두고 싶다. 또 단편적인 정보를 얻기 위한 손쉬운 방법으로 Palmatier(1972), Harmann & Stork(1972), 安井稔(1971), 이정민 · 배영남(1987) 등의 언어학 사전을 참조하는 것도 좋다.

2.3절의 진화설 Lieberman(1975) 참조. 언어의 유형적 분류는 Horne(1966) 참조. 계통적 분류는 Meillet(1952) 및 Ruhlen(1975) 참조.

2.4절 언어학사에 관해서는 Waterman(1963), Robins(1967) 참조. Saussure에 대한 부분은 Saussure(1915), 언리학은 Hjelmslev(1963), 프라그 학파는 Trubetzkoy(1939). 미국 구조주의에 대해서는 Sapir(1921), Bloomfield(1933), Hockett(1958), Gleason(1961) 등 참조. 초기 변형 생성 문법에 대해서는 이미 언급한 Chomsky(1957, 1965) 및 (1966), 생성 의미론은 Lakoff(1971), 해석 의미론은 Jackendoff(1972), 한편 생성 음운론은 Chomsky & Halle(1968) 등 외에 제 4, 5, 6장의 <참조>에 소개될 책들을 참조. 응용 언어학의 각 분야에 대한 참조서는 제 7장 <참고> 참조.

◈ 연 습 문 제 ◈

A. 다음 중 맞는 것은 O, 틀리는 것은 X로 답하라.

1. ( ) 언어는 일정한 음성과 의미가 서로 자의적(恣意的)으로 관련된 기호 체계로서, 사회적인 의사소통의 수단으로 약속된 인간 특유의 현상이다.
2. ( ) 어느 특정한 언어와 어느 특정한 종족이나 문화 사이에는 불가분의 연관성이 있다.
3. ( ) 전혀 듣지도, 자신이 말하지도 않았던 문장까지 다 이해할 수 있는 것은 선천적인 언어 능력을 가졌기 때문이라고 할 수 있다.
4. ( ) 한 언어에서 가능한 문장들의 수와 그 길이에는 원칙상 제한이 없으나, 어휘의 수는 유한(有限)하다.
5. ( ) 한 언어의 문법 규칙들은 그 수와 길이에 제한이 없어야 한다.
6. ( ) 인간이 언어를 갖게 된 이유는 전적으로 발성 기관이 진화 발달된 때문이다.
7. ( ) 과학으로서의 언어학은 규범적이거나 명령적인 것이어서는 안 되고, 기술적(記述的)이어야 한다.
8. ( ) 동물의 언어는 유한의 고정적 체계고, 인간의 언어는 창조력이 있는 무한의 개방적 체계다.

B. 문법성의 정도에 따라 전적(fully)으로 문법적인 것, 반문법적인 것, 비문법적인 것의 세 척도(scale)를 세울 수 있겠다. 다음 문장들이 각기 어디에 해당될까 생각해 보고 이와 같이 문법성의 척

도를 보이는 예를 더 들어 보라.

1. Huck had an idea green.
2. Huck had a green idea.
3. Huck had a good idea.

C. 다음에 적은 사항 중 언어 보편적인 것과 언어 특수적인 것을 각각 '보'와 '특'으로 구별하라. 그리고 논문에서 이에 해당하는 사항들을 더 찾아보라.

1. (　　) 중국어, 아프리카의 일부 언어 등은 성조(聲調 tone)가 있는데, 그 성조의 높낮이는 많아야 5계단 이상은 없는 것 같다.
2. (　　) 문학이 발달된 불어에서는 숙어와 비유적 표현이 눈에 많이 띈다. 물론 다른 언어에서도 이런 용법은 발견된다.
3. (　　) 한국어는 색깔에 대한 어휘는 덜 발달되어 있으나 맛에 대한 어휘는 꽤 잘 세분되어 있다. 영어는 이와 반대인 것 같다.
4. (　　) 일본어의 의문법 · 명령법 · 부정(否定) 형식 등은 한국어와는 매우 비슷하고 독일어와는 상당히 다르지만, 어쨌든 이런 문장 형식들이 공통으로 존재한다.
5. (　　) 보통 언어에는 복문 속에서의 앞뒤 시제(時制)를 맞춘다든가 하는 호응(呼應) 현상이 있듯이, 한국어에는 그런 호응이 필요한 것의 하나로 존칭에 관한 말이 발달되어 있다.

D. 중의성 또는 애매성(重義性, 曖昧性 ambiguity)은 다수의 기저 문장 구조가 단일한 표면 구조로 나타났을 때 일어나는 현상인데

(1) 구조적(또는 통사적) 애매성과 (2) 의미적(또는 어휘적) 애매성으로 구별할 수 있다. "Flying planes can be dangerous."라는 문장에 대해 다음과 같은 해석들은 (1)과 (2) 어느 쪽에 해당하는가 생각해 보라.

1. Causing planes to fly can be dangerous.
2. Flying airplanes can be dangerous.
3. Flying in planes can be dangerous.
4. Flying carpenters' planes can be dangerous.
5. Flying brickmakers' planes can be dangerous.
6. Planes that fly can be dangerous.

"14일에 하나꼴로 언어 소멸" - 영국 이코노미스트 보도

세계인을 하나로 묶는 인터넷 등 통신기술의 급속한 발달로 지구상의 언어가 14일에 하나꼴로 소멸하고 있다고 영국의 시사주간지 이코노미스트가 전했다.

언어학자들은 세계인구가 500만~1000만명이었던 1만년 전에는 약 1만 2000개의 언어가 사용됐지만 현재 살아남은 언어는 약 6800개에 불과하다고 보고 있다. 이 중 3000개는 어른들은 사용하지만 어린이들이 더 이상 배우지 않아 소멸 위기에 처해 있다. 나머지 400개는 언어 사용자가 극소수 노인들로 이들이 세상을 떠나면 언어도 곧 사라질 예정이다. 호주의 와드지구(Wadjigu)어처럼 사용자가 한 명이 될까말까 하거나 2~3명(미국 리판 아파치어) 또는 150명(멕시코 치아파네코어)에 불과한 언어들이다.

최근에는 인터넷 발달이 언어 소멸에 큰 영향을 미치고 있다. 현재 영어는 인터넷에서 사용하는 언어의 3분의 2를 차지하고 있다. 비관론자들은 100년 뒤에는 전체 언어의 90%가 사라질 것으로 내다보고 있다.

제 3 장 목소리 : 음성학

≪소리의 발성・전달 과정≫

3.1 조음 음성학

말소리를 듣고 글로 옮겨 적는 일은 모국어라면 훈련이 되어 있어서 쉽겠지만, 외국어라면 그 소리를 잘 파악하기가 어렵다. 그래서 어떤 발음, 가령 영어의 [ð]를 가르칠 때 혀를 위 아랫니 사이에 살짝 얹고 숨을 내보내되 성대를 울리라고 하며 확인을 위해 목에 손을 넣고 진동되는가 느껴보도록 시킨다. 이 같은 문제들을 좀더 과학적으로 해결하려는 분야가 언어의 음(音 sound)을 연구하는 **음성학**(音聲學 phonetics)이다. 제 2장에서 언급했듯이, 음성학은 그 영역에 따라 세 분야로 나눌 수 있다. 첫째 우리의 음성기관(音聲器官 organs of speech)이 말소리를 조음(調音 articulation)하는 방법과 위치에 따라 음의 산출(production) 영역을 다루는 **조음 음성학**(articulatory phonetics), 둘째 화자(話者 speaker)의 입 밖으로부터 청자(聽者 hearer)의 귓전까지 공기 속을 지나는 음파(音波)의 음향적 특성을, 즉 음의 전달(transmission)을 다루는 **음향 음성학**(acoustic phonetics), 셋째 귀 속에 느껴진 말소리의 청각적 효과를 연구하기 위해 음의 청취(聽取 reception) 작용을 다루는 **청음 음성학**(auditory phonetics)들이 있다. 이들은 발달의 정도가 각각 달라서 소개한 순서대로 그 수준과 깊이가 낮고 얕아진다. 음향 음성학은 2차 대전 이후 전자공학, 물리학의 발달에 힘입어 꽤 활발해졌고, 청음 음성학은 최근 신경 관계 생리학의 발전에 따라 주목을 받기 시작하였다.

오랜 전통으로 가장 확립된 분야는 역시 해부학, 생리학과 관계있는 조음 음성학으로서 보통 음성학이라 하면 이 영역을 가리키기가 일쑤다. 간단한 기구나 실험으로도 비교적 용이하게 관찰이 되는 부분이므로 활발히 연구가 된 것이다. 다른 분야도 마찬가지지만 음성학은 그 연구 대상의 범위에 따라 **개별 음성학**(individual phonetics)과 **일반 음성학**(general phonetics)으로 나눌 수 있다. 한국어 · 영어 등 각 특정 언어를 대상으로 하는 것과 세계 언어에 일반적으로 다 해당되는 사항을 연구하는 것으로서, 여기서는 후자를 소개하되, 예를 들 경우는 주로 국어와 그밖에 언어에서 필요에 따라 인용을 하겠다.

조음 음성학뿐만 아니라 언어학 일반으로 볼 때도, 우리의 말소리는 개별적인 음의 연속체이며 체계적으로 분절화(分節化 segmentalization)할 수 있다고 가정하는 것이 꼭 필요하다. 가령 '꽃'이라 말할 때, ㄲ, ㅗ, ㅊ이란 각개 음들의 연속으로 분해해서 인식하는 작용이 일어났다고 보는 것이다. 이 때 ㄲ발음이 사람에 따라 또는 같은 사람도 그때 그때에 따라 좀더 강해지거나 약해지거나 하는데, 이런 언어 운용상의 차이는 무시할 수밖에 없다. 다시 말해 매번 어떤 음을 똑같이 반복 재생한다는 것은 불가능하므로 무한한 수의 다양한 음이 이론상으로는 가능하지만, 실제로는 제한된 수의 조음적 특징들만 인정하여도 대부분의 언어음을 파악할 수 있다.

그러면 조음적 특징을 구성하는 우리의 음성 기관에 대해 살펴보기로 한다. 폐에서 내쉬는 숨, 즉 호기(呼氣 egressive air)는 기관지를 통해 연골(軟骨)로 된 원통형인 **후두**(喉頭 larynx)에 다다르며, 그 속에 있는 한 쌍의 얇고 질긴 막으로 된 **성대**(聲帶 vocal folds,

보통 cords라 하지만 줄(絃) 모양은 아니다.)를 통과하게 된다. 이때 후두까지를 기류(氣流 air-stream)과정, 성대에서의 단계를 발성(發聲 phonation)과정이라 한다.

한편 성대의 두 막 사이를 성문(聲門 glottis)이라 부르며 그 밑을 성문하역(聲門下域 subglottal), 그 위를 성문상역(聲門上域 supra-glottal)이라고 한다. 성대로부터 입술까지의 약 17cm(성인 남자의 경우)에 달하는 ㄱ자의 공간과 콧속 공간을 포괄하여 **음성 도관**(音聲導管 vocal tract)이라 하며, 이 부분이 어떤 형상을 취하느냐에 따라 소리가 많이 달라진다. 특히 ㄱ자 꼴로 된 점은 인간 특유의 것이며, 다른 동물은 대개 一자로 된 관(官)이어서 다양한 조음을 할 수 없다(p.434의 도면 참조). 음성 도관 가운데서도 목젖(구개수 口蓋垂 uvula) 뒷 부분에 코로 통하는 길이 막히는 구개범 폐쇄(口蓋帆 閉鎖 velic closure)가 일어나면 콧속 공간인 **비강**(鼻腔 nasal cavity)으로는 공기가 가지 않고 입속 공간인 **구강**(口腔 oral cavity)으로 공기가 빠진다. 반대로 입천장 뒷쪽의 말랑말랑한 부분이 혀 뒷쪽과 서로 접근하여 연구개 폐쇄(軟口蓋閉鎖 velar closure)가 일어나면 공기는 구강으로는 못가고 비강으로만 빠진다. 이렇게 구강과 비강 가운데 어느 쪽으로 공기가 흐르는가를 결정짓는 것이 구비과정(口鼻過程 oro-nasal process)이며, 비강을 뺀 나머지 음성 도관 즉 **인두**(咽頭 pharynx)의 공간 부분과 구강에서 일어나는 것이 조음 과정(articulatory process)이다. 언어음을 산출해 내는 데는 이같이 크게 4과정이 필요하다. 그러면 다음에 음성 기관의 세부도(p. 92)를 보면서 한 부분씩 살펴 가자.

성대에 의한 발성 과정은 다음 도표 3-2와 같이 (a) 꼭 닫혀 있어서 공기가 통과를 못하는 상태, (b) 접근되어 긴장한 성대의 갑상연

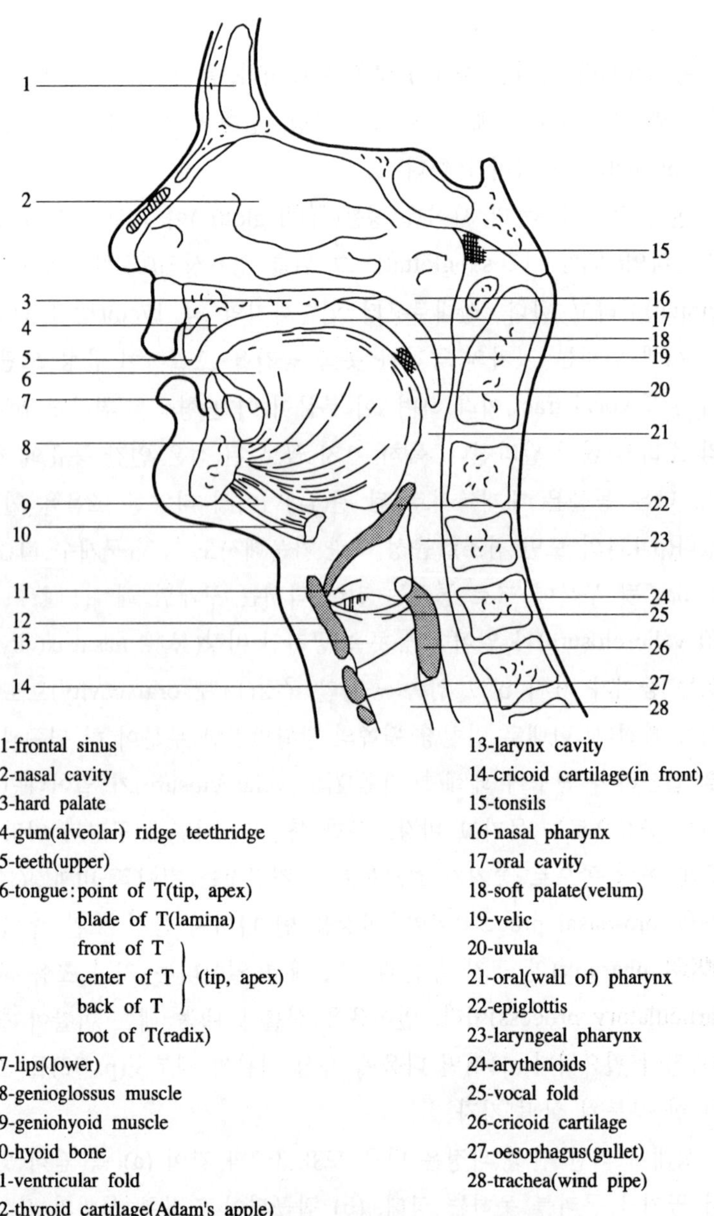

도표 3-1 음성기관 단면도

골(甲狀軟骨 thyroid)쪽 일부에서 진동을 일으키며 공기가 빠져나가는 후두화음(喉頭化音 creaky voice)의 상태, (c) 접근 긴장된 한 쌍의 막 사이 전체에서 공기가 진동을 일으키며 지나가는 **유성음**(有聲音 voiced sound)의 상태, (d) 속삭이거나(whispering) 중얼거릴 때(murmured) 피열연골(披裂軟骨 arytenoid) 부분의 성문은 열려 있고 갑상 연골 부분의 성대만 진동하는 기식음(氣息音 breathy voice)의 상태, (e) 정상 호흡의 상태 또는 전혀 성대 진동이 없는 **무성음**(無聲音 voiceless sound)의 상태, (f) 들이쉬는 심호흡의 상태 등등으로 나눌 수 있다.

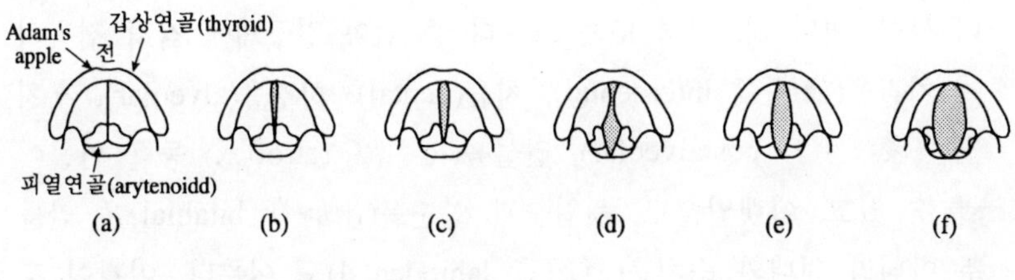

도표 3-2 성대

구강 속에서는 혀와 입천장이 서로 접촉하는 부분을 달리하여 다양한 소리를 만들어 낸다. 혀는 language란 영어가 라틴어의 lingua('혀'의 뜻)에서 온 것을 보아도 아주 주요한 조음 기관임을 알 수 있다. 혀의 앞 쪽 끝을 설첨(舌尖 tongue tip, point of tongue, apex), 그 바로 뒷부분을 설단(舌端 blade of tongue), 그 뒤로부터 중앙 부분까지를 전설(前說 front of tongue), 중앙 부분부터 뒤쪽으로 둥글게 꺾어지는 부분까지를 후설(後舌 back of tongue), 완전히 세로로 선 혀뿌리 부분을 설근(舌根 tongue root)이라 한다. 입천장은 위 앞니 바로 뒤쪽의 도톰한 부분을 치경(齒莖 alveolar ridge) 또는 치조

(齒槽)라 부르고, 그 뒤의 입천장을 혀로 훑어 볼 때 딱딱하게 뼈가 느껴지는 부분을 경구개(硬口蓋 (hard) palate)라 하며, 더 뒤로 딱딱한 느낌이 없이 근육으로 된 부분을 연구개(軟口蓋 soft palate, velum)라 한다. 이 밖에 윗니, 아랫니와 윗입술(상순(上脣 upper lip), 아랫입술(하순(下脣) lower lip)이 조음에 크게 작용한다. 보통 자연스럽게 입을 다물면, 설단은 치경 부분과, 전설은 경구개와, 후설은 연구개와 맞놓인다. 설근은 인두 부분의 앞벽을 이루며 특수한 언어에서만 조음에 동원된다. 이때 아래턱에 붙은 **조음체**(調音體 articulator)들은 능동적으로 움직여 위턱에 고정된 **조음점**(point of articulation)과 여러 가지 조합을 이룰 수 있다. 가령 설단은 아래윗니 사이, 윗니 뒤, 치경 또는 그보다 좀 뒤와 경구개에 각각 접촉하여 치간음(齒間音 interdental), 치음(dental), 치경음(alveolar), 후치경음(後齒莖音 postalveolar), 권설음(捲舌音 retroflex) 등을 만들어 낼 수 있고, 아랫입술도, 윗입술과 양순음(兩脣音 bilabial)을 만들 뿐 아니라 윗니와 순치음(脣齒音 labiodental)도 이룬다. 이같이 조음체와 조음점이 접촉되는 조합 관계를 나타내는 말로 **조음 위치**(place of articulation)라는 술어를 쓴다. 한편 '순치음' 경우처럼 조음체를 먼저 언급하는 것이 관례다.

조음 위치와 함께 중요한 것으로 **조음 방식**(manner of articulation)이 있다. 같은 조음체와 조음점을 가지고도 접촉하는 정도에 따라 소리가 썩 달라질 수 있기 때문이다. 구강의 어느 부분에서 공기의 통과를 잠시 폐쇄 시켰다가 파열시키는 정지음(停止音 stop) 또는 파열음(破裂音 plosive)이나 폐쇄음(閉鎖音 occlusive), 위와 똑같지만 공기가 비강으로도 빠지게 허용하는 비음(鼻音 nasal), 구강의 어느 부분을 좁혀 그 사이로 공기가 마찰되며 지나가는 마찰음(摩擦音

fricative), 파열음과 마찰음의 단계를 연이어 갖는 파찰음(破擦音 affricate), 혀 한쪽이나 양쪽으로만 공기가 지나도록 하거나, 혀끝을 떨거나 두들겨 내는 유음(流音 liquid)이 있다. 한편 성대 진동을 거쳐 나온 뒤 아무데도 장애를 받지 않고 지나며 구강과 비강의 공명만을 이용하는 **공명음**(共鳴音 sonorant) 속에는 비음 · 유음 · 반모음(半母音 semivowel) · 모음이 포함된다. 반대되는 술어로는 어떤 장애를 받을 때 **장애음**(障碍音 또는 저해음(沮害音) obstruent)이라 하며, 이 속엔 앞서 말한 파열음 · 마찰음 · 파찰음들이 포함된다.

3.2 자음

파열음 : 구강과 비강을 완전히 막아 공기가 아무데로도 새지 못하게 하여 조음점 뒤에 압력이 형성되도록 하였다가 파열시키는 소리다. 파열음에는 다시 성대 진동을 곁들이는가 여부에 따라 유성과 무성파열음 ; 후두 부분이 긴장되었는가 여부에 따라 **경음**(硬音 또는 된소리 tense or glottalized sound)과 평음(平音 lax sound) ; h소리 즉 기식(氣息 aspiration)을 동반했는가 여부에 따라 **유기음**(有氣音 또는 격음 激音 aspirated sound)과 무기음(無氣音)의 대립이 존재한다. 보통 양순음[p], 치음[t], 연구개음[k] 등의 셋을 가진 언어가 흔하다.

마찰음 : 구강 어느 지점을 아주 좁혀 마치 창틈으로 공기가 지날 때 같이 마찰시키는 소리다. 유음과 함께 **지속음**(持續音 continuant)의 대표적인 예다. 유성과 무성 마찰음의 대립이 있고, 국어의 경우 [s]에 대해 경음과 평음의 대립도 있다. 가장 흔한 마찰음은 치경음 [s]며, 순치음 [f]가 그 다음이다. 마찰음은 그 조음 위치가 뒤에 보일

도표 3-3에서와 같이 제일 다양하게 구분된다. 그 가운데 귀에 더욱 거슬리게 들리는 **조음**(躁音 strident)은 [f, s, š, X]들이고 그렇지 않은 것은 [Φ, θ, ç, x]들이다. 영어나 독일어는 이러한 마찰음들을 많이 가진 언어로서 우리가 학습할 때 가장 틀리기 쉬운 발음이다. 영어의 th란 철자는 [θ]나 [ð] 발음을 나타내며, 이들은 사람에 따라 치간음이나 치음의 방식으로 발음된다. 국어의 'ㅅ'도 실제로 [i], [e] 모음 앞에서는 [š](또는 [ʃ])로 발음된다. 영어에는 [š]음 외에도 그 유성음 짝인 [ž](또는 [ʒ])가 드물게 존재한다.

파찰음 : 처음엔 폐쇄로 공기를 압축했다가, 파열음처럼 일시에 터뜨리는 것이 아니라, 서서히 마찰을 일으키며 내놓는 소리다. 파찰음은 나타나지 않는 언어가 꽤 많고, 나타난다면 구개 치경음(palatoalveolar)의 [č](또는 [ʧ])와 [ǰ](또는 [dʒ])만인 경우가 흔하다. 국어의 ㅈ은 이 [č]이며 이에 대해서 경음(ㅉ)과 유기음(ㅊ)이 존재한다.

여기서 국어의 파열음 · 파찰음(또는 마찰음)에 대해서 평음 · 경음 · 격음의 세 가지씩이 존재한다고 보는 종래의 분류를 새로운 관찰에 의해 명명해 보겠다. 이 세 갈래로 상관된 체계는 우선 유기화(有氣化)의 정도에 따라 나눠보면 다음과 같다.

(1) a. 경음 p' t' č' k' s' …… 비유기화(非有氣化 unaspirated)
b. 평음 p t č k s …… 약한 유기화(slightly aspirated)
c. 격음 p^h t^h $č^h$ k^h (=k') …… 강한 유기화(heavily aspirated)

위와 같은 음들을 어떤 모음 앞에 붙여 발음할 때 가령 p+a에서 Skaličkava(1960)는 자음의 후속(後續) 모음과의 연결(linking) 정도에 따라 나눴고, Lisker와 Abramson(1964)은 성문을 닫히는 시간 차이로 구분했고, Kim(1965)은 기식(aspiration)의 길이로, 즉 폐쇄음 등에서 숨을 파열 또는 개방(release)하는 순간과 후속 모음을 발음하기 위해 성대 진동을 시작하는 순간 사이의 시간을 재어서 세 가지로 나누었으나, Kim(1970)에서는 파열 순간까지 성문을 얼마큼 여는가 하는 크기에 따라 구별할 것을 주장하였다.

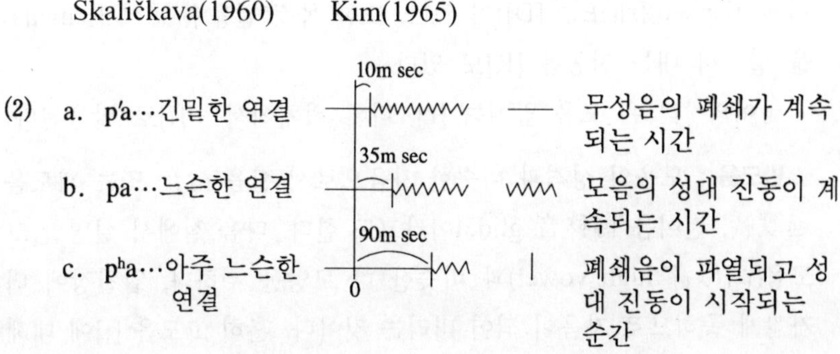

위 (2)의 그림에서 볼 수 있듯이 유성화의 지연(有聲化遲延 voicing lag)이 격음에 있어서는 가장 긴 90 millisecond(千分之一秒) 정도까지 늦어지는데 이것은 성대 사이의 간격이 그만큼 가장 멀리 떨어졌었기 때문이라고 Kim(1970)은 설명하는 것이다.

비음 : 폐쇄음과 같은 조음 방식이나 구개범 폐쇄를 하지 않고 공기가 비강으로 빠져나가게 하는 소리다. 따라서 비강 폐쇄음(nasal stop)이란 이름으로도 불리는 것이다. 양순음 [m], 치음 [n]은 대부분 언어에 나타나고 국어의 '냐, 녀, 뇨, 뉴, 니' 등에서 들리는 구개 치경음 [ñ](또는 [ɲ])나 연구개음 [ŋ]도 흔하다. 비모음(鼻母音)도 있으며 다음 절에서 설명할 것이다.

유음 : 폐쇄음에서와 같이 혀가 완전히 입천장에 닿아 구강 중앙부를 폐쇄하지만 한쪽이나 양쪽을 터서 공기가 빠져나가도록 하는 소리가 설측음(舌側音 lateral)이다. 설측음을 가진 거의 모든 언어가 치음 [l]을 가졌고, 약간은 경구개음 [ʎ]을 더 가졌다. 설측음이 아닌 유음에는, 설첨을 떨어 치경에 여러 번 대었다 뗐다 하는 전동음(顫動音 trill or rolled)[r], 단지 한 번만 두들긴 뒤 떼는 탄설음(彈舌音 flapped)[r](또는 [D])이 있다. 또한 목젖(현옹수 懸壅垂 uvula)을 떨어서 내는 전동음 [R]도 있다.

국어의 'ㄹ'은 모음 앞에는 [ɾ], 다른 위치에서는 [l]로 발음된다.

반모음 : 모음의 성격과 비슷한 자음으로서 활음(滑音 또는 과도음 過渡音, 전이음 轉移音 glide)이라고도 한다. 다음 절에서 설명할 고모음(高母音 high vowel)과 비슷한 혀 모양을 취하나, 입천장에 더 가깝게 좁히므로 자음이 되어 버리는 것이다. 흔히 고모음 [i]에 대해 경구개의 전설비원순(前舌非圓脣 front unrounded) 반모음 [j](또는 미국학자 식으로 [y]), 고모음 [u]에 대해 순－연구개(脣軟口蓋 labio-velar)의 후설 원순(後舌圓脣 back rounded) 반모음 [w]가 있고, 불어에는 고모음 [ü]([y]로도 표기)에 대해 전설 원순 반모음 [ɥ](또는 [ẅ])도 있다.

이 반모음들이 모음 앞뒤에 연결되어 **이중모음**(二重母音 diphthong)을 구성할 수 있다. '앞에 오는 반모음'(입과도(入過渡 on-glide)과 모음을 묶어 한 단위의 이중 모음으로 인정해야 하는 경우는 국어에서 '오리'[ori]에 대해 '요리'[jori]가 대립되는 것과 같은 예들이다. 스페인어의 siento[sjɛnto] 'I feel'의 이중 모음도 sentir [sɛntir] 'to feel'의 단모음과 서로 맞바뀔 수 있으므로 한 단위의 이중 모음으로 처리한다. 이 경우를 특히 상승 이중 모음(上昇二重母

音 rising diphthong)이라 한다. 그러나 영어에서는 위와 비슷한 yes[jes]같은 경우를 이중 모음으로 치지 않고, 반면에 모음과 그 '뒤에 오는 반모음'(출과도 出過渡 off-glide)을 묶어서 soy나 sow의 발음을 [sɔj]와 [sow]로 보아 한 단위의 이중 모음으로 처리하는 것이 관례다. 이 경우는 특히 하강 이중 모음(下降二重母音 falling diphthong)이라 한다. 결국 어떤 언어에서 반모음과 모음, 또는 모음과 반모음의 연결을 그냥 복합음으로 보느냐, 한 단위가 된 이중 모음으로 보느냐는 그 언어의 구조에 달린 문제로서 음운론(제 4장)과 깊이 관계되는 영역이다.

이상 여러 종류의 자음들을 크게 두 가지로 분류할 수 있다. 숨이 계속되는 한 그 소리를 계속 낼 수 있는 지속음에 마찰음 · 유음 · 반모음들이 포함되고, 한 순간에 파열이 일어나는 순간음(瞬間音 momental)에 파열음 · 파찰음 · 비음 등이 포함된다.

자음에 관한 설명을 끝내기 전에 동시조음(同時調音 coarticulation)에 대해 도표 3-3을 참조하며 언급하겠다. 동시 조음이란 순-연구개음(labiovelar)의 경우처럼 입술을 쓰면서 동시에 연구개도 움직이는 조음법을 말한다. 또한 인두음화(咽頭音化 pharyngealization)등에서처럼, 가령 [t]라는 일차적 조음(primary articulation)에 인두음의 특색을 가미하는 이차적 조음(secondary articulation)을 동시 조음(coarticulation)과 구별한다. 인두음화는 [.]로 나타내며, 경구개음화(硬口蓋音化 palatalization)는 [˙] 또는 [ʸ]로 나타내거나 [t_j]에서처럼 j를 작게 덧붙이기도 한다.

순음화(脣音化 labialization)는 [$_w$] 또는 [ʷ]로, 권설음(retroflex)은 [.], [ʾ] 또는 [ɳ]에서처럼 ʅ를 덧붙이기도 한다. 연구개음화(軟口蓋音化 velarization)는 [ᵚ]나 [ɫ]처럼 ~를 중간에 넣어 표시하며,

Manner of Articulation \ Place of Articulation		Bilabial	Labiodental	Dental		(Apico) alveolar	Post alveolar		Alveo(lo)-palatal	Palatal	(Dorso) velar	Uvular	Pharyngeal	Glottal	Labio-velar	Pharyngealized
				Interdental	(Apico) dental		Retroflex	Palato-alveolar								
STOP(PLOSIVE)	vl.	p			t̪	t	ʈ	(ʈ)	t^{y}	c	k	q		ʔ	k͡p	ṭ
	vd.	b			d̪	d	ɖ	(ɖ)	d^{y}	ɟ	g	G			g͡b	ḍ
NASAL	vl.	m̥				n̥			ñ̥		ŋ̊					
	vd.	m	ɱ		n̪	n	ɳ	(ŋ)	ñ	ɲ	ŋ	N			ŋ͡m	
(CENTRAL) FRICATIVE	vl.	Φ	f	θ		s	ʂ	ʃ	ɕ	ç	x	χ	ħ	h	ʍ	ṣ
	vd.	β	v	ð		z	ʐ	ʒ	ʑ	j	ɣ	ʁ	ʕ	ɦ	wˆ	ẓ
AFFRICATE	vl.	p^{Φ}	p^{f}			t^{s}			t͡ʃ							
	vd.	b^{β}	b^{v}			d^{z}			d͡ʒ							
LATERAL	vl.					l̥										
	vd.					l	ɭ			ʎ	(ɫ)					
ROLLED(TRILL)	vl.					r̥										
	vd.					r			ř			R				
FLAPPED(TAP)	vl.															
	vd.					ɾ	ɽ					R				
SEMIVOWEL &	vl.	ʍ														
FRICTIONLESS CONTINUANT (APPROXIMANT)	vd.	w ɥ	ʋ			ɹ	ɻ			j(ɥ)	(w)ɰ	ʁ			w	
LATERAL FRICATIVE						ɬ ɮ										
ROLLED FRICATIVE (vd.)						ɼ										
LATEERAL AFFRICATE						t^{l} d^{l}										
ASPIRATED STOP (vl.)		p^{h}				t^{h}			$\check{c}^{h}$		k^{h}					
GLOTTALIZED STOP (EJECTIVE) (vl.)		p'				t' s'			č'		k'					
IMPLOSIVE (vd.)		ɓ				d`					g′					
LABIALIZED STOP		p^{w} b^{w}				t^{w} d^{w}					k^{w} g^{w}					

도표 3-3 자음표-주로 국제음성부호(International Phonetic Alphabet)에 의거

비음화(鼻音化 nasalization)는 [̃]로 나타난다.

참고로 다른 기호들도 몇 가지 소개하면, 약간 무성음(voiceless)의 색체를 띤 유성음은 [b̥], [d̥], [g̊], [n̥], [l̥]같이, 음절을 이룰 수 있는(즉 성절적 成節的 syllabic) 자음은 [m̩], [n̩], [l̩]로 나타낸다. 한편 유기화(aspirated)는 [ʻ] 또는 [ʰ]로, 경음화(glottalized) 또는 후두음화(laryngealized)를 [ʼ]나 성문 파열음(聲門破裂音 glottal stop) [ˀ]를 올려 써서 [pˀ, ˀp]로 표시한다. 결국 [ʼ]는 성문 폐쇄와 함께 성문 상역(上域) 어딘가를 함께 폐쇄했다가 숨을 내쉬는 방출음(放出音 ejective)의 표시로 쓰이며, 이에 반대되는 것에 폐쇄를 개방하면서 흡기(吸氣 ingressive air)를 들이쉬고 성문을 내려 진동시키는 소위 흡입 정지음(吸入停止音 suction stop), 즉 입파음(入破音 implosive)이 있다. 도표 3-3 [ɓ, ɗ, ɠ] 참조.

그런데 한국어는 음절말에서 파열음들은 물론이고 파찰음과 마찰음들도 뒤에 자음으로 시작되는 음절이 오거나 또는 아무것도 뒤따르지 않을 때는 파열 또는 개방(releasing)을 시키지 않는 현상이 있어서 흔히 **내파음**(內破音 'implosive'라 하는 경우가 많은데, 위의 입파음과 구별하기 위해 'unreleased'라고 부르는 것이 더 좋겠고 번역도 불파음(不破音)이라고 할 수도 있겠다.)이라고 하며 [p˺, t˺, k˺]로 나타낸다. 내파음은 입파음처럼 흡기를 이용하지 않고 보통 많은 언어음을 내는 방식인 호기를 쓰는 점이 다르므로 혼동하지 말아야 한다.

파열음에는 보통 폐에서 공기가 나오는(pulmonic egressive) 것을 이용하는 음과 앞서 말한 방출음과 입파음 그리고 한 가지 더 덧붙이면, 혀 차는 소리(click)가 있다. 입안 연구개 부위에서 공기가 빨려 들어갈 때(velaric ingressive), 혀가 뒤로 밑으로 움직이는 동작에 의해 공기가 희박해지면서 내는 소리, 쉽게 말해 '쯧쯧'같은 발음이다. [ɟ, C, ʃ]같은 기호로 표시한다.

3.3 모음

모음의 조음 위치나 방식을 설명하기는 자음의 경우보다 특징적인 구별이 적어서 좀 막연하다. 혀의 높이(tongue height)에 따라서 입천장과의 간격(aperture)이 달라지고, 간격이 생기는 위치도 혀의 전후 이동에 따라 달라진다. 달리 말하면, 혀의 위치(tongue position)에 따라, 또 입을 벌리는 차이 즉 **개구도**(開口度 degree of opening)에 따라서 간격이 달라지며, 입술을 오므리는 여부에 따라 **원순성**(圓脣性 rounding)도 결정된다.

모음을 내는 방식은 위와 같이 일정한 모양을 취한 혀와 입천장 사이로 공기를 마찰없이 통과시켜 입술로 빠져 나가게 함으로써 구강(또는 비강)에서 공명이 되도록 한 것이다. 비강까지 공명시키는 모음은 비모음(nasal vowel)이라 하며 [ã]로 표시한다. 모음은 대부분 유성음이나 드물게 무성음으로 실현되어 [e̥]같이 나타낸다. 한편 인두음화(咽頭音化 pharyngealized)된 모음은 [o̤]로 나타낸다.

흔히 모음 사각도(四角圖)라고 일컫는 도표 3-4는 바로 입안에서 경구개와 연구개 부분에 걸쳐 놓일 수 있는 이차원적 공간인 것이다.

다음 도표는 원래 영국의 음성학자 Daniel Jones가 기본 모음 체계(基本母音體系 cardinal vowel system)를 제안하면서 제 1차 기본 모음으로 [i, e, ɛ, a, ɑ, ɔ, o, u]의 8모음을 설정하고, 제 2차 기본 모음으로 [y, ø, œ, ㅡ, ɒ, ʌ, ɣ, ɯ]의 7모음을 세웠다. 제 1차 기본 모음은 경구개와의 사이에서 나는 전설(前舌 front) 모음일 경우 모두 평순(平脣 또는 비원순 非圓脣 unrounded) 모음이고, 연구개와의 사이에서 나는 후설(後舌 back) 모음일 경우 [ɑ] 하나를 제외하고는 모두 원순(圓脣 rounded) 모음이다. 제 1차 기본 모음이 많은 언어에 흔히 나타나는 것들인데 반해, 제 2차 기본 모음은 좀 덜 쓰이는 것들이다. 전설 원순(front rounded) 모음으로서 [y, ø, œ] 세 음만을 설정하고, 가장 큰 개구도의 자리에는 -로 표시한 것은 [a]에 대한 원순 모음이 불가능한 것이 아니라 실제로 [œ]와 구별지어 쓰이는 언어가 없기 때문이다. 후설 평순(back unrounded)모음인 [ɯ, ɤ, ʌ]와 후설 원순 모음인 [ɒ]는 드물게 쓰인다. 특히 [a]는 위 도표에서 **중설**(中舌 central) 모음처럼 표시하였으나, 사각도의 밑부분은 좁아지고 있으므로 실제로 [a]가 발음되는 위치는 전설 부분에까지 그 영역이 넓게 걸치는 것이 보통이다. 사실 국제 음성 부호에선 [a]를 중설 모음의 위치에 표시하고 있으나, 존스는 이 음을 전설 모음으로 설정하고 있다.

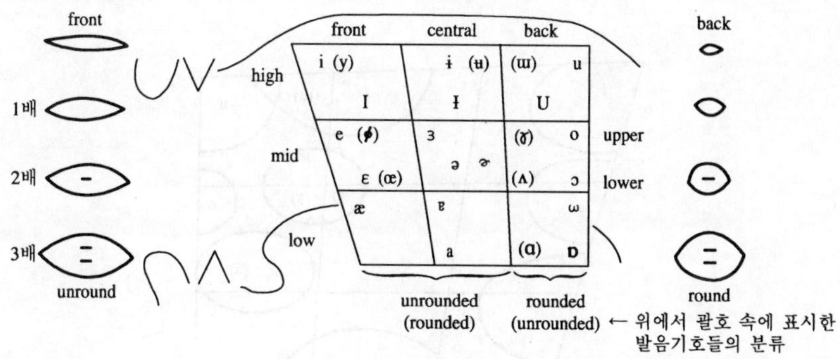

도표 3-4 모음도와 입술 모양

한편 도표 3-4의 좌우 끝에 그렸듯이 입술 모양에 따라 평순과 원순을 구별할 뿐 아니라, 두 입술 사이의 간격에 따라 개구도를 측정할 수 있다. 대체로 위에서부터 [i, y, ɨ, u] 등은 입술을 살짝 벌리는 정도고, [e, ø, o]는 두 입술 사이에 손가락 하나가 들어갈 정도고, [ɛ, œ, ɔ]는 둘 정도고, [a, ɑ]는 셋 정도의 개구도다. 이들을 각각 **고 · 중 · 저모음**(高 · 中 · 低母音 high, mid or low vowels) 또는 폐 · 반폐 또는 반개 · 개모음(閉 · 半閉 또는 半開 · 開母音 close, half-close, half-open or open vowels)이라 부른다. 개구도를 세 단계만이 아니라 4 · 5단계로 나누는 학자도 있다.

그리고 위의 모음 사각도를 통한 전후고저(전후고저) 모음의 위치 설정은 반드시 그 지점에서만 그 소리가 난다기 보다는 그 언저리 일대에서는 각기 조금씩 위치가 달라도 그 모음으로 들릴 수 있는 소리들을 대표한다고 보는 것이 좋다. 사실 우리가 발음할 때마다 매번 정말 똑같은 위치에서 할 수는 없는 것이다.

서울말, 즉 표준어의 모음 사각도에 이같이 그 조음 영역의 일대를 표시해서 나타내면 다음과 같이 될 것이다. <cf. 이현복(1971)>

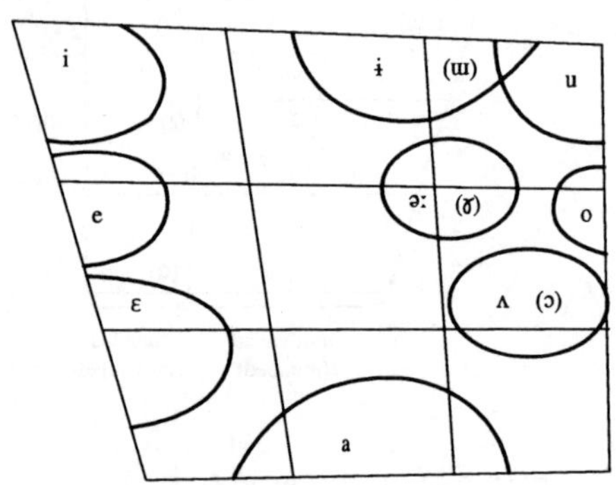

도표 3-5 국어 모음 사각도

위의 도표는 40대 이상인 서울 토박이의 말을 기준으로 한 것이며, 그보다 젊은 층은 'ㅔ'[e]와 'ㅐ'[ɛ]의 구별이 없어졌고, 'ㅓ'가 길게 날 때의 소리인 [əː](또는 [ɤː]로 볼 수도 있다.)와 짧게 날 때의 소리인 [ʌ](또는 [ɔ]로도 볼 수 있겠다.)의 두 가지로 구별되지 못하고 [ʌ]로 단일화되었다. 'ㅡ'는 중설 모음 [ɨ]로 기록하는 일이 많으나 실제 후설 모음 [ɯ]로 실현되기도 한다.

3.4 운율적 자질 및 음절

이제까지는 분절음(分節音 segmental sound)에 대한 소개였으나, 그 분절음, 즉 모음과 자음이 모여 **음절**(syllable)을 이룰 때, 특히 그 음절이나 단어에 관련되어 나타나는 **운율적 자질**(韻律的 資質 prosodic feature) 또는 초분절적 자질(超分節的資質 suprasegmental feature)에 대해서도 알아 두어야겠다. 운율적 자질로서는 강약(强弱 loudness), 고저(高低 pitch), 장단(長短 length)이 있고, 음절과 휴지(休止 pause) 또는 경계(境界 boundary)에 대해서도 함께 다루어 보겠다.

강약 또는 강세(强勢 stress)는 음향 물리적으로는 음파의 진폭(振幅 amplitude)이 높고 낮음에 비례하는 것인데, 강세를 받는 모음은 보통 높고 길게 발음되는 것이 특징이다. 영어에서 permit가 [pə́ːrmit]로 발음될 때는 명사며, [pəːrmít]로 발음될 때는 동사가 된다. 또한 blackbird를 한 복합어로 발음할 때는 첫 음절에 강세가, black bird라는 명사구로 발음할 때는 둘째 단어에 강세가 놓인다. 위와 같이 다른 음성적 조건들은 같으면서 강세가 놓이는 위치만의 차이로 구별되는 것을 보면, 영어의 강세는 변별적 기능을 가진 것이다. 이

기능에 대해서는 음운론(제 4장)에서 더 언급할 것이다. 그러나 국어 표준어 속에서는 이러한 강약 현상을 뚜렷이 지적하기 어렵다.

고저는 성대의 진동수, 즉 음파의 주파수(周波數 frequency)가 많고 적음에 비례한다. 중국 및 동남아, 아프리카, 미국, 인디언 등의 언어에서는 각 음절 또는 형태소가 특정한 높낮이, 즉 고(高 high), 저(低 low), 승(昇 rising), 강(降 falling) 등을 가지고 구별된다. 이 같이 **성조**(聲調 tone)로서 최소한의 변별적 차이를 가져오는 언어들을 성조 언어라 한다.

중국어(현대북경관화, 官話)에서는 높낮이를 1~5단계로 나누어 다음과 같이 구별한다.

(3)	발음	의미	고저		성조명
	ma^1	媽(어머니)	55	—	상평성(上平聲)
	ma^2	麻(삼)	35	／	하평성(下平聲)
	ma^3	馬(말)	214	✓	상성(上聲)
	ma^4	罵(꾸짖다)	51	＼	거성(去聲)

국어에도 중세 국어에는 성조 현상이 보였고, 현대 경상 · 함경 방언에는 아직도 고저 액센트(pitch-accent) 체계가 남아 있다. 고저 액센트는 일정한 고저의 음조형(音調型), 예컨대 저고조(低高調)란 일정한 음조형이 1 또는 2 이상의 음절 위에 단위의 길이에 상관없이 배당되는 것으로서, 각 음절마다 고유한 성조를 갖는 성조 언어와는 구별된다.

한편 대부분의 언어에서 음절보다 더 큰 단위, 즉 구절이나 문장 전체에 걸쳐 일어나는 고저의 차이를 **억양**(抑揚) 또는 **어조**(語調 intonation)라 하여 통사론적 대립을 이루는 요소로 파악된다. 다음 문장에서 끝 부분의 어조를 달리함으로써 서술 · 의문 · 명령 · 권유의 대립을 보일 수 있다.

(4) a. 학교에 가요. (서술)
b. 학교에 가요? (의문)
c. 학교에 가요! (명령)
d. 학교에 가요. (권유)

또한 다음 어귀들에서도 어조로 대립을 이룸을 볼 수 있다.

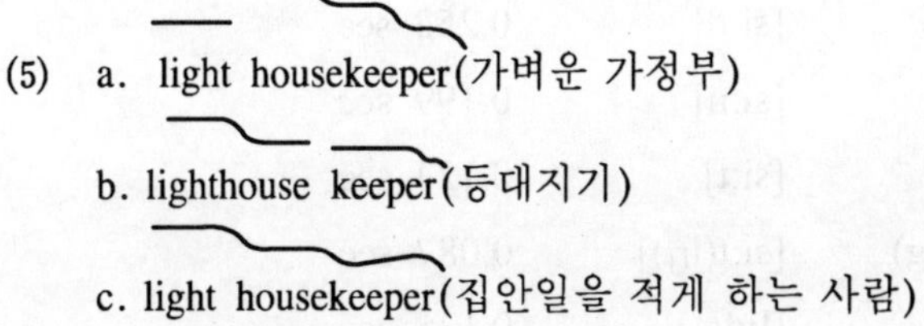

(5) a. light housekeeper(가벼운 가정부)
b. lighthouse keeper(등대지기)
c. light housekeeper(집안일을 적게 하는 사람)

장단은 청각적으로 소리가 들리는 지속(持續 duration)시간에 비례한다. 나이가 많은 층이 쓰는 표준 국어의 다음 예들에서 장단은 변별적인 기능(즉 음운론적 기능, 제 4장 참조)을 발휘하고 있어 각기 다른 형태소로 구별하는 기준이 된다.

(6) a. 눈[nun] '眼' : [nu:n] '雪'
b. 갈다[kalda] '換' : [ka:lda] '磨'

위와 같이 음운론적인 기능을 가진 장단의 예는 라틴어에서도 porta의 a가 단음이면 단수 주격, 장음이면 단수 탈격(奪格)인 사실에서도 지적될 수 있다. 음성학적으로 엄밀히 말하자면 장모음은 두 개의 동일한 단모음(短母音)의 연속과 구별되고, 또 자음에 있어서도 특례적인 장자음(長子音)에 대해 중복 자음(geminated consonants)을 구별시켜 쓸 수 있다. 이태리어에서 단자음 fola(우화)는 중복 자음 folla(군중)와 구별 된다. 불어의 égoïste의 g는 중간에 음절 경계가 있어 장자음이 된다고 한다.

한편 위와 달리, 음운론적인 변별적 기능은 없어도 일정한 음성적 환경에 따라 예측할 수 있는 경우가 있다. 영어에서 유성 자음 앞에서는 모음의 길이가 길어지는 일반적인 경향이 바로 그런 예다.

(7)	a. see	[si:]	0.317 sec
	b. seed	[si:d]	0.252 sec
	c. seen	[si:n]	0.199 sec
	d. seat	[si:t]	0.124 sec
	e. seat(ing)	[si:t(iŋ)]	0.087 sec
	f. lid	[lid]	0.135 sec
	g. sin	[sin]	0.077 sec
	h. sit	[sit]	0.085 sec
	i. sit(ting)	[sit(iŋ)]	0.052 sec

위의 표를 잘 살펴보면 d, e, h, i 같이 무성 자음 앞에서는 모음이 짧게 측정되었다. 한 가지 더 언급해야 될 점은 e의 장모음은 h의 단모음과 거의 비슷하고, d와 e의 장모음은 f의 단모음보다 오히려 짧다. 그러나 장단의 대비는 이렇게 뒤에 오는 자음의 성격이 다른 것끼리 하지 말고 동일한 환경끼리 놓아, 예컨대 위 (7)의 좌우 칸을 대비의 짝으로 삼아, 왼편 장모음들이 바른편 단모음들의 두 배 정도의 길이를 가진 점에 주목해야 한다.

결국 위의 사실은 소리의 장단이 상대적(相對的)인 개념이라는 점을 말해 준다. 몇 초 이상 계속되어야 장음이고 그 이하면 단음이라고 규정할 수 있는 것이 아니고 그 주위의 다른 소리에 상대적으로 영향을 받는 것이다. 이 사실은 강약과 고저에 있어서도 마찬가지다. 가령 경상 방언에서 '말'이라고 단독으로 발음하면 그 높낮이를 잘 판단할 수 없으나, '말-이, 말-을' 등으로 다른 말을 붙여 발음해 보면 고중(高中)일 때 '馬', 중중(中中)일 때 '斗', 저중(低中)이면 '語'의 뜻이 분명해진다.

다음은 음절에 대한 음성학적 정의를 소개하겠다. 음절은 음운론적 단위로도 정의되고 있어서(제 4장 참조), 엄밀히 말하자면 여기서는 음성적 음절(音聲的音節 phonetic syllable)만을 다루려는 것이다. 우선 음향학적으로 청자(聽者)의 귀에 도달되는 에너지의 양에 따라 Jespersen은 가청도(可聽度 sonority)를 다음 (8)과 같이 규정했고, 조음음성학적으로 입을 벌리는 정도에 따라 Saussure는 개구도(開口度 aperture)를 다음 (9)와 같이 설정했다.

(8)		(9)	
1.	p t k f s ç x	0.	p b t d k g
2.	b d g	1.	f v θ ð s z ʃ ʒ ç j x ɣ
3.	v z ɣ	2.	m n ŋ
4.	m n ŋ l	3.	l r
5.	r	4.	i u y
6.	y u i	5.	e o œ
7.	ø o e	6.	a
8.	ɔ æ ɑ		

세부적인 문제점들을 생략하고 원칙적인 정의만 언급하자면, 음절은 가청도가 높은 모음이나 또는 비음이나 유음 등의 성절적(成節的

syllabic) 자음을 음절의 정점(頂點 peak) 또는 음절핵(音節核 syllabic nucleus)으로 하고, 그 앞에 두자음(頭子音 onset)과, 그 뒤에 말자음(末子音 coda)은 가청도가 낮은 자음을 취함으로써 이루어진다. 또 다른 음절의 정의는 Saussure가 외파음과 내파음, M. Grammont이 점강음(漸强音 phonème croissant)과 점약음(漸弱音 phonème décroissant)이란 술어로서 다음 (10)과 같이 음절의 경계를 보임으로써 시도되었다.

< > < > < < > >
(10) a. [b ɔ t l] b. [g r o u] cf. 외파음<내파음>
/ \ / \ / / \ \ 점강음 / 점약음 \

위 (10)에서 음절이란 단위는 ><나 \ /가 이루어지는 곳을 기준으로 나뉘는 것이다. 점강음은 외파음(released)[p] 같이 발음이 지속될수록 점점 강한 긴장이 생기고, 점약음은 내파음(unreleased)[p˺] 같이 이미 최고조에 달해 있던 발음의 긴장이 이완되어 약해지는 것으로서, 한 음절은 점강음으로 시작하여 점약음으로 끝난다고 할 수 있다.

음성적 음절에 대한 또 하나의 정의는 운동 이론(motor theory)의 관점에서, 각 음절은 흉곽맥동(胸廓脈動 chest pulse)으로 음성 기관의 긴장을 한 번 일으킬 때마다 일어난다고 보는 것이다.

한편 이러한 음성적 음절에 대해, 각 언어의 음운 체계에 따라 규정하는 음운적 음절(音韻的 音節 phonological syllable)을 설정할 수 있다.

이에 대해서는 다음 장에서 논하겠다.

음절을 나눌 때 관련되는 것으로 휴지(休止)나 각종 경계(境界)가 있다. 가령 bedroom이란 단어를 '침대를 두는 공간'이란 의미로 발음할 때는 [bεd$ruwm]으로 되나 ($는 **음절경계** syllable boundary) '침실'이란 의미로는 [bε$druwm] 또는 [bε$ǰruwm]으로 된다고 한다. 아마 처음 발음은 bed#room(#는 **단어 경계** word boundary)으로 미약한 휴지가 사이에 있으나, 나중 것은 bed+room(+는 **형태소 경계** morpheme boundary)으로 거의 휴지가 사이에 없는 연접이다.

3.5 음향 음성학

음성도 물리적 현상이기 때문에 파동론(波動論 wave theory)에 기초하여 음성을 음파(sound wave)로 분석해 내는 음향 음성학(音響音聲學)이 필요하며, 이것은 또한 실험 음성학(experimental phonetics)의 주요 분야를 이루고 있는 것이다. 음파란 공기를 이루고 있는 입자(粒子)들의 순간적인 유동이 전파(傳播 promulgation)되는, 일종의 물결치는 듯한 현상을 말한다. 즉 공기의 진동을 일으키는 근원체, 가령 성대나 악기에 가장 가까이 있는 공기 입자 A가 그 바로 옆에 있는 입자 B를 밀어 압축하고(따라서 원래 입자 A가 있던 자리는 희박해졌다가 A가 돌아와 원상복구가 되고) 다시 입자 B는 그 옆의 입자 C를 미는 연쇄적인 좌우 유동 운동으로 압축 상태(compression)와 희박상태(rarefaction)가 교체 반복되는 현상이 음파다. 이러한 음파의 현상을 좀더 실감 있게 느끼기 위해서는 우리의 귓속 구조를 가지고 설명하는 것도 도움이 된다. 귀의 구조는 도표 3-6과 같이 외이(外耳 outer ear)를 통해 공기의 압력이 중이(中耳 middle ear)의 고막(鼓膜 eardrum 또는 tympanic membrane)에 전달되면 세 개의 작은 뼈로 이어진 골연쇄(骨連鎖 bone chain)를 눌

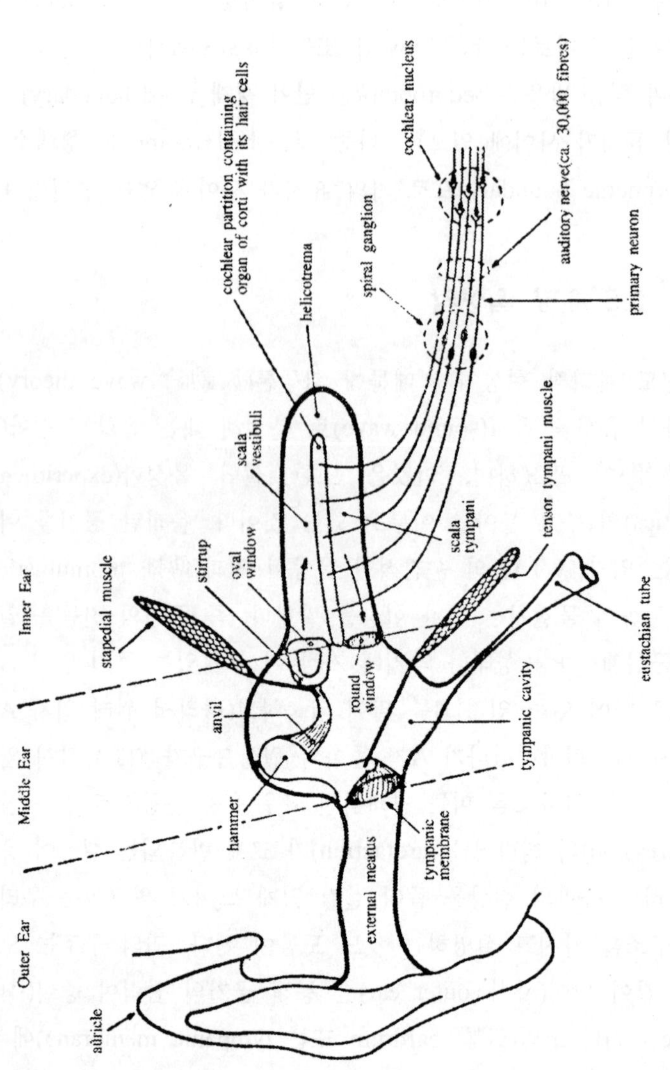

도표 3-6 귀와 청각 신경의 개략도

러 내이(內耳 inner ear)에 담겨진 액체를 움직여 그 진동의 자극이 청각 신경을 통해 뇌에 전달된다. 압력이 전달된 뒤 낮아지면 고막 등도 원 상태로 환원된다.

소리(sound)란 이와 같이 청각 기관을 통해 청각 신경을 자극하는 공기의 진동이며, 그 진동 현상을 연구하는 분야가 음향 음성학이고 그것이 청각기관에 받아들여진 이후의 과정을 연구하는 분야가 청음 음성학인 것이다.

음파 현상은 다음 도표 3-7처럼 공기의 압력을 수직의 축(軸)에, 시간의 경과를 수평의 축에 표시하는 것이 관례다.

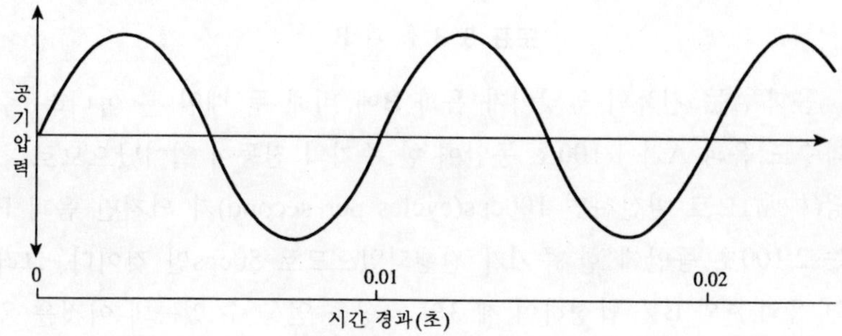

도표 3-7 음 파 A

도표 3-7은 대기(大氣)의 압력은 고려하지 않고 편의적으로 그린 것이나, 이러한 개념도만 보아도 소리의 진동 상태가 다름에 따라 음파의 형태가 달라질 것은 자명(自明)하다. 이때 어떤 음파의 형태를 **파형**(波形 wave form)이라 하며 그것을 결정짓는 요소로는 앞서 3.4에서 말한 강약과 고저가 주요한 구실을 한다. 이미 언급한 바처럼 음의 강약은 음파의 진폭의 높고 낮음에 좌우되고, 음의 고저는 1초 동안에 일정한 파형이 진동하는 **주기**(周期 cycle)의 횟수, 즉 주파수의 많고 적음에 비례된다. 주기를 알아내는 손쉬운 방법은 파형이 수평축을 오르락 내리락 하면서 일정한 모양을 보이고, 다시 같은 모양

이 반복되려하는 시점의 직전까지를 끊어 보면 된다. 도표 3-7에 보인 음파 A에 대해 진폭이 반이며 주파수도 반만큼 적은 음파 B를 보이면 도표 3-8과 같이 된다.

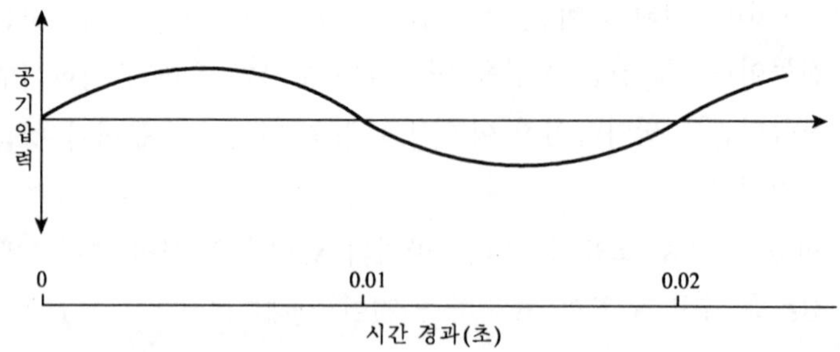

도표 3-8 음 파 B

음파 A는 진폭의 높낮이가 음파 B에 비해 두 배일 뿐 아니라, 주파수도 음파 A가 1/100초 동안에 한 주기의 진동이 일어났으므로 초당(秒當)으로 환산하면 100cps(cycles per second)가 되지만 음파 B는 2/100초 동안에 한 주기가 진행되었으므로 50cps인 것이다. 그러면 음파 A와 B를 합성하여 제 3의 파형을 얻을 수 있는데 이것을 음파 C라 하고 도표 3-9와 같이 그릴 수 있을 것이다.

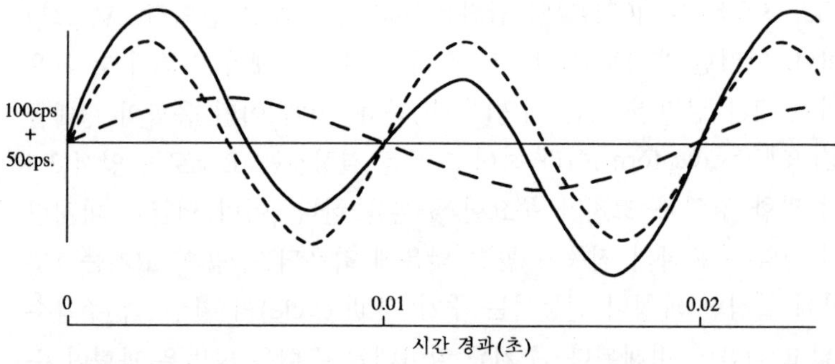

도표 3-9 음 파 C(복합파:50+100cps.)

이제까지 보인 음파 A와 B는 수학적으로 가장 간결히 표시할 수 있는 **정현파**(正弦波 sine wave)로서 가장 간단한 파형을 보인다. 그러나 음파 C는 A와 B가 종합된 결과이므로 좀더 복잡한 파형, 즉 **복합파**(complex wave)를 이루며 우리가 실제로 접하는 음들은 대부분 복합파들이다. 음파 C보다 더 복잡한 파형을 보이자면 다음 도표 3-10과 같이 될 것이다.

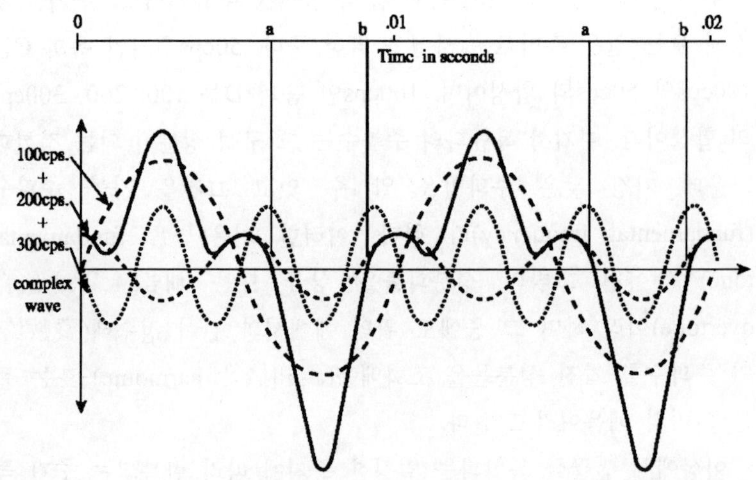

도표 3-10 음 파 D(복합파 : 100 + 200 + 300cps.)

도표 3-10에서 100, 200, 300cps의 세 음파를 주의 깊게 관찰해 보면 0에서 똑같이 시작하지 않고 각기 다른 시점(時點)에서 시작하였으므로, 이 복합파의 각 구성 성분을 이루는 세 성분파들의 **위상**(位相 phase)이 다르다고 할 수 있다. 여기서 흥미 있는 사실은 위상의 차이로 파형이 달라지더라도 사람의 귀는 각각 똑같은 성분파를 가진 합성파는 다 같은 음으로 듣는다. 즉 100, 200, 300cps의 세 성

분파가 0에서 동시에 ↗ 방향으로 시작되는 음파와 위의 음파 D는 같은 음으로 듣게 되는데, 그 이유는 우리의 귀가 파형에 관계없이 복합파를 각각의 성분파로 분석해서 듣는 까닭이다. 한편 복합파를 몇 개의 정현파의 합성으로 보고 성분 분석하는 방법을 체계적으로 규명한 Fourier라는 수학자가 있어서 이러한 과정을 Fourier 분석이라고 부른다.

위에서 예로 든 두 가지 복합파, 즉 음파 C와 D에서 그 주기를 결정해 보는 일은 흥미로운 사실을 밝혀 준다. 50cps주기인 음파 C는 100cps와 50cps의 합성이며, 100cps인 음파 D는 100, 200, 300cps의 합성이다. 여기서 복합파의 주파수는 그 구성 성분이 되는 정현파 가운데 가장 낮은 주파임을 알 수 있고 그것을 **기본 주파수**(fundamental frequency)라 한다. 이러한 기음(基音 fundamental tone)이 아닌 그밖의 성분파들을 **상음** 또는 **배음**(上音, 倍音 overtone)이라 하며 그 중에도 위의 예에서와 같이 정수배(整數倍)의 주파수를 가진 성분음을 조화배음(調和倍音 harmonic) 또는 좁은 의미의 배음이라고 한다.

이상에서 언급한 복합파는 일정한 주기에 따라 반복되는 **주기 복합파**(periodic complex wave)인데 반해 복합파이면서도 **비주기파**(非周期波 non-repetitive wave)가 있다. 즉 도표 3-11에서처럼 900, 1,000, 1,100cps의 인접한 세 가지 주파수의 음을 합성하면, 앞뒤를 생략하고 여기 보인 부분에 한해서는, **감폭** 또는 **점감**(減幅, 漸減 damping)되는 파형을 드러낸다. 이와 같은 비주기적 복합파는 결국 도표 3-12에 나타낸 바와 같이 진폭과 주파수가 다른 세 가지 성분파로 분석될 수 있다. 실제로 비주기파는 무수한 성분파의 복합이지만 여기서는 설명의 편의상 세 가지 성분파만을 언급한다. 도표 3-12

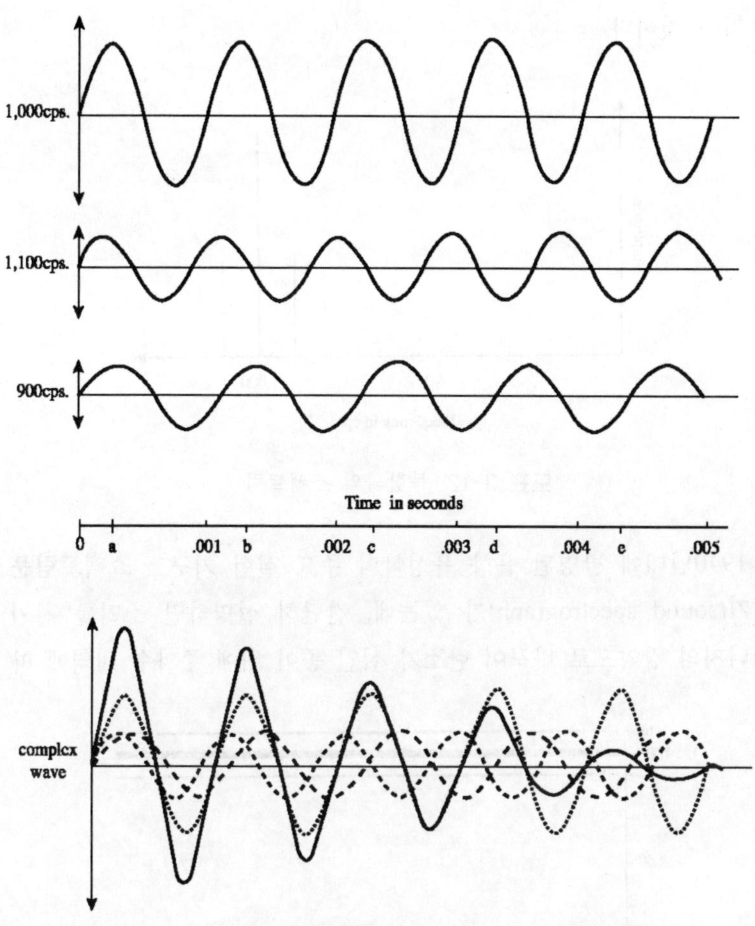

도표 3-11 음 파 E(복합파 : 900+1000+1100cps.)

에서와 같이 선분으로 성분파의 **주파수 대역**(帶域 band)과 그 위치에서의 진폭을 선분의 길이로 표시한 것을 **스펙트럼**(spectrum)이라고 한다. 음향 음성학의 중요 대상이라 할 **음질**(音質 quality)은 바로 이 스펙트럼의 주파수 분포와 성분 주파수 간의 상대적 진폭차에 좌우되는 것이다.

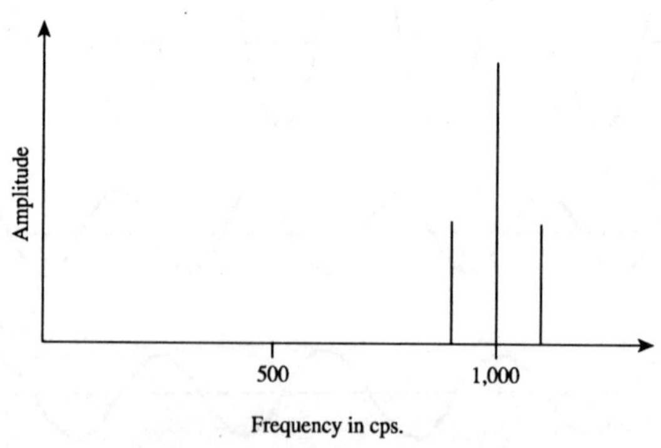

도표 3-12 복합파의 스펙트럼

1940년대에 발명된 음향 음성학의 주요 실험 기구로 **스펙트럼분석기**(sound spectrograph)가 있는데, 간단히 설명하면 소리를 전기 에너지의 강약으로 바꾸어 탄소가 섞인 종이 위에 주파수 대역에 따

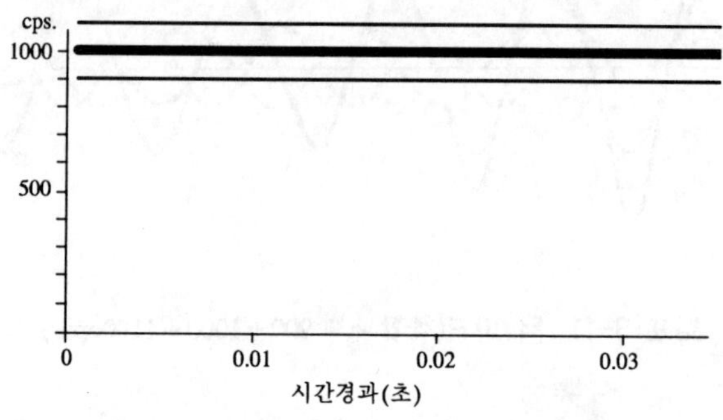

도표 3-13 스펙트러그램(개략도)

라 검게 태워 표시하도록 고안한 전자 기계다. 개략적으로 도표 3-13

에 보인 바와 같이 음파 E는 1,000cps에서의 진폭이 가장 크므로 더 검게, 그 배음들은 그보다 흐리게 표시된 것이다. 이때 에너지가 밀집된 주파수 대역을 가리켜 **포오먼트**(formant)란 용어를 쓰며 그 단위는 물론 cps란 주파수의 단위를 쓴다. 한 복합파의 포오먼트는 여러 개가 있을 수 있는데 제 1과 제 2 포오먼트가 가장 중요시된다. 이렇게 어떤 소리의 특정 주파수 대역을 알아낼 수 있는 기본 원리는 악기에서 활용되고 있는 **공명**(共鳴 resonance)현상, 즉 어느 물체가 다른 물체의 진동에서 에너지를 얻어 따라서 진동하는 현상과 관계가 있다. 어느 공명체가 그것이 갖는 주파수의 특성에 따라 어떤

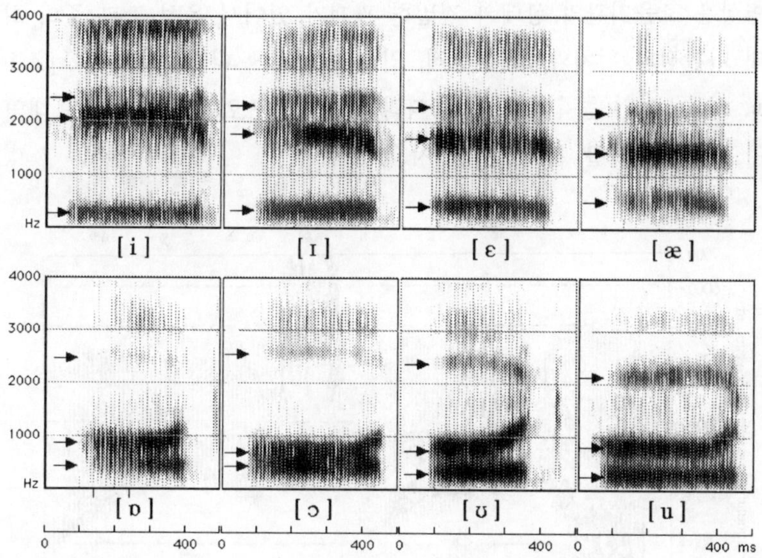

도표 3-14 미국 영어 모음 8개의 F_1, F_2, F_3 위치(UCLA 음성학 강의에서)

주파수의 음은 전달시키고 어떤 주파수는 통과시키지 않는 작용을 할 때 이를 음향여과기(音響濾過器 acoustic filter)라 한다. 스펙트러그래프도 이런 장치가 전자적으로 복합된 일종인 것이다. 그런데

실제 언어음의 스펙트럼을 기록한 **스펙트러그램**(spectrogram)의 실례를 보면 앞서의 개략도(도표 3-14)보다 훨씬 복잡한 형태(도표 3-15)로 나타난다.

도표 3-14는 heed, hid, head, had, hod, hawed, hood, who'd라는 단어들을 실험하여 스펙트러그램에 화살표로 F1, F2, F3까지 표시한 것이다.

위에서 구부러진 검은 띠로 나타난 스펙트럼, 특히 제 1, 제 2 포오먼트의 분포는 모음의 음질을 구별하는 데 아주 중요한 지표(指標 cue)가 되는 사실을 알아차릴 수 있다. 일반적으로 포오먼트의 분포 형상은 조음기관의 상태와 긴밀한 관계가 있어서 음성 도관 중의 최대 마찰점의 위치와 그 단면적, 입술의 위치에 따라 달라진다. [a, i, æ, u] 등 여러 종류의 모음에 따라 두 가지 포오먼트의 주파수 대역이 다른 점을 잘 살펴보아 두자.

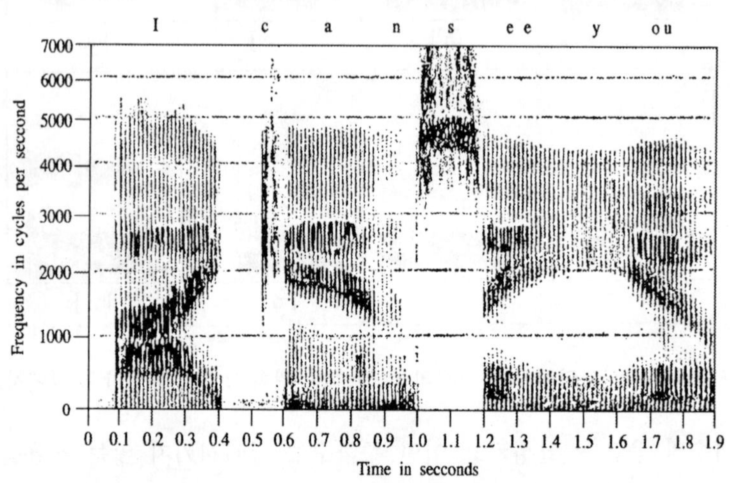

도표 3-15 스펙트러그램의 실례

앞에서 [k, n, s] 등의 자음은 뚜렷한 포오먼트의 주파수 대역이 보이지 않고 검은 부분이 흩어져 있다. 이것은 모음들이 그 주기를 밝힐 수 있는 주기적 음파(periodic wave)인데 반해, 자음들은 대개 그 주기를 밝힐 수 없는 복잡한 **난잡파**(亂雜波 random wave)이기 때문이다. 난잡파의 실례는 도표 3-16에서 보일 [s]의 파형과 같다.

난잡파는 앞서 도표 3-11에서 보인 비주기파나 마찬가지로 반복되는 파형을 찾아보기 어렵다. 모음이 주기적 음파라고 해서 실제 발음에서 반드시 일정한 주기를 무한히 반복하는 것은 아니고 점감현상을 보이면서 음성 도관 속의 공기를 공명시키다가 비주기파처럼 사라져 버리는 것이 보통이다.

도표 3-15를 다시 잘 관찰하면 I와 can 사이를 제외하고는 모든 분절음 사이에 뚜렷한 경계가 없이 공백 없는 소리의 흐름이 진행되는 **연속체**(continuum)임을 알 수 있다. 사실 우리가 본 3장 벽두에서 음을 개별적 단위로 분절화할 수 있다는 가정을 세우고 출발한 것은, 스펙트러그램을 놓고 볼 때 기술(記述)과 인식의 편의상 취해진 방법임을 알 수 있다. 우리가 이미 알고 있는 그 언어에 대한 지식의 도움이 없이는 분절화하기 어려운 것이다.

한편 스펙트러그램이란 음향 분석 사진이 보여 주는 흥미있는 점은, 어른과 어린이는 음성 도관의 길이가 다르므로 음성의 고저도 달라서 주파수 대역이 다른 곳에 포오먼트가 나타나게 되지만, 그 포오먼트들이 전체적으로 취하는 무늬(pattern)는 대개 같다는 사실이다. 따라서 사람마다 특유한 지문(指紋)이 있듯이 **성문**(聲紋 voiceprint)이라는 유형적 분류가 어느 정도 가능하여 범죄 수사에 방증 자료로 쓰일 수 있고, 또 정신이상자에 특수하게 나타나는 성문이 있어 그 치료에 원용(援用)할 수 있는 길도 모색되고 있다.

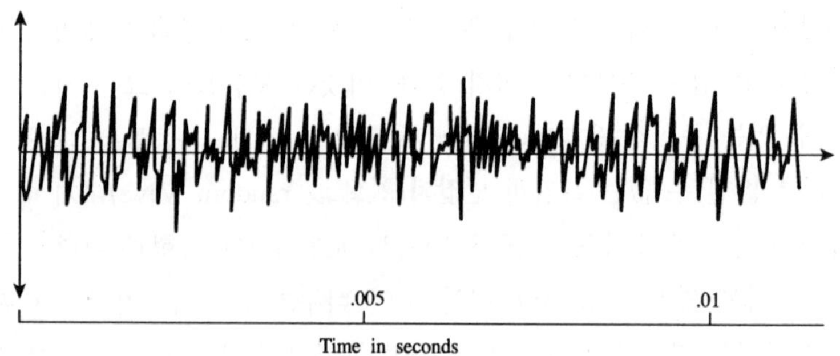

도표 3-16 난잡파〔s〕

음향 음성학을 소개하면서 주로 음향 분석기만을 소개하였으나, 그밖의 실험 기구들도 많다. 특히 근래에 시험 개발 단계에 있는 것들로서 스펙트러그램 자체를 읽어서 역(逆)으로 소리를 만들어 내는 장치 내지는 타자기 건반을 두드리면 문자가 아니라 음성으로 들려줄 수 있는 음성 타자기(voice typewriter), 또는 인공적으로 음성 도관과 같은 효과를 내는 전자 장치를 만들어 인간음성 같은 소리를 내는 언어 합성기(speech synthesizer), 한편 인간 언어를 직접 받아쓸 수 있는 기계, 반대로 문자를 직접 읽어 낼 수 있는 기계나 말하는 컴퓨터(talk-back computer) 등도 시도되고 있어 일반적 목적뿐 아니라 맹인 · 농아자(聾啞者)를 위해서도 응용 가치가 광범위해지고 있다. 일반적으로 언어를 합성해 내는 편보다는 언어를 인식 해득해 내는 편이 더 어렵다. 가령 스펙트러그램을 읽어내는 일만해도 그 성문의 해독은 고도로 훈련된 분석자로서도 쉬운 일은 아니다. 그러나 일단 분석된 음향적 요소(acoustic component)를 가지고 다시 원래의 소리를 합성해 내려는 시도는 어느 정도 성공을 거두고 있는 셈이다.

음성학의 최근 연구에서 음성공학 (음성분석/합성/인식/코딩/언어

처리/시청각 장애자를 위한 통신 등), 음성의학 (언어병리학/청각학 등), 언어심리학 및 기타 관련 분야 (음운론/언어교육 등)의 발달이 활발하여지고 있다. 아마 언어학 가운데 가장 자연과학과 밀접한 협조를 해야 하는 분야로 장래 발전성이 밝다고 보이며, 뒤 8장에서도 한번 더 언급할 것이다.

참 고

3.1절의 조음 음성학에 관해서는 IPA(1949), Heffner(1950), Malmberg(1954), Denes & Pinson(1963), Mol(1963, 70), Pike(1964), Abercrombie(1967), Ladefoged(1971, 75), O'Connor(1973), Singh & Singh(1976), Catford(1977), Lieberman(1977), Lieberman & Blumstein(1988), 이호영(1996) 등을 참조.

3.2절 자음에 대해선 위의 책들 외에 Schane(1973), Wardnaugh(1972) 그리고 파열음 · 파찰음의 유기성(aspiration)에 대해선 Skaličkava(1960), Lisker & Abramson(1964), Kim(1965, 70)을 참조.

3.3절 모음에 관해선 3.1절에 쓰인 책들 외에 Jones(1950, 60)의 기본 모음에 대한 논의를 참조.

3.4절 운율적 자질과 음절도 주로 위의 책들 외에 Hyman(1975) 참조. 모음의 길이 측정은 Jones(1950)에서 인용.

3.5절 음향 음성학은 주로 Ladefoged(1962), Denes & Pinson(1963), Johnson(1997) 등을 참조. 김한곤(1968a, b)도 참조.

◈ 연 습 문 제 ◈

A. 다음 (   )를 적당한 말로 메워라.

1. 발음 기관의 생리적인 면을 연구하는 (   )과 음파의 물리적인 면을 실험 연구하는 (   )이 있다.

2. 호흡작용은 공기가 드나들어 이루어지며, 그중 (　　)을 쉴 때는 조음 작용이, (　　)을 쉴 때는 혀 차는 소리 등이 일어난다.
3. 음파의 진폭은 음의 (　　)에 관계되고, 주파수는 음의 (　　)에 관계되며, 지속되는 시간의 길이는 음의 (　　)에 관계된다.

B. 다음 기술(記述)에서 틀린 곳을 고쳐라.

1. 음성 도관(vocal tract)에는 폐, 기관지, 후두(성대), 인두, 비강, 구강이 포함된다.
2. 순치음(labio-dental)은 윗입술과 아랫니를 접촉시켜 내는 소리다.
3. 파찰음은 마찰음으로 시작하여 파열음으로 끝나는 소리다.
4. 비음은 연구개(soft palate)와 목젖을 위로 올려 코로 통하는 숨길을 막아서 내는 소리다.

C. 다음 도표 3-17에 표시한 조음 위치의 숫자대로 도표 3-18의 밑줄 친 곳에 적당한 명칭을 써 넣은 뒤 다음 물음에 답하라.
도표 3-18은 자음 분류에 필요한 중요 술어들을 나열한 것이다. 편의상 접근음(approximant)이라는 Ladefoged의 용어를 섞어 썼는데 이것은 모든 모음과

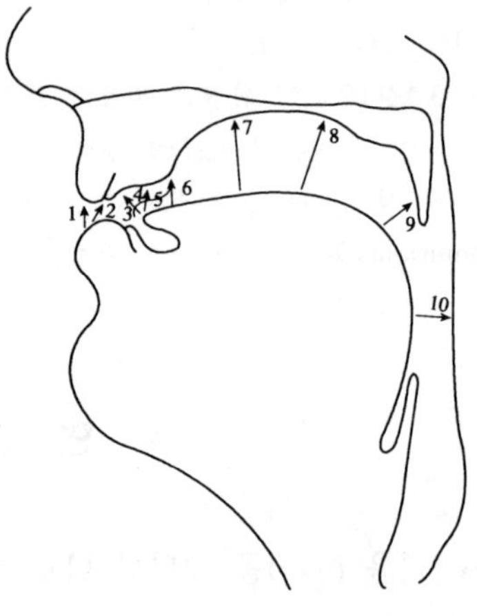

도표 3-17

[j, l, w, ɹ] 등을 포함하며 조음 기관의 한 쪽이 다른 쪽에 접근은 하되 공기의 흐름이 거세지지 않을 정도로 접근되는 상태를 말한다.

1. 우선 왼쪽부터 같은 모양으로 표시된 줄을 따라 바른쪽 끝의 [ ]에 어떤 음이 실현될 것인지 써 넣어라.

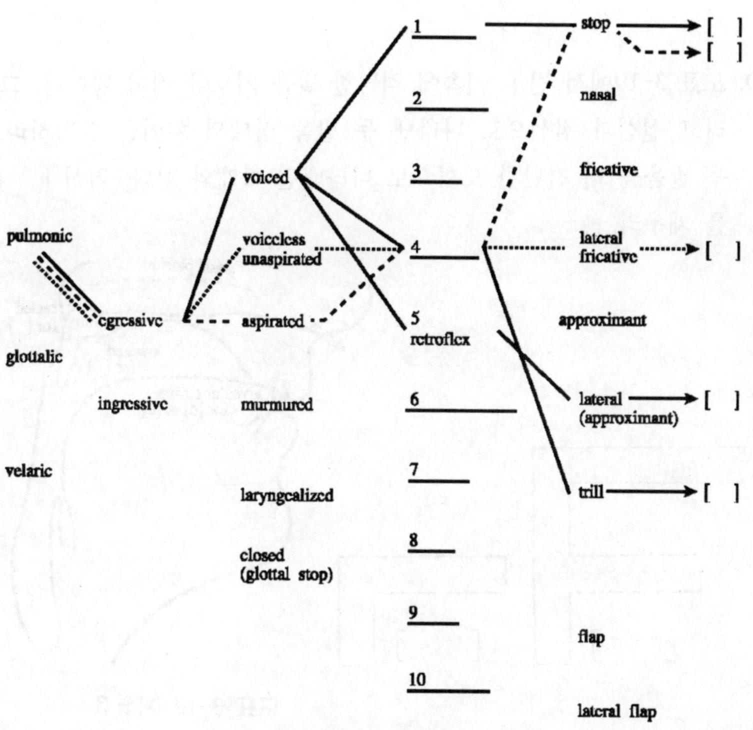

도표 3-18 자음 분류

2. 위와 같은 식으로 줄을 그어 아래의 소리가 날 수 있는 조합을 다섯 칸에서 골라라.

   a. [g]　　b. [ɲ]　c. [f]　d. [ʒ]　e. [ʕ]

   f. [R]　　g. [ʈ]　h. [j]　i. [c]　j. [m]

3. 위와 같이 줄을 긋되 실제로 존재할 수 없는 조합을 세 종류만 다섯 칸에 걸쳐 골라 보라(도표 3-3의 공백을 참조).

D. 도표 3-19에서 빈 [　] 속에 적당한 발음 기호를 적어 넣어라. 그리고 실선과 점선으로 나타낸 두 발음 상태의 차이를 설명하라. 두 발음을 더 간단한 도형으로 나타내면 아래와 같다. 역시 [　] 를 채우라.

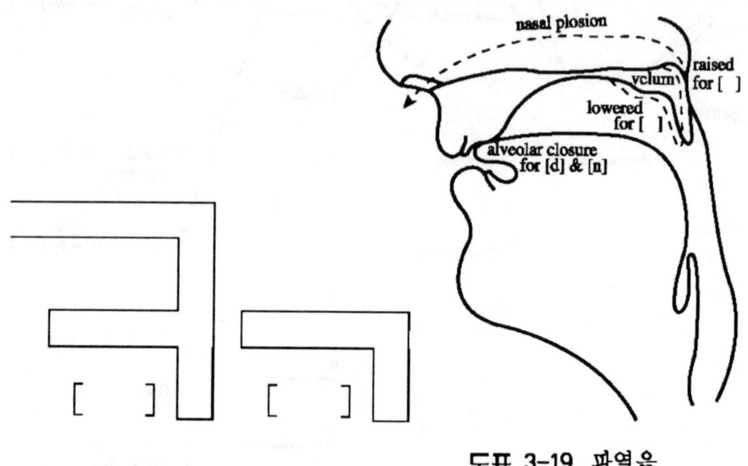

도표 3-19 파열음

위와 같은 방식으로 나타낸 다음 도형은 각각 무슨 발음을 나타내는지 [　] 속에 적어 넣어라.

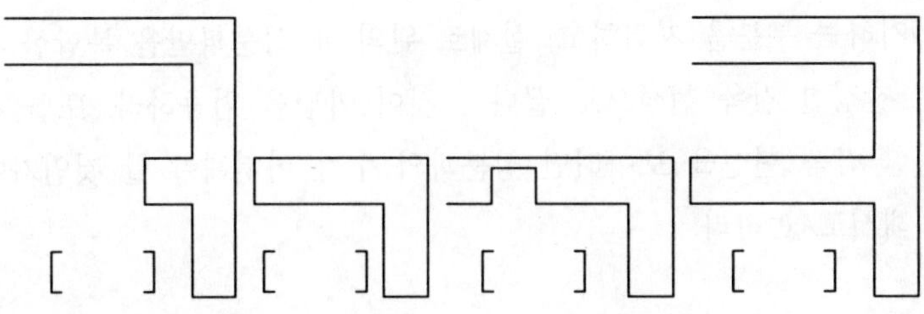

E. 다음에 보이는 실험 결과는 본문 (7)과 똑같은 방식으로 얻은 것이다. 본문을 참조하며 이 결과를 그 아래에 제시한 각도에서 논평하라.

1. bee	[bi:]	0.47sec				
2. bead	[bi:d]	0.325		5. bid	[bid]	0.15sec
3. bean	[bi:n]	0.304		6. bin	[bin]	0.11
4. beat	[bi:t]	0.147		7. bit	[bit]	0.068

(a) 모음 뒤에 유성과 무성 자음이 뒤따름에 따라 각각 어떻게 다른 양상을 보이는가?

(b) 장모음과 단모음들을 상호 비교하여 그들 중의 특이한 현상을 지적하라.

F. 100, 200, 300cps의 세 가지 음파를 0에서 동시에 ↗(+)방향으로 시작되는 위상을 갖도록 그려라. 그리고 세 성분파를 합성시켜서 얻은 한 개의 복합파를 도표 3-10의 음파 D와 비교하여 보라.

G. 도표 3-11에서 보인 900, 1,000, 1,100cps의 복합파(음파 E)를 4배 정도(2/100초)까지 연장하여 그려 보라. 그 결과에서 음파 E가

차지하는 부분을 지적하고, 실제로 위의 세 성분파만을 복합한 것은 진정한 감폭 현상으로 끝나는 것이 아님을 입증하라. 또한 진정한 감폭 현상을 보이려면 성분파의 수가 어떠해야 할 것인가에 대해서도 논하라.

H. 본문 중 도표 3-14의 모음 부분들의 제1, 제2 포오먼트들을 참조하여 다음 도표에 표시된 F1, F2의 수치들에 맞는 모음을 [ ]에 적어 넣어라.

	[ ]	e	ε	[ ]	ɔ	o	[ ]	
3000								
2500	2400							
2000		2200	1900					
1500				1600				
1000			600	800	800	700	600	F2
500	300	400			500	350	200	F1
0								

〈부시 미국 대통령의 발음 변화〉

자주 쓰는 표현(발음)	과거 발음	현재는?
our(아우어)	are(아)	고쳐짐
my(마이)	mah(마아)	고쳐짐
~ing(잉)	~in(인)	고쳐짐
hundred(헌드레드)	hunnerd(허너드)	고쳐짐
nuclear(뉴클리어)	nu-kyoo-lar(누큐라)	안고쳐짐

제 4 장 뜻소리 : 음운론

≪소리의 구조와 규칙≫

4.1 음운과 변별적 자질

앞의 제 3장에서 다룬 내용은 언어에 쓰이는 **음**(音 phone)은 어떻게 조음되며, 그 음향적 특성은 무엇인가를 알아보는 음성학에 관한 것이었으나, 본 제 4장에서는 그러한 구체적 음들이 화자들의 머리 속에 어떠한 구조로 인식되고 있으며, 그것이 달라짐에 따라 어떠한 규칙이 필요한가를 알아보는 음운론에 관한 내용이다.

어떤 언어에서 어휘들의 형태와 의미의 차이를 일으키는, 즉 변별적 기능을 가진 분절 단위를 **음운** 또는 **음소**(音韻, 音素 phoneme)라고 한다. 가령 pin, bin, tin, kin, fin, sin, win 같은 어휘들에서 첫 음의 차이에 따라 의미가 각각 구별되므로 이들은 모두 영어의 음운으로 설정될 수 있다. 이때 pin과 bin 같이 한 음만 대립될 뿐 나머지 부분은 똑같은 짝을 이루는 말들을 **최소 대립쌍**(最少對立雙 minimal pair)이라 한다. 위의 어휘들에서는 어느 두 가지를 택해도 최소 대립어가 되며 따라서 음운으로 설정되는 것이다. 또 음운으로 인정되려면 언어적으로 의의 있는(linguistically significant) 차이, 즉 의미의 차이를 나타내는 것이어야 한다. pin, spin, nip에서 세 가지 위치의 p가 미국식 영어에서 각각 [pʰin], [sp'in], [nip]으로 발음되는 것이 정상이나 [pʰ], [p'], [p]를 서로 바꿔 넣고 발음했다 해도 의미 소통에는 하등 지장이 없는 것이다. 이렇게 자유롭게 바뀌어 들어갈 수 있는 현상을 **자유변이**(自由變異 free variation)라고도 한다.

이같이 어떤 언어 내에서 바뀌어 들어가도 언어적으로 아무 의의가 없는 **음성상의 변이**(phonetic variant), 즉 **이음**(異音 allophone)은 한 음운이 그 실현된 환경에 따라 다양하게 나타나고 있는 것일 뿐이다. 어두에서는 유기음화, s뒤에서는 경음화, 어말에서는 보통 p인데, 어말에서도 유기음화를 하면 짐짓 딱딱한(formal) 스타일로 꾸며 말하는 투가 된다. 이렇게 이음들이 각각 상호 보충적이면서도 배타적인 환경에서만 발생되는 관계에 있을 때 **상보적 분포**(相補的 分布 complementary distribution)를 이루고 있다고 말한다. 또한 이와 같이 음성상의 변이들은 발생하는 위치와 환경만으로 예측해 낼 수 있으므로 **잉여 자질**(剩餘資質 redundant feature)이라고도 할 수 있는 것이다. 이음은 결국 **잉여자질**로 구별되는 음성 단위들이라고도 할 수 있다.

언어적으로 의의가 없는 **음성적 특징**(phonetic property) 가운데는, 위와 같은 잉여 자질 말고, 말을 우물거리며 한다든가, 소프라노 또는 테너의 목소리로 말한다든가, 어두 유기음을 얼마큼의 강약으로 발음한다든가 하는 일들처럼 사소한 문제들도 있다. 유기음을 발음할 때 만약 주위에 소음이 많아 기식(氣息)이 분명히 들리지 않았더라도 청자가 유기음으로 들었다고 생각하기만 하면 되는 것이다. 청취 작용은 항상 실제 조음이나 음향적 기호에 꼭 들어맞아야만 이루어지는 것은 아니고, 추상적인 단위를 인지(認知)하기만 하면 성립되는 것이다. 따라서 음운은 Sapir가 주장한 바처럼 심리적으로 존재하는 것이라고 할 수 있는 면이 있다. 그러나 이런 심리적 면만 인정하는 것보다는 Bloomfield가 내세운 바처럼 물리적인 존재라는 면도 고려하는 것이 필요할 것이다. 예컨대 음운을 더 나누어 실험으로 분석해 낼 수 있는 요소들, 즉 **변별적 자질**(辨別的 資質)로 이루어진 최소의 단위로 보는 관점이다.

변별적 자질이란 앞서 말했듯이 언어적 의의가 있는 차이를 나타내 줄 수 있는 음성적 특질들을 말한다. 영어에서 최소 대립쌍인 pin과 bin의 첫 음끼리를 비교해 보면 **유성자질**(有聲資質 voiced) 유무의 차이가 있다. 이것은 단순한 잉여 자질이 아니라 의미의 차이를 일으키는 **대립**(對立 opposition)이므로 변별적 자질이다. 한편 우리 국어에서는 ㅂ[p], ㅃ[p'], ㅍ[p^h]들끼리는 각각 다른 변별적 자질을 가진 음운들로 구별되어야 하나, 유성성은 잉여 자질일 뿐 ㅂ을 [p]나 [b] 어느 쪽으로 발음하여도 의미에는 변함이 없다. 이와 같이 음성적 특질을 인지하는 데에는 언어에 따라 차이가 있다. 그것은 언어마다 음운 체계가 다르기 때문이다. 그러나 음성적 특질들은 모든 언어에 공통되는 것이므로 **보편 음성학**(universal phonetics)을 성립시킬 수 있다. 그 가운데 개별 언어에서만 나타나는 발음을 토대로 개별 음성학을 세워 그 언어에 국한된 이음들에 대해 다루게 되며 다시 그 이음들을 토대로 음운을 추출하는 것이다. 어린이가 어떤 언어를 배워가는 과정도 위와 비슷하다. 인간이 보편적으로 발음할 수 있는 음들 가운데서 자기 모국어를 말하는데 필요한 항목들만을 체계화시켜 가는 것이다.

음운이란 분절(分節) 단위는 결국 변별적 자질로 더 분석될 수 있다고 믿는 경향이 확고해져서 Jakobson, Fant & Halle(1951) 이래에 한 음운을 변별적 자질들의 **묶음**(束 bundle)으로 나타내는 방법이 일반화되었다. 이로써 통사론을 중심으로 발달된 변형 생성 문법 체계에 있어서 음운론 분야에 대한 방법론인 생성 음운론이 구축된 것이다. Jakobson의 주도(主導)로 형성된 이 이론은, 종래의 음운 단위가 원소들의 원자 구조를 더 분석해 들어가지 못한 것이라면, 변별적 자질이라는 하위 단위로서 한 원자속에 다시 중성자 · 양자 · 전자 등의 소립자(小粒子)들이 있다는 사실을 밝힌 것이나 마찬가지다. 아울러 음운으로만 표시하면 복잡하거나 여러 개로 나열해야 할 음운 현상도 변별적 자질로 표시하면 단순한 한 개의 규칙으로 총괄하여 표시할 수 있는 이점(利點)도 있다. 가령 p, t, s, č, k, h 등의 자음을 다 나열하는 대신 그들이 공통적으로 가진 **장애 자질**(障碍資質 obstruent)이라는 변별적 자질로 표시하면 훨씬 경제적으로 되는 것이다.

변별적 자질은 초기 이론에서는 음향 음성학적인 특질에 기준을 많이 두어 **집중 자질**(集中資質 compact), **분산 자질**(分散資質 diffuse) 등을 설정했었으나 조음 음성학적인 **설정 자질**(舌頂資質 coronal), **전방 자질**(前方資質 anterior) 등으로 바뀌었다. 그러나 조음 음성학적인 자질 일색으로 된 것은 아니며, 여전히 음향 음성학적인 **공명 자질**(共鳴資質 sonorant), **조음 자질**(噪音資質 strident) 등과 청음 음성학적인 **성절 자질**(成節資質 syllabic), **강세 자질**(强勢資質 stress) 등이 뒤섞여 있다. 어쨌든 변별적 자질의 설정은 보편 음성학에 입각하여 지구상의 모든 언어들을 기술하는데 불편이 없도록 해야 할 것이다. 그리하면 (1) 언어간의 음성적 특질의 차이를 정확히 나타낼 수 있게 될 것이다. 예컨대 이탈리아어의 r은 치음이나 불어의 r은 구개수음(口蓋垂音 uvular)인데 음운 표시로는 모두 전동음 r로 할 수밖에 없지만, 변별적 자질로는 구별할 수 있다. 한편 (2) 한 언어 속에서 일어나는 주요 이음들에 대해서는 모두 변별적 자질로 나타낼 수 있게 될 것이다. 영어에서 **기식 자질**(氣息資質 aspirated)은 음운으로서의 대립 기능이 없지만 역시 필요한 자질로 설정하여 두는 것이 좋다. (3) 한 언어 체계 속에서 일어나는 모든 대립은 다 파악될 수 있게 된다. 앞의 (1)과 (2)의 조건이 충족되면 자연히 (3)도 만족되겠지만, 음운을 대조하여 어떤 음운들끼리 어떤 변별적 자질을 공통적으로 내포하고 있는가를 밝히는 일은 중요하다. 대개 +와 -의 **이분**(二分 또는 兩分 binary)의 체계로서 각 변별적 자질을 어떤 음운이 내포하고 있는가 여부를 밝혀내는 것이 Jakobson, Halle의 방법이다. 이에 대하여 Ladefoged는 다분(多分)의 체계를 부분적으로 인정하여 특히 조음 위치에 의한 자음분류나 개구도에 따른 모음 분류 등은 연속체(continuum)를 이룬 각각 6, 4개의 자질을 설정해야 한다고 비판하였다. 이들 두 가지는 생리적으로 이어져 있는 조음 위치가 관련되므로 +, -의 흑백논리만으로는 구분을 짓기 어려우니 1, 2, 3, 4…라는 정도의 차이로 파악하는 것이 사실에 적합하다는 것이다. Halle는 이에 대한 반박으로 변별적 자질은 음운론의 차원에선 역시 이분적 분류가 좋으며, 음성학의 차원에서만은 이분법에 집착할 필요가 없다고 주장하였다. 한편 어떤 자질들은 조음 음성학적인 기준을 택했으나 또 다른 자질들은 음향 음성학적 기준을 택한 점은 기준의 일관성이 없어 문제이겠으나, 경우에 따라 가장 적절한 처리를 하는 수밖에 없을 것이다.

동일한 음성적 특질을 가진 분절음들은 흔히 동일한 음운 변화를 입는 경우가 많다. 변별적 자질에 의한 표현법은 이러한 분절음들의 **자연군**(自然群 natural class)을 잘 드러낸다. 국어에서 약한 유기성을 띤 무성 파열음 [p, t, č, k]는 유성음 사이에서 유성 파열음 [b, d, ǰ, g]로 동화된다. 이들을 각각의 분절음에 의한 규칙으로 표시하면,

(1) a. p → b / V—V
　　b. t → d / V—V
　　c. č → ǰ / V—V

d. k → g / V—V

과 같이 4개의 개별적인 규칙들이 되어 버린다. 그러나 이들 네 가지 음에 공통된 변별적 자질만을 묶어 가장 간략히 표시하면 다음과 같다.

(2) $\begin{bmatrix} -\text{continuant} \\ -\text{glottalized} \\ -\text{aspirated} \end{bmatrix} \rightarrow$ [+voiced] / [+voiced] __ [+voiced]

(1)에서 4개의 개별적 규칙이던 것이 하나의 음운 현상으로 일반성 있게 간소화되었다.

그러면 이제까지 단편적으로 제시된 변별적 자질의 전모에 대하여 체계적으로 소개해야 할 순서가 되었다. 자연 언어들의 모든 음운 구조를 기술하는 데 필요한 자질들은 크게 다음과 같이 나뉜다.

(3) a. 주요 부류 자질(主要部類資質 the major class features)
b. 조음 방식 자질(調音方式資質 manner of articulation features)
c. 조음 위치 자질(調音位置資質 place of articulation features)
d. 혓몸 자질(body of tongue features)
e. 부차적 자질(副次的資質 subsidiary features)
f. 운율적 자질(韻律的資質 prosodic features)

우선 **주요 부류 자질**로, Jakobson의 초기체제에서는 **모음 자질**(母音資質 vocalic)과 **자음 자질**(子音資質 consonantal)이란 두 가지를 설정하여 모음(V : vowel), 참자음(眞子音 C : true consonant), 유

음(L : liquid), 활음(G : glide)의 네 음운군(音韻群)을 구별하는데 활용했다. 다음 (4)는 이들 네 음운군을 해당 자질의 포함(+), 불포함(−)에 따라 표시한 것이다.

(4)

	V	C	L	G
vocalic	+	−	+	−
consonantal	−	+	+	−

그러나 Chomsky & Halle(1968)에 와서는 위의 vocalic이란 자질 대신 syllabic이란 새 자질을 설정하였다. 그 이유는 흔히 음절 구조를 분석할 때 모음과 비모음(非母音 nonvowel 즉 C, L, G)으로 이대분(二大分)하는 경우가 많은데, 그 구별을 vocalic을 써서 하려면 (4)에서 보는 바와 같이 L은 [+vocalic]이어서 곤란하다. 또한 V와 L, G를 묶어서 지칭해야 하는 경우에도 역시 수월하지 않다. 여기에 비음(鼻音 N : nasal)까지 넣어 V, L, G, N등의 공명음을 포괄하는 sonorant를 설정하면 아주 쓸모가 있는 구분이 된다. 결국 vocalic 대신 syllabic과 sonorant를 새로 설정하면 다음 (5)와 같이 구별할 수 있게 된다. 여기서 N̩, L̩은 각각 성절적(syllabic) 음유 및 비음을 가리킨다.

(5)

	V	C	G	L	N	L̩	N̩
syllabic	+	−	−	−	−	+	+
consonantal	−	+	−	+	+	+	+
sonorant	+	−	+	+	+	+	+
nasal	−	−	−	−	+	−	+

(5)의 C는 엄밀히 규정하면 '비음을 제외한 구강의 참자음', 즉 파열음 · 마찰음 · 파찰음들만을 포함한다. 이 세 가지에 **후두활음**(喉頭滑音 laryngeal glide) [h, ʔ]등을 함께 묶어 장애음이라 하며 [+obstruent], 즉 [−sonorant]로 특징지을 수 있다. 이때 후두활음은 위의 (5)에 열거한 네 자질에 대해서 모두 −가 된다. 결국 후두활음은 다른 활음(G : 여기선 반모음)들과 sonorant 자질만 반대일 뿐 가장 유사한 부류이므로 전체를 활음이라고 불러도 좋다. 물론 그중에도 반모음은 모음에 더 가까우며, 후두활음은 [−sonorant]이므로 모음에는 덜 가깝고, 장애음에 더 가까워 참자음으로 간주되는 경우가 많다. (5)와 같은 자질의 목록이 보여 줄 수 있는 또 다른 몇 가지 점을 지적하겠다. 첫째, 모음과 활음(반모음)의 대립은 결국 성절성(成節性) 여부에 달린 것이며 V : G = L̩ : L = N̩ : N와 같이 syllabic 자질의 +, − 차이로 나타난다. 둘째, 유음과 비음은 단지 **비음자질**(鼻音資質 nasality)에서만 대립된다. 셋째, 모음과 자음(C, 즉 비음을 제외한 장애음)은 세 자질의 대립이 정반대(단, 비음 자질만은 공통으로 −)이므로 그 성격이 최대한 대립된다. 넷째, 비음과 유음은 성절적인 비음과 유음보다 장애음에 더 가깝다. 전자들은 장애음과 sonorant만 대립되지만 후자들은 syllabic까지 대립되므로 두 자질이 다르기 때문이다. 다섯째, 성절적 비음과 유음은 보통 비음과 유음보다 모음에 더 가깝다. 전자들은 모음과 consonantal만 대립되지만 후자들은 syllabic까지 대립되므로 역시 두 자질이 대립되기 때문이다.

위의 관찰에서 알 수 있는 점은, 한 자질만 상이(相異)한 부류들끼리는 둘 또는 그 이상의 자질이 다른 부류들끼리 보다 더 유사하다. 다시 말해 더 많은 자질을 공유하는 부류들끼리 더 가깝다는 것이다. 또 syllabic과 sonorant 등은 주요 부류를 나누기 위해 잘 설정된 것이라는 점도 알 수 있다.

조음 방식 자질에는 우선 비음 자질이 있어서 [−nasal]인 장애음을 구별해 낼 수 있고, 그 장애음을 다시 세분하여 마찰음은 **지속 자질**(持續資質 continuant)을 가진 [+continuant]로, 파열음과 파찰음은 공기를 차단하므로 [−continuant] 즉 [+interrupted]로 구분 짓는다. 또 유음과 활음도 [+continuant]로 분류한다. 다시 파찰음은 **지연 개방 자질**(遲延開放資質 delayed release)을 가진 [+delayed release]로, 파열음은 순간적 개방(instantaneous release)인 [−delayed release]로 분간한다. 앞서 3.2절에서 말했듯이 마찰음 f, s, š, X들은 [+strident]이며 마찰음 중 ɸ, ɵ, ç, x들과 파열음, 유음, 활음은 [−strident] 즉 [+mellow]다. 다음엔 유음에만 관계되는 **설측 자질**(舌側資質 lateral)로서 l은 [+lateral], r은 [−lateral]이다. 위의 자질들을 통틀어 표로 정리하면 (6)과 같이 될 것이다. 파열음(S : stop), 파찰음(A : affricate), 마찰음(F : fricative).

(6)				F		L	
	N	S	A	s	ɵ	r	l
syllabic	−	−	−	−	−	−	−
consonantal	+	+	+	+	+	+	+
sonorant	+	−	−	−	−	+	+
nasal	+	−	−	−	−	−	−
continuant	−	−	−	+	+	+	+
delayed rel.		−	+				
strident	(−)	(−)	(+)	+	−	(−)	(−)
lateral						−	+

위 (6)에서 strident에 대해 괄호 속에 표시한 것들은 학자에 따라 잉여자질로 취급하는 경우도 있으므로 꼭 표시하지 않아도 좋다는 점을 보이기 위한 것이다.

조음 위치 자질인 anterior와 coronal 두 가지의 조합으로 순음, 치음, 구개음들을 구별하는 Chomsky & Halle(1968)의 방법이 요즘 일반화되어 있다. 구강 앞쪽에서 장애를 일으키면 [+anterior](종래의 [+diffuse]), 보다 뒤쪽에서면 [−anterior](종래의 [+compact] 또 조음부위가 혀의 앞쪽 높은 부분이면 [+coronal](종래의 [+acute]), 그 앞뒤 부분이면 [−coronal](종래의 [+grave])이다. 위에서 종래의 Jakobson식 자질과의 대비는 자음에 국한한 것이다. 이 두 자질로 순음(p, b, f, v, m) · 치음(t, d, ɵ, ð, s, z, n, l) · 경구개음(š, ž, č, ǰ, r) · 연구개음(k, g, ŋ)을 구별하면 다음 (7)과 같다.

(7)	p	t	č	k
anterior	+	+	−	−
coronal	−	+	+	−

혓몸 자질은 3.3절의 조음 음성학적 관점에서 세웠던 기준이나 마찬가지로 **고설 자질**(高舌資質 high), **저설 자질**(低舌資質 low), **후설 자질**(後舌資質 back) 등이 있다. 이 세 가지 자질 중에 둘을 묶어 고모음은 $\begin{bmatrix} \text{+high} \\ \text{−low} \end{bmatrix}$, 저모음은 $\begin{bmatrix} \text{−high} \\ \text{+low} \end{bmatrix}$, 그 중간의 중모음은 $\begin{bmatrix} \text{−high} \\ \text{−low} \end{bmatrix}$로 구별한다.

그러나 혀를 높이며 동시에 낮출 수는 없으므로 $\begin{bmatrix} \text{+high} \\ \text{+low} \end{bmatrix}$는 실제

로 존재할 수 없는 경우다. 반모음은 고모음과 흡사하지만 단지 반모음이 [−syllabic]인 점이 다르다. 한편 전설 모음은 [−back], 그 이외의 중설 · 후설 모음은 [+back]로 표시한다. 아울러 **입술 모양 자질**(lip shape feature)로서 원순 모음은 [+round](종래에는 [+flat]) 비원순 모음은 [−round](종래에는 [+plain])로 분간한다.

위의 자질들은 모음에 대해서만 쓰이는 것이 아니라 자음 자체를 규정하거나 자음에 대한 이차적 조음을 특징짓는 데도 쓰인다. 경구개음, 연구개음, 또 구개음화된 음은 [+high], 연구개음 및 연구개음화된 음은 [+back], 성문음은 [+low], 순음화된 음은 [+round]로 된다. 이상 말한 바를 반영하는 예를 뽑아 도표로 정리하면 (8)과 같이 된다.

(8)	i	y	e	a	w	p	t	k	k^y	k^w	h
syllabic	+	−	+	+	−	−	−	−	−	−	−
consonantal	−	−	−	−	−	+	+	+	+	+	−
anterior	(−)	(−)	(−)	(−)	(−)	+	+	−	−	−	−
coronal	(−)	(−)	(−)	(−)	(−)	−	+	−	−	−	−
high	+	+	−	−	+	−	−	+	+	+	−
low	−	−	−	+	−	−	−	−	−	−	+
back	−	−	−	+	+	−	−	+	−	+	−
round	−	−	−	−	+	−	−	−	−	+	−

한편 참고로, Jakobson의 종래 체제에서 설정한 자질과 Chomsky & Halle(1968)에서 새로 제안된 자질을 대조해 보이면 다음 (9)와 같다.

(9)	Jakobson		Chomsky & Halle
	vowel	consonant	
	[+diffuse]	[−diffuse]	[+high]
	[+compact]	[+flat]	[+low]
	[+grave]	[+grave, −diffuse]	[+back]
	[+flat]	[+flat]	[+round]

이상 조음 위치 자질과 혓몸 자질을 음성 기관의 단면도 위에 표시하면 도표 4-1과 같다.

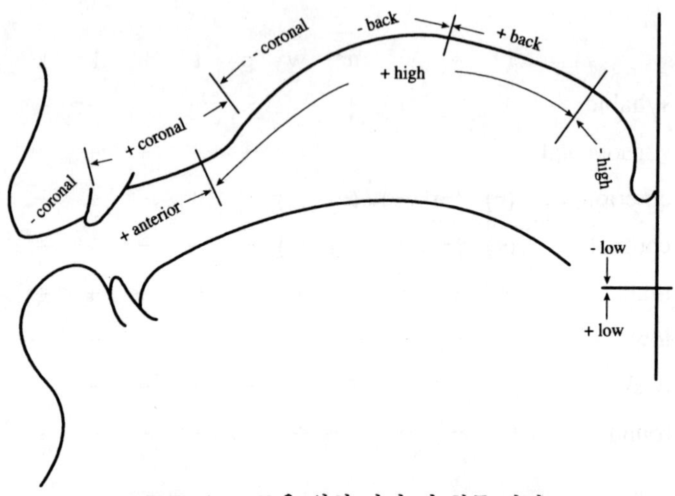

도표 4-1 조음 위치 자질 및 혓몸 자질

기타 **부차적 자질**로서는 앞서 언급한 voiced, aspirated 그리고 **후두 자질**(喉頭資質 glottalized 또는 checked), **긴장 자질**(緊張資質

tense) 등이 있다. voiced는 모든 분절음의 구별에 다 나타날 수 있으나 sonorant에 한해서는 [−voiced]가 드물게 쓰인다. aspirated와 glottalized는 자음에 대해서, 특히 obstruent에 한해서 나타나는 자질이며 h와 ʔ로 각각 대표된다. 국어의 격음과 경음은 각각 이 두 자질로 특징지을 수 있을 것이다.

tense(반대는 lax)는 모음과 자음에 다 나타나며, 전동음 r을 [+tense], 탄설음 ɾ을 [−tense]로 구별할 수 있다. tense는 조음 기관을 전체적으로 긴장시켜 강한 에너지가 스펙트러그램 위에 널리 길게 퍼지는 상태를 말한다. Chomsky & Halle(1968)에는 이 밖에도 몇 가지 자질들이 더 소개되어 있고, 그 후에 이 체제를 부분적으로 바꿔 새로운 자질들을 도입한 바도 있으나 세계의 주요 언어를 다루는 데에는 이상의 자질들로써 충분할 것이므로 더 이상 상론(詳論)은 피하겠다.

끝으로 **운율적 자질**로는 **강세 자질**(强勢資質 stress)인 [+stress], **음장 자질**(音長資質 length)인 [+long], **성조자질**(聲調資質 tone)인 [+high-toned]등이 있다.

변별적 자질의 수효가 많아야 규정되는 음운은 특정한 한 음운일 가능성이 많고, 그 수효가 적어도 지정될 수 있는 대상은 자연군을 이룬 여러 개의 음운일 가능성이 높다. 가령 i는 [+syllabic, −consonantal, +high, −low, −back, −round], i와 e는 [+syll, −cons, −low, −back, −round], i, e와 ɛ는 [+syll, −cons, −back, −round], i, e, ɛ, ü, ö 등은 [+syll, −cons, −back], 모든 모음은 [+syll, −cons], 음절핵을 이룰 수 있는 모든 성절적 분절음은 [+syll]만으로 규정된다.

4.2 형태소와 잉여성

4.1절에서는 음운론의 기본 단위로 음과 음운(음소)과 이음의 관계를 말했는데, 그러한 단위와 병행하여 **형태론**(形態論 morphology)의 기본 단위로 **형태**(morph)와 **형태소**(形態素 morpheme)와 이형태(異形態 allomorph)를 설정할 수 있다. 이 단위들은 마치 원자들이 모여 분자를 이루듯, 음운들이 모여 형태소를 이루는 관계에 있다. 또 분자가 물질의 특성을 갖는 최소의 입자인 것처럼, 형태소도 독립된 의미를 지닌 최소의 문법 단위(minimal meaningful unit)라 규정할 수 있다. 그 이하로 분석해서 나누면 각각 특성과 의미를 상실하는 것이다.

위의 비유를 더 확대하면, 분자가 모여 화합물이 되듯 형태소가 모여 단어(單語 word)가 되며(한 개의 형태소가 한 단어로 그대로 쓰이는 경우도 있지만), 다시 화합 물질들이 모여 물체를 이루듯 단어가 연결되어 구절과 문장이 이루어져 가는 것이다. 이때 단어의 구조를 주로 연구하는 분야를 형태론이라 한다. 가령 "민주주의는 짓밟히고 있다"는 문장을 분석하면 여러 개의 단어로 나뉘며 다시 의미를 가진 최소 단위까지 나누면 "민주+주의+는 짓+밟+히+고 있+다" 정도가 될 것이다. 여기서 "민주, 주의, 짓-, 밟-, 있-" 같이 의미를 명백히 가진 **어휘적 형태소**(語彙的 形態素 lexical morpheme)가 있는가 하면, "-는, -고, -다"와 같이 형태소 간의 문법적 관계를 주로 규정하는 **문법적 형태소**(文法的 形態素 grammatical morpheme)가 있다. '-히-'란 피동(被動 passive)의 형태소는 두 가지 성격을 다 지니고 있어 어느 한 쪽으로 분류하기 어려운 예다. 영어의 전치사도 문법적 형태소라고만 하기에는 의미에 관한 역할도 크다. 한편 "민주, 주의"는 다른 형태소의 도움 없이도 쓰일 수 있는 **자립 형태소**

(自立形態素 free morpheme)이나, "-는, 짓-, 밟-, -히-, -고, 있-, -다" 등은 그렇지 못한 **의존형태소**(依存形態素 bound morpheme)다. 특히 국어에서는 '밟-, 있-'같은 어휘적 형태소도 다른 형태소와 의존적으로 쓰이는 점에 주목해야 한다.

형태론에서 단어의 구성을 다룰 때, 단일한 형태소가 단일어(單一語 simple word)로 쓰인 경우는 별 문제가 없으나, 여러 형태소가 결합되어 쓰일 경우는 복합어(複合語 complex word)와 합성어(合成語 compound word)로 나누며 전자의 경우는 우선 다음과 같이 분석한다. 앞서 '짓밟히다'는 어근(語根 root)인 '밟-'에 접사(接辭 affix)들이 붙어 구성된 복합어로서, 접두사(接頭辭 prefix) '짓-'은 **파생 접사**(派生接辭 derivational affix)이며, 어말 접미사(語末接尾辭 final suffix) '-다'는 **굴절 접사**(屈折接辭 inflectional affix)다. '-히-'는 선어말 접미사(先語末接尾辭 prefinal suffix)이며 흔히 접요사(接腰辭 infix)라고 보는 것은 잘못이다. 국어에는 어근의 허리 중간을 끊고 들어가는 접요사는 없다. Tagalog어에서 ginulay(연두색)은 어근 gulay(푸른 채소)의 중간에 접요사 -in-을 삽입하여 만든 것이다. 한편 '-히-'는 완전한 파생 접사도 아니고 굴접 접사도 아닌 중간적 존재다. 파생 접사는 새로이 조어(造語 word-formation)를 하는 중요한 방법으로서 파생어들을 만든다. 파생 접미사는 어간(語幹 stem)의 품사를 바꾸는 경우(예, 높다 → 높이)가 많고 파생 접두사는 품사의 변화까지는 일으키지 않는 경우(예, 짓+밟다)가 많다. 피동의 '-히-'는 품사 전성이 일어나지 않으므로 파생 접미사라 하기에는 곤란하며, 앞에 연결될 수 있는 어간의 수가 보통 파생 접미사가 붙을 수 있는 가지수보다 광범위하다. 파생 접사는 굴절 접사보다 결합될 수 있는 어간의 선택이 제한되어 있는 법이다. 굴절 접사는 성(性 gender), 수(數 number), 격(格 case), 시제(時制 tense) 등을 표시하며, 그 형태소는 제한된 수효지만 많은 어간에 두루 붙을 수 있고 품사 전성은 일어나지 않는다. 이제까지는 어근(자립 형태소)에 하나 이상의 접사(의존 형태소)가 결합되는 복합어에 대한 것이며, 둘 이상의 단일어(자립 형태소)가 서로 분리할 수 없게 결합되는 조어법은 합성어를 만들어 낸다. 가령 '밤낮, 거짓말' 등은 두 개의 어휘적 형태소가 합성된 것이다.

이상에서 말한 형태소는 각각 일정한 변별적 자질의 묶음으로 된 음운의 연속으로 구성되어 있으며, 그 음운의 연속은 **형태소 구조 조건**(形態素構造條件 morpheme structure conditions)이라는 제약을 받는다. 형태소 구조 조건은 **분절 잉여성**(分節剩餘性 segment redundancy)과 **연쇄 잉여성**(連鎖剩餘性 sequence redundancy)으로 결정되는 것이다. 4.1절에서 언급한 잉여 자질이 한 언어와 다른 언어들과의 비교로서 알 수 있는 것이었던데 비해, 위의 분절 잉여성은 한 분절음 내부에서의 잉여 자질, 또 연쇄 잉여성은 한 언어 내부에서 분절음이 연속될 때 알 수 있는 잉여 자질을 가리킨다. 국어에서는 두 개 이상의 자음으로 형태소가 시작되는 일이 없지만, 영어에서는 세 개가 허용되는 strip같은 예들이 있는데 그 변별적 자질을 이차원적 배열로 보이면 다음 (10)과 같다.

(10)

	s	t	r	i	p
syllabic	−	−	−	+	−
consonantal	+	+	+	−	+
sonorant	−	−	+	+	−
continuant	+	−			−
delayed rel.		−			−

strident	+				
nasal			−	−	
lateral			−		
anterior	+	+	−		+
coronal	+	+	+		−
high	−	−	−	+	−
low	−	−	−	−	−
back	−	−	−	−	−
round	−	−	−	−	−
tense	+	+	−	−	+
voiced	−	−	+	+	−

위 (10)에서 빈칸은 해당 자질이 그 분절음과 무관한 것을 나타낸다. 그런데 s란 음운을 나타내기 위해 과연 위와 같이 13가지 자질을 꼭 번번이 명시해야 하는 것은 아니다. s와 유관한 자질 중에도 다른 어떤 분절음과 구별하는 데 꼭 소요되는 자질은 [+strident, +anterior, +coronal, −voiced]뿐이다. t도 [−continuant, +anterior, +coronal, −voiced]로 충분하며, r은 [+sonorant, −lateral]로 특징 지워진다. 이상은 언어보편적인 잉여 자질은 빼내고, 예측할 수 없는 자질로만 표시한 것으로 분절 잉여성에 한(限)한 문제다.

여기에 다시 연쇄 잉여성을 고려하면 더 간단히 표시될 수 있다. 형태소내의 음운 연쇄를 제약하는 두 조건은 **음절 구조 조건**(音節構造條件 syllable structure condition)과 **인과 조건**(因果條件 if-then condition)이다. 영어의 음절 구조 조건은 어두에서 최대한 3개의 자음까지 허용한다. 자음이 없거나 1, 2개 있는 경우를 묶어, 생략될 수 있는 요소들은 괄호 속에 표시하면 다음 (11)이 된다. + : 형태소 경계

(11) +([−syllabic]) ([−syllabic]) ([−syllabic]) [+syllabic]

음절 구조 조건은 자음과 모음의 수만 밝힐 수 있을 뿐이므로, 구체적으로 어떤 음이 그 위치에 올 수 있는가를 밝히기 위해서는 인과 조건이 필요하다. 만약(if) 영어의 어떤 형태소가 세 자음으로 시작된다면, (then) 첫 자음은 s, 둘째 자음은 무성 파열음(p, t, k), 셋째 자음은 유음(l, r)이나 반모음(y, w)이어야 한다는 영어 특정의 조건이 있다. 따라서 strip을 포함한 일반적인 연쇄는 다음과 같이 표시될 것이다.

(12) If : +[−syllabic] [−syllabic] [−syllabic]

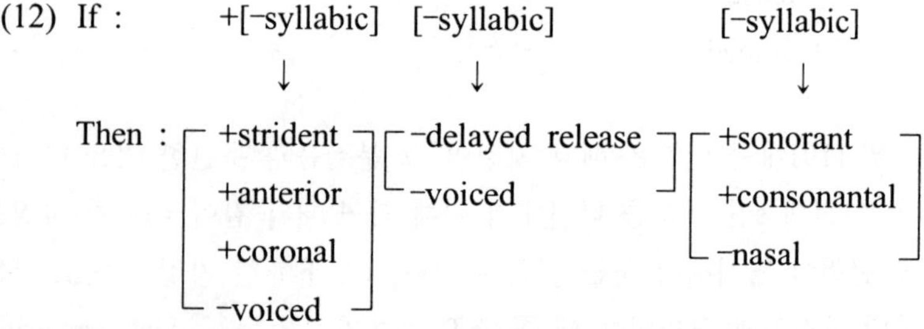

Then : [+strident, +anterior, +coronal, −voiced] [−delayed release, −voiced] [+sonorant, +consonantal, −nasal]

한편 strip의 어두 3자음에서 첫 소리는 반드시 s이므로 [+consonantal]만으로, 또 둘째 t도 [+consonantal, +anterior, +coronal]만으로 자음이며 p나 k가 아니라는 점만 밝히면 되고, 또 셋째 r도 [+consonantal, −lateral]만으로 자음이며 l이 아니라는 점만 분명히 하면 충분하다는 주장이 연쇄 잉여성에 의해 밑받침될 수 있다.

어휘 목록(語彙目綠 lexicon)에 등록된 형태소는 (10)처럼 완전한 자질의 나열로 짜인 것이 아니고 (12)에 보인 것처럼 잉여 자질은 빼고 그 형태소를 다른 것과 구별하는 데 긴요한 최소한의 자질만 갖춘 것이다. 따라서 어떤 형태소에 잉여 자질의 부분을 채워주는 **잉여**

규칙(redundancy rule)이 필요하게 된다.

4.3 음운 규칙과 표기상의 규약

초기적 이론의 관점에서 변형 생성 문법 전체를 볼 때, 통사 부문에서 심층 구조가 변형 규칙을 거쳐 표면 구조를 만들어 내듯, 다시 형태소의 연쇄인 표면 구조를 변별적 자질로 나타낸 **기저 음운 표시**(基底音韻表示 underlying phonological representation)가 **음운 규칙**(phonological rule)의 적용을 받아 **음성적 표시**(音聲的 表示 phonetic representation)를 만들어 낸다.

음운 규칙은 결국 비변별적 잉여 자질을 복구시켜 주며, 또 기저 음운 표시를 음성 표시로 바꾸는 기능이 있다. 이제 음운 규칙을 표기하는 방법을 보이면서, 규칙의 유형을 몇 가지 소개하겠다.

첫째, 분절음의 **자질을 바꾸는 규칙**(feature changing rule)으로 (13)과 같은 형태를 취한다.

(13) A → [+F] / X__Y

위의 표기법에서 →는 변화를, /는 그 변화가 일어나는 환경 전체를, X와 Y는 환경 속에서의 변수(變數 variable)이며 실제로 변수라는 존재를 취하지 않아도 좋은 경우도 있다. __는 변화가 일어나는 위치를 의미한다. X와 Y 사이에 있는 A라는 분절음 또는 자질은 [+F]라는 자질을 갖게 되어야 한다는 규칙으로, 본래 [−F] 자질인 것을 [+F]로 바꿔야 하는 것이다.

둘째, **삭제** 또는 **탈락**(削除, 脫落 deletion)의 규칙은 항상 분절음에 대해 일어나는 음절 구조에 관한 규칙이며, 자질 하나하나는 +와

-중 한 쪽을 가지고 있으므로 삭제가 아니라 첫번째 말한 변화가 가능할 뿐이다.

(14) A → ∅ / X__Y

위의 표기법은 XAY가 XY로 되는 과정을 뜻하며 ∅는 영(零 null)을 의미한다. (14)처럼 쓰는 방식이 XAY→XY라고 화살표 양측에 XY를 반복하는 것보다 간결하여 좋다.

셋째, **삽입**(挿入 insertion)의 규칙도 자질이 아니라 분절음에만 해당되는 음절 구조적 규칙이다.

(15) ∅ → A / X__Y

위의 표기법은 XY가 XAY로 되게 만들라는 뜻이다.

넷째, **음운 도치**(音韻倒置 metathesis)는 (16)과 같은 전형적 변형 규칙(變形規則 transformational rule)을 써서 두 곳 이상의 음운 배열의 변화가 동시에 일어나는 현상을 숫자로 나타낸다.

(16) X A B Y
→ 1 3 2 4
1 2 3 4

위의 규칙이 뜻하는 바는 XABY가 XBAY로 바뀐다는 것이다.

다섯째, **축약**(縮約 coalescence)을 위한 규칙도 변형 규칙의 형태로 (17)과 같이 써야 한다. 두 분절음이 한 음으로 되는 현상인데 한 분절음에는 어떤 자질 [+F]가 더 첨가되는 반면 또 한 분절음은 사라져 버리는 것이다. 역시 음절 구조에 영향을 주는 규칙이다.

(17) $$\begin{array}{cccc} X & A & B & Y \\ 1 & 2 & 3 & 4 \end{array} \rightarrow \begin{array}{cccc} 1 & \begin{bmatrix} 2 \\ \\ +F \end{bmatrix} & \begin{matrix} 3 \\ \\ \varnothing \end{matrix} & 4 \end{array}$$

물론 2가 사라지고 3이 [+F]로 수식되는 경우도 가능하다.

다음에는 생성 음운론에서 많이 쓰는 **표기상의 규약**(表記規約 notation)에 대해 설명하겠다. 우선 **소괄호**(小括弧 parenthesis) 표기 ( )로 선택적(選擇的 optional)요소로서 생략할 수도 있는 부분을 (18)c에서와 같이 나타낸다.

(18) a. A → B / __XY

b. A → B / __Y

c. A → B / __(X)Y

(18)c라는 형태는 (18)a와 (18)b라는 두 하위 규칙(下位規則 subrule)을 **통합**(統合 collapse)한 것인데, 그중 긴 것, 즉 (18)a부터 적용될 수 있는가를 검토해 보고 난 뒤, 적용이 안될 때만 (18)b를 적용시키는 순서를 지켜야 한다. 이러한 규칙 적용 순서를 **최대우선 적용원칙**(最大優先適用原則 the maximal application priority principle)이라 한다. 이때 실제 언어 현상을 검토해 보면 (18)a가 적용되지 않을 때만, (18)b를 적용해야 하는 사실을 알 수 있는데 이를 **이접적 순서**(離接的 順序 disjunctive ordering)라 한다. 둘 중 하나만 적용해야 한다는 뜻이다.

규칙을 통합하는 다른 방법으로 **대괄호**(大括弧 brace) 표기 { }가 쓰이는데 (19)a와 (19)b를 주어진 순서대로 적용하라는 의미다.

(19) a. A → B / __ X

b. A →B / __ Y

c. $A \rightarrow B \;/\; \_\left[\begin{matrix} X \\ Y \end{matrix}\right]$

(19)a를 적용시켜 봐서 적용되면 그 결과에다 (19)b를 또 적용하거나, 또는 (19)a가 적용이 안되면 바로 (19)b를 적용하는 방식을 **연접적 순서**(連接的順序 conjunctive ordering)라 한다. 이 순서도 실제 언어 자료에 적용시켜 본 결과 경험적으로 확인된 것이며, 또 두 하위 규칙의 사이에 다른 제 3의 규칙이 개입되어도 안 된다는 점이 확인된다.

소괄호나 대괄호 표기는 결국 부분적으로 같으면서 또 부분적으로 다른 규칙들을 축약하기 위한 것이다. 이 밖에도 **직각 괄호**(直角括弧 angled bracket) 표기 < >가 있는데 선택적 자질들 사이의 **상호 의존 관계**(相互依存關係 interdependency)를 나타내기 위해 늘 한 쌍으로 쓰인다.

(20) a.	V	W	X	Y	Z
b.	V		X		Z
c.	V	<W>	X	<Y>	Z

(20)c가 의미하는 바는 최대 우선 원칙에 따라 (20)a처럼 선택적 자질의 짝인 <W>와 <Y>를 함께 택하든지, 아니면 (20)b처럼 모두 택하지 않든지 하는 이접적 순서로 적용하라는 뜻이다.

표기상의 규약으로 직각 괄호와 비슷한 것에 **알파**(α) 표기가 있다. α뿐 아니라 β, γ 등 희랍 문자를 각각 쌍으로 쓰며 거기에 +와 −의 값을 동시에 똑같이 대입해야 한다. 가령 다음 (21)a와 (21)b를 통합하여 (21)c로 표기하는 방식을 말한다.

$$(21)\ \text{a. } [-\text{sonorant}] \rightarrow [+\text{voiced}]\ /\ \_\_\_ \begin{bmatrix} -\text{sonorant} \\ +\text{voiced} \end{bmatrix}$$

$$\text{b. } [-\text{sonorant}] \rightarrow [-\text{voiced}]\ /\ \_\_\_ \begin{bmatrix} -\text{sonorant} \\ -\text{voiced} \end{bmatrix}$$

$$\text{c. } [-\text{sonorant}] \rightarrow [\alpha\ \text{voiced}]\ /\ \_\_\_ \begin{bmatrix} -\text{sonorant} \\ \alpha\ \text{voiced} \end{bmatrix}$$

(21)c에서 한 쌍의 α는 +와 −의 값을 다 가질 수 있는 소위 변수 자질 계수(變數資質係數 variable feature coefficient)이며, 이런 계수를 가진 규칙은 흔히 **동화**(同化 assimilation)나 **이화**(異化 dissimilation) 현상을 나타내기 위한 것인 경우가 많다. 위 (21)의 규칙도 비공명음(非共鳴音), 즉 장애음은 뒤에 오는 또 한 장애음의 유무성 여부에 따라 똑같이 동화된다는 내용이다. (21)a, b의 두 규칙으로 쓰는 것보다 (21)c 한 규칙으로 쓰는 편이 좋은 이유는 간략할 뿐 아니라 두 규칙 사이의 관련성을 포착할 수 있는 일반성을 잘 표시해 주기 때문이다.

위 (21)의 표기법에서 주의해야 할 점을 두어 가지 지적해야겠다. (21)a는 [−sonorant]란 자질을 가진 음이 $\begin{bmatrix} -\text{sonorant} \\ +\text{voiced} \end{bmatrix}$란 자질을 가진 음 앞에 올 때 [+voiced]란 자질을 새로 얻게 된다는 의미다. 이것은 (19)a와 같은 규칙에서 A라는 분절음이 B란 음이 되어 없어지고 마는데 비해, [−sonorant]는 그대로 유지하면서 새로 [+voiced]란 자질을 취한다는 점이 다르다. 즉 화살표 바른쪽에는 변화하는 자질만 표시하는 것이 불필요한 반복 없이 간략을 기하는 방법이기 때문이다. 또한 (21)a는 화살표 바른쪽에 [+voiced]라고만 했으나 사실 그 왼쪽에 [−voiced]가 포함되어 있어서 그것이 유성화하는 과정을 나타내는 것이다. 그런데 왜 왼쪽에 [−voiced]를 명시하지 않는가 하는 이유는 경제적인 데에도 있지만 간략할수록 일반성을 쉽게 나타내는 데 있다. 왼쪽에 유성성에 대한 명시를 하지 않으면 결국 [−voiced]뿐만 아니라 [+voiced]도 함께 포함되어 있는 결과로서, [+voiced]도 [+voiced]로 바뀐다. 즉 (21)a 규칙의 **공허한 적용**(空虛適用 vacuous application)을 인정하게 된다. 이 언어에서는 (21)b의 규칙이 있기 때문에 [+voiced]가 필요에 따라 [−voiced] 앞에서는 자연히 [−voiced]가 되므로 아무 혼선이 없는 것이니 불필요한 자질은 되도록 규칙 표기에서 빼자는 것이다. 요컨대 (21)a는 (22)와 같이 복잡한 형태를 간소화한 생략형(省略形 abberviation)이다.

(22)
$$\begin{bmatrix} -\text{sonorant} \\ +\text{voiced} \\ -\text{voiced} \end{bmatrix} \begin{bmatrix} -\text{sonorant} \\ +\text{voiced} \end{bmatrix} \rightarrow \begin{bmatrix} -\text{sonorant} \\ +\text{voiced} \end{bmatrix} \begin{bmatrix} -\text{sonorant} \\ +\text{voiced} \end{bmatrix}$$

(21)a는 4개의 자질만 쓴데 대해 (22)는 9개의 자질이 쓰인 것이다. 이같이 불필요한 자질을 반복하지 않고 최대한의 생략형으로 만들어 쓴다는 표기상의 규약을 세우지 않으면, (22)란 음운 현상의 간결성을 (23)처럼 정말 생략할 수 없이 복잡한 임의의 규칙과 쉽게 비교할 수가 없는 것이다.

(23)
$$\begin{bmatrix} -\text{sonorant} \\ +\text{voiced} \\ -\text{voiced} \end{bmatrix} \begin{bmatrix} -\text{sonorant} \\ +\text{voiced} \end{bmatrix} \rightarrow \begin{bmatrix} -\text{anterior} \\ +\text{coronal} \end{bmatrix} \begin{bmatrix} -\text{continuant} \\ +\text{strident} \end{bmatrix}$$

위의 규약 이외에도 어떤 규칙을 쓰는 데 필요한 자질의 수를 최소한으로 줄이기 위한 규약들이 더 있다. 변별적 자질을 이용하는 표기법은 이러한 목적에 잘 부응되기 때문에 음운 자체로 표기하는 것보다 우수한 방법이 되는 것이다. 현대 국어는 (24)에서 볼 수 있듯이 음절말의 /n/이 그 뒤에 오는 자음에 따라 [m, n, ŋ] 등으로 발음이 바뀌는 경우가 있다.

(24) a. /mun+pəp/ → [mump'əp] '문법'
b. /mun+tan/ → [mundan] '문단'
c. /mun+ko/ → [muŋgo] '문고'

이들은 각각 다음의 세 규칙이 적용되어 얻어진다.

(25) a. $[+\text{nas}] \rightarrow \begin{bmatrix} +\text{ant} \\ -\text{cor} \end{bmatrix} / \underline{\quad} \begin{bmatrix} -\text{sonor} \\ +\text{ant} \\ -\text{cor} \\ -\text{cont} \end{bmatrix}$

b. $[+\text{nas}] \rightarrow \begin{bmatrix} +\text{ant} \\ +\text{cor} \end{bmatrix} / \underline{\quad} \begin{bmatrix} -\text{sonor} \\ +\text{ant} \\ +\text{cor} \\ -\text{cont} \end{bmatrix}$

c. $[+\text{nas}] \rightarrow \begin{bmatrix} -\text{ant} \\ -\text{cor} \end{bmatrix} / \underline{\quad} \begin{bmatrix} -\text{sonor} \\ -\text{ant} \\ -\text{cor} \\ -\text{cont} \end{bmatrix}$

규칙 (25)에서 (24)를 얻어낼 수 있긴 하지만 비음이 뒤에 온 자음과 조음점이 같은(同器音的 homorganic) 관계에 있다는 일반성을 한 눈에 보여주지는 못한다. 알파 표기를 이용하여 복수의 계수 α와

β를 쓰면 위의 세 규칙은 다음과 같은 한 규칙으로 통합된다.

$$\text{(26)}\ [+\text{nas}] \rightarrow \begin{bmatrix} \alpha\ \text{ant} \\ \beta\ \text{cor} \end{bmatrix} / \ \rule{1em}{0.4pt} \begin{bmatrix} -\text{sonor} \\ \alpha\ \text{ant} \\ \beta\ \text{cor} \\ -\text{cont} \end{bmatrix}$$

(26)은 사실 (25)의 세 규칙 외에 다음과 같은 네번째 규칙을 하나 더 포함하고 있는 셈이다.

$$\text{(27)}\ [+\text{nas}] \rightarrow \begin{bmatrix} -\text{ant} \\ +\text{cor} \end{bmatrix} / \ \rule{1em}{0.4pt} \begin{bmatrix} -\text{sonor} \\ -\text{ant} \\ +\text{cor} \\ -\text{cont} \end{bmatrix}$$

(27)에서 α와 β에 각각 +와 −를 번갈아 넣으면 네 개의 가능성이 생기기 때문이다. 만약 β를 쓰는 대신 제 2의 α를 그 자리에 썼다면 + +와 − −의 두 가능성만 생기므로 (24)a를 포함시킬 수 없다. 어쨌든 현대 국어에는 (27)에 해당하는 구개비음(口蓋鼻音 palatal nasal)은 존재하지 않기 때문에 (27)은 공허한 적용이 될 뿐이니 (26)에 포함되어 있어도 아무 문제가 없다.

다음은 이화 작용을 알파 표기를 써서 나타낸 예로 Gothic어에서 지속음이 강세가 없는 모음 뒤에 올 때, 그것의 유성음은 모음 앞에 있는 장애음의 유무성과 반대의 것이 된다. 가령 (28)과 같은 예들은 (29)와 같은 소위 Thurneysen 법칙에 의해 요약될 수 있다.

(28) ha**t**iza 'hatred' a**g**isa 'fright'
ri**q**iza 'darkness' wal**d**ufni 'force'

(29) $\begin{bmatrix} -\text{sonor} \\ +\text{cons} \end{bmatrix} \rightarrow [\alpha \text{ voice}] \;/\; \begin{bmatrix} -\text{sonor} \\ -\alpha \text{ voice} \end{bmatrix} \begin{bmatrix} \text{V} \\ -\text{stress} \end{bmatrix}$ —

(29)에서는 α에 +를 대입했을 때 $-\alpha$는 −로, α가 −면 $-\alpha$는 +로 되는 두 가능성이 통합된 것이다. 이렇게 α와 $-\alpha$가 쓰인 규칙을 **교환 규칙**(交換規則 exchange rule)이라 한다.

다음에 소개할 표기상의 규약은 **상위자**(上位字 superscript)와 **하위자**(下位字 subscript)에 관한 것이다. C_0라고 하위자를 쓰면 영(零) 또는 그 이상의 자음을 나타내며, 상위자로 쓰인 정수는 상한선을 나타낸다.

(30) C_0^1 = (C), C_0^2 = (C)(C), C_1^2 = C(C)

만약 C^1이라고 상위자만을 쓰면 정확히 그 정수만큼의 분절음을 뜻한다. C_0라는 표기를 좀 더 음미하기 위해 (31)a, b같은 두 삭제 규칙을 보자.

(31) a. C → ∅ / __ C_0 #

b. C → ∅ / V __ C_0 #

위의 두 규칙은 각각 (32), (33)의 규칙들과 같이 무한히 많은 수의 규칙을 통합한 소위 **무한식형**(無限式型 infinite schema)이다. (32)는 어말에 있는 임의의 수의 자음을 삭제하는 반면, (33)은 임의의 수의 자음으로 된 어말 자음군의 첫 자음만을 삭제한다.

(32) a. C → ∅ / __ #

b. C → ∅ / V __ C #

c. $C \rightarrow \varnothing$ / V __ CC #

d. $C \rightarrow \varnothing$ / V __ CCC #

⋮

(33) a. $C \rightarrow \varnothing$ / __ #

b. $C \rightarrow \varnothing$ / V __ C #

c. $C \rightarrow \varnothing$ / V __ CC #

d. $C \rightarrow \varnothing$/ V __ CCC #

만약 $XVC_1C_2C_3\#$ 같은 자료를 주었을 때 (32)a는 앞에 몇 개의 자음이 오든 최종 자음만이 문제이므로 C_3가 해당되고, (32)b로는 어말에서 둘째 자음인 C_2가 해당되고, (32)c로는 C_1이 해당되어 동시에 세 개의 규칙이 다 관여를 해야 되게 생겼다. 결국 이럴 때는 세 규칙의 **동시 적용 규약**(同時適用規約 simultaneous application convention)에 의해 어말 자음군을 다 삭제하고 XV만 남겨 놓아야 언어 사실에 맞기 때문이다. 이에 비해 $XVC_1C_2C_3\#$는 (33)c 하나만 만족시키므로 $XVC_2C_3\#$를 얻는 것으로 끝내야 한다. 자음군 앞에 V라는 존재가 있기 때문에 (32)와는 다른 결과를 낳는 것이다.

무한식형과 유사한 규약으로 **별표 표기**(star notation)가 있다. (34)는 (35)와 같이 무한히 많은 규칙이 집합으로서 별표가 붙은 부분을 무한히 반복시킬 수 있다는 뜻이다.

(34) X (Y)* Z

(35) a. X Z

b. X Y Z

c. X Y Y Z

d. X Y Y Y Z
⋮

별표 표기로 통합될 수 있는 (34)와 같은 하위 규칙들도 동시 적용 규약을 필요로 한다. 그런데 이 별표 표기는 앞서의 하위자 표기로 $X(Y)_0Z$라고 써도 같은 효과이므로 그 구별이 모호하여 비판의 대상이 되고 있다.

끝으로 여기에서 소개해 둘 필요 있는 현상으로 **경상 규칙**(鏡像規則 mirror image rule) 또는 **인접 규칙**(隣接規則 neighborhood rule)이 있는데 //나 %의 기호를 쓴다. 다음 (36)과 같이 유사한 환경을 가진 두 규칙을 묶는 표기법으로서 (37)처럼 된다.

(36) a. A → B / __ X
b. A → B / X __
(37) A → B // X

A가 X의 앞이나 뒤에 이웃해 있어 대칭형(對稱形 symmetry)을 이룰 때 그렇지 않은 관계의 규칙끼리보다 일반적 연관성이 있다는 것이다. 요컨대 이제까지 소개한 모든 표기상의 규약들은 문법 기술에 필요한 우리의 노력을 경제적으로 절약시켜 주며 일반성을 간결하게 드러내 주는 의의가 있는 것이다. 물론 근래에 이러한 규약들의 일부에 대해 그 필연적 타당성이 약하다고 비판한 새로운 견해들이 대두되었지만 좀더 높은 수준의 책에서 다루어야 할 것이며, 여기서는 우선 원래 제시되었던 규약을 그대로 익혀 두는 일이 우선 필요할 것이다.

4.4 규칙순과 기저형

생성 음운론이 과거의 음운론과 다른 점의 하나는 음운 규칙들 사이에 순서를 정해 적용해야 하는가 하는 문제에 관심을 가지게 된 것이다. 또 어린이의 언어 습득 노력 속에는 규칙순을 배우는 것도 포함된다고 보는 입장을 취한다. 물론 이 문제점도 초기의 주장이 제안된 이래 많은 논란이 있었지만, 여기서는 원래대로의 주장 내용만 약간 소개하겠다.

선형순서(線型順序 linear ordering)라는 규칙 적용 방법이 우선 전제되어야 하겠는데 이는 분석될 언어 자료에 일렬로 순서가 정해진 규칙들을 차례대로 한 번씩만 적용한다는 원칙이다. 규칙 R_1이 적용되어 나온 **도출형**(導出形 derived form) D_1에 R_2를 적용하고 다시 D_2를 얻는 순서로 진행해 나간다. 만약 이때 어떤 규칙은 적용될 조건이 성립되지 않으면 건너뛰게 되고, 일단 차례가 지나가면 그 규칙이 적용되었건 안 되었건 다시 돌이켜 적용될 수는 없다.

규칙순은 규칙 자체의 성격과 관계 때문에 **내부적**으로 순서가 정해지는(intrinsically ordered) 경우가 있다. 불어에서 다음 두 규칙이 그런 예다.

(38) $V \rightarrow [+\text{nas}] \;/\; \_\_ \begin{bmatrix} C \\ +\text{nas} \end{bmatrix} \begin{bmatrix} C \\ \# \end{bmatrix}$

(39) $\begin{bmatrix} C \\ +\text{nas} \end{bmatrix} \rightarrow ø \;/\; \begin{bmatrix} V \\ +\text{nas} \end{bmatrix} \_\_$

이 두 규칙은 (40)처럼 /bɔn/ ‘good’과 /bɔnte/ ‘goodness’ 등에 적용해 보면 (38)→(39)의 순서만이 옳고 그 반대는 부당함을 알 수 있다. 왜냐하면 (39)는 (38)이 적용되어 얻어진 $\begin{bmatrix} \text{V} \\ \text{+nas} \end{bmatrix}$ 이 있어야만 적용 가능하기 때문이다.

(40)	/bɔn/	/bɔnte/	
	bɔ̃n	bɔ̃nte	(38)
	bɔ̃	bɔ̃te	(39)
	[bɔ̃]	[bɔ̃te]	

그러나 대부분의 규칙들은 이같이 그 모양만 보아 규칙순을 정할 수는 없고 **외부적**으로 순서가 정해지는(extrinsically ordered) 경우가 많다. Shona어의 (41)과 같은 예를 보자.

(41) /np/ → mh
/nt/ → nh
/nk/ → ŋh

여기서 어두의 /n/이 각각 뒤에 오는 파열음이 조음점에 동화하여 [m, n, ŋ] 등이 되며, 어미의 파열음은 그 후 [h]가 됨을 볼 수 있다. 이 과정을 규칙 (42), (43)으로 나타낼 수 있다.

(42) $\begin{bmatrix} \text{C} \\ \text{+nas} \end{bmatrix} \rightarrow \begin{bmatrix} \alpha\,\text{ant} \\ \beta\,\text{cor} \end{bmatrix} \;/\; \text{—} \begin{bmatrix} \text{C} \\ -\text{voice} \\ -\text{cont} \\ \alpha\,\text{ant} \\ \beta\,\text{cor} \end{bmatrix}$

$$(43)\ \begin{bmatrix} \text{C} \\ -\text{voice} \\ -\text{cont} \end{bmatrix} \rightarrow \text{h} \ / \begin{bmatrix} \text{C} \\ +\text{nas} \end{bmatrix} \text{—}$$

이 두 규칙을 (42)→(43)의 순서로 적용하면 (44)와 같이 된다.

(44)	/np/	/nt/	/nk/	
	mp	–	ŋk	(42)
	mh	nh	ŋh	(43)
	[mh]	[nh]	[ŋh]	

그러나 이 순서를 뒤집어 (43)→(42)로 하면 /nt/만은 [nh]란 바른 결과를 얻지만, 나머지까지도 *[nh]란 결과를 얻어 언어 사실과 맞지 않게 된다. 그러므로 이런 외부적 이유로 위의 두 규칙은 (42)→(43)이라고 정해져야 된다.

한편 규칙순에 의해 서로 다른 방언 간의 차이를 설명하려는 방법도 생성 음운론에서 거론되기 시작하였다. 이 문제는 제 8장에서 언급하겠다.

위의 (40)과 (44)에서 첫줄의 / /속에 표시된 음운 형태는 **기저 음운 표시**(基底音韻表示 underlying phonological representation) 또는 **추상적 표시**(抽象的表示 abstract representation)라 하고 거기에 몇 개든지 음운 규칙이 적용된 뒤에 마지막 줄의 [ ]속에 표시된 음성 형태는 **도출 음성 표시**(導出音聲表示 derived phonetic representation)라 한다. 여기서 기저 음운 표시, 즉 **기저형**(基底形 underlying form)을 설정하는 일은 어느 정도 추상적인 기저형을 잡느냐에 따라 논란의 여지가 있는 것이다.

앞서 음운이란 여러 이음을 추상적으로 총괄하는 존재이며 실재

(實在)하는 것이 아니라고 했듯이, 추상적 기저형은 실재하는 것이 아니며 여기에 음운 규칙의 적용을 받아서 나오는 구체적 도출형의 바탕이 되는 형태인 것이다. 다음 (45)의 예를 보며 더 상세히 설명하겠다.

(45) a. im-possible [ìmpásəbl]
b. in-determinate [ìnditə́:rminit]
c. in-congruous [ìŋkáŋgruəs]

(45)에서 접두사 im-, in- 등은 철자야 어떻든 발음은 세 가지로 다르다. 세 발음, 즉 세 형태는 'not'라는 뜻을 가진 한 형태소의 이형태들이다. 프라그학파에서는 이같은 경우를 **중화**(中和 neutralization)라 하여 /iN-/으로 나타내는데, N은 소위 **원음소**(原音素 archiphoneme)로서 m, n, ŋ이 이 위치에서 서로 시차적(示差的 contrastive) 기능을 갖지 못하므로 [ìmditə́:rminit]나 [ìŋpásəbl] 같은 형태로 바뀌어 대립될 수 없는 것이다. N은 $\begin{bmatrix} +\text{cons} \\ +\text{nas} \end{bmatrix}$까지는 규정되어 있지만 그 이하 자세한 자질 규정이 안 되어 있어, 뒤에 오는 장애음에 따라 동일 조음점의 비음으로 동화되는 것이다.

그런데 inability같이 뒤에 모음이 올 때 왜 [in]이 되는지를 위와 같은 방법으로는 잘 설명할 수가 없다. 다시 말해 뒤에 오는 자음에 동화되지 않은 이 접두사 본연의 모습, 즉 그 기저형이 /in/이라는 사실을 원음소로는 잘 설명하지 못하고 있는 것이다. 생성 음운론의 방법에서는 기저형을 /in/으로 잡고 다음 (46)과 같은 규칙 하나만 세우면 세 가지 이형태를 다 생성해 낼 수 있게 된다.

$$(46)\quad n \rightarrow \begin{bmatrix} \alpha\,\text{ant} \\ \beta\,\text{cor} \end{bmatrix} \;/\; \_\_ \begin{bmatrix} \text{C} \\ \alpha\,\text{ant} \\ \beta\,\text{cor} \end{bmatrix}$$

규칙 (46)은 접두사 /in/의 이형태를 유도해 내는 데만 필요한 것이 아니라 영어에서 일반적으로 다른 경우에도 필요하며 **독자적 타당성**(獨自的 妥當性 independent motivation)이 있는 음운 규칙이다. 구조 언어학에서도 이 형태를 묶어 하나의 기본형(base form)을 세워 형태 음소(形態音素 morphophoneme)라 하고 이를 다루는 분야를 **형태 음소론**(morphphonemics)이라 했다. 그러나 형태 음소론의 기본형이 생성 음운론의 기저형과 다른 점은 기본형은 이형태 가운데 하나인데 반해, 기저형은 그 언어에 표면적으로는 없는 음운이나 음운 결합을 설정할 수도 있어서 더 추상적이다. 가령 Yawelmani라는 인디언어에서 음성적 표면형으로는 [i, u, a, ɔ]의 네 단모음과 [e:, a:, ɔ:] 등 세 장모음이 있는데, 기저형으로는 표면형에 없는 고장모음(高長母音) /u:, i:/를 인정해야 설명이 잘 되는 경우가 있다.

기저형을 설정하는 데 고려해야 할 기준이 몇 가지 있다. 첫째, **예언력**(豫言力 predictability)이 있어야 한다. 즉 어떤 기저음을 잡으면 다른 이음들은 음운 규칙에 의해 예측해 낼 수 있도록 해야 한다. 만약 그러지 못하면 기저음을 달리 잡아야 한다. 둘째, 간단한 문법일수록 좋은 것이므로 **경제성**(經濟性 economy)이 있도록 해야 한다. 음소의 수도 되도록 적게 잡되 그러 인해 음운 규칙이 일어나서는 안 된다. 문법 전체로 보아 간결하며 독자적 타당성이 있도록 해야 한다. 셋째, **동형성**(同型性 pattern congruity)의 기준에 맞도록, 언어 전체의 패턴이 갖는 압력(pattern pressure)을 고려하여 해결책을 세워야 한다. 즉 음운 체계에서도 일그러진 패턴은 되도록 대칭적

이거나 빈칸이 없는 도형이 되도록 한다. 넷째, **수긍 가능성**(首肯可能性 plausibility)이 높도록 해야 한다. 여러 가능한 해결책 중에서 더 자연스럽고 발음하기 쉽게 하는 쪽을 택해야 한다.

4.5 음운적 음절과 비음운론적 요소

앞의 3.4에서 음성학적 단위로서의 음절을 규정하여 보았는데, 여기서는 음운론적 단위로서 **음운적 음절**을 어떻게 설정할 수 있는가 생각해 보겠다. 언어들은 각기 고저나 강세가 놓이는 자리에 따라 또는 형태소의 구조에 따라 특색있는 음절 설정을 필요로 한다. 가령 영어의 [lei] lay는 한 음절로 치지만 스페인어의 [léi] ley 'law'는 두 음절로 보아야 한다. 영어에서는 [i]에 강세를 둘 수 없으나 스페인어는 [leí] leí 'I read'라는 형태가 대립되기 때문이다. 또 [sampo] '산보(散步)'가 일본어로는 세 음절이지만, 한국어에서는 [sa:np'o, sa:mp'o]로 장모음이 있으나 두 음절일 뿐이다. 국어에서는 CVC의 음절 구조가 많으나 일어는 CV가 대부분이며, 모음의 장단이 국어 음절에서는 큰 문제가 되지 않으나 일어에서는 음절마다 거의 같은 길이로 발음된다. 특히 [m, n] 등이 일어에서는 고저를 둘 수 있는 단위로 쓰이기 때문에 한 독립된 음절로 인정해야 한다. 예컨대 [saḿbóo] '삼방(三方)'에서 [m]은 높게 발음된다. 이상과 같이 각 언어의 음운론적 상황에 따라 알맞는 음절 설정을 해야 하는 경우, 3.4에서 말한 음성학적 기준, 즉 가청도나 개구도 등은 고려되지 않고 음운 체계상의 별개의 문제가 되는 것이다. 생성 음운론이 시작된 뒤 음절 설정에 대해 논란이 많아서 음성학적 단위로서보다는 음운론적 단위로 인정해야 한다든가, 또는 음절이란 단위를 아예 설정하지 말자는 주장까지도 나왔으나 그 상세한 소개는 여기서는 할 수 없고, 참고로만 하면 족할 것이다.

다음 음운론 부분을 끝내기 전에 언급해 두어야 할 몇 가지 사항에 대해 비음운론적 요소라는 명칭 아래 묶어 얘기하겠다. 그 까닭은 4.4까지 대체로 음운론의 테두리 속에서만 언급했기 때문이다. 첫째, **통사적 범주화**(統辭的 範疇化 syntactic categorizaton)가 필요한 경우가 있다. 복합어와 명사구의 강세가 달라질 경우, 예컨대 blackbird가 복합어(N)로는 1, 2의 순서로 강세를 취하나 명사구(NP)로는 2, 1의 순서가 된다. 이를 규칙화하여 나타내면, 다음 (47)에서처럼 애초에는 모든 단음절 단어마다 제 1 강세를 하나씩 배당하는 규칙 A가 적용되고, 그 뒤 통사적 범주, 즉 N인가 NP인가에 따라 규칙 B나 C가 적용된다.

(47)	$(\text{black bird})_N$		$(\text{black bird})_{NP}$	
규칙 A(word stress)	1	1	1	1
규칙 B(compound rule)	1	2		
규칙 C(phrase rule)			2	1

위의 (47)은 결국 음운론적 현상에 통사론적 정보가 필요한 경우를 보이는 것이다. 통사적 범주에 덧붙여서 **통사론적 자질**(syntactic feature)이나 **형태론적 자질**(morphological feature) 등을 설정하여 규칙에 표시할 수도 있다. 예컨대 (48)의 형태와 같이 음운 규칙 중에 통사론적, 형태론적 정보를 넣을 수 있는 것이다.

(48) $$\text{V} \rightarrow [+\text{stress}] \;/\; \text{X}]_{\substack{\text{verb} \\ \left[\begin{smallmatrix}+\text{past} \\ -\text{perfect}\end{smallmatrix}\right]}} + \_\_ +$$

위 음운 규칙은 verb라는 통사적 범주에 있어서 미완료(imperfect : 즉 +past, −perfect란 통사적 자질로 나타낼 수 있음.) 시제일 때 한해 적용할 수 있는 것이다. 스페인어에서 동사 어미 모음에 대한 음운 규칙이 바로 이러한 비음운론적 정보를 필요로 하는 것이다.

한편 음운 규칙에 대한 예외를 처리하는 방법으로 **마이너스 규칙 자질**(minus rule feature)을 이용하는 경우가 있다. 가령 (49) 규칙은 영어에서 어미로부터 세번째 모음을 이완(弛緩 lax) 모음으로 바꾸는 것이다.

(49) V → [−tense] / __ $C_0VC_0VC_0$#

여기에 들어맞는 예는 divine : divinity 즉 [ɑy] : [i], serene : serenity 즉 [iy] : [e], sane : sanity 즉 [ey] : [æ] 등 허다하나, 다만 obese는 이 규칙이 적용되지 않아, obesity가 [owbiysitiy]로 발음될 뿐 다른 경우들처럼 *[owbesitiy]가 되지 않는다. 이 특수한 어휘에 대해서는 [−rule n]이라는 **구별자질**(diacritic feature)을 붙여 예외의 어휘 항목임을 표시한다. 위의 obese는 어휘 목록 속에서 [−rule (49)]라는 규칙 자질을 갖게 되므로, (49)란 규칙의 구조 기술에 들어맞지만 적용되지 않고 넘어 가는 것이다.

또 위와 반대로, 어떤 규칙이 특정한 소수의 어휘 항목에만 걸릴 뿐 일반적인 규칙이 되지 못할 때 **소수 규칙**(少數規則 minor rule)이라 한다. 가령 영어에서 wife : wives 즉 [f] : [v], bath : baths 즉 [θ] : [ð], house : houses 즉 [s] : [z] 등에서 복수로 되면서 어간말 마찰음이 유성음으로 되는데, cliff : cliffs, death : deaths, glass : glasses 등의 일반적 예에 비추어 보면 전자가 소수에 지나지 않는다. 따라서 wife와 같은 소수의 어휘 항목에는 **플러스 규칙 자질**(plus rule feature) [+rule n]을 붙여서 이들에게만 다음과 같은 규칙 (50)이 적용되도록 한다.

(50) [+continuant] → [+voiced] / __]$_{\text{Noun}}$
[+plural]

마이너스 규칙 자질이건 플러스 규칙 자질이건 이런 구별 자질들이 문법 장치 속에 많을수록 배우기에는 더 부담이 된다. 따라서 언어는 이런 구별 자질들이 필요한 예외를 줄이는 방향으로 진행되는 것이 보통이다. 이러한 예외가 당초에 생기게 된 이유는, 어떤 변화가 시작되었다가 모든 어휘 항목에 다 미치기 전에 중단되었거나, 어떤 변화를 다 겪은 뒤에 새로 차용된 어휘 항목의 경우에 예외로 남게 되는 것이다.

참 고

음운론에 관한 일반적 정보는 Harms(1968), Dell(1973), Kenstowicz & Kisseberth(1977), Lass(1984), Ohala & Jaeger(1986), Katamba(1989), Clark & Yallop(1990), Durand(1990), Goldsmith(1995, 1999), Davenport & Hannahs(1998), Roca & Johnson(1999), Blevins(2004), 김경란(1997), 이기문, 김진우, 이상억(2000), 전상범(2004), 이진호(2005) 그리고 최근의 최적성 이론(Optimality Theory)에 대해서는 Archangeli & Langendoen(1997), Dekkers, Leeuw & Weijer(2000), McCarthy(2002), 전상범, 김진우 외(1997), 안상철, 이봉형, 이보림(2000) 참조.

4.1절 음운과 변별적 자질에 관해서는 Schane(1973), Hyman(1975) 등을 일독하고 그 이론적 배경을 원모습 그대로 보려면 Jakobson, Fant & Halle(1951), Chomsky & Halle(1968) 등을 참조. 이에 대해 Ladefoged(1971)의 다분

(multivalued)의 체계를 비교 참조.

4.2절 형태소와 잉여성에 대해서도 위의 책들은 물론 Stanley(1967) 및 남기심 · 이정민 · 이홍배(1979) 등을 참조.

4.3절 음운 규칙과 표기상의 규약도 위의 책들 외에 Kenstowicz & Kisseberth(1979), 전상범(1977) 등을 참조.

4.4절 규칙순과 기저형 설정에 대해서는 위의 책들 외에 Anderson(1974), Kiparsky(1968), Sommerstein(1977) 등을 참조.

4.5절 음운적 음절은 허웅(1968) 및 Pike(1947) 참조. 음절에 대한 상론은 Hyman(1975) 및 Sloat, Taylor & Hoard(1978) 참조. 비음운론적 문제들은 Schane(1973)을 주로 참조.

◈ 연 습 문 제 ◈

A. 다음 예와 같이 1~5의 음운 변화를 변별적 자질로 표시하여 보라.

예 : /u, o/ → /ü, ö/ $\begin{bmatrix} -\text{cons} \\ +\text{son} \\ +\text{syl} \\ +\text{back} \end{bmatrix} \rightarrow [-\text{back}]$

1. /p, t, k/ → /ɸ, θ, x/
2. /s/ → /š/
3. /n/ → /ŋ/
4. /e, o/ → /i, u/
5. /l/ → /y/

B. 다음 음운 목록을 보고 자연군이 모여 있으면 N(natural), 자연스럽지 못하고 불가능하면 I(impossible)라고 표시하라.

1. /p, t, q, f, s, š, č, l, r, n/
2. /p^h, b, t^h, d, k^h, g, f, v, s, z, l, r, m, n, ŋ, w, y/
3. /p, t, ʔ, f, s, r, m, n, w, y/
4. /p, b, t, d, k, g, f, v, s, z, l, r/
5. /ʔ, t, s, r, n/
6. /a, i, u/
7. /ɯ, ö, ü, ɒ/
8. /a, i, u, e, o/
9. /a, i, u, ü, ö/
10. /i, e, o/

C. 국어에서 다음 자음의 짝들이 어두(initial), 어중(medial), 어말(final)의 세 위치에서 최소 대립쌍을 보이면 그 예를 1과 같이 적고, 보이지 않으면 ×로 표시하라.

	어두	어중	어말
1. /p/-/p'/	불-뿔	이불-이 뿔	×
2. /t/-/t'/			
3. /k/-/k'/			
4. /č/-/č'/			
5. /p/-/p^h/			
6. /t/-/t^h/			
7. /č/-/$č^h$/			
8. /m/-/n/			
9. /n/-/ŋ/			
10. /k/-/č/			

D. 다음 국어 자음, 모음의 변별적 자질에 의한 분류표를 +, -로 메워 넣어라. 해당되지 않는 곳은 빈 채로 두라.

	pp^hp' tt^ht' $\check{c}\check{c}^h\check{c}$' kk^hk' ss'h mnŋ lwy iüeöɛ ɨəɑuo
syllabic	
consonantal	
sonorant	
nasal	
continuant	
delayed rel.	
strident	
lateral	
anterior	
coronal	
high	
low	
back	
round	
aspirated	
glottalized	

E. 다음 음절 구조에 맞는 현대 국어의 다양한 예를 들어라. C는 자음, V는 모음, y와 w는 반모음을 나타낸다.

1. V-
2. VC-
3. yV-
4. wV-

5. yVC- 6. wVC-
7. CV- 8. CVC-
9. CyV- 10. CwV-
11. CyVC- 12. CwVC-

F. 다음은 국어의 복합어 형성에 관한 음운 현상을 살펴보기 위한 것이다. 우선 비복합어인 1의 예들을 보면 첫 칸은 기저 음운 표시라 할 수 있고 둘째 칸은 그 음성적 표시인데, 그 관계를 설명하기 위해 두 개의 규칙을 세우고 적용 순서를 정해 보라.

1. a. /kət-ki/ [kətk'i] 걷기
   b. /cap-ta/ [capt'a] 잡다
   c. /kɨk-pi/ [kɨkp'i] 극비
   d. /əps-ta/ [əpt'a] 없다
   e. /nəks-to/ [nəkt'o] 넋도

다음 2에 보인 복합어의 예를 보고 한 개의 규칙을 세운 뒤, 앞서 1에서 세운 규칙과 통틀어 규칙 적용 순서를 논하라. 한편 '냇가'의 유도 과정을 본문의 (40)과 같은 식으로 보여라. +는 복합어 구성 요소 사이의 경계를 나타낸다.

2. a. /nɛ+ka/ [nɛtk'a] 냇가
   b. /c^{h}o+pul/ [c^{h}otp'ul] 촛불
   c. /pɛ+kil/ [pɛtk'il] 뱃길
   d. /mɛ+tol/ [mɛtt'ol] 맷돌

다음 3의 복합어에서 기저형으로부터 음성형이 유도되는데 필

요한 3개의 규칙을 세워라. 그리고 '뱃노래'와 '바닷물'의 유도 과정을 보여라. 아울러 규칙 적용 순서가 필요한가 논하라.

3. a. /pɛ+nolɛ/ [pɛnnorɛ] 뱃노래
   b. /k^ho+nal/ [k^honnal] 콧날
   c. /pata+mul/ [padanmul] 바닷물

《Mother》
'가장 아름다운 英語'로 꼽혀
《Father》는 순위권내 못들어

세상에서 가장 아름다운 영어 단어는?

'어머니(mother)'라는 조사 결과가 나왔다.

영국문화원(British Council)은 25일 창립 70주년을 기념해 비영어권 102개국 국민 4만명을 대상으로 '가장 아름다운 영어 단어'를 조사, 70위까지 순위를 발표했다.

1위는 '어머니'였고, '열정(passion)'과 '미소(smile)'가 각각 2, 3위를 차지했다. '사랑(love)'은 4위, 자유를 뜻하는 'freedom'과 'liberty'는 모두 10위 안에 포함됐고, '평화(peace)'는 11위였다. '아버지(father)'는 순위에 포함되지 못했다. 70위는 결혼식 전날 신부와 친구 여성들이 벌이는 '처녀파티'를 뜻하는 'hen night'.

영국문화원의 그레그 셀비 대변인은 "순위에 오른 70개의 단어 중 사람 사이의 직접적인 관계를 설명하는 단어로는 유일하게 '어머니'가 포함됐다"고 말했다.

"작고 빠른 글씨체는 의지 • 결단력 강한 성격"
영국 필적학자, 처칠 등 글씨체 연구

작가 찰스 디킨스는 오만하고, 윈스턴 처칠 전 영국 총리는 완고하며, 사회과학자 칼 마르크스는 자신의 생각을 고집하는 성격이었다고 영국 선데이 텔레그래프지가 5일 보도했다.

영국 필적학자들이 정치가·군주·철학자 등 역사적 인물들의 필적을 조사한 결과다.

1874년의 마르크스 귀화문서, 처칠이 미국 대통령에게 서명해 보낸 전보등 영국 국립문서보관소가 처음 공개한 문서들을 참조, 글씨를 눌러쓴 정도나 크기 • 기울기 • 간격 • 기준선 • 연결 등을 분석했다. '올리버 트위스트'를 쓴 19세기 작가 디킨스는 화려한 장식체로 강조하는 커다란 서명에서 자기 중심적 성격을 보여준다. 윈스턴 처칠의 작고 빠른 글씨체는 의지력과 결단력을 나타낸다. 연구 작업에 참여한 다이앤 심슨은 "모든 필체는 사고의 속도와 손동작의 속도 사이를 조율하는 것"이라고 설명했다. 눌러 쓴 글씨는 목표 지향적이거나 참을성 없는 성격을 반영한다.

큰 글씨는 주의를 끌고 싶어하는 것을, 기울여 쓴 글씨체는 열정이나 감수성을 나타낸다. 단어 간 간격이 넓은 것은 주변 환경으로부터 떨어져 있는 것을 선호하는 성격을, 간격이 가까운 것은 논리적이며 근면함을 보여준다.

제 5 장 말만들기 : 형태론

≪형태소들의 결합관계≫

형태론(morphology 또는 accidence)은 통사론과 함께 전통적으로 문법의 주요 부문을 이룬다. 또는 여기에 음성학 및 음운론까지 합쳐 넣어 문법서를 엮는 관례가 보이기도 한다. 이 가운데 형태론 부문에서 다루는 내용에 대하여 시대에 따라 학설이 구구하다.

형태론이란 한 언어에서 실현되는 단어들의 여러 형태들을 연구하는 것으로, 유럽의 전통적인 문법에서는 보통 두 의미로 사용한다. 단어의 어형변화 곧 굴절만을 다루는 내용을 가리키는 좁은 의미와 굴절 뿐 아니라 파생, 합성 등 이른바 조어론의 분야까지 포함하는 넓은 의미가 그것이다. 구조언어학에서의 형태론이란 최소 자립형식(minimal free form)인 단어의 기술적(記述的) 분석을 뜻한다. 하나 또는 둘 이상의 형태소로 이루어진 단어에 대하여, 그것을 구성하는 형태소의 종류, 그 배열의 순서와 관계, 결합에서 일어나는 음운변화 등, 단어의 내부구조에 관한 문법적 연구를 가리킨다. 진정한 의미에서의 형태론은 구조문법에서부터 비롯되었다고 할 수 있다. 그러나 Bloomfield(1933) 등이 미국 구조주의 형태론의 경우, 음운부와 형태부의 연결관계와 독립성의 기술에 주력하여 단어 이하의 작은 단위에 주목하였을 뿐, 어휘형성과정에 대한 연구가 없었다.

그 뒤 변형문법시대에 들어 와서는 통사론이 주관심사였기에 형태론이 어떤 문제를 해결하리라고 보지 않았다, 이번에는 단어 이상의 큰 단위, 즉 구, 문장 등에 주목하면서, 형태론이란 영역 자체의 독립된 설정을 하지 않는 경향이 나타났다. 통사론이 형태소와 境界

(boundary)로 연속된 구조를 생성해서 음운부에 입력시키는 역할도 도맡았으므로, 60년대까지 어휘형성과정에 대한 연구는 무시되었거나 변형규칙으로 다루는 무리한 시도가 있었다. 그러나 70년대에 들어오면서 파생, 복합어는 변형으로 도출하기에는 너무 불규칙적이고 예측 불가능한 점이 있으니, 시작부터 어휘부에 수록하려는 생성형태론이 태동되었다. 특히 명사 파생은 변형이 아니라 어휘부에서 형태규칙으로 처리된다는 어휘론적 형태론(lexicalist morphology)이 뒤를 이었다.

어휘론적 형태론을 옹호한 학자들간에도 굴절과정을 어휘부에 포함시키는 강어휘론자와 통사부나 그 이후에 포함시키는 약어휘론자로 나뉜다. 여하튼 이들은 "통사규칙은 단어 내부구조의 어떤 면도 언급할 수 없다."는 가설에 입각하여 각기 나름대로의 이론 정립을 꾀하였다. 형태론과 다른 영역과의 연관은 어휘음운론 내지 어휘형태론이란 방법론으로 규명하려하고, McCarthy(1979)는 비연쇄(nonconcatenative) 형태구조를 설명하기 위한 운율형태론을 내놓고 있다.

5.1 형태소

의미를 가지는 최소의 독립된 언어단위를 말하며 (cf. Hockett 1958 : 123), 한 형태소(形態素 morpheme)는 하나 이상의 음운으로 이루어지고, 한 단어는 하나 이상의 형태소로 이루어진다. 형태소 가운데 (단어처럼) 홀로 쓰일 수 있는 것을 자립형태소(free morpheme)라고 부르고, 홀로는 쓰이지 못하고 다른 형태소에 같이 결합되어서 쓰이는 것을 의존형태소(bound morpheme)라 한다. 가령 '개가 간다'

에서 '개'는 자립형태소이지만, '-가' '가-' '-ㄴ-' '-다'는 의존형태소로서 자립형태소에 의존하거나, 의존형태소끼리 붙어 쓰이게 된다.

또 형태소의 의미의 허실에 따라 실질형태소(full morpheme)와 형식형태소(empty morpheme)로도 나눌 수 있다.

어휘적 의미를 가진 '개, 가-' 따위는 실질형태소 또는 어휘적 형태소(lexical morpheme), 조사, 어미, 후치사 등 문법적 의미를 가진 것은 형식 형태소 또는 문법적 형태소(grammatical morpheme)로 분류된다.

형태소가 환경(environment)에 따라 실제 어형으로 나타날 때, 그것을 형태(morph)라 한다. 어떤 형태소는 한 형태로만 나타나지만, 다른 형태소는 둘 이상의 형태로 나타난다. 이 때 둘 이상의 형태를 그 형태소의 이형태(異形態 allomorph) 내지는 교체형(交替形 또는 變異形 alternant)이라 한다. 이형태는 나타나는 환경이 서로 배타적(排他的 exclusive) 또는 상보적 분포(相補的 分布 complementary distribution)를 이루고 있다.

이형태로 나타나는 일을 그 형태소의 교체(alternation)라 하는데, 교체는 보통 음운론적으로 조건된 교체와 형태적으로 조건된 교체의 두 유형으로 나뉜다. 교체의 조건을 음운적으로 설명할 수 있는 것이 전자고, 형태소의 종류를 가지고 설명할 수 있는 것이 후자다. 가령 과거를 뜻하는 형태소는 '막았다', '먹었다', '하였다'에서 '-았-', '-었-', '-였-'으로 나타나는데, '-았-', '-었-'은 어간의 모음으로 그 교체의 조건이 설명되지만, '-였-'은 '-하-(爲)'란 어간형태소로써 비로소 그 조건이 설명되므로, '-았-', '-었-'은 음운적으로 조건된 교체, '-였-'은 형태적으로 조건된 교체다.

형태소의 표기는 보통 { } 안에 한다. 이형태의 표기는 음운적으로 조건된 교체는 ~, 형태적으로 조건된 교체를 ∞으로 나타낸다면, 위에 말한 과거형태소 {었}은 / -었- ~ -았- ∞ -였- / 이란 이형태를 가진다고 표기한다.

형태소의 분석에는 여러 난점이 따른다. 형태 하나씩 기계적으로 끊어 나갈 수 없는 경우가 있다. 프랑스어의 à+le에 해당하는 au/o/, 영어의 foot의 복수형 feet 등은 기계적인 분석이 불가능하므로, 구조언어학에서 여러가지 해석이 시도되었다. 어떤 형태는 오직 한 형태소와 더불어 나타난다. 가령 국어 '감쪽같이'의 {감쪽}이나, '아름답다'의 {아름}, '착하다'의 {착}, 영어 cranberry의 {kræn}이 그러한 것으로, 유일(唯一 unique) 형태소라 한다. 각 언어에 따라 형태소를 조성하는 음운의 배합 조건이 다른 점도 아울러 고려되어야 할 것이다.

또한 어휘적 형태소는 대체로 자립형태소이고, 문법적 형태소는 거의 의존형태소지만 예외도 있다. 국어의 용언어간 '먹-', '예쁘-' 등은 어휘적 형태소지만 의존형태소이기 때문에 문법적 형태소 '-다, -냐' 등과 결합되어야만 자립적으로 쓰인다. 영어의 전치사나 접속사는 반대로 문법적 형태소지만 자립형태소로 쓰이고 있다. 한편 국어의 조사, 후치사, 어미등 문법적 형태소는 의존형태소에 속한다.

어떤 부류의 대다수 成員에 공통되는 형태적 특징을 가지지 못하는 성원이 있을 경우, 그 성원도 그 특징을 가지는 것으로 가정하여 ø(零, zero)을 설정할 수 있다. 이것을 제로 형식(zero form) 혹은 영형태(zero morph)라고 한다. 이것은 기술(記述)의 편의를 위해서 설정된 가공적(架空的) 형태다.

국어에서 어간에 아무 파생 접사도 붙지 않고 품사가 바뀌는 경우가 있다. '신/신다', '배/배다', '빗/빗다', 띠/띠다', '되(斗)/되다'. 이러한 현상을 영변화(零變化) 또는 무접파생(無接派生 zero derivation)이라고 한다. 이 때는 곡용어간과 활용어간이 동일한 어기(語基 base)를 갖게 되는 것이다. 영어의 거의 모든 명사는 단수와 복수의 구별이 형태상으로 표시되어 있으나, many sheep의 sheep은 그것이 없다. 이 경우 복수로 쓰인 sheep은 단수의 sheep에 복수 {-s} 대신에 그에 해당하는 제로 형태소가 연결되었다고 가정하면, 명사의 복수형은 단수형에 복수를 뜻하는 형태소가 모두 연결된다고 기술할 수 있다. 이 제로 형태소는 복수 형태소의 한 이형태라 하고 ø로 표기한다.

5.2 품사론

문장을 중심으로 연구하는 문장론(또는 통사론)에 대하여, 단어를 중심으로 연구하는 문법의 한 부분이다. 단어의 문법상 성질을 정하고 품사(parts of speech)를 설정하여 품사 상호간의 관계를 체계적으로 논한다. 단어를 대상으로 하는 점에서 기술(記述)문법의 형태론과 비슷하나, 품사론(品詞論)은 품사의 분류를 주로 다루고 있어서 형태론보다 범위가 넓다. 종래 전통적 문법서는 내용과 분량에 있어서 문장론보다 품사론이 압도적으로 커서 문법은 품사론이라는 느낌을 가질 정도였다. 그러나 구조언어학이나 변형문법에서는 품사론이란 체재는 겉에 드러나지 않게 되고, 다만 내용적으로 명사, 대명사, 수사, 동사, 형용사, 관형사, 부사, 감탄사, 조사(서술격조사 즉 指定詞 포함) 등으로 각 문법범주를 설정하는 토대로서 깔려 있게 되었다.

품사분류를 할 때에는, 마땅히 그 목적에 따르는 확고한 기준이 있어야 된다. 품사분류는 한 언어의 문법을 설명하기 위한 것이므로,

그 언어의 문법범주가 기준이 된다. 문법범주 가운데서도 형태, 곧 어형변화를 바탕으로 하는 범주가 바람직하다. 가령 현대국어에서 조사를 취하여 곡용을 하는 단어를 명사, 시제, 서법 등의 활용어미로 어형변화를 갖는 단어를 동사라 하는 따위다. 이와 같은 분류는 형태론적 기준에 의한 것이다.

그러나 어형변화가 빈약한 언어에서는 형태론적 기준 이외에 다른 기준을 세우든가, 아니면 다른 기준을 가미하든가 하여야 한다. 가령 현대국어의 대명사와 부사에 속하는 일부 단어들 및 접속사, 감탄사에 속하는 단어들은 형태론적 기준만으로는 같은 부류가 되므로, 문장 안에서 다른 단어와의 결합에 나타나는 특징을 따지는 통사론적 기준에 따라 다시 분류하지 않으면 안된다.

5.3 굴절론(屈折論)

굴절(inflection)이란 단어의 문법적인 의미, 역할, 관계 등을 보이기 위해서 어형의 일부를 변경시키거나 접사를 붙이거나 하는 일이다. 국어의 명사, 대명사, 동사, 형용사 등은 주로 어미변화에 의하여 곡용(曲用 declension)과 활용(活用 conjugation)을 한다. 언어에 따라서는 접두사에 의한 어두굴절(語頭屈折 pre-flexion), 접요사(接腰辭)에 의한 어중굴절(語中屈折 in-flexion)도 있으나 국어에서는 찾아 볼 수 없다. 모음교체나 성조(聲調)의 교체에 의한 굴절은 특히 내부굴절(內部屈折 internal inflexion)이라고 하여 각각 셈어(Semitic)나 아프리카의 반투어(Bantu)에 흔한 형식이며, 그 밖에도 어근적 굴절, 어간적 굴절 및 절대굴절, 종합굴절 등의 방식이 있다. 그러나 국어의 굴절에는 결국 곡용과 활용만이 있다. 곡용하는 단어는 체언, 활용하는 단어는 용언이라 하고, 이들은 모두 어미변화를 가지므로 가변어(可變語 inflected word)라고 부르기도 한다. 가변어는 어미변화를 갖지 않은 단어들인 불변어(不變語 uninflected word)와 대립된다. 가변어들은 그 의미를 표시하는 고정된 어간과 그 문법적 기능을 표시하는 가변적인 어미로 나뉘게 된다. (이때 어미변화를 한다는 점이 중요하므로 굴절은 보통 어미변화라고 부른다.) 또한 곡용에 있어서의 어간은 자립형식인 한 단어(체언)로 되어 있기 때문에 곡용을 단어굴절(單語屈折 word-inflexion)이라 하고, 활용어간은 완전한 단어가 못되는 구속형식(용언)으로 되어 있으므로 활용을 어간굴절(語幹屈折 stem-inflexion)이라 부르기도 한다. 그러나 우리나라의 학교문법이나 전통문법가들은 곡용을 인정하기 않고, 체언과 조사로 분석처리 한다. 초기의 문법학자들은 활용까지도 부인하여, 용언과 조(동)사로 분석한 일이 있었다.

5.3.1 곡용

체언의 굴절로서, 명사, 대명사, 수사, 형용사 등의 격, 수, 성에 의한 굴절을 말한다. 격변화 또는 첨용(添用)이라고도 한다. 인구어(印歐語)에서는 굴절이 어미변화에 의해 비교적 정연히 지켜져 왔으나 근래에는 전치사, 관사, 어순 등으로 그 기능을 대신하는 경향이 짙어졌다. 국어에서는 명사, 대명사와 같은 체언이나 체언 상당어구(noun equivalent)의 격(格)만을 주로 표시하는 어미변화, 즉 격변화를 곡용(曲用)이라 하며, 활용과 함께 굴절체계를 형성한다. 곡용하는 어형은 곡용형이라 한다. 곡용형에 있어서 어미 또는 어기의 형태, 성질 및 그 결합방식에 따라 곡용의 유형을 구별하기도 한다. 4 국어의 곡용에 대해서는 아직도 체언과 조사로 처리하는 전통이 유력하다. 학교문법에서도 곡용을 인정하지 않고, 곡용어간은 체언, 곡용어미는 격조사로 처리하고 있다.

5.3.2 활용

용언의 굴절로써 시제, 서법 등 문법적인 기능을 표시하기 위한 형태론적 절차를 활용(活用)이라 하며, 그 굴절된 어형을 활용형이라 한다. 서양문법에서는 주로 동사의 문법적 기능(인칭, 수, 시제, 법, 상)에 따라 어형이 변화하는 것을 가리킨다. 활용하는 방식에 따라 분류하면 모음활용과 자음활용, 강활용과 약활용(또는 강변화와 약변화 및 혼합변화) 등으로 유형화된다. 국어에서는 동사, 형용사, 존재사 등과 같은 용언의 구속형식으로 된 활용어간 뒤에 굴절접미사인 활용어미의 다양한 어미변화로 활용을 한다. 이것은 자립형식인 체언을 어간으로 격어미의 변화를 받는 곡용과 대립된다.

그러나 국어에 있어서는 체언도 서술의 기능을 가지고 쓰이는 특수한 경우가 있어서, 체언이 활용하는 용법은 보이되 단어 굴절에 속하게 되는 일이 있다. 흔히 서술격어미 또는 지정사(또는 계사 繫辭)라 하는 '-(이)다'는 학자에 따라서 체언의 활용으로 보는데 이것은 (체언 뒤에 있는) 활용어미의 도움으로 서술어의 기능이 완전히 나타내지는 점을 중시한 결과다. 물론 이것을 서술격어미로 취급하면(활용형과 동일한 형태를 모두 갖는 특수한 단어 굴절의 곡용으로서 간주되어) 곡용형이 활용한다고 할 수 있고, 지정사란 한 독립 용언으로 설정하면 '-이-'를 어간으로 하여 활용하는 어간 굴절의 범주에 포함시켜 버릴 수도 있지만, 모두 타당한 해결책은 되지 못한다.

활용에 대한 상세한 기술과 설명은 우선 활용어미의 형태분석과 형태소선정이 선행되고 이어서 형태소 결합에 대한 연구가 있어야 하며 앞으로 서법, 공손법 등의 규명과 함께 다루어야 할 큰 과제다.

5.3.2.1 부정법(不定法)

인칭, 수의 제약을 받지 않고 동작, 상태를 나타내는 동사의 비굴절형(非屈折形)으로 영어에서의 to의 뒤에 쓰인다. 국어에서는 기본형과 같은 의미로 다루는 것이 일반적이나 양자를 구별하는 경우도 있다. 알타이어학에서 흔히 쓰는 동명사(動名詞 verbal noun)와 영문법에서의 '동명사'(gerund)를 구별하듯이 기본형(basic form)과 부정법(infinitive)을 달리 정의하는 경우도 있기 때문이다. 가령 Martin(1955)은 기본형이란 용어는 용언뿐 아니라 모든 단어의 어기 부분의 원형을 지적하는데 쓰고, 부정법은 '-다'가 아니라, '-어'를 대표적 어미로 하여 설정한다. '-어'는 'ㅏ, ㅗ' 모음 뒤에서는 '-아'로 되며 이들은 종결어미는 물론 연결어미로서 후속되는 또 하나의 서술어에 대해 부정사(不定詞)로서의 용법을 갖는 일이 많다.

기본형(基本形 basic form)은 활용하는 단어(용언)에 있어서 활용형의 원형이 되는 것으로, 보통 문장을 종결 짓는 형태로서 종지형(종결어미를 가진 어형)의 한 가지인 '어간+-다'를 가리킨다. 그러나 동사의 기본형은 사전의 표제어나 문어체에서 쓰일 뿐이며, 또 구어체에서는 특별한 관용구(cliché) 외에는 평칭(平稱)의 직설법 종결어미 '-다'는 모두 '-(느)ㄴ다'로 대체된다.

미국의 기술언어학에서는 형태소의 교체에서 여러 이형태 중 대표가 되는 하나를 기본형(basic allomorph)이라 하며 그것을 정하는 데는 다음과 같은 기준이 있다.

가령 '값' 뒤에 조사가 올 때 '값'을 기본형으로 잡고 '값-이' 같이 모음 앞에서는 원래 형태가 다 발음이 되지만, '값-과' 같이 자음 앞에서는 'ㅂㅅㄱ' 3자음이 겹쳐 1자음(ㅅ)이 탈락되는 (어차피 다른 데도 필요한) 규칙의 적용을 받고, '값-만' 같이 비자음 앞에서는 '갑'으로 비음화한다고 설명하는 방향이 자연스럽다. 만약 '갑'이나 '감'을 기본형으로 삼으면, 왜 하필 'ㅅ'이 생겨 나오는지, 비음이 아닌 소리 앞에서는 왜 'ㅂ'이 되는지 등을 설명하기에 자연스런 이유를 대기 어렵다. 결국 '값'이 가장 긴 4음소의 형태로 '갑'이나 '감'보다 더 많은 정보를 담고 있으므로 이런 것을 기본형으로 삼아야 한다.

그러나 주격 '이'와 '가'는 어느 쪽을 기본형으로 잡아도 별 차이가 없어, 이 경우는 역사적으로 먼저 있었던 '이'를 택하는 것이 좋겠다. 또는 통계상 더 많이 나타나는 것을 택해야 할 때도 있을 것이다.

5.3.3 어간

어간(語幹 stem)은 어형성의 한 요소로서 일반적으로 굴절에 있어서 변화하지 않는 단어의 기간부(基幹部)다. 이론상으로는 굴절(어미변화)의 두 유형 즉 곡용과 활용에 따라 각각 곡용어간과 활용어간이 있겠으나, 실제로는 곡용어간을 자립형태소인 체언이나 체언상당어구(體言相當語句)이므로 그냥 체언이라 부르는 일이 많아서, 결국 의존형태소인 활용어간만을 어간이라고 통칭하는 관습이 있다.

그러므로 곡용을 단어굴절(單語屈折 word-inflection), 활용은 어간굴절(語幹屈折 stem-inflection)이라고 하는 수도 있다. 활용어간은 보통 어기에 접미사가 붙어서 이루어지나, 어기 자체가 어간으로 쓰일 수도 있다, 그러나 어간만으로는 독립된 단어가 되지 못한다. 용언에 있어서 활용어미를 제거해 낸 나머지 부분이 활용어간이 된다. 어간에는 (1) 어기와 같은 음상(音相)의 것(즉 접미사가 영형태

ø인 경우)과 (2) 어기에 접미사가 하나 이상이 첨가된 것 등이 있다.

용언의 어간 뒤에 오는 요소(활용어미 또는 접미사)는 그 분포와 서열에 따라 크게 둘로 나뉜다. 넓은 분포를 보이며 어간에 직결되는 어미와 이 어미 뒤에 좁은 분포로 나타나는 어미의 두 가지다. 전자에는 존경을 뜻하는 '-(으)시-'와 시제의 '-았/었-, -겠-' 등이 속하며, 활용에 있어서 고정된 어간의 한 부분과 같으므로 어간형성소(語幹形成素 stem-formative) 또는 보조어간이라 일컬어진다. 후자에는 종결어미, 연결어미 및 소위 전성어미가 속하며, 종래에는 이들만이 활용어미라 지칭되었다. 그러나 보조어간이 파생접사는 아니므로 그 명칭이야 어떻든 활용어미로 다루어야 할 것이다. 보통 어미를 어말어미라 한다면 이들은 선어말어미라 할 수 있다. 소위 보조어간인 어미의 결합에도 일정한 서열이 있다. 시제 어미는 그 자체 끼리 복합되기도 하지만 '(으)시'에 후행하기도 한다. 보조어간을 제외한 나머지 어미는 나타내는 기능에 따라 종결어미, 연결어미, 관형사형어미와 명사형어미로 나뉜다.

5.3.4 어미

어형변화를 갖는 단어 속에서 그 어말부에 위치한 1 내지 수개의 형태소다. 굴절관계를 나타내는 일종의 접미사로서 곡용어미와 활용어미의 두 종류가 있다. 곡용어미는 곡용어간에 붙고 활용어미는 활용어간에 붙는다. 대체로 어미(語尾 ending)는 문법적 기능을 표시하고 어간은 그 단어의 개념을 나타내는 것으로서 각각 형태부와 의미부에 해당된다. 고정된 어간이 문법적 기능에 따라 어미를 달리 가지게 되는 것이 굴절이기 때문에, 굴절은 보통 어미변화라고도 한다. 이에는 앞서 말한 곡용어미와 활용어미가 각각 격을 표시하여 곡용하거나, 시제, 공손법, 서법관계를 표시하면서 활용한다. 어미부분에는 흔히 억양(抑揚)이 덧붙여져서 의미관계나 표현태도를 결정짓게 되는 수도 있다.

접사와 **어미**를 구별하기 위해, '짓-밟-히-다'같은 복합어를 분석해 보자. 이 복합어는 '접두사+어기+접미사'로 된 어간에 어미 '-다'가 결합된 구성이다. 좁은 의미의 접사는 단어 형성 단계에서 어기의 앞뒤에 붙을 수 있는 가변요소이고, 어미는 활용시에 어간의 뒤쪽에 붙는 가변요소다. 접사를 넓은 의미로 써서 어미도 굴절접미사라고 하는 경우는 있으나, 국어에 어떤 경우든 굴절접두사는 없다.

5.3.4.1 활용어미(活用語尾)

활용이 어미의 교체로 행해질 때 그 교체되는 부분, 흔히 용언의 어간에 (때로는 서술어로 쓰인 체언 즉 곡용어간에) 붙어서 여러가지 활용을 하며 문법적 기능에 따라 종결(종지형)어미, 연결(접속형)어미, 전성(자격형)어미로 구분한다. 이 가운데 전성어미는 부사형어미와 관형사형(관형형)어미와 명사형어미의 세 가지를 포함 하는데, 이 중 부사형어미는 보조적인 연결어미로 다루는 학자도 있다. 이 활용형들이 나타내는 문법적 기능이란 시제, 공손법, 서법 등이며, 이것은 활용어미에 대한 형태분석과 형태소 설정이 선행되고 형태소 결합에 대한 연구가 완성되어 해명해야 할 과제다. 활용어미(또는 굴절접미사)는 그 분포와 서열에 따라 (1) 넓은 분포를 보이며 어간에 직접 연결되는 어미와 (2) 이들 어미 뒤에 나타나며 좁은 분포를 보여주는 어미로 나누기도 한다. (1)에는 존경, 시제보조어간(어간 형성소, stem-formative) '-(으)시-', '-았/었-', '-겠-' 등이 고정된 어간의 한 부분같이 활용하는 것이 해당된다. (2)에는 앞서 말한 종결, 연결 및 전성 어미가 속하며, 종래에는 이것들만 활용어미라 했던 것이다. 그러나 (1)도 파생접미사가 아니므로 그 명칭을 비록 보조어간이라 하더라도 (사실은 어간 형성소라 하는 것이 더 합리적이다.) 활용어미로 다루어야 할 것이다. 또한 이 활용어미들은 모든 활용어간에 한결같이 연결 가능한 것만은 아니어서, 어간의 품사적 성격에 따라 어떤 의미는 전혀 연결되지 않고, 또 다른 어미는 기능을 달리하는 수도 있다.

활용어미는 하나 이상이 연결될 수 있으며 그 연결 서열에 따라 **어말어미**와 **선어말어미**(先語末語尾 prefinal ending)로도 나눈다. 어말어미(final ending)는 단어의 끝에 나타나며 활용하는 말에는 반드시 있어야 하는 어미다. 보통 많은 어미가 그러하므로 어말어미는 그냥 어미라고도 하며, 선어말어미 다음에 함께 쓰일 때 특히 어말어미라고 구별한다. 선어말어미는 비어말어미(非語末語尾 nonfinal ending)라고도 하는데, 어말어미 앞에 오며, 이것이 없어도 활용이 성립한다. 소위 보조어간이 그러한 선어말어미다. 학자에 따라서는 어말어미를 폐쇄어미, 선어말어미를 개방어미라 하는 일이 있다. 가령 동사어간에만 연결되는 '-느-'('-는', '-느냐', '-는지'에서 나타나지만 문법적 기능은 밝혀 있지 않다), 서술어로 쓰인 체언의 활용에서 감탄법어미 '-구나', '-구려' 앞에 나타나는 '-로-' 등은 선어말어미다.

선어말어미는 여럿이 동시에 연결될 수 있지만 어말어미는 한 단어에 겹쳐 나타나는 일은 없다. 어말어미는 기능에 따라 정동사(定動詞), 부동사(副動詞), 동명사(관형사형, 명사형)을 형성하는 어미로 나뉜다. 정동사 형성 종결어미는 경어, 시상(時相) 등을 나타내는 선어말어미와 함께 쓰이며, 부동사 형성 연결어미는 공손법어미를 제외한 다른 선어말어미가 선행되기도 하며, 동명사 형성 전성어미는 용언에 체언과 같은 자격을 주어 곡용을 가능하게 하는 것이다. 선어말어미는 여럿이 동시에 연결되는 수가 있으며 그때는 일정한 서열이 있는 것이 보통이다. 이에 비해 어말어미는 하나만 쓰이며 서열이 문제될 수도 없다. 선어말어미는 나타내는 기능에 따라 경어, 시상에 관한 것 등으로 나뉜다.(중세국어에는 의도법의 선어말어미 '-오/우-'도 있다).

경어법어미는 다시 겸양, 존경, 공손법의 세 종류가 있어 각각 '-삽-', '-시-', '-나이-' 등을 대표적 예로 들 수 있다. 시상의 어미는 가거 '-았/었-', '-더(아/어, 거)-'와 현재 '-느-'와 미래 '-겠-', '-리-' 등이 있다. 이들의 서열 문제에서 특징적인 것은 존경법의 '-시-'가 겸양법이나 시상의 어미보다 선행되는 것이다. (중세국어에서 '-옵시-, -거시-, -더시-'로 되던 것이 '-시압-, '-시거-', '-시더-'로 점차 고정 되었다). 시제의 어미는 단독으로 뿐 아니라 '-았/었+었-' 및 '-았/었+겠-'으로 복합되어 나타나기도 한다. 이밖에 현대의 '-는/ㄴ-'은 '-았/었-', '-겠-'에 비하여 볼 때 동일한 서열과 기능(시제)을 가졌다고 하여 함께 다루는 일이 있으나 '-는/ㄴ-'은 제한된 분포를 보이므로 재고되어야 할 문제다.

앞서 말한 것처럼 활용에 나타나는 어미형태소(어간형태소도 마찬가지)는 대부분 단일한 형태로만 나타나는 일이 많으나 교체를 보이는 것도 있다. 예컨대 어간 말음이 모음이냐, 자음이냐(이때 매개모음* '-으-'를 갖는다)에 따라 두 형태를 갖는 어미와 또 모음조화에 의한 어간 모음의 종류에 따라 두 형태로 교체되는 어미(-아/어-, -았/었- 등)가 있어, 이들을 **분간어미**(分揀語尾 two-shape ending)라 한다. 그러나 보통 단일한 형태로 나타나는 '-고', '-자', '-도록'은

통용어미(通用語尾 one-shape ending)라 하여 구별한다.

5.3.4.2 곡용어미(曲用語尾)

격표지(格標識 case marker)라고도 하여 체언에 관계하는 기본적인 문법범주의 하나로서, 체언이 문장 속에서 다른 단어에 대하여 가지는 자격을 말한다.

격의 종류 내지 수효는 언어에 따라, 또 같은 언어일지라도 시대에 따라 다르다. 희랍어에는 5격, 즉 주격(主格 nominative), 속격(屬格, 所有格, 冠形格 genitive), 여격(與格 dative), 대격(對格 accusative), 호격(呼格 vocative)이 있어서, 명사와 대명사는 격에 따라 어형변화를 하였다. 초기의 희랍 문법가는 주격을 기본적인 형(形), 그밖의 격은 기본적인 형이 경사(傾斜)된 것이라 생각하였다(여기 경사란 굴절을 뜻한다). 뒤에 스토아 학파의 문법가는 주격도 경사된 것이라 하여, 이를 직격(直格 direct or upright case), 그밖의 격은 사격(斜格 oblique case)이라 불렀다. 그런데 호격은 주격과 같은 어형이 많아서, 직격으로도 다루어진다. 라틴어에는 희랍어의 5格 밖에 탈격(奪格 ablative)이 있고, 산스크리트에는 그밖에 조격(造格 또는 具格, instrumental)과 처격(處格 또는 位格, locative)이 있다. 희랍어가 격이 적은 것은, 소위 융합(融合 syncretism)에 의하여, 한 격이 다른 격의 기능을 겸하기 때문이다. 희랍어 여격은 라틴어의 여격과 탈격, 산스크리트의 여격, 조격, 처격의 기능을 겸하는 것이 그 예다. 현대의 독일어는 4격, 영어는 2격 즉 통격(通格 common case)과 소유격(所有格 또는 屬格 possessive/genitive case)뿐이다. 격의 수효는 줄었으나, 격의 기능은 그대로 있어서, 융합에 의하거나 전치사와 어순에 의하여 표시된다. 그러나 이런 경우, 격을 규정할 기준이 문제된다. 가령 영어의 격을 몇으로 보느냐 하는 논쟁이 있었다. 2격 뿐이라는 사람, 기능도 고려하여 5격이라는 사람, 기능만을 중시하여 다수의 격을 인정하는 사람 등, 모두 형태와 기능을 가지고 격을 규정함에는 일치하나 양자의 비중에 차이가 있어 분규와 혼란이 있는 것이다.

국어의 격에 대하여는 앞으로 논의 되어야 할 상당한 문제가 있다. 첫째 격표지를 단어로 보느냐 단어 이하인 어미로 보느냐 하는 문제가 있다, 초기 문법가들은 격표지를 단어로 인정하여 조사로 처리하여 왔고, 그 뒤로 많은 학자가 곡용의 어미로 다루고 있다. 이것은 국어에서 단어를 어떻게 규정하느냐 하는 문제와 연관이 있어서 앞으로 더욱 논의 되어야 할 것이다. 둘째, 격의 수효와 분류를 어떻게 하느냐 하는 문제가 있다.

5.3.5 어형변화

단어의 형태가 변화하는 것으로서 공시적인 것과 통시적인 것이 있다. 우선 어형변화(語形變化)는 다음 세 경우를 생각할 수 있다.

(1) 어휘의 문법적 기능에 따라 어미변화, 음운교체 등을 하는 것; 굴절

(2) 단어가 문장 속에 놓이는 위치나 전후의 다른 단어와의 음연결 관계에 따라 변화하는 것 ; 합성, 파생, 기타 연음(連音 liaison), 모음축합(母音縮合 erasis) 등의 소위 연성(連聲 sandhi) 현상

(3) 단어가 시간의 경과와 함께 바뀐 것 : 어형변화(metaplasm)

위에서 (1)과 (2)는 공시적 변화 혹은 체계적 어형변화(어형교체)라 할 수 있고, (3)은 통시적(역사적) 어형변화라 할 수 있다. 또 굴절은 문법적 어형변화인데 비해, 나머지는 음운론적 어형변화라 할 수 있다. 이상의 세 가지는 서로 차원을 달리하지만 실제로는 그 경계가 미묘한 점도 있다. 불어의 les[le]와 homme[ɔm] 사이에서 연음현상으로 나타나는 [z]는 공시적으로 모음충돌을 회피할 뿐 아니라 통시적으로는 복수 표시를 하는 것이다.

5.4 조어론(造語論)

어형성(語形成 word-formation)이라고도 하는 이 용어는 두 가지 사실을 지칭하여 사용된다. (1) 발생적인 견지에서 신어(新語)형성을 말한다. 새로운 물건이나 개념을 나타내기 위한 명명을 위하여 새로운 언어기호를 창조하는 일이다. 이 경우 전혀 새로운 어근을 만들거나(語根創造 root-creation), 또는 사물과 함께 외국어를 그대로 차용하거나(借用 borrowing), 그 밖에 이미 있는 언어단위를 이용하여 새 단어가 형성된다. (2) 이미 있는 단어의 구성을 가리키며, 문법연구에서 조어론이라 하여 형태론의 한 분과로 다루는 내용이다. 우선 형태소 배합에 관하여 볼 때, 합성과 파생의 방법으로 이루어진 단어의 구조를 어기, 어간, 어미, 접사 등의 요소로서 해명하는 것이다.

5.4.1 단어의 형성

넓은 의미의 접사는 그 첨가 지점에 따라, 접두사, 접요사, 접미사로 갈리고, 접사의 문법적 기능에 따라 파생과 굴절이 나뉜다.

우선 파생 접사와 관계되는 부분부터 설명한다.

한 단어의 짜임새가 단일한 경우 **단일어**(simple word)라 하고, 복잡한 경우를 **복합어**(complex word)라 하며, 복합어는 다시 실질형태소들끼리의 결합으로 된 **합성어**(compound)와 실질형태소에 형식형태소가 붙어서 된 **파생어**(derivative)로 하위구분 한다. 이를 표로 정리하면 다음과 같다. (고영근/남기심 1985 참조)

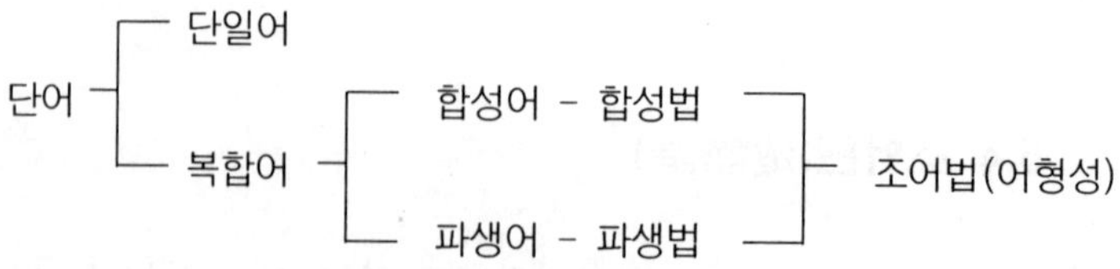

파생어의 어기는 실질형태소로, 접사는 형식형태소로 구성된 단어((예) 집+웅>지붕, 덮+개>덮개)에서 이 두 가지 형태소들을 묶어 **근원형태소**(source morpheme)라고도 한다.

다음은 굴절 접사와 관계되는 부분을 되새겨 보자.

굴절형 '집-이', '덮-고'에서도 실질형태소에 형식형태소가 붙긴 했어도, 조사나 어미와 같이 문법적 관계를 체계적으로 표시하는 **체계형태소**(system morpheme)가 후반부를 이룬 경우다. '집'은 실질 자립형태소요, '덮-'은 실질 의존형태소로 어간을 이룬 것이다.

어형성을 다룸에 있어서 어간(stem)과 어근(root), 어기(語基 base)의 구별은 필요하다. 모든 형태론은 파생이든 굴절이든 어휘부 안에서 일어난다고 가정한다면, 통사구조에 직접 삽입되는 것은 어간이 아니라 단어가 된다.

5.4.2 어근(語根)

어형성 요소의 하나로서 더 이상 분해 될 수 없는 단어의 핵심이 되는 최소의 의미적 단위로서, 의미나 어형상으로 유사한 한 부류의 어휘에서 공통되는 중심적 요소, 곧 모든 파생접사와 굴절접사를 제거한 뒤에 남는 요소를 말하는데 다분히 역사적인 관점에서 이론적으로 추출해 낸 것이 어근(root)이다. 어원적으로 동계라고 믿어지는 각 형으로 분기된 어기(5.4.3 참조)들의 고찰에서 핵심적 관념의 단위를 찾는 것으로 동일계통의 어족에 대한 비교연구가 밑받침되어야 한다. 그러므로 적어도 인구어만큼 비교연구가 성황을 이루지 못한 계통의 언어에는 아직 이 술어를 남용할 수 없다. 그러므로 국어의 경우도 알타이 제어와 비교연구를 더 추진한 후 어근(root)의 설정을 기대할 수 있을 것이다. 어근이 그대로 직접 단어로 존재하는 것을 근어(根語 mot-racine, Wurzelwort)라 칭한다.

5.4.3 어기(語基)

어형성에 있어서 기간적인 요소의 하나로 단어는 보통 어근을 기본으로 하여 그 앞뒤에 여러가지 접사가 붙어 구성되어 어간을 만들며 거기에 다시 어미(문법적 첨사)가 붙는다. 그러나 이것은 많은 경우 역사적인 분석이나 반성에 의해 얻어진 구성 관념이며, 사용상의 구체적인 활동을 하는 언어의식에 있어서는 역사적인 분석, 반성에 의한 본래의 어근 또는 어간과는 달리, 어형성의 기간적 부분이 의식되어 이것을 기초 삼아 새로운 단어가 구성 또는 파생되는 것이 보통이다. 이때 어형서의 기간적 부분 또는 요소를 어기(base)라 한다. 어기의 규정은 학자에 따라 일치하는 것은 아니나 일반적으로 어간보다 더 축약된 부분 곧 어근과 같은 뜻으로 사용하거나 때로는 어간과 같은 부분을 지적하는 것이다. 그러므로 어기는 의존형으로 되어 있는 것(용언 어간 등)과 자립형으로 되어 있는 것(체언 등)이 존재한다. 어기와 접사의 결합관계가 이루어질 때 접사는 모두 종속적인 의존관계(파생법)에 놓이며, 어기와 어기가 결합할 때는 대립적 관계(합성법)에 있게 된다. 또 미국의 구조언어학에서는 자립형식인 모든 현태소를 어기라 하든가 파생어와 합성어 가운데서 접사가 아닌 구속형식의 형태소를 가리킨다. 예컨대 book, man이나 walked, walking의 walk나 receive의 -ceive가 어기다.

어기는 규칙적인 것과 불규칙적인 것으로 구분될 수 있다. 품사가 분명하고 다른 말과 통합에 제약이 없으면 규칙적이다. 그 반대이면 '아름답다, 따뜻하다'에서 '아름-, 따뜻-'과 같이 품사를 잘 알 수 없고 아무 접미사나 자유롭게 통합될 수 없는 불규칙한 어기를 본다. 이런 형태소를 불구형태소라 하며, 흔히 앞서 유일형태소(unique morpheme)라 했던 것과 같아지는 수가 많다.

5.4.4 접사

공시적으로 한 단어의 구조를 볼 때, 본래 단독으로 쓰이는 용법을 가진 주요소와 그것이 불가능한 하나 이상의 종속적인 요소로 분석되는 수가 있다. 이처럼 스스로는 단독으로 사용되지 않고 항상 다른 단어나 어근(어기)에 첨가되어 새로운 단어를 구성하는것을 접사(affix)라 한다. 협의의 접사는 어기의 앞에 덧붙이는 접두사(prefix), 그 뒤에 붙이는 접미사(suffix), 또 그 중간에 끼이는 접요사(infix)의 세 종류가 있다. 국어에서는 접요사가 존재하지 않으나, 학자에 따라 소위 보조어간 등을 접요사라 부르는 일이 있다. 또 광의의 접사는 기능에 따라 파생접사(derivational affix)와 굴절접사(inflectional affix)의 두 종류로 나눈다. 파생접사는 새로운 단어를 형성하는데 쓰이는 접사고, 굴절접사는 어형변화에 관여하는 접사다.

일반적으로 파생접사는 그 분포가 거의 제한되어 있으나, 굴절접사는 보편적으로 첨가되는 생산적인 것이다. 파생접사는 가령 boy(명사)를 boy-ish(형용사)나 boy-ish-ness(명사)로 품사를 넘나들며 바꾸게 하고 또 몇 개씩이나 연접될 수도 있다. 그러나 굴절접사는 단어의 마지막에 와서 그 조어 과정을 마감해 버리는 역학을 한다. boy-s만 되고, *boy-s-ish는 안 된다.

이상과 같은 구별을 정리하면 다음과 같다.

파생접사(=협의의 접사)	굴절접사(=어미)
1. 단어의 통사범주, 즉 품사를 바꿀 수 있다. act(N)→active(A)→activate(V) 덮(V)-개(N)(명사화 파생접사) 기본 의미에 어떤 의미를 첨가한다. 2. 굴절 접사에 비해 어근 가까이에 위치한다. 즉 내적구성(inner formation)의 경향이 있다. 3. 한 단어에 여럿이 붙기도 한다. eutr(neuter)+al+iz(e)+abl(e)+ity 4. 어기와의 결합이 특별한 이유 없이 자의적(arbitrary) 제약을 받는다. fail(V) - failure(N) rotate(V) - rotation(N) adorm(V) - adornment(N) 불규칙으로 단어를 구성한다.	1. 결코 품사를 바꾸는 일이 없다. acts (N 복수, V 삼인칭, 단수, 현재) acted(V) 개-가 가-다(조사, 어미) 단어에 문법적 의미를 첨가한다. 2. 단어 끝에 온다. 즉 외적구성이다. man's acting 3. 오직 하나만 붙어 그 단어를 마감한다. acts, higher 4. 매우 생산적(productive)이어서 (일부 예외를 빼고는) 주어진 품사의 모든 어간과 결합한다. fails, failed rotates, rotated adorns, adorned 규칙적으로 단어를 구성한다.

5. 새 단어 형성에 참여 한다.	5. 새 단어를 형성하지 못한다.
6. 통계적으로 어미보다 수가 많다.	6. 통계적으로 (파생) 접사보다 수가 적다.

국어의 파생 접사들은 독립하여 쓰이지 못하므로 다른 단어나 어근(어기)에 붙어 파생어를 만들어 쓰이는데 본래의 뜻을 더 수식하는 것이 주로 접두사이며, 이에 덧붙여서 새로운 품사의 자격까지 부여할 수도 있는 것이 접미사이다.

어기와 **접사**(협의)는 보통 그 밀착도가 강해서 격리성(isolability)이나 휴지(休止)를 찾아보기 어렵게 융합되어 있다. 그래서 '사람-이'와 '자주'는 다같이 두 형태소로 된 것이나 전자는 어미가 쉽사리 분리되지만, 후자는 접사를 분석해 내기 어렵게 되어 있다. 이때 손쉽게 분별하는 법은, 접사라면 그와 연결이 가능한 어기의 수효가 대략 제한되어 있다는 점이다. 즉 어기 선택상의 제약이 파생접사의 특징이다. 반면에 소위 조사라 하는 곡용어미는 어떠한 자립어에도 제한없이 규칙적으로 붙을 수 있다.

접사 중에는 고유어에서 유래한 것과 외래어에서 유래한 것(예: 不自由, 哲學的) 등이 있으며 원래는 독립적으로 쓰여졌었다고 생각되는 요소가 많다. 또 현재 파생어의 형성력이 생산적인 것(한자어 접미사는 대개 생산적이다)과 그 생산력이 쇠퇴 되었거나 사멸(死滅)한 접사(고유어 접두사는 비생산적이다)가 있다. 접사는 한번 쇠퇴하면 소생될 희망이 적다. 현대어에서는 접사에 의한 어형성이 고어보다 비교적 생산적이다.

5.4.4.1 접두사(接頭辭)

어형성요소인 접사 가운데 어기의 앞에 놓이는 요소로서 '앞가지'나 접두어라고도 한다. 이것을 떼어낸 후 남는 부분은 완전한 단어이므로 접미사의 경우보다 분석이 용이한 점이 많다. 일반적으로 의미성분이며 뒤에 오는 어기의 의미를 수식하는 관계에 서는 것이 접두사(prefix)의 특징이다. 그밖에 음운변화가 일어나기도 하는 점은 합성어와 통한다. 접두사는 수효가 그리 많지 않다. 체언인 어기 앞에 나타나는 '맨-'(손, 발, 머리), '군-'(말, 소리, 불, 일) 등과 활용 어간인 어기 앞에 나타나는 '짓-'(누르다, 밟다, 부수다, 이기다), '새-'(까맣다, 빨갛다, 하얗다) 등이 있다. 이들은 비생산적인데, 한자어의 경우는 매우 생산적이다. (예) 不-(公平, 安全, 完全, 自由, 道德), 總-, 沒-, 無-, 非-, 大-, 被-, 未-,(그러나 '翌-', 故-' 등은 합성어와 구별하기 힘든 점이 있다.) 접두사는 독립한 단어로는 사용되지 않은 것을 가리키나, 실제로는 합성어의 앞 단어 또는 관형사와 쉽게 구별되지 않는다. 가령 '올벼', '풋콩'의 '올-'과 '풋-'은 학자에 따라 접두사 또는 관형사로 다루는 혼란이 있다. 그러나 명사 앞에 쓰이는 접두사는 관형사와 비슷한 듯하지만, 분포상의 제약이 심해 뒤에 아무 명사나 오지는 못한다.

접두사 '풋-' : 풋콩, *풋세대; 관형사 '새' : 새 콩, 새 세대

접두사와 관형사는 뒤에 오는 명사와의 사이에 어떤 단어가 끼어들 수 있느냐에 따라서 구별되기도 한다.

접두사 : *풋메주콩; 관형사 : 새 메주콩

또 용언 앞에 쓰이는 접두사는 부사와 비슷한 성질을 가지지만, 위와 마찬가지 이유로 서로 구별되어야 한다. 국어에서 접두사는 파생접사로 분류되며, 어간의 품사를 바꾸지 않고 그 의미를 제한하는 한정적 기능만 가진다.

한정적 접사에 의한 파생법을 어휘적 파생법(lexical derivation)이라고 한다. 접두 파생으로는 명사, 동사, 형용사가 있다. 관형사성 접두사가 명사어기에 붙은 명사 '갓-스물', 부사성 접두사가 동사어기에 붙어 그대로 동사 '짓-밟다', 형용사어기에 붙어 역시 형용사 '드-높다' 등을 만든다. 이때 접두사와 뒤의 어기 사이에는 아무말도 끼어들 수 없고, 또 결합 가능한 어기의 수효도 제한되어 있다.

5.4.4.2 접요사(接腰辭)

접사 중에서 기본이 되는 단일한 어기의 중간에 삽입되는 것을 접요사(infix 또는 接中辭, 挿腰辭, 접요어, 삽요어)라고 한다. 예컨대 라틴어의 vinc-o(내가 이긴다)와 vic-i(나는 이겼다)에서 -n-과 같은 것을 말한다. 엄밀히 말하면 국어에는 존재하지 않으나, 종래의 학자들 중에는 피동, 사역어간 형성 접미사나 존경, 시제 어간 형성 활용어미(또는 보조어간) 및 사잇소리, ㅅ, ㅂ(냇가, 햅쌀)까지 접요사로 보는 일이 있다. 그러나 이들이 한 어기의 중간에 삽입되는 것이 아니라, 어기의 뒤에 나타나므로 정확한 본래의 정의를 따르면 접요사가 아니라 접미사라 할 것이다.

5.4.4.3 접미사(接尾辭)

어형성 요소인 접사 가운데 어기의 뒤에 놓이는 요소로서 접미어라고도 한다. 인구어(印歐語)에 있어서는 단어가 많은 경우, '어근+

접미사+굴절어미'로서 성립되어 접미사(suffix)는 어근에 부가되면서 어간을 형성하는 요소라는 설이 있다. 굴절어미는 접미사와 그 구별이 어려운 수가 많다.

접미사의 파생법에는 의미론적 가치를 갖고 선행 어기의 의미에 한정 및 수식을 가하는 **어휘적 파생법**과 품사나 통사구조를 바꾸어 문법적인 기능을 변화시키는 **통사적 파생법**이 있다. 국어에도 본래의 어기에 (1) 어떤 의미를 첨가하는 것과 (2) 의미를 첨가함과 동시에 다른 품사의 자격을 부여하는 문법적 성질을 가진 조어적(造語的) 접사가 있다. 체언에 연결되는 접미사는 (1)의 경우가 많다. (예) -희(너, 저), -질(걸레, 낚시), 지소사(指小辭) -ㅇ아지(소), 이 경우 -家(事業, 政治), -化, -的, -然, -氏 등 한자어인 접미사는 매우 생산적이다. 문법적 성질을 변화시키는 (2)의 경우로는 활용어간 형성 접미사가 생산적인데 '-답-'(꽃, 사내), '-스럽-'(다정, 복) 등이 있으며, 불변어인 부사 형성 접미사로 첨어인 어기에 연결되는 '-이'(곳곳, 나날)가 있다. 활용어간에 연결되는 접미사가 가장 많아서 한 두 예(가령, 강세 접미사 '-치-' 등)를 제외하고는 (2)에 속한다. 명사를 형성하는 '-개'(덮-, 베-)' 곡용어간을 형성하는 '-(으)ㅁ' (놀-, 꾸-), '-이'(높-, 먹-) 등도 있다. 부사를 형성하는 것으로는 '-이'(깊-, 높-, 많-), '-우'(넘-, 맞-, 잦-) 등이 있다. 파생 및 활용의 범주에 동시에 속하는 듯한 존재로 사동과 피동어간 형성 접미사 '-이-', '-히-', '-리-', '-기-' 등이 있다. 형용사에서 동사로 전성하는 '-이-'(높-), '-히-'(굽-, 좁-) 등, 또 동사에서 형용사로 전성하는 '-ㅂ-'(놀라-), '-브-'(믿-) 등도 있다. 불변어인 부사의 어기에 붙는 접미사도 생산적인데, 의성어에 연결되어 동사어간을 형성하는 '-거리-, -대-'가 대표적인 것이다. 표준어에선 과거 '-거리-'만 인정했으나 '-대-'도 공존

되는 것이 현실이어서, 최근 복수 표준어로 모두 쓰이게 되었다.

접미사에 의한 파생은 모든 품사에 두루 나타나며 표로 정리하면 다음과 같다.

파생법	어휘적 파생법	통사적 파생법(품사나 통사구조가 바뀜)
명사	잎-사귀, 눈-치	① V → N 놀-이, 덮-개, ② A → N 길-이, ③ N → N 선생-님(통사구조를 바꿈)
동사	밀-치-다 넘-치-다	① N → V 밥-하다, ② V → A 밝-히다, ③ Ad → A 철렁-거리다, ④ V → V 먹-이-다(통사구조를 바꿈)
형용사	높-다랗다.	① N → A 가난-하다, ② V → A 놀라-ㅂ-다, ③ Ad → A 울긋불긋-하다
부사	-	① N → Ad 자연-히, ② V → Ad 비로ㅅ-ㅗ, ③ A → Ad 많-이, ④ A → Ad 없-이, 같-이(서술적 기능이 있음)
조사	-	① N → P 밖-에, ② V → P 조차(좇-아), 부터(붙-어)

접미사와 **어미**를 비교하자면, 파생접두사가 관형사와 비슷하듯이, 파생접미사는 어미(또는 굴절접미사)와 비슷한 면이 있다. 접미사는 결합에 제약이 있으나, 어미는 분포가 자유롭다.

부사 파생접미사 '-이 : 높이, *짧이; 부사형 어미 '-게 ; 높게, 짧게 종래에 소위 보조어간이라 했던 '-겠-, -(으)시-, -았/었/였-' 등은 파생접미사가 아니라, 굴절어미, 그 중에도 선어말어미다. 왜냐하면 이들이 분포가 자유롭고, 결합 결과 새 단어를 만들어내는 파생접사의 특성은 가지고 있지 않기 때문이다.

'늙-다리'와 '늙-으면'은 다 두 형태소로 되어 있으나 접미사 '-다리'는 자동사어간 '늙-'에 붙어 새로운 품사(명사)를 만들어 내었지만 어미 '-으면'은 문법적인 변화를 일으키지 않았다. (물론 품사는 전성시키지 않는 접미사도 많이 있으므로, 품사전성이 '접미사'의 요건은 아니다. 가령 '먹-'에 사동의 '-이-'나 피동의 '-히-를 붙여도 품사를 바꾸지는 않는다.)

또 전자는 어떤 의미를 첨가하는데 그쳤고, 후자는 주로 뒤에 도는 단어와의 문법적인 관계를 표시하는 것이다. 특히 '-다리'가 의존하여 결합할 수 있는 어기의 수는 극히 국한되었으나, '-으면'은 받침있는 용언 어간에 무제한으로 붙는 것이다. 이렇게 '-다리'는 파생어를 만드는 접미사지만 '-으면'은 활용어미로서 구별되는 것이다.

학설에 따라서는 접미사 속에서 파생접미사(derivational suffix)와 굴절접미사(inflectional suffix)를 구별하는 일이 있다. 이 경우 굴절접미사는 굴절(곡용과 활용)의 중요한 표시방법이 된다. 조사와 활용어미가 다 포함되는 뜻으로 넓게 쓰인 경우다. 일반적으로 어간의 원품사를 변경시키지 않는 특징이 있다. 파생접미사만을 '접미사'라 하여 어미와 대조 구별하는 것은 좁은 뜻이며, 양자를 포괄하는 '접미사'는 넓은 뜻으로 쓰인 것이다. 위에서 설명한 접미사는 모두 좁은 뜻으로 쓰인 경우다. 파생접미사라 해서 앞의 어기에 다 똑같은 정도로 결합되는 것이 아니라 차등이 있게 마련이다. 가령 '집+웅>지붕' 에서 '-웅'이란 접미사는 생산성이 낮아 연철로 써서 '집'의 원형을 밝혀 적지 않고, '높+이'는 '-이'가 꽤 생산적인 접미사여서 원형을 유지시켜 '*노피'로는 적지 않는다. 그 다음 '백원+짜리/쯤/씩'의 경우는 훨씬 규칙적으로 널리 쓰이는 파생접미사들을 가졌다. 이같이 규칙성에 따라 접사를 분류하는 것은 이미 앞서 어기에서도 비슷한 경우가 있었다.

접미사는 보통 어기에 직접적, 일회적으로 **결합**된다. 그러나 파생어 중에 간접적인 결합을 하여, 관형사형을 매개로 '앉은-뱅이'(cf. 직접적 결합:가난-뱅이), 명사형을 매개로 '달음-질(cf. 가위-질), '귀염-성'(cf. 인사-성), 보조적 연결어미를 매개로 '말라-깽이'(cf. 부지-깽이) 등이 생겨 났다.

5.4.5 단일어(單一語)

그 구조가 한 형태소로 이루어진 단순한 단어를 단일어(simple word)라 한다. 용언의 경우는 '먹-, 높-'이란 어간이 '-는, -다' 같은 어미를 취해서 두 세 형태소가 합친 '먹-는-다, 높-다' 형태로서 단어가 되지만 이것은 복합어가 아니며(복합어인 '퍼-먹-다'와 비교) 단일어로 분류하여야 국어의 특성에 맞는 것이다. 즉 용언은 어간만을 기준으로 단일어 여부를 가려야 한다.

학자에 따라서는 조어법을 어간만의 구조를 다루는 것으로 국한하고, 어간에 어미(또는 굴절접사)가 결합된 것은 굴절법으로 다루려는 경우가 있다. 이 때의 조어법에는 어미가 포함되지 않고, 따라서 파생어란 정의 속에도 굴절접사(어미)가 붙은 '웃-는-다'등은 포함되지 않고, 파생접사가 붙은 협의의 '파생어'만 포함된다.

한자어는 원래 어원적으로 '天'같이 1음절의 단일어가 대부분이나 珊瑚, 矛盾, 總角, 伊太利 같이 2음절 이상이 단일어로 쓰이는 경우도 적지 않다.

5.4.6 복합어(複合語)

공시적인 관점에서 어떤 단어(용언의 경우, 어간)의 구조가 그 이상 더 작게 분해될 수 없는, 한 형태소로 이루어진 것을 단일어라 한다면, 이와 반대로 어간이 그 의미나 형태상 둘 이상의 요소로 분해될 수 있는 것을 복합어(complex word)라 한다. 이 복합어를 어떤 학자들은 합성어라고도 부르는 경우가 많다. 다시 말해서 합성어와 파생어를 묶어 복합어라 하며, 이와 같은 단어나 어간의 구성법을 조어법 또는 단어 형성법이라 할 수 있으며 혼성(混成 blending)이나 혼종어(hybrid)도 결국 이러한 단어 구성 방식으로 이루어진 것들이다. 조어법은 신어를 생산하는 주요 수단의 하나이나 전체적인 어휘 개념을 명확히 해야 할 경우는 곤란할 수도 있다. 특수한 경우에는 합성어 형성 방식(합성법)과 파생어 형성 방식(파생법)이 한 어휘 형성 속에 몇 번 중복되어 나타나는 수도 있다, 합성법만의 중복 : 손-발-가락, 파생법만의 중복 : 들-이-치다, 합성과 파생법의 중복 : 해-돋-이, 하루-살-이, 목-걸-이, 이 경우 '명사+동사'의 합성어간에 명사화 접미사가 붙어 품사를 바꾸는 것을 볼 수 있다. 복합어의 구성 요소로 간략한 한자계통의 접사나 어근이 많이 쓰이는데 한자 사용을 제한하면 이러한 어형성에 영향이 많을 것이다.

5.4.6.1 파생어(派生語)

단어의 공시적 의미나 형태를 볼 때, 독립적인 어기와 하나 이상의 비독립적인 요소인 파생 접사로 분해되는 것이다. 둘 이상의 형태소로 구성된 점은 합성어와 같으나, 접두사나 접미사가 어기에 종속적으로 결합되는 어형성으로 이루어지는 것이 파생어(derivative)다. 파생어는 한 단어와 동등한 자격을 갖고 문장 속에서 쓰인다.

파생어의 어기는 반드시 자립성이 강한 것만이 아니며, 어떤 어기는 자립성이 매우 약한 것도 있다. 즉 '부러지다'와 '처지다'의 '-지-'는 용언을 만드는 접미사인데, 그 어기인 '부러-, 처-'는 자립적인 한 단어로 쓰이지 않을 뿐 아니라 용언의 어간으로도 쓰이지 않는다. 한편 파생어의 어기는 고유어와 외래어의 경우가 있으며 접사도 또한 두 경우가 있어, 이들은 혼종어를 이루게 된다.

이상은 파생접사에 의한 파생법으로 외적 파생이라 하며, 이밖에 접사에 의하지 않은 특이한 파생법, 즉 내적 파생이 있다. 가령 '날(日) : 늘(恒時)', 살(歲) : 설(元旦)', '낡-;늙-', '깜깜;캄캄', '찰랑:출렁' 등은 각각 어형과 의미에 있어 서로 밀접한 관계가 있다. 파생접사의 연결이 없으므로 어느 어기가 바탕이 되었는지 확증할 수 없으나 두 어기의 관계는 파생으로 설명하며, 이같이 어기 내부에 가진 음운만의 교체로 파생된 신형(新形, 접사를 동반한 것도 있다)을 내적 변화에 의한 파생어라 한다.

파생의 바탕이 된 어기를 정하기 어려운 파생법에 零變化(zero modification)에 의한 것도 있다. 즉 '빗/빗다', '띠/띠다', '신/신다.' 등은 곡용 어간과 활용 어간이 동일어형을 가진 어기로 되어, 두 어기의 파생관계의 선후는 확실하지 못하다. 이런 경우는 다른 파생법에 비추어 합리적인 기술적 공시론(파생법에선 사적 관점은 배제해야 한다)에 입각하는 편의적 방도를 취해야 한다. 끝으로 파생어는 어떤 경우엔 합성어와 엄밀히 구별되지 않는 난점도, 양자가 본래 공통적인 성격을 갖고 복합어로서 포괄되는 구조라는 점을 고려하면서 합리적으로 해결해야 한다.

파생어의 대부분은 품사가 명확한 규칙적 어기에 접사가 붙어 형성된다. 가령 '잎사귀, 걸음, 많이'는 각각 명사, 동사, 형용사에서 **제2차적 파생어**(secondary derivative)가 생겨난 것이다. 이에 반해 품사가 명백하지 않은 불규칙적 어기에 접사가 붙어 형성된 **제1차적 파생어**(primary derivative)도 있다. 예컨대, '따뜻하다, 까다롭다' 등의 어기 '따뜻-, 까다-' 등은 무슨 품사인지 알 수가 없다.

5.4.6.2 합성어(合成語)

복합어 중에서 둘 이상의 형태소, 또는 두 어기거나, 큰 단어로 구성된 결합 방식, 곧 합성법으로 이루어진 단어를 말한다.

국어 어휘 가운데 상당수가 합성어(compound word)로 이루어졌음은 물론이나, 보통 그런 구성의 기원은 잊고 단일어처럼 쓰이는 수가 많다. 그 구성법을 모두 분류, 포괄하기는 어려우나 대체로 다음의 세 경우로 나눌 수 있다.

(1) 일치관계 : 두 요소가 새로운 뜻을 가진 한 단위로 융합된 것.
(예) 춘추(나이), 돌아가다(죽다), 밤낮(늘)

(2) 주종(主從)/종속 관계 : 두 요소가 각기 제 뜻을 유지하지만 하나가 다른 하나를 수식하는 것.
(예) 부삽(불+삽), 돌아가다(돌아+가다), 장국밥(장+국+밥), 콧등(코+등) (이 예에서 사이ㅅ이 삽입되는 것은 주종관계의 합성어만의 특징이다.

(3) 병립/병렬 관계 : 두 요소가 각기 제 뜻을 유지하며 대등하게 놓여진 것.
(예) 춘추(봄과 가을), 한둘, 검붉다, 차례차례(첩어는 대개 이에 속한다.)

이러한 구성법을 음운현상면에서 살피면, 음운변화, 모음교체, 축약, 음운 및 음절 탈락, 음운 삽입, 장단의 변동 등의 문제가 개재된다. 또 의미상으로 보아 (1)은 별개의 새 의미로 융합되었으므로 융합어(融合語)라 하고, 흔히 같은 품사끼리의 합성인 (2)와 (3)은 본래의 의미들은 유지하면서 임시로 합해서 쓰이므로 합체어(合體語)라 부를 수도 있겠다. 한편 품사별로 나누면 합성명사(칼날), 합성대명사(여기저기), 합성수사(한둘), 합성동사(빛나다), 합성형용사(겉늙다), 합성관형사(한두), 합성부사(밤낮), 합성접속사(또한), 합성감탄사(천만에), 합성조사(에서도)로서 모든 품사에 산재한다. 합성어 가운데는 합성명사가 가장 많고 그 구성 방식도 다양하다.

합성어를 통사론적인 각도에서 볼 때, 두 어기가 연결된 방식이 구(phrase)의 구성과 구별이 안 될 만큼 같으면 **통사적 합성어**(syntactic compound 또는 句形 합성어 phrasal compound), 다르면 **비통사적 합성어**(asyntactic compound 또는 닫힌 합성어 close compound)라 한다. 비통사적 합성어 '늦-잠, 높-푸르다, 펄럭-펄럭' 등은 각 요소가 다 그대로 홀로 쓰일 수 있는 형태가 아니다. 합쳐서는 분명히 한 단어이나, 각 성분이 다 어절을 형성하지는 못한다. 비통사적 합성법은 현대국어에서 그리 생산적이 아니다.

이에 비해 통사적 합성어는, '첫-사랑, 돌아-오다'처럼 한단어로 된 형태들이지만, 각 성분이 그대로 각 어절로 쓰일 수 있는 형태다. 즉 '첫 방학, 집어 오다' 같이 보통의 두 단어가 배열된 구와 결합방식이 같아 그 구별이 어렵다.

통사적 합성법과 **구**가 잘 구별되지 않을 때는 두 어절 사이에 다른 어절이 들어갈 수 있는지를 보아서, 단어 내부의 결합 정도를 판단하는 방법이 있다. 가령 '첫-사랑, 돌아-오다'는 그 사이에 다른 말이 들어갈 수 없지만, '첫 겨울 방학, 집어 들고서 오다'는 합성어만큼 긴밀히 결합된 것이 아니다.

여기서 보이듯 합성어는 의미의 특수화를 수반하는 일이 많다. 국어사전에서는 합성어를 등록시켜 놓았고 흔히 붙여 쓴다. 그러나 합성어인지 구인지를 구별하기 어려운 실례들이 많아서 사전 표제어 선정, 읽기에서 숨끊기, 띄어쓰기의 규정, 나아가서는 단어의 정의도 어렵게 된다.

~합성법	통사적 합성법	비통사적 합성법
명사	1. 명사+명사 ⓐ 대등적 합성어 : 논밭 ⓑ 종속적 합성어 : 콧물, 길바닥 (경음화) 2. 관형사+명사 : 새해 3. 동사의 관형사형+명사 : 열쇠 4. 형용사의 관형사형+명사 : 어린이 5. 명사형+명사 : 웃음보, 디딤돌.	동사어간+명사 : 곶감 형용사어간+명사 : 늦더위 부사어기+명사 : 부슬비 한자어 : 부모
동사	1. 명사+동사 ⓐ 주어+서술어 : 힘들다, ⓑ 목적어+서술어 : 힘입다. 2. 부사어+서술어 : 앞서다. 벗삼다 3. 동사(연결어미)+동사 : 들어가다 4. 부사+서술어 : 가만두다 5. 불규칙 어근+동사 : 거덜나다, 쳐다보다	동사어간+동사어간 : 감싸다, 뛰놀다, 지새다 형용사어간+동사어간 : 얕보다

형용사	1. 주어+서술어 ⓐ 명사+형용사 : 값싸다 ⓑ 명사+동사 : 맛나다 2. 부사어+서술어 : 눈설다 3. 용언(연결어미)+동사 : 깍아지르다, 게을러빠지다 4. 반복형 : 다디달다. 머나멀다	형용사어간+형용사어간 : 검붉다.
관형사 부사	1. 수관형사끼리 : 한두 2. 명사, 대명사끼리 : 밤낮, 여기저기 3. 관형사+명사 : 한층, 어느새 4. 관형사+의존명사 : 이른바	부사+부사 : 잘못(합성부사이며 또 합성명사도 됨.)

직접성분(immediate constituents, 약칭 IC)이란 어떤 구성 속의 성분들 중 가장 먼저 나뉘어지는 성분들을 말한다. 합성어의 어간은 그 직접성분이 (1) 두 형태소(어기)만으로 된 경우 ; '손-발, 부-모' (2) 어기보다 큰 단위인 단어에 다른 어기가 붙은 경우 ; '첫날-밤'(관형사 '첫'과 명사 '날'만도 합성명사인데, 이 위에 또 어기 '밤'이 붙어 합성어가 된것.) (3) 접두사 뒤에 두 어기가 붙은 경우 ; '시-부모'(그림에서 보였듯이, '부모'만은 합성어, 전체를 다 보면 파생어가 됨) 등이 있다.

합성어가 파생법에 의해 다시 파생되는 예를 더 자세히 살펴보자.

1. 통사적 합성동사+접미사
   (1) (주어+서술어)+ -ㅁ, -기, -이 : 길갈림, 해돋이
   (2) (목적어+서술어)+ㅁ, -기, -이, -개 : 끝맺음, 글짓기, 오줌싸개
   (3) (부사어+자동서술어)+ -기, -이 : 감옥살이
   (4) (부사어+타동서술어)+ -음, -기, -이 : 앞차기, 가을걷이

2. 비통사적 합성어기+접미사

명사 : 나들이, 여닫이, 미닫이, 꺾꽂이

3. 반복어기+접미사

부사 : 다달이, 집집이, 틈틈이, 곳곳이, 샅샅이

5.4.6.3 한자어 조어법

한자어는 2음절어가 가장 많으나, 1음절어로서 고유어나 마찬가지로 쓰이는 자립 형태소들이 있다. 가령, (1) 山, 冊, 情, 福, 鍾, 募 ; (2) 但, 卽 ; (3) 總, 約, 近, 前 ; (4) 法, 理, 式, 中 ; (5) 貴, 名 등은 명사, 부사, 관형사, 의존명사(단위)로 쓰이는 것이다.

또 접두사인 '假校舍', 접미사인 '요리사, 이영희양, 인간적' 등이 있다. 특히 '-的'은 선행명사에 정도의 의미를 부여하는 접미사로서 '-스럽-과는 배타적 분포를 보인다. 또 추상적 대상이며, 주관적으로 평가가 될 수 있는 대상에만 붙고, '非-'로 부정형을 만든다. (예) 고통[스럽다/*的이다], *橋子的, 非醫學的, 한자어는 고유어와 반대로 '서술어'가 먼저오고 그 뒤에 '목적어' (예) 독서, 급식)나 '부사어' (예) 하차, 등교)가 오는 어순으로 구성되어 있는 것도 특징이다.

5.4.7 기타 조어법

앞에서 살펴본 파생과 합성 외에 기억해 둘만한 어형성 과정으로는 다음 몇 가지가 더 있다.

혼종어(混種語 hybrid) 한 단어가 서로 다른 언어에서 유래한 (둘 이상의) 요소의 결합에 의해 이루어진 것이다. 이 가운데 외래어와 고유어를 결합하여 합성어를 구성하거나(나일론 옷), 외래어에 고유어의 접사를 첨가하여 파생어를 구성하는 예(드라이브하다)는 상당히 많으나, 외래어끼리(아베끄, 카) 또는 고유어에 외래어의 접사적 부분을 첨가한 예(얌치스키)는 그리 많지 않다. 국어에 있어서 한자어는, 영어에 있어서 불어와 같이, 그 어휘의 대부분을 수입하여서 완전히 동화시킨 경우이므로 혼종어라 볼 수 있다. 이 밖에 영어 등 여러나라의 말들이 들어오면서 '-하다'가 붙어 쓰이는 많은 예를 날로 증가시키고 있다.

체언인 어기와 동사어간 '하-'의 복합인 수많은 '-하다'류 동사가 쓰여 오고 있다. (위에서는 이 '-하다'를 접미사로 다루어, '체언+하다'류 단어를 파생어로 보는 견해를 취했다.) 한자어를 위시한 외래어의 복합어 구성도 주목해야 하며, 특히 한자어는 1음절 1형태소의 한자 특유의 구성 방식이 아직도 국어 조어법에서 큰 비중을 차지하며 생산적이므로 중요하다.

혼성(混成 blending)　　의미도 어형도 비슷한 두 개의 단어 또는 어구, 때로는 구문이 심리적인 연합에 의해 서로 유추적인 변화(analogical change)를 일으켜서 하나의 새로운 단어나 어구, 구문 등을 만드는 현상이다. 혼효(混淆 contaminaton)나 교착(交錯)이라고도 한다. 일상 언어생활에서 가끔 발생하여 신어나 새로운 구문을 만드는 경우가 적지 않다. 보통 한 단어의 앞 부분과 또 한 단어의 뒷부분을 따내어서 두 부분 사이에 休止가 없이 완전히 융합하여 구성된다. (예) 막배기(막걸리+탁배기), 거렁뱅이/걸뱅이(거지+비렁뱅이), 이렇게 의식적이건 무의식적이건 혼성의 결과가 나타났을 때, 특히 단어의 경우는 혼성어(混成語 portmanteau word)라고도 한다. ((예) smog<smoke+fog).

역성(逆成 back formation) 어떤 단어의 요소를 그 어원적인 구조와는 다르게 분석하는 현상으로, 오분석(誤分析 또는 異分析 metanalysis)이라고도 한다. 어떤 어간 또는 어근 자체가 접사를 포함한 것처럼 보일 때, 즉 영어에 원래 editor란 형태만 있을 때도, 언중(言衆)들은 보통 -or을 붙여 act→actor를 만드는 공식에 유추(類推 analogy)하여 edit라는 동사가 원래 있을 것을 생각하며 평등화(平等化 leveling)시켜 쓰는 것이다. 끝에 -or을 포함한 형태가 먼저 있었고, 후에 동사어간 edit가 생기니, 보통 파생되는 과정을 역행하여 새 단어를 만드는 셈이다. 국어에서는 '파리, 낚시'의 古形이 'ᄑᆞᆯ, 낛'이었으나, 이들이 '이것은 ᄑᆞ리라'식의 문장에 자주 쓰이다보니 '파리+라'로 잘못 분석되어 '파리, 낚시'와 같은 형태가 나오게 된 예가 있다. 이 경우도 act → actor:(x) ← editor 같이 어형변화표(paradigm)에 빈칸이 있어 메워나가는 식으로 보려면 '모긔'같은 2음절어에 유추된 것으로 해석해야 역성이 될 것이다.

약어(略語) 어떤 어형의 일부를 생략한 형, 또는 다른 어떤 수단으로 본래 어형보다 간략하게 한 형으로서 본래 의미를 지니고 있는 것이다. 준말이라고도 하며 고유명사에 대해서는 약칭(略稱)이라고도 한다.

약어에는 단축어(clipped word)와 두자어(頭字語 acronym)가 중요하다.

단축어는 단어의 어떤 부분을 절단한 것이고((예) 서울대<서울대학교, bus<omnibus), 두자어는 첫글자 내지 첫음절만을 따서 부호처럼 간단히 쓰게 한 것이다. 두자어에는 (1) 주로 합성한자어에서 동격이 아니고 어느 한쪽이 종속적인 것(고교 < 고등학교, 외화 < 외국영화) (2) 로마자모를 하나씩 읽는 것(KBS < Korean Broadcasting System)

(3) 로마자모의 철자를 붙여 읽는 것 (AIDS < Acquired Immune Deficiency Syndrome)등이 있다.

약어는 주로 명사형을 이룬 명칭에서 살펴 본 위의 예를 벗어나 다음과 같은 음의 생략으로 구성된 것도 있다. 이것을 축약이라고도 한다. 여기에는 음절이나 자음, 모음 등이 탈락된 '사다리'(사닥다리), '않다'(아니하다), '걸'(것을) 그리고 두 음절이 한 음절로 축약된 '씌어'(쓰이어), '해'(하)나 소위 '으' 변칙 용언이라 하는 '또'(뜨어), '따라'(따르어) 따위도 포함된다.

첩어(疊語)　　합성어 가운데 특히 같은 음이나 비슷한 음을 가진 어기의 부분 또는 전체의 반복적 결합으로 이루어진 경우다. 첩어는 중첩된 모양에 따라서 동음(同音)첩어와 유음(類音)첩어로 나뉜다. 동음첩어에는 체언의 중복(울며울며), 형용사의 어간, 접속형, 종지형의 중복(드문드문), 부사의 중복(꼭꼭, 부디부디), 감탄사의 중복(하하), 소위 어기의 중복('감감하다'의 감감), 어구의 중복 등. 위와 같이 꼭 같은 어기만 겹친 것 외에도, 같은 말이 겹친 위에 다른 소리가 덧붙은 것(나날이, 틈틈이)도 있다. 유음첩어에는 어간모음이나 어두자음이 약간 변형되면서 비슷한 소리가 겹쳐서 된 것(울긋불긋, 울며불며, 미주알고주알, 들락날락, 검불덤불, 우글쭈글, 싱글벙글, 알뜰살뜰, 허둥지둥, 찌그락째그락)들도 있다.

첩어의 작용은 대개 의미를 강하고 깊게 하며, 사물의 집합체를 가리키거나 동작의 반복, 계속 등을 표시하며, 부사로 쓰이는 일이 많다. 첩어는 합성어 중 가장 소박하며 생산적인 구성법이라 할 수 있어, 특히 의성어, 의태어 및 아동어에서 많이 볼 수 있다. (예) 솰솰, 출렁출렁. 이런 합성어 구성법, 즉 중첩(reduplication)이 많은 것은 국어의 한 특징이라 할 수 있다. 명사로 구성된 첩어는 흔히 접미사나 조사를 붙여 첩용(疊用)부사로 쓰인다. (예) 다달이, 때때로. 이상과 같은 첩어와 비슷하게 명사를 중첩하여 복수를 나타내는 어법도 있다. (예) 이 방에도 책책, 저 방에도 책책.

숙어(idiom) 여러 개의 단어로 구성된 어구이면서도 한 개의 단어인 것처럼 행동하는 말에 합성어 이외에 숙어(또는 慣用句)가 있다. 숙어의 의미는 구성단어의 개별의미를 합해서는 나오지 않으며, 바뀌어진 다른 의미를 나타내는 특징이 있다. (예) 그림의 떡, 치맛바람, 새발의 피, 쑥밭이 되다, 한턱내다. 한편 문장 속의 단어의 배열을 다루며, 특히 '의자'에 대해 '앉다' 같은 공기(共起)관계에 주목하여 연어(連語 collocation)라 하는 개념도 있다.

신어(新語 neologism, coinage, invention) 새로 나타나거나 종래부터 있던 사물이나 개념에 대해 새 표현이나 뜻을 부여한 인공어를 말한다. 학습과정에 처음 나타나는 신출어(新出語)와는 다르며, 대중에서 유행되지만 아직 사전에는 수록되지 않은 신조어(新造語 new-coined word) 또는 국어 정화 운동으로 한자어나 외래어 대신 고유어로 만든 신조어 등이 있다. 흔히 이미 존재하는 단어의 진부한 뜻을 버리고 새롭게 표현하여, 합성((예) 混紡)하거나 약어(略語 (예) DDT)로 만들거나, 외국어, 방언, 고어에서 차용((예) 파티服)하거나 작가가 만들어낸 고유명사가 보통명사화((예) robot:체코 소설가 K. Capek이 기계인간에게 붙였던 이름)하는 등의 경우가 있다.

유의어반복(類意語反復 tautology) 유의어를 불필요하게 반복하는 표현으로서 동음이어(同意異語) 반복, 중언(重言 또는 冗語法 pleonasm)이라고도 한다. (예) 역전앞, 모찌떡. 논리적으로 불필요한 말을 부가적으로 표현하는 이유는 부주의 또는 무식에 기인하는 것과 강조나 수사적 효과를 노려 고의적으로 쓰는 것, 또는 관용적인 것들이 있다.

민간어원(folk etymology) 언중(言衆)들이 어원의 올바른 지식이 없이 잘못 유추하여 형태를 변화시키는 현상이다. '기와'는 본래 '디새'에서 '디-'가 구개음화로 '지-'가 된 데에 'ㅅ-'이 탈락하여 '지애'가 되었다가, '-애'는 瓦(와)에서 유래된 것처럼 민간어원적 판단이 되어, '지와'에 이르렀다가 다시 부정회귀(不正回歸)로 '기와'가 된 것이다.

부정회귀(不正回歸 false regression) 보통 비속한 말투에서 구개음화가 쓰이는 경향을 과도하게 의식하여, 본래 구개음인 것까지 구개음화되기 이전의 소리로 잘못 되돌리는 式의 현상이다. '지와'를 '기와'로 고쳐 굳힌 예처럼 '짗(羽), 치(舵)'를 '깃, 키'로 바꾸었는가 하면, '점심'을 '겸심'이라 하여 더 고상한 계층의 말투로 여기는 과도교정(overcorrection)이나 과도도시화(過度都市化 hyperurbanism) 현상이다.

참 고

형태론의 개념 설정이나 용어의 설명은 Nida(1949), Matthews(1974), Aronoff(1976), Selkirk(1982), Scalise(1984), Bybee(1985), Katamba(1993), Spencer & Zwicky(1998), 김영석, 이상억(1992), 전상범(1995), 안상철(1998),

그밖에 이숭녕 외(1974), 이정민 외(1987)을 주로 참조. 국어의 형태론을 다룬 참조 논저로는 그밖에도 안병희 (1965), 남기심 외(1977), 이익섭 · 임홍빈(1983), 김봉주(1984), 남기심 · 고영근(1985), 김진우(1985), 고영근(1989), 안병희 · 이광호(1990) 등이 있음.

5.1.1.에서는 '한 형태소는 하나 이상의 음운으로 이루어진다'는 전통적 개념을 소개한 것이다. 그러나 McCarthy(1979, 1981)의 운율이론 이후 자질크기의 형태소도 존재할 수 있다는 점이 인정되어, 형태소의 크기는 더 작게도 보게 되었다.

5.4.1 굴절과 파생을 어떻게 다루느냐는 문제는 어휘론 가설(lexcalist hypothesis)과 관련되어 있다. 이 가설에 대해서는 다음 장에서 상세한 설명이 있을 것이다. 접사첨가(affixation)라는 큰 범주 아래에 파생접사와 굴절접사를 다 포함시켜 다루는 체재가 있는가 하면, 굴절부분은 조어법에서 제외하여 굴절접사 즉 어미는 파생법의 일부가 되지 않도록 별도 취급하는 체재도 있다.

5.4.7. 그밖에도 신어나 은어의 발생방법에서도 약어형을 많이 쓰며 심지어 일반인은 원형을 완전히 잊고 통용하는 것도 많아 이런 경우는 대문자로 쓰지 않는다.

(예) DDT(dichloro-diphenyl-trichloroethan), scuba(self-contained underwater breathing apparatus), laser(light amplification by stimulated emission of radiation). 이 가운데 laser는 명사로만 쓰이는 것이 아니라, 영변화로 동사의 용법까지 확대되고 있다.

◈ 연 습 문 제 ◈

A. 국어에서 주격과 목적격 형태는 앞에 오는 형태소의 끝소리가 모음일 때 '-가'와 '-를'로, 자음일 때 '-이'와 '-을'로 나타난다. 이러한 이형태들을 음운적으로 조건된 교체라고 부른다. 국어에서

음운적 및 형태적으로 조건된 교체에는 어떤 예들이 있는가 찾아 보라. 주제를 나타내는 '-는'과 '-은', 또 동반격의 '-과'와 '-와'도 음운적으로 조건된 교체형이다.

B. 국어에 나타난 유일형태소로 다음과 같은 예들이 있다고 한다(김진우 1985 등).

① 보슬 비	② 감쪽 같이
③ 앙 갚음	④ 새삼스럽게
⑤ 안간힘	⑥ 데설 궂다
⑦ 오솔 길	

이들 중 유일 형태소가 아닌 듯한 것들을 가려서 그 이유를 설명하라.

C. '아이들, 그 사람쯤, 백원짜리'에서 '-들, -쯤, -짜리'가 붙을 수 있는 앞 말의 수효가 제한되어 있지 않아, 사전에도 이런 예를 올릴 필요가 없다. 그렇다면 이 '-들, -쯤, -자리'는 접사인가, 보조사나 의존명사인가?

D. '복합어의 문법적 성질은 마지막 어기(語基)의 성질을 그대로 가지게 된다'(안병희 1965)는 견해가 있었다. 이 견해의 타당성에 대해 논해 보라.

제 6 장 글낳기 : 통사론

≪단어들의 결합관계≫

6.1 통사론(syntax)이란 말

우리는 제 3장과 제 4장에서 언어를 구성하는 데에 있어 가장 작은 단위가 되는 성음(聲音 speech sounds)에 대한 것을 배웠다. 그러한 성음들은 각기 독립적으로는 쓸모가 없으며 그것들이 한개 또는 그 이상의 수효가 모여서 더 큰 단위를 이루어야만 비로소 어떤 의미를 가지게 된다.

예컨대 영어에서 /b/, /u/, /k/의 세 음이 모여서 /buk/(book)이라는 단어를 이룬다. 이것은 그것을 구성하는 각기의 성음인 /b/, /u/, /k/같은 성음들이 그 각기만으로서는 아무런 의미를 가지지 못하지만 함께 모이면 하나의 독립된 의미를 가진다. 우리말에서는 '책'은 'ㅊ', 'ㅐ', 'ㄱ'의 세 분절음으로 이루어졌으며 한 독립된 의미를 가지고 있다. 즉 /buk/과 '책'은 각기 몇 개의 분절음운으로 이루어진 단위로서 하나의 물건을 가리키는 뜻을 가지고 있다. 여기에서 몇 개의 성음이 모여서 어떤 한 의미를 나타내는 최소한의 단위를 이루었을 때 그것을 우리는 형태소(形態素 morpheme)라 일컫는다. 즉 '책'이나 /buk/(book)은 각기 하나의 형태소이다. 다음 예문들을 보자.

(1) a. The books are very interesting.
    b. 그 책들은 매우 재미가 있습니다.

위 (1)a는 우리가 흔히 '단어' 또는 '낱말'(words)이라고 일컫는 단위가 5개 모여서 이루어진 문(文 sentence)이다. 그 단어들은 the, books, are, very, interesting의 5개이다. (1)b도 토씨(또는 격조사)가 각 단어에 붙은 것으로 보면 5개의 단어로 이루어졌다. 그 5개의 단어란 '그', '책들은', '매우', '재미가', '있습니다'의 다섯가지이다. 그리고 이 단어들은 각기 어떤 뜻을 가지고 있다.

그러나 더 자세히 살펴보면 어떤 단어들은 그것을 독립적인 의미를 가진 더 작은 단위, 즉 형태소로 짜개 나눌 수 있음을 알 수 있다. 가령 books를 보면 book 부분만으로써 독립된 의미를 가졌으며 또 -s 부분을 보면 그 책이 둘 이상이라는 의미, 즉 복수(複數 plural)를 나타내는 의미가 있다. 한국어에서도 '책들은'은 '책', '들', '-은'의 세 가지 각기 다른 의미를 가진 단위가 모여서 이루어져 있다. 여기에서 '책'은 영어의 'book'과 같은 뜻을 가졌으며 '들'은 어떤 물건이 2개 이상임을 뜻하고 '-은'은 그것이 붙어있는 단어가 가리키는 사물이 문(文)의 이야기의 화제(話題 topic)임을 나타낸다. 즉 이 문에서 이야기의 주된 대상으로 삼을 것이 '그 책들'임을 표시해 주는 말이다. 또 '재미가'도 '재미'와 '-가'(주어의 표시)의 두 단위로 이루어져 있다. 위 'book', '-s', '책', '들', '-은', '재미', '-가' 등과 같이 어떤 하나의 의미를 가진 최소한의 분절음의 집합된 단위를 우리는 **형태소**라 부른다.

우리가 이 장에서 배울 **통사론**(統辭論 syntax)이란 위에서 정의한 바와 같은 형태소가 서로 어떻게 어울려서, 또는 다른 말로 표현하면 어떻게 모여서 문을 이루게 되는가를 연구, 기술하는 언어학의 한 분야를 이른다. 다시 바꾸어 말하면 통사론이란 한 문을 이루기 위하여 형태소들이 어떤 모양으로 상호 결합하는가에 대한 규칙을 연구하는 분야를 이르는 말이다.

그런데 위 예에서 다시 잘 살펴보면 형태소들이 바로 문장을 이루는 것이 아니라 형태소가 먼저 몇 개 모여서 단어라는 보다 큰 단위를 이루고 그 단어들이 다시 모여서 가장 상위의 단위인 문을 이룬다고도 생각해 볼 수 있음을 알 수 있다. 예컨대 (1)a에서 'the', 'are', 'very'같은 성분들은 그 자체로서 각기 하나의 단어를 이룬다. 바꾸어 말하면 이것들은 하나의 형태소로 이루어진 단어들이다. 그와 달리 books같은 말은 두개의 형태소로 이루어진 단어이다. 또 interesting도 보는 관점에 따라서는 interest(재미나게 하다)와 -ing (동사에서 형용사를 만드는 형태소)의 두 형태소가 모여서 이루어진 단어라고 볼 수 있다. 이렇게 생각해 보면 한 문은 형태소들이 바로 모여서 이루어지는 것이 아니고 형태소들이 모여서 먼저 단어를 이루고 그러한 단어들이 다시 모여서 문을 이룬다고 볼 수도 있다. 그렇게 보는 경우에는 두개 이상의 형태소가 모여서 하나의 단어를 이루는 현상을 전문으로 연구하는 분야를 생각할 수 있게 되는데 그러한 분야를 **형태론**(形態論 morphology)이라고 부른다.

이러한 관찰은 위 예 (1)b에도 적용해 볼 수 있다. '그'나 '매우'는 각기 한 개의 형태소로 이루어진 단어들이다. 그와 달리 '책들은', '재미가', '있습니다' 같은 성분들은 둘 이상의 형태소로 이루어져 있다. 즉 '책들은'은 '책', '들', '-은'의 3개 형태소로 이루어졌으며 '재미가'는 '재미'와 '-가'의 2개의 형태소로 이루어져 있고 마지막으로 '있습니다'는 '있-', '-습니-', '-다'의 3개 형태소로 이루어졌다고 볼 수 있다. 그런데 여기에서 한 가지 문제가 되는 것은 우리말에서도 '책들은', '재미가', '있습니다' 같은 단위를 단어로 볼 수 있느냐는 것이다. 여기에서 특히 문제가 되는 것이 있다. 즉 '-은', '-가'같은 격조사들이나 '-습니-', '-다'와 같은 활용어미들은 본래 그 기능이 문법관계를 나타내는 기능, 즉 통사기능을 나타내는 것이므로 이것들까지를 포함하는 '책들은', '재미가', '있습니다' 등을 몽땅 단어라고 할 수 있느냐가 문제된다는 말이다.

이 문제는 한국어 같은 이른바 교착어(膠着語 agglunative language)에 공통된 문제로서 이에 대해 어떤 확정적인 입장을 취하는 것이 어려우므로 그대로 두고 넘어간다손 치더라도 한 가지 생각할 수 있는 것은 형태소가 바로 문을 이루는 것이 아니고 형태소들이 모여서 어떤 중간 단위를 이룬 다음에 그것들이 다시 모여서 문을 이룬다는 점이다. 그래서 우리 문법에서도 그러한 중간 단위를 무엇이라고 부를 것인가에 상관없이 그러한 중간 단위를 이루는 과정을 전문으로 연구하는 분야를 역시 형태론(morphology)이라 일컬을 수 있으리라고 생각된다.

여기에서 한 가지 알고 넘어가야 할 일은 우리가 일반적으로 막연하게 **'문법'**(grammar)이라고 하는 말은 무엇을 의미하는가 하는 문제이다. 과거에 일반적으로 문법이라고 했던 것은 주로 단어가 어떻게 모여서 문을 이루는가에 대한 규칙을 가리키는 말이었으므로 언어학적 술어로 통사론이라고 불리 우는 분야에 가장 가까운 말이라고 볼 수 있다. 그러나 과거의 문법책들에도 흔히 성음 또는 발음에 관한 기본적인 관찰들을 포함하고 있는 경우가 많았다. 그와 달리 현대 언어이론에서는, 특히 촘스키(Noam Chomsky)가 생성문법을 제창하면서부터는 문법이라는 말이 아주 광의로 제정의 되어서 음운론(4장 참조), 통사론(6장 참조), 의미론(7장 참조)의 세 분야로 이루어진 한 자연언어의 기술 전체를 총칭하는 확정적인 의미를 가지는 것으로 고착되게 되었다. 그러나 경우에 따라서는 그 중에서 한 분야인 통사론을 가리키는 좁은 의미로 문법이란 말을 사용하는 경우도 자주 있으므로 경우에 따라서 적절히 이 술어를 사용하고 혼동이 없도록 하는 것이 바람직하다.

6.1.1 문법과 규칙

위 6.1에서 우리는 통사론이란 형태소가 적절히 배열되어 단어를 이루고 단어가 다시 적절히 배열되어 문을 만드는 법을 연구하는 것이라고 하였다. 그런데 잘 생각해보면 좁은 의미에서의 통사론뿐만 아니라 더 넓은 의미의 문법도 결국은 언어의 가장 작은 단위인 변별자질(辨別資質 distinctive features)이나 분절음운(分節音韻 segmental phonemes)으로부터 시작하여 다음으로 차츰 더 큰 단위인 형태소, 단어, 구, 절 등을 거쳐 마지막으로 가장 큰 단위인 문이나 이야기(話 discourse)에 이르기까지 문법에 관한 모든 것은 일종의 배열의 규칙이라고 볼 수 있다.

이처럼 문법을 옳은 문장을 규정하는 규칙으로 보는 관점에서 관찰한 촘스키는 '문법'이라는 말을 정의하기를 '한 조의 규칙의 집합체'(a set of rules)라고 하였다. 여기에서 그냥 규칙이 아니고 '한 조의' 규칙 또는 규칙의 '집합'이라고 함은 한 자연언어를 기술할 수 있는 문법규칙은 그러한 규칙 한 개로만 가지고는 불가능하고 일정한 수효의 규칙이 있어서 이것들이 상호작용을 함으로써 이루어지기 때문이다.

그런데 그러한 규칙이 원어민(原語民 native speakers)이 받아들이지 않는 문을 만든다면 그것은 문법으로서 잘못된 것이므로 원어민이 용납하는 문, 즉 문법적인 문(grammatical sentences)만을 만들어 내는 문법규칙이라야 할 것이다. 그처럼 원어민이 용납할 수 없는 문까지를 만들어내는 규칙이 있을 때 그 **생성력**(生成力 generative power)이 지나치다(too powerful)고 말한다. 그와 반대로 문법규칙이 아무리 옳은 문만을 만들어 낸다고 하더라도, 만일 그것이 원어민이 사용할 줄 아는 문을 '모두 다' 만들어내는 규칙이 못되면, 그것은 결국 적절한 문법으로서의 자격, 즉 생성력이 모자라는 (too weak) 결과가 된다. 그래서 문법은 문법적인 문만을 만들되 그것들을 '모두 다' 만들어 낼 수 있어야만 한다. 즉 그 생성력이 적절해야 한다. 이러한 생각을 보충하여 문법을 정의하여 보면 다음 (2)처럼 된다.

(2) **문법**이란 문법적인 문만을 만들되 모든 문법적인 문을 다 만드는 규칙의 집합을 이른다.

6.1.2 환언관계와 언어구조의 표층과 심층

한 자연언어의 문법구조와 그 규칙성이 어떠한 것인가를 알기 위하여서는 우선 가능한 문들 간의 관계를 살펴볼 필요가 있다. 다음 예문을 보자.

(3) a. 경찰이 도둑을 잡았다.
b. 도둑이 경찰에게 잡혔다.

(4) a. A thief broke in the house.
(도둑이 그 집에 침입했다.)
b. The house was broken in by a thief.
(그 집이 도둑에게 침입당하였다.)

(5) a. John is easy to please.
(존은 쉽게 기쁘게 할 수 있는 사람이다.)
b. It is easy to please John.
(존을 기쁘게 하는 일은 쉬운 일이다.)

위 짝을 이루는 각 예들을 보면 문법적으로는 비록 서로 다른 문들이라 할지라도 그 의미가 너무 같고 또 문법적으로도 어느 정도 공통성이 있는 경우가 많음을 볼 수 있다. 예컨대 (3)a와 (3)b는 그들이 가리키는 상황은 꼭 같은 경우인데 그것을 보는 관점이 달라서 다른 표현을 썼을 뿐이다.

즉 경찰이 도둑을 잡았다는 사실에는 두 경우가 다 차이가 없으나 (3)a의 경우는 잡는 행위주(agent)인 경찰을 묘사의 주대상(즉 문법상의 주어)으로 삼아서 이야기하고 있으므로 '경찰이 무엇을 하였는가'를 말하고 있다. 그와 달리 (3)b의 경우는 도둑을 이야기의 주대상으로 삼아서(즉 문법적인 주어로 세워서) '도둑이 어떻게 되었는가'를 이야기하고 있는 것이다.

예문 (4)도 그러한 점에서 예문 (3)과 꼭 한 가지다. 다음으로 예문 (5)도 그 뜻을 잘 살펴보면 차이가 없음을 알 수 있다. 차이는 다만 (3)이나 (4)에서처럼 무엇을 주어로 삼았느냐, 즉 무엇을 주로 이야기의 대상으로 삼았느냐에 있을 뿐이다.

이처럼 어떤 두개의 문장이 똑같은 상황을 나타내는 경우 이 문장들은 그 '인지적인 의미가 같다'(cognitively synonymous)고 하며 그러한 관계에 있는 두개의 문을 서로 **환언관계**(換言關係 paraphrase relation)에 있다고 한다. 즉 위 예들에서 각 쌍의 a와 b는 서로 환언관계에 있으며 각기 a는 b의 환언(paraphrase)이라고 부르고 그와 반대로 b는 a의 환언이라고 부른다.

이처럼 어느 한 조를 이루는 두개의 문이 그 뜻이 같은 경우, 즉 서로 환언관계에 있는 경우, 그 두개 문장의 관계는 문법적인(또는 더 좁은 의미에서 통사적인) 관점에서 관찰하여도 아주 흡사한 경우가 많음을 볼 수 있다. 예컨대, (3)의 a와 b를 보면 '경찰', '도둑',

'잡다'의 세 단어를 공유하고 있으며 '잡다'가 '잡히다'로 바뀌어 '-히-'가 삽입되면 '경찰'과 '도둑'의 주객 관계가 뒤바뀜을 알 수 있다. 그런데 이러한 관계는 위 (3)의 두 문장의 예에서 뿐만 아니라 다른 문장들에서도 수없이 많이 같은 관계로 나타난다. 가령 '호랑이가 토끼를 잡았다'와 '토끼가 호랑이에게 잡혔다'나 '호랑이가 사자를 먹었다'와 '사자가 호랑이에게 먹혔다'나 그 관계가 위 (3)의 경우와 꼭 같다.

따라서 이처럼 두개 이상의 짝 또는 조를 이루는 환언관계의 문장들은 그 기본적인 문법관계에 공통점이 너무 많으므로 그러한 짝을 이루는 환언문들에 의하여 공유되는 형태소들간의 결합관계는 두 환언문중에서 어느 하나의 문에 관해서만 기술하면 충분하며 남은 하나의 환언문은 이미 기술된 첫째 문, 즉 기본문에서 어떤 일정한 규칙에 의하여 얻어내는 방식의 문법을 생각해 볼 수가 있다. 이러한 문법은 Zelling Harris(1951)가 시초로 생각해 낸 문법이다.

이러한 방식으로 문법을 만드는 경우에 형태소들의 결합관계를 중심으로 하여 두 환언에 공통되는 관계만을 다루는 부분이 필요하며 다음으로는 그러한 공통부분에서 각기 다른 두개의 환언을 도출해 내는 장치가 필요하다. 이처럼 같은 의미의 문장들간의 성분의 결합관계를 이루는 공통되는 성분의 기술을 위한 부분만을 기술하는 부분을 **성분구조규칙**(成分構造規則 Constituent Structure Rules 또는 Phrase Structure Rules)이라고 한다. 다음으로 그러한 성분구조규칙에서 얻은 공통되는 기본구조에서 몇 개의 같은 의미를 가진 환언문들을 얻어내는 규칙을 **변형규칙**(變形規則 Transformational Rules)이라고 한다. 이러한 Harris의 생각은 그의 제자인 Noam Chomsky와 그 후계자들에 의하여 받아들여졌으며 그것을 발전시킨 문법을 일반적으로 **변환생성문법**(變換生成文法 Transformational-Generative Grammar), 또는 간략히 **생성문법**(Generative Grammar)이라고 부른다.

그러면 그러한 생성문법에 의해서 위 (3)의 a와 b가 어떻게 생성될 수 있는가를 간단히 살피기로 한다. 성분구조 규칙에 대하여는 6.2절 이하에서 조금 더 자세히 다룰 것이므로 그러한 성분구조에 의해서 이 두 문장의 기본구조로서 얻어진 구조를 우선 (6)이라고 가정하고 이야기를 진행하기로 한다.

(6)

```
                         S
          ┌──────────────┼──────────────┐
          NP             VP             Mod
       ┌──┴──┐        ┌──┴──┐        ┌──┴──┐
      Det    N        NP    VB      Aux    SE
       |     |        |     |       Tns    |
       |     |        |     |        |     |
       그   경찰      도둑   잡       았     다
```

위 (6)은 (3)의 a와 b를 나타내는 공통적인 성분구조로 본다. 즉 (6)은 이 두 문장의 성분사이에 존재하는 공통된 문법관계를 나타내는 이른바 **수상도**(樹狀圖 tree structure)이다. 이처럼 표면상 다른 두개 이상의 문을 그 공통되고 기본적인 구조면에서 파악한 것을 **심층구조**(深層構造 deep structure)라고 부른다. 그리고 그러한 심층구조를 (6)과 같이 나무가지꼴로 그려서 표시한 것을 **구표지** 또는 **성분구조표지**(Phrase-marker 또는 간략히 P-marker)라고 부른다. 그러므로 위에서 (6)은 (3)a와 b의 심층구조를 수상도(tree)로써 표시한 구표지로 그려 본 것이다.

이 심층구조를 나타내는 구표지가 뜻하는 바를 간략히 살펴보기로 한다. 먼저 맨 위에 있는 S자는 문(sentence)을 의미하는 기호이다. 그리고 그 아래에 있는

(7)

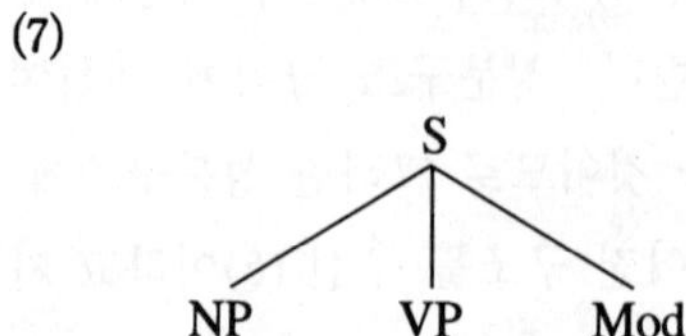

와 같은 부분은 문(S)이 명사구(NP=noun phrase)와 동사구(VP=verb phrase), 그리고 양태(樣態 Mod=modality)로 이루어졌음을 나타낸다.

다음으로 NP는 다시 관형사(Det=determiner)와 명사(N=noun)로 이루어져 있다. 셋째로 동사구(VP)는 명사구(NP)와 동사(VB=verb)로 이루어지며 양태(Mod)는 다시 보조사류(Aux=auxiliary)와 문말미(SE=sentence ending)로 이루어진다. 그리고 Aux 아래의 시제(時制 Tns=tense)에 대해서는 뒤에 설명하기로 한다.

이와 같이 수상도로 그려 보인 구조는 이것을 또 아래 (8)처럼 간략히 표시할 수도 있다.

(8) [[[그]$_{\text{Det}}$[경찰]$_{\text{N}}$]$_{\text{NP}}$ [[도둑]$_{\text{NP}}$ [잡]$_{\text{VB}}$]$_{\text{VP}}$ [[았]$_{\text{Tns}}$ [다]$_{\text{SE}}$]$_{\text{Mod}}$]$_{\text{S}}$

여기에서 우리는 (6)에서는 교점(node)에다 범주를 적고 범주와 범주와의 연관을 선으로써 표시했던 것을 (8)에서는 각괄호를 쓰고 각 해당되는 짝을 이루는 각괄호에 범주명을 적어서 그 구성분 구조를 표시했음을 볼 수 있다. 여러분 각자가 잘 살펴서 (6)과 (8)같은

표시법이 방법은 다르지만 그것들이 나타내고 있는 정보의 내용에는 아무 차이가 없음을 확인해 보기 바란다. 다만 차이점은 (6)은 구조가 일목요연하게 눈에 보이는 반면에 보다 많은 자리를 차지하고 그리기가 번거로운 점이 있는 반면 (8)은 쓰기는 간단한 이득이 있으나 그 구조를 잘 알아보기가 어려운 단점을 가지고 있다.

이처럼 (3)의 a와 b에 공통된 구조인 (6)이나 (8)같은 구조를 위에서 이야기한 바와 같이 **심층구조**라 하는데 그러한 심층구조에서 얻어지는 (3)a, (3)b 같은 구조를 **표층구조**(表層構造 또는 표면구조 surface structure)라고 부른다. 그리고 (6)이나 (8)같은 심층구조에서 표층구조를 얻어내는 규칙을 변형규칙 또는 변환규칙이라고 한다는 것을 우리는 이미 말하였다.

가령 (6)이나 (8)에서 (3)a를 얻으려면 격표지 부가변형(Case Marking)들이 필요하다. 그 중에서 우선 주격부가변형(Subject Marking)을 통해서 (6)의 NP 중 S의 직접 지배1)를 받는 첫째 NP에 "-이/가"를 붙인다.

(9) Subject Case Marking(OBL)

$[[A]_{NP}$	$[[B]_{NP}$	$[C]_{VB}]_{VP}$	$[[D]_{Tns}$	$[E]_{SE}]_{Mod}]_{S}$
1	2	3	4	5
⇒1+이/가	2	3	4	5

Condition : －C __ / －C이
　　　　　　－V __ / －V가

1) "직접지배(直接支配 directly dominate)"란 "지배"의 한 경우를 말한다. 그림에서 S는 VP나 V, NP_2 등을 지배한다고 하는데 그 중에서 S와 VP의 사이에는 다른 交點(node)이 개입되는 바 없이 직접 연결된 지배관계를 가졌으므로 직접지배한다고 부른다. 마찬가지로 VP도 V나 NP_2를 직접 지배하고 있다고 말한다.

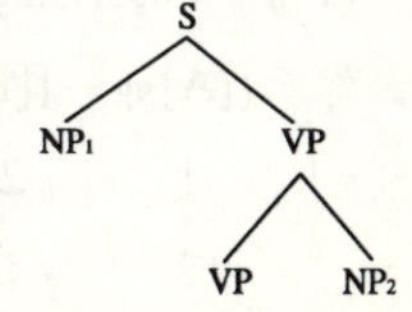

여기에서 숫자로 표시한 첫째 줄은 (6)이나 (8)의 성분구조를 표시한 것이며 그러한 구조기술을 만족시키는 심층구조는 ⇒표 뒤에 있는 것과 같이 그 구조를 바꿀 수 있다는 뜻이다. 그리고 Condition(조건)에서는 '-이/가'를 부가할 때 그 앞 단어 또는 형태소가 자음(C)으로 끝나는 경우는 '-이'를 택하고 만일에 모음(V)으로 끝나는 경우는 '-가'를 쓴다는 것을 말한다. 그리고 규칙의 명칭 뒤에 OBL이라고 표시한 것은 필수적 또는 의무적(obligatory)이라는 것으로 이러한 구조기술이 충족되는 구조에서는 이 변형규칙은 필수적으로 적용한다는 뜻이다.

다음으로 목적격을 표시하는 목적격 부가변형도 그와 비슷하다.

(10) Accusatve Case Marking(OBL)

$[[A[_{NP}$	$[[B]_{NP}$	$[C]_{VB}]_{VP}$	$[[D]_{Tns}$	$[E]_{SE}]_{Mod}]_{S}$
1	2	3	4	5
⇒1	2+을/를	3	4	5

Condition : -C __ / -을
-V __ / -를

이 두 규칙 (9)~(10)을 거치면 심층구조 (6)=(8)은 (3)a와 같은 표층구조로 바뀐다.

다음으로는 (6)=(8)에서 (3)b를 얻는 규칙을 생각해 보자.

(11) I-Passivization(OPT)

$[[A]_{NP}$	$[[B]_{NP}$	$[C]_{VB}]_{VP}$	$[[D]_{Tns}$	$[E]_{SE}]_{Mod}]_{S}$
1	2	3	4	5
⇒2	1	3+이	4	5

이 규칙은 이-변형규칙으로서 만일 (6)이나 (8)같은 구조기술을 충족하는 기저구조가 있으면 이것을 (11)의 ⇒표 뒤와 같이 변형할 수 있다는 규칙이다. 그러나 이것은 (9)나 (10)과는 달리 필수적인 규칙이 아니라 수의선택적인(OPT=Optional) 것임을 규칙명 뒤에다 OPT로써 표시하였다. 규칙 (11)을 (6)과 같은 구조에 적용하면 우리는 아래 (12)와 같은 구조를 얻게 된다.

(12)

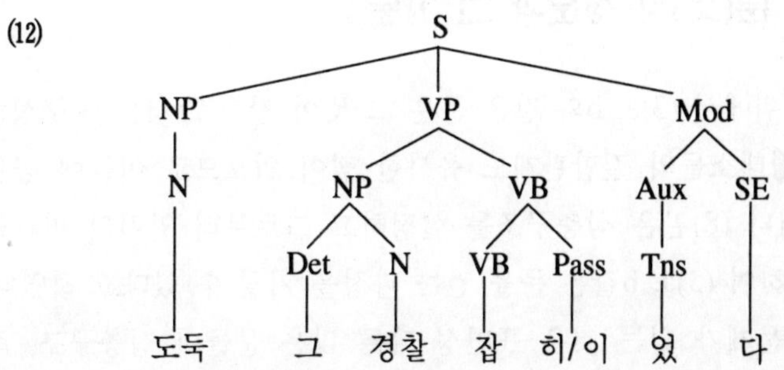

구표지 (12)는 피동문의 구조는 갖추고 있으나 그 격어미가 아직 부가되지 않은 상태여서 완전한 문을 이루지는 못하고 있다. 그래서 여기에다 주격부가변형 (9)를 적용하고 또 아래 (13)과 같은 여격부가변형을 적용하면 (3)b와 같은 문을 얻게 된다.

(13) Dative Case Marking(OBL)

$[[A]_{NP}$	$[[B]_{NP}$	$[C]_{VB}]_{VP}$	$[[D]_{Tns}$	$[E]_{SE}]_{Mod}]_S$
1	2	3	4	5
⇒1	2+에(게)	3	4	5

Condition : 1 : 4가 '-이/히-'를 가질 것
2 : 2가 -ANIMATE면 '-에'
2가 +ANIMATE면 '-에게'

다만 규칙 (11)이 아직 부족한 점은 피동의 -i-가 실지에는 '-이' 한 가지로만 되는 것이 아니고 '-이-, -히-, -기-, -리-, -우-' 등으로 되는데 그 점에 대한 기술을 갖추지 못한 점이다. 어쨌든 이러한 일련의 변형과정을 거쳐서 (6)과 같은 기저구조에서 (3)b와 같은 표층구조를 얻도록 하는 것이 **변형문법**이다.

6.2 문(文)의 성분과 그 기능

우리는 위에서 (3)a, b와 같은 문은 그 뜻이 같고 그것들을 구성하고 있는 형태소들의 결합관계도 유사한 점이 있으므로 이들에 공통되는 (6)이나 (8)같은 심층구조를 설정하고 그로부터 일련의 변환규칙을 적용하여 (3)a, b같은 문을 얻는 과정을 거칠 수 있다고 하였다. 다음으로 문제가 되는 것은 표면성 다른 많은 문들의 심층구조, 즉 성분구조를 만들어 내는 규칙을 어떻게 설정하느냐의 문제이다. 우리는 이미 그에 대하여 (3)a 같은 문의 경우를 들어서 예비적인 관찰을 한 셈이다. 본절에서는 이에 대하여 보다 더 상세하게 살피기로 한다. 먼저 예문을 몇 개 들어 보자.

(14) 자동차가 간다.
(15) Birds fly.

이 예문들을 보면 '무엇이 무엇한다'의 형태를 가진 것을 알 수 있다. 이것을 공식화하여 'A가 B한다'고 생각해 보면 A는 이 문들이 그리는 상황에서 묘사의 주체가 되어 있고 'B한다'의 부문은 그 주체가 어떤 상태인가를 그리고 있다. 예문을 더 들어 보자.

(16) 이 수박이 크다.

(17) That man is tall.

위 예들도 (14)나 (15)와 같이 'A가 B하다'의 형식을 가지고 있다. 여기에서 A에 해당하는 것은 '이 수박'이나 'that man'이며 B에 해당하는 부분은 '크다'와 'is tall'이다. 그런데 (16)이나 (17)이 (14)나 (15)와 다른 점은 B부분에 있는데 (16)~(17)은 'B하다'임에 반하여 (14)~(15)는 'B한다'인 점이다. 즉 한 경우는 상태를 나타내고 있는데 또 한 경우는 동작을 나타내고 있다. 예를 더 들어 보자.

(18) 김씨가 의사다.

(19) Mr. Brown is the doctor here.

이 예들도 'A가 B이다'의 형식을 가지고 있다. 그러나 이 경우는 A=B의 의미관계를 가진다. 즉 (18)에서는 '김씨'='의사', (19)에서는 'Mr. Brown'='carpenter'의 관계가 성립한다. 그래서 (18)~(19)는 다음과 같이 그 순서를 뒤바꾸어 놓아도 그들이 가리키는 상황에 변함이 없다.

(20) 의사는 김씨다.

(21) The doctor here is Mr. Brown.

이러한 (16)~(19)에서는 A와 B에 동격관계(또는 동일관계)가 성립한다.

이와 같이 문은 'A가 B 한다', 'A가 B하다' 또는 'A가 B이다'의 세 가지 형태를 가질 수 있는데 이때 A를 **주부**(主部 subject)라고 부른다. 다음으로 B부분이 A에 대해서 가지는 의미관계는 위에서 본 바와 같이 동작, 상태, 동격관계 등으로 세분해 보면 차이점이 있으나 이것들을 보다 큰 관점에서 볼 때 모두가 주부 A에 대하여 그것이 어떤 성질(properties)을 가졌는가를 설명하고 있다고 볼 수 있다. 그래서 그러한 관점에서 보아 B를 A의 **서술부**(敍述部 predicate)라고 부른다.

이상을 요약해 보면 한 개의 문은 주부의 서술부로 이루어졌다는 말이 된다. 여기에서 문(sentence)을 약자로 S라 표시하기로 하고 주부를 Subj(subject), 서술부를 Pred(predicate)라 한다면 우리는 수상도(tree diagram)를 써서 이를 (22)처럼 표시할 수가 있다.

(22)

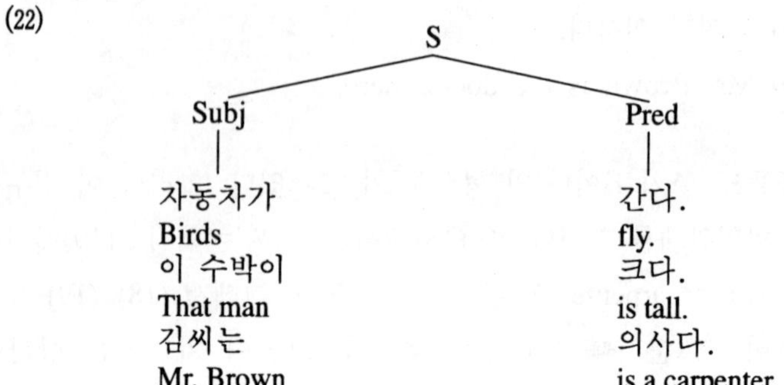

이상에서 관찰한 바를 간략히 성분구조규칙으로 쓰면 다음과 같다.

(23) S → Subj Pred

여기 (23)이 표시하는 바는 문(S)은 주부(Subj)와 서술부(Pred)로 이루어졌다는 의미다. 그런데 더 자세히 보면 관찰할 수 있는 것은 '주부'나 '서술부'라는 개념은 위 예문들에 포함되어 있는 단어들, 가령 '자동차', '간다', 'birds', 'fly', '김씨', '의사다', 'Mr. Brown', 'is a carpenter'등이 각 문 안에서 가지는 기능임을 알 수 있다. 이는 다음과 같은 예를 보면 곧 알 수 있다.

(24) 나는 자동차를 샀다.

(25) I met Mr. Brown yesterday.

(24)의 '자동차'는 (14)의 '자동차'와 꼭 같은 단어로서 같은 명사이면서도 (14)에서 주부의 기능을 가진 것과는 달리 (24)에서는 목적(object)의 기능을 가졌음을 알 수 있다. 또 (25)의 'Mr. Brown'도 목적으로 쓰여서 그것이 주부로 쓰인 (18)의 경우와는 다름을 알 수 있다. 그러나 Mr. Brown은 (18)에서나 (25)에서나 다 명사임에는 다름이 없다. 이처럼 같은 명사라 할지라도 그것이 문 안에서 어떻게 쓰이는가에 따라 그 기능이 달라지는데 우리는 이것을 **기능범주**(機能範疇 functional category)라고 하며 그 기능에는 상관없이 어떤 부류에 속하는가를 말하는 개념을 **'품사'**(品詞 parts of speech) 또는 **'형태범주'**(形態範疇 form class)'라고 한다. 그렇게 보는 경우 위 예문들에서 그 기능범주로 보아 서술부라고 불렀던 성분들은 모두 품사 또는 형태범주로서는 동사구에 속한 것을 알 수 있다.

위에서 우리는 한 문의 성분을 볼 때 그것이 문 안에서 가지는 역할에 따라 기능범주로 분류할 수도 있고 또 그것이 본래 속하는 품사 즉 형태범주에 의한 분류도 가능함을 보았다. 여기에서 문제가 되는 것은 성분구조규칙은 (23)에서와 같이 기능범주로 쓸 것인가 아니면 아래 (26)과 같이 형태범주로 쓸 것인가, 혹은 셋째 대안으로 (27)처럼 기능범주와 형태범주를 다 아울러 쓸 것인가 하는 것이다.

(26) S → NP VP
단 NP=Noun Phrase(명사구), VP=Verb Phrase(동사구)

(27) S → Subj/NP Pred/VP

우리가 문법규칙을 만드는 데 있어서는 얼핏 생각하기에 한 문을 기술하는 데에는 (27)에서와 같이 필요한 정보는 다 포함하여야 더 좋을 듯하다. 그러나 촘스키는 (27)이 번거러움을 지적하면서 (26)과 같이 형태범주만 가진 규칙에서도 기능범주는 자연히 예측(predict)할 수 있으므로 형태범주만으로써 기술할 것을 제안했다(Chomsky 1965). 만일 (23)처럼 기능범주만으로 규칙을 만들면 (24)~(25)같은 문의 기술에서 문제가 생긴다. 가령 이들의 성분구조지표를 기능범주만 표시하여 그리면 각각 다음 (28)과 (29)처럼 된다.

(28)

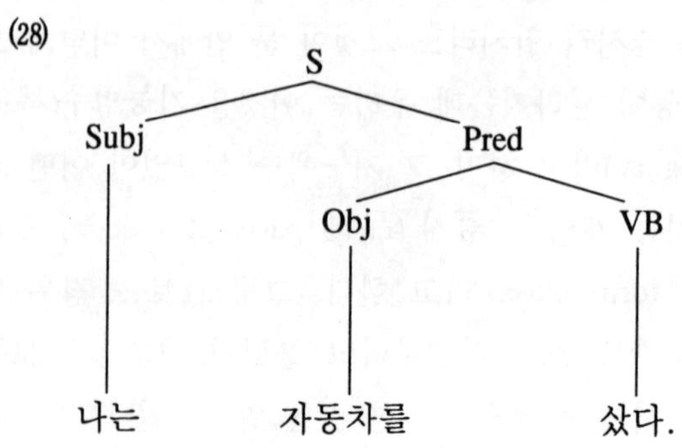

(29)

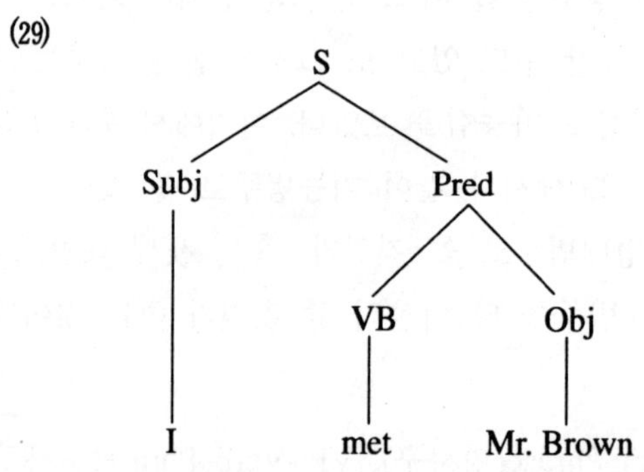

이와 같은 기술의 문제점이란 같은 명사구인 '자동차'나 'Mr. Brown'이 (28)~(29)에서는 Obj(=Object 목적)으로 기술되고 (22)에서는 Subj(Subject 주부)로 기술되고 있는 점이다. 바꾸어 말하면 명사구는 본래 주부로도 쓰일 수 있고 목적어로도 쓰일 수 있으므로 그 자체는 문제가 될 것이 없을 것 같이 보이나 문제는 이것들이 형태범주 상으로는 다 같이 명사구로서 동일한 성질을 가진 점을 제대로 기술하지 못하는 데에 있다. 그와 달리 모든 성분을 형태범주로 표시하여 (22)는 아래 (30)처럼, 그리고 (29)는 (31)처럼 기술하기로 해 보자.

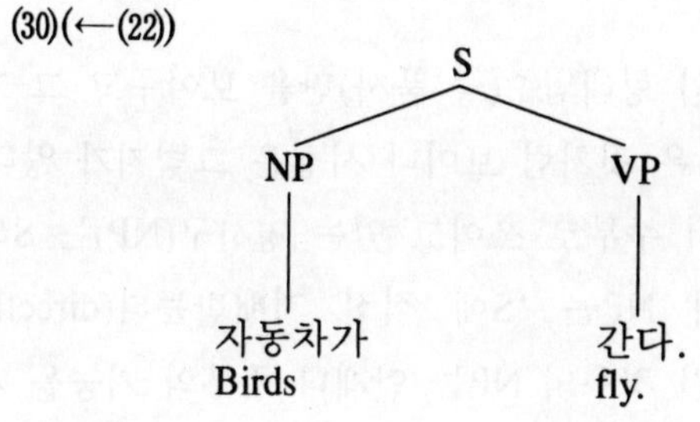

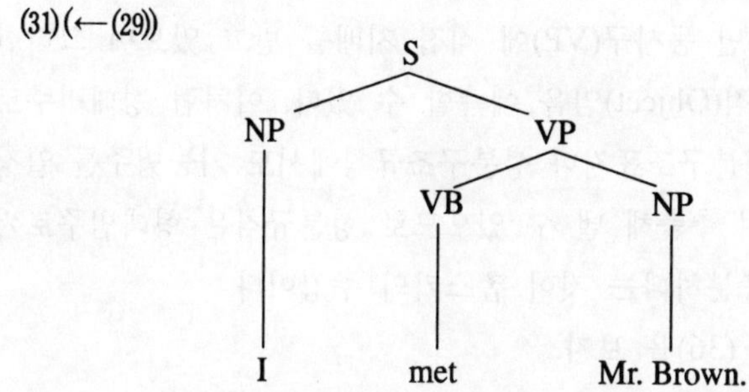

위 (30)~(31)의 성분구조표지에서 성분구조규칙을 만들면

(32) S → NP VP (=(26))

(33) VP → NP VB ((28)과 같은 한국어를 위한 규칙)

VB = Verb (동사)

(34) VP → VB NP ((29)와 같은 영어를 위한 규칙)

과 같다. 여기에서 (33)은 동사구가 한국어에서는 명사구가 동사로 이루어지는 것을 나타내고 있으며, (34)는 영어의 동사구가 동사구와 명사구로 이루어졌음을 말하는 것으로서 한·영어의 어순의 차이를 보이고 있다.

위 (30)~(34)는 문 성분의 형태범주(즉 품사)만을 보여주고 그 기능범주는 표시하고 있지 않은 것처럼 보이나 사실은 그렇지가 않다. 왜냐하면 (30)이나 (32)에서 주부로 쓰이고 있는 명사구(NP)는 S의 직접 아래에 있으므로 이 NP는 'S에 **직접 지배**받는다(directly dominated by)'고 하며 그런 경우의 NP는 언제나 주부의 기능을 가졌음을 알 수 있다. 그와 달리 동일한 NP라 할지라도 (31)과 (33)의 경우에는 S가 아닌 동사구(VP)에 직접 지배를 받고 있으며 그러한 NP는 언제나 목적(Object)임을 예측할 수 있다. 이처럼 형태범주로써만 이루어진 성분구조표지나 성분구조규칙에서도 기능범주를 일정한 정의에 의하여 추출해 낼 수 있으므로 성분규칙은 형태범주로써만 구성하여도 충분하다는 것이 촘스키의 주장이다.

다음으로 (35)~(36)을 보자.

(35) 나는 그에게 선물을 주었다.

(36) I gave him a gift.

이 문들의 성분구조를 그리면 각기 (37)과 (38)처럼 된다.

(37)

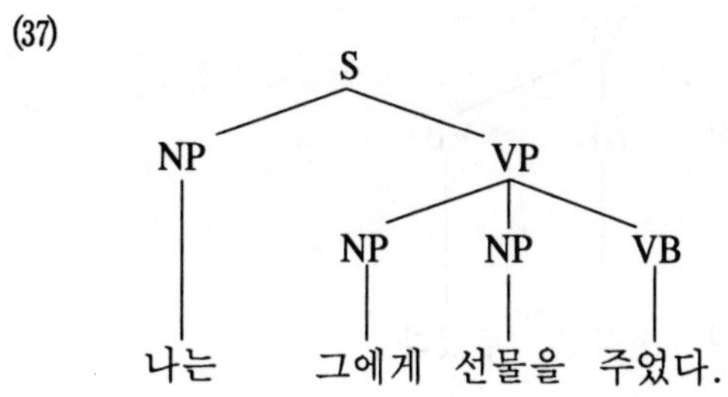

(38)

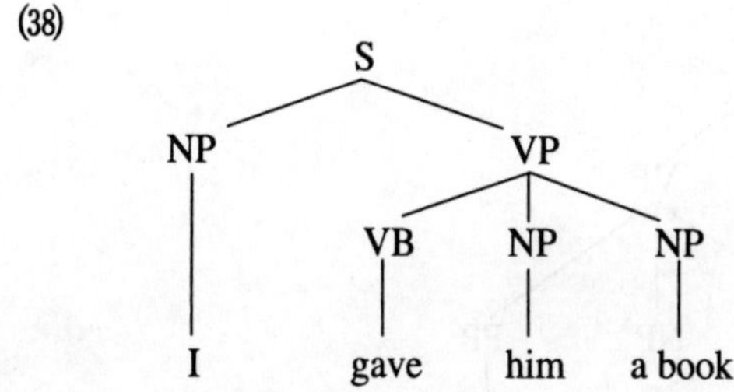

이 예문들은 VP의 직접 지배를 받는 VP들을 각기 두 개씩 가지고 있다. 만일 NP의 기능범주를 'VP의 직접지배를 받는다'는 점에 근거해서 얻으려고 하는 경우에, 여기 명사구는 똑같은 조건이 되므로 동일한 기능범주를 얻게 되어 어려움이 생기게 된다. 그러나 이것은 해결하는 방법이 있어 크게 문제 되지 않는다. 그 이유는 (37)이나 (38)과 같은 표시법을 쓰는 경우에는 같이 VP의 지배를 받더라도 앞의 위치와 뒤의 위치가 다른 것을 이용하여 직접목적(IO=Indirect Object)과 간접목적(DO=Direct Object)을 구별하는 방법도 있고 또 간접목적을 아래 (39)나 (40)에서처럼 부사구(Adv. P=Adverbial Phrase)나 전치사구(PP=Propositinol Phrase)로 설정할 수도 있기 때문이다.

(39)

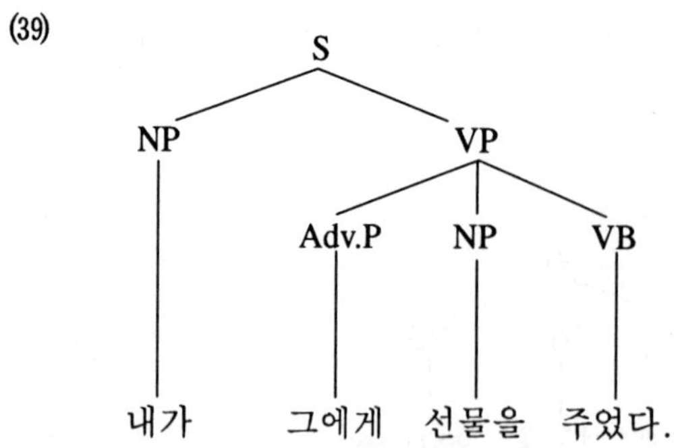

(40)

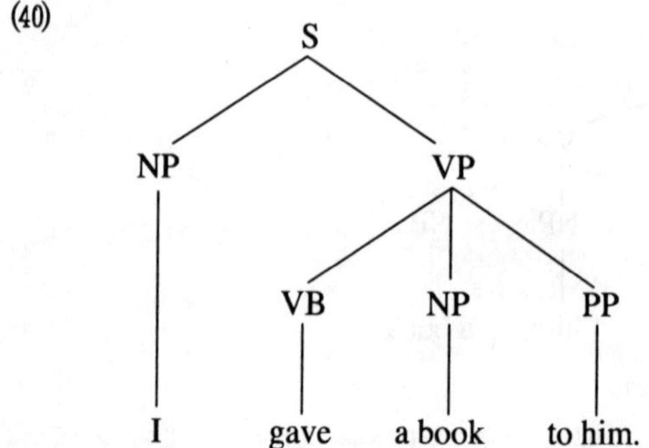

이러한 점을 고려하여 동사구의 성분구조 (33)~(34)를 보완하면 (41)~(42)와 같이 된다.

(41) VP → NP NP VB
(42) VP → VB NP NP

여기에서 주목할 점은 위 두개 규칙은 동일한 명사구가 두개 있는 경우에 두 가지 해결책 중에서 (37)~(38)의 명사구의 순서에 의존하는 방식을 택한 점이다.

그런데 (41)~(42)가 문제가 되는 점은 VP는 언제나 두개의 NP를 가지게 되어 있으므로 (33)~(34)에서처럼 NP가 하나만 있는 경우를 나타내고 있지 못하다는 점이다. 또 하나 문제는 우리가 지금까지 (14)~(19)같은 예문들에서 서술부를 단지 VP라고만 했는데 사실은 그러한 경우의 VP가 더 세부적으로 기술되어야 할 필요가 있다는 점이다. 그래서 이러한 모든 경우를 다 포괄적으로 기술하도록 만들기 위한 첫 단계로 (41)~(42)에 수의선택 성분을 표시하는 ( )를 쓰면 문제가 우선 부분적으로 해결된다.

(43) VP → (NP) (NP) VB

(44) VP → VB (NP) (NP)

이 개정된 규칙 (43)~(44)에서 NP를 하나도 안 택하면 (14)~(15)와 같이 서술부에 명사구가 하나도 없는 자동사의 경우가 기술된다. 다음으로 명사구를 하나만 택하게 되면 첫째로는 (18)~(19)같은 <명사+지정사> (국어의 경우)의 구조나 Cop+NP(영어의 경우)의 구조가 만들어진다. 둘째로는 (28)~(29)와 같은 직접목적 구문도 명사구를 하나만 택한 데에서 얻어질 수 있다. 다만 이 두 경우의 차이는 VB에서 BE 동사 또는 지정사('이')와 일반동사(예컨대 '사다' 'meet') 등을 구별하도록만 하면 된다. 마지막으로 (53)~(54)에서 명사구를 두 개 다 택하면 (35)~(36)같은 직접목적, 간접목적의 두 개를 다 가진 구문을 얻을 수 있게 된다.

이상을 요약하면 문의 성분구조를 표시하는 데에는 (1) 기능범주만으로 표시하는 방안, (2) 기능범주와 아울러 형태범주를 쓰는 방안, (3) 형태범주만을 쓰는 방안의 세 가지가 가능하나 (1)은 필요한 형태범주 기술이 부족하고 (2)는 정보는 충분히 가지나 필요 이상으로 번거롭다. (3)의 방법은 표면상 보기에 기능을 기술해 주지 못하는 듯이 보이나 형태범주와 구조의 관계에서 기능의 개념은 정의에 의한 추출이 가능하므로 (3)이 가장 바람직하다는 촘스키의 주장을 소개하였다. 또한 아울러 한국어의 성분구조를 위하여 규칙 (32)와 (43)이 필요함을 보았고 영어의 성분구조를 위하여는 규칙 (32)와 (44)가 필요함을 보았다.

6.3 문(文)의 기본 성분

6.3.1 동사구(VP)

이상에서 살핀 문의 성분이 되는 형태범주들을 보면 문(S), 명사구(NP), 동사구(VP), 동사(VB), 전치사구(PP), 부사구(Adv. P)등 소수에 불과했다. 그리고 이들을 포함하여 만들어진 규칙은 한국어의 경우에 (32)와 (43), 영어의 경우에 (32)와 (44)의 각기 두개씩뿐이었다.

그런데 이러한 각기 두개의 규칙은 우리말의 경우에나 영어의 경우에나 충분히 만족스럽지가 못하다. 그 이유는 이 규칙들만으로는 (16)~(21)의 문들을 제대로 만들어 주지 못한다는 것을 우리는 이미 보았기 때문이다. 즉 한국어의 경우 규칙 (43)은 (16), (18), (20)등을 제대로 기술하지 못하여 영어의 경우 규칙 (44)는 (17), (19), (21)등을 제대로 기술하지 못한다. 이들 예문을 편의상 아래에 다시 반복한다.

(45) 이 수박이 크다. (=(16))
(46) 김씨가 의사(이)다. (=(18))
(47) 저 의사가 김씨(이)다. (=(20))

(48) That man is tall. (=(17))

(49) Mr. Brown is a carpenter. (=(19))

(50) That carpenter is Mr. Brow. (=(21))

즉 규칙 (43)이나 (44)는 동사구(VP)가 동사(VB)와 두개의 명사구(NP)로 이루어진 경우만을 다루고 있기 때문에 위 예들과 같은 경우들을 적절히 기술하고 있지 못하다. 우선 우리말의 경우부터 보다 구체적으로 설명하면 (45)의 경우는 '크다'가 서술어의 기능을 가져서 동사구임에는 틀림이 없으나 (24) '샀다', (35) '주었다' 등 동사와는 판이하게 다른 형용사임이 분명하다. 즉 우리말에서 이러한 경우의 동사구는 형용사로 이루어져 있다. 이러한 점을 고려해서 넣으면 VP는 (43)처럼 전개되는 경우만이 아니라 VP → Adj(형용사)처럼 되기도 한다는 말이 된다. 또 다음과 같은 예문을 보자.

(51) 이 수박이 매우 크다.

(52) 저 산이 무척 높다.

(53) 저 아이가 여간 부지런하다.

이 예들에서 '크다', '높다', '부지런하다'가 다 형용사(Adj. = Adjective)임에는 틀림없는데 이들이 모두 그 의미를 강조하는 강조사(强調辭 Int.=Intensifier)인 '매우', '무척', '여간' 등을 가질 수 있음을 볼 수 있다. 그러한 점을 감안하여 형용사가 서술어 구실을 하는 경우의 동사구 규칙을 만들면 (54)와 같다.

(54) VP → (Int) Adj

이제 영어의 경우를 살펴보면 (48)에서도 'tall'이 형용사인 점은 한국어의 경우와 다름이 없다. 그런데 영어에서는 우리말 (55)의 경우와 달리 형용사가 바로 서술어로 쓰이는 것이 아니라 'is'(BE 동사)와 함께 쓰임을 볼 수 있다. 그리고 또 영어의 형용사 서술구문에서도 아래와 같이 강조사가 쓰인다.

(55) That building is very tall.
(56) This story is quite interesting.
(이 이야기는 제법 재미있다.)
(57) This game is pretty amusing.
(이 게임이 상당히 재미있다.)

그래서 영어의 경우는 형용사를 서술어로 쓰는 구문의 성분구조를 다음과 같이 만들 수 있다.

(58) VP → BE (Int) Adj

그런데 (54)와 (58)은 한국어와 영어의 서술부가 형용사로 이루어졌을 경우의 기술은 해 주지만 (46)~(47)이나 (49)~(50)처럼 명사구가 서술어로 쓰인 구문을 만들어 주지는 못한다. 물론 이미 앞절에서 살핀 바와 같이 (43)이나 (44)에서 NP를 하나만 택하고 VB에 우리말의 '이다'나 영어의 BE 동사도 포함되는 것으로 보면 해결될 가능성이 전혀 없는 것은 아니다. 그러나 영어의 BE 동사나 국어의 '이다'는 그 성질이 여러가지 면에서 일반 동사와는 판이하게 다르므로 그러한 해결책을 피하고 VB와는 구별하는 길을 택하기로 한다.

먼저 국어의 예로 (46)~(47)을 보면 그 동사구가 'NP+(이)다'의 구조인 것을 알 수 있으며 영어의 (49)~(50)은 'BE+NP'의 구조를 가진 것을 알 수 있다. 이를 규칙으로 만들면 각기 아래의 (59) 및 (60)과 같다.

(59) VP → NP이다.

(60) VP → BE NP

여기에서 우리는 VP에 대한 규칙이 한국어의 경우 (43), (54), (59)의 세 가지나 되는 것을 알 수 있다. 이 세 경우는 결국 같은 동사구가 경우에 따라 여러 가지 형태를 가지는 경우가 되므로 이 세 규칙을 아래 (61)처럼 한 규칙으로 합칠 수가 있다.

$$\text{(61) VP} \rightarrow \left\{ \begin{array}{l} \text{NP이다} \\ \text{(Int) Adj} \\ \text{(NP) (NP) VB} \end{array} \right\}$$

규칙 (61)에서 { } 괄호는 VP가 첫째 행, 둘째 행, 셋째 행의 어느 것으로도 될 수 있다는 표시이며 괄호 ( )는 그 속에 표시된 성분은 이른바 수의선택성분(optional constituent or element)이라는 표시이다. 그러므로 규칙 (61)은 규칙 (43), (54), (59)의 세 가지의 내용을 다 담은 규칙이 되어 이 한 규칙으로써 그 셋을 대신할 수 있게 된다.

그와 꼭 같은 절차에 의하여 영어의 VP에 관한 세 규칙 (44), (58), (60)도 다음 (62)와 같은 한 개의 규칙으로 대치될 수가 있다.

$$\text{(62) VP} \rightarrow \left\{ \begin{array}{l} \text{BE NP} \\ \text{BE (Int) Adj} \\ \text{VB (NP) (NP)} \end{array} \right\}$$

이상과 같이 하면 한 문(sentence)의 구성성분 중에서 주부를 이루는 명사구와 서술부를 이루는 동사구의 구조를 대강은 기술한 셈인데 아직도 부족한 점으로는 명사구의 내부구조를 더 세부적으로 다루지 못했고 또 한 가지는 우리가 지금까지 동사구의 일부로 다룬 것 중에서 시제, 경어, 상(相 aspect), 문말미(文末尾 sentence ending) 등 양태(modality)류를 더 자세히 다루지 못한 점이다.

6.3.2 양태(樣態 Modality)

지금까지 우리는 동사구를 동사의 어간 자체와 거기에 따르는 모든 것인 것처럼 다루어왔다. 가령,

(63) 그 분은 지금쯤은 떠나셨겠습니다.

(64) The plumber had been working for two hours before he got an idea about what was wrong.
(연관공은 두 시간동안 작업을 하고서야 비로소 고장난 것이 무엇인가 생각이 났다)

같은 예문에서 '떠나셨겠습니다'나 'had been working' 등을 모두 몰아 잡아 동사구(VP)라고 하였다. 그러나 사실 이처럼 우리가 단순히 동사구라고 부르던 성분의 안에는 동사구에서 따로 떼어내서 달리 다루어야 할 부분이 있다. 구체적으로 우리말의 '떠나셨습니다'는 '떠나'라는 동사어간과 '시'(존대접사), '읍니'(ø) '-다'(문말미) 등 여러 성분이 합쳐서 이루어진 것이다. 그런데 여기서 문제는 이러한 모든 요소를 다 VP의 일부 성분으로 볼 것이냐 아니면 그 중 일부는 VP와는 독립된 것으로 볼 것이냐의 문제가 있다. 영어의 경우도

'had been working'에서 'work'는 동사이고 'had been' 부분은 완료상(完了相 perfective aspect), 'be-ing' 부분은 진행상(進行相 progressive aspect)으로서 단순한 동사구라고 일괄적으로 다룰 수 있는 것인지가 문제된다. 그래서 본절에서는 우선 그런 동사구와 관계시켰던 성분들을 다시 다른 관점에서 다루고 다음 절에서는 명사구의 세부적인 것을 살피기로 한다. 우선 예문부터 몇 개 살펴보기로 한다.

(65) a. 비행기가 빨리 난다.
b. 비행기가 빨리 납니다.
c. 비행기가 빨리 나느냐?
d. 비행기가 빨리 납니까?

(66) a. 비행기가 빨리 날았다.
b. 비행기가 빨리 날았습니다.
c. 비행기가 빨리 날았느냐?
d. 비행기가 빨리 날았습니까?
e. 비행기가 빨리 날더라.
f. 비행기가 빨리 날더냐?

(67) 비행기야, 빨리 날아라.

우선 위 예들을 보면 문의 끝에 있는 '-다', '-냐', '-까', '-라'등의 성분에 의해서 그 말이 서술, 의문, 명령 등의 뜻으로 달라지게 됨을 볼 수 있다. 그리고 이 어미들은 이같은 의미적인 기능과 아울러 문의 끝을 표시하는 기능을 가지고 있다. 그래서 이것들을 우리는 편의상 '문말미(SE=Sentence Ending)'라고 부르기로 한다.

다음으로 (65)a의 '난다'에서 'ㄴ'은 현재를 나타내며 (66)a~d의

'날았'에서 '았'은 과거를 나타내는 형태소이다. 이러한 형태소들은 시간을 나타내는 것이므로 흔히 시제(Tns=Tense)라고 부른다.

셋째로는 (65)b, (65)d, (66)b 등에서 보는 '습니'처럼 청자가 화자보다도 신분이 높음을 나타내는 형태소가 있음을 볼 수 있다. 이러한 것은 흔히 '공대법(SL=Speech Levels)'이라고 불린다. 위 예에서 볼 수 있는 마지막 요소로서 (66)e~f의 '날더'에서 '더'가 있다. 이것은 어떤 일을 회상하는 뜻을 가진 형태소로서 회상상(回想相 retrospective)이라고 부른다. 우리는 이것을 영어의 완료상, 진행상 등과 같이 일종의 상(aspect)으로 보기로 한다. 회상은 그 성질이 언제나 지난 일에 대해서만 가능하므로 자칫 순수한 과거와 혼동되는 일이 있으나 이들은 근본적으로 차이가 있으므로 구별할 필요가 있다.

위에서 형태상 동사구에 붙어 다니는 성분들을 몇 가지 살폈는데 동사구에 쓰일 수 있는 요소는 이상에서 든 것만이 아니다. 위 (65)~(66)의 예는 보다 간단한 구문이었으나 우리말에서 모든 성분을 거의 다 가진 것으로 다음 (68)을 보기로 들어서 국어의 동사구와 관련한 논의를 우선 마무리 짓기로 한다.

(68) 아무래도 그 개는 사자에게 먹히었겠습디다.

여기에서 동사구 '먹히었겠습디다'의 '-히-'는 사동/피동(Causative /Passive : 약자 C/P)를 나타내는 형태소이다. 여기에서 필자가 사동과 피동을 한 범주로 취급하는 이유는 우리말에서는 이 두 가지가 확실하게 다르다는 증거가 없다는 필자의 판단 때문이었다. 다음으로 '겠'은 추정(Presumptive : 약자 PS)을 나타낸다.

이상에서 지금까지 살핀 것들을 우선 순서대로 나열하여 보면 우리말 동사구의 구조는 (69)와 같다고 볼 수 있다.

(69) VB C/P Tns PS SL Asp SE

여기에서 VB와 C/P를 제외하고 그 나머지 부분이 가지는 기능을 종합적으로 보면 화자나 청자가 본문의 내용(영어로는 Propositional Content proposition라고 함)에 대해 가지는 관점이나 생각, 또는 평가하는 태도 등을 나타낸다. 즉 본문의 내용, 명제에 대해서 가지는 화자의 이러한 관점이나 태도는 문장의 내용인 명제(命題 Proposition) 자체는 아니다. 그래서 Fillmore(1968)는 이러한 요소들을 명제와 구분하여 한데 묶어서 양태(Modality : 약자 Mod)라고 부르고 이것을 독립시킬 것을 제안하였다.

그렇게 하면 문은 먼저 <명제+양태>의 구조를 가지게 되며 명제는 다시 주부와 술부로 이루어지게 되므로 양태를 표시되는 요소들은 결국 서술부인 동사구와는 분리된다.

우리도 이러한 Fillmore의 착상의 일부 - 특히 양태를 서술부에서 분리하는 것 - 를 받아들이면 하나의 문은 명사구와 동사구 그리고 거기에 덧붙여 양태의 세 성분을 직접 지배하게 된다. 이것을 수상도로 나타내면 한국어의 경우는 (70), 영어의 경우는 (71)처럼 표시할 수 있다.

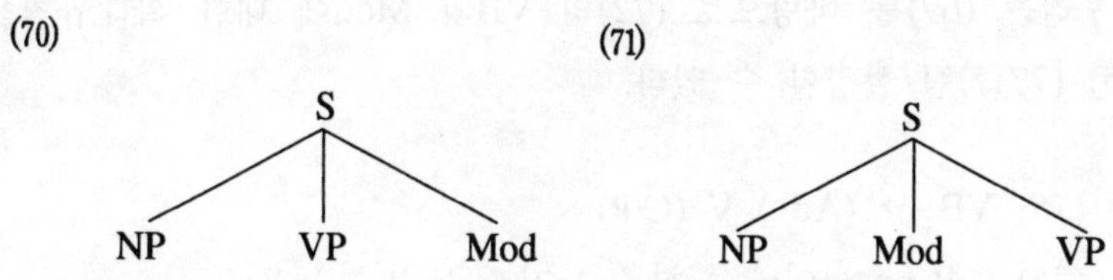

즉 이러한 기술에서는 양태가 주부로 쓰인 명사구나 서술부로 쓰인 동사구와 대등한 자격을 가지고 셋이 나란히 S의 직접 지배를 받

는 것으로 된다. 그렇게 보면 규칙 (32)는 한국어의 경우는 아래 (72)와 같이, 그리고 영어의 경우는 (73)으로 개정할 수 있다.

(72) S → NP VP Mod
(73) S → NP Mod VP

위 (72)의 VP에서 모든 Mod적 요소는 다 S의 직접 지배하로 빠져 나갔으므로 VP의 규칙도 (61)이 (74)처럼 바뀌게 된다.

$$\text{(74) VP} \rightarrow \begin{bmatrix} \text{NP이} \\ \text{(Int) Adj} \\ \text{(NP) (NP) VB} \end{bmatrix}$$

여기에서 표면상 보기에 (74)가 (61)과 다른 점은 규칙의 첫 행에서 '다'가 빠진 정도로만 보일지 모르나 사실은 그와 다르다. 규칙 (61)에서는 가령 Adj나 VB는 예컨대 '빠르겠습디다' '날리었겠습디다' 등을 다 포괄하는 규칙이었으나 (74)에서는 같은 기호인 Adj나 VB가 '빠르'나 '날리' 부분만을 나타내는 것이며 나머지의 '겠습디다', '었겠습디다' 등은 다 S에 직접 지배되는 Mod에 포함되게 된다.

우리는 (69)를 바탕으로 (72)의 VB와 Mod에 대한 확대규칙을 (75)~(77)처럼 설정할 수 있다.

(75) VB → (Adv) V (C/P)
(76) C/P → '-이-', '-히-', '-기-', '-리-', '-우-'
(77) Mod → Tns PS SL Asp SE

규칙 (32)는 한국어와 영어에 다 전용될 수 있는 규칙이었다. 그 이유는 주부와 서술부의 위치만으로 보아서는 그 어순이 양국어에서 다 같기 때문이다. 그러나 (33)을 한국어를 위하여 (72)처럼 개정하고 보면 그것이 영어에는 맞지 않는다. 그래서 우리는 영어를 위하여 (73)을 설정했던 것이다. 영어는 Mod 부분을 따로 떼어 놓고 보면 VB보다 앞으로 간다. 아래 (78)을 보자.

(78) Mary has been reading the novel for six hours.

여기에서 보면 Mod의 요소인 'has been-ing'이 VP(VB와 NP를 합친 것)보다도 앞에 있음을 볼 수 있다. 즉 (78)에서의 문장 성분의 순서는 NP Mod VP로 되어 있다. 그래서 (32)에서 Mod를 독립시켜 영어를 위한 규칙을 만들면 위 (73)처럼 되었던 것이다.

그러나 영어 동사구를 위한 규칙 (62)는 고칠 필요가 없다. 다만 그 BE 동사나 VB가 Mod적인 요소를 포함하지 않은 것으로 새롭게 해석하기만 하면 되는 것이다.

다음으로 영어의 Mod 부분을 위한 확대 규칙을 살피기로 한다. 위 (78)에서 우리는 완료상(Prf=Perfective)과 진행상(Prg= Progressive)을 볼 수 있다. 그리고 (78)을 다음의 (79)와 대조하면 현재와 과거의 차이가 있어 이것을 시제(Tns=Tense)라고 할 수 있음을 볼 수 있다.

(79) Mary had been reading the novel for six hours when his mothers told her to take a rest.

즉 같은 완료상이더라도 그것이 과거시제를 가지면 (79)에서와 같이 <had P.P.(과거분사)>의 형태가 되고 현제시제면 (78)에서처럼 <have/has P.P>가 되는 것을 볼 수 있다. 이런 점을 근거로 영어의

Mod 규칙을 만들면 아래 (80)~(82)와 같다.

(80) Mod → Tns Asp

(81) Asp → Prf Prg

(82) Tns → [Pres (Pres=Present) / Pst (Pst=Past)]

6.3.3 명사구(Noun Phrase)

위 6.3.1과 6.3.2에서는 동사구(VP)와 양태(Modality)에 대하여 살폈다. 이제 우리는 명사구의 구조를 보다 더 면밀하게 살필 필요가 있다. 아래 예문들을 보자.

(83) a. 철수가 저 아이(이)다.

b. 물은 사람에게 매우 중요하다.

(84) 그 사람은 매우 부지런하다.

(85) 저 새 직원은 어제 입사하였다.

(86) 저 어제 입사한 사람은 경험이 아주 많은 사람이다.

이 예문들에서 명사구의 성질을 가진 것을 추려보면 '철수', '물', '그 사람', '저 새 직원', '저 어제 입사한 사람', '경험이 아주 많은 사람' 등이다. 그 중 우선 '철수'같은 명사를 고유명사(Proper Noun ; 약자 Np)라고 한다. 또 '물' 같은 단어가 가리키는 물건은 수효로 따져 말할 수 없는 것이어서-즉 불계수명사(不計數名詞 Noncountable Nouns)여서-어떤 물질을 이르는 말이기 때문에 물질명사(Materialistic Noun ; 약자 Nm)라 한다.

다음으로 '그 사람'을 보면 명사에 '그'같이 무엇을 가리키는 말이 있음을 볼 수 있다. 이러한 말을 **지시어**(指示語 Deictics)라고 하는데 예를 더 들면 장소를 얘기하는 '여기', '저기'같은 말도 이에 속한다. 이러한 지시어 중에서 '이', '그', '저'같은 말들을 전통적으로 '관형사'라 불러 왔다. 또 (85)의 '저 새 직원'에서 '새'같은 말도 그 뜻으로 보면 형용사이기는 하나 다른 일반적인 형용사와는 다르다. '새롭다', '아름답다'와 같은 형용사는 서술어로 쓰일 수도 있고 또 '-ㄴ'을 붙여서 명사를 직접 수식하는 형용사, 즉 관형형 형용사로도 쓸 수 있다. 그와 달리 '새'같은 말은 서술어로는 쓸 수 없기 때문에 이들을 일반 형용사와 구분하여('이', '그', '저'와 마찬가지로) '관형사'라고 한다. 아래 예문들을 보자.

(87) a. 저 새 직원은 전자공학박사다.
b. *저 사람 직원은 새다.

(88) a. 이 이론은 무척 새롭다.
b. 이 새로운 이론이면 문제가 해결될 것이다.

위 (87)에서 '새'는 관형사여서 a와 같은 말이 가능하나 b는 불가능하다. 그와 달리 비슷한 의미인 '새롭다'는 일반형용사여서 (88)a에서와 같이 서술어로도 쓰일 수 있고 (88)b에서와 같이 관형형으로도 쓰일 수 있다. 또 아래 (89)에서도 '아름답다'는 일반형용사여서 서술형인 a와 관형형인 b가 다 가능하다. 또 '향기롭다'도 그와 같은 일반형용사임에 유의하기 바란다.

(89) a. 이 아름다운 꽃이 향기롭기도 하다.
b. 이 향기로운 꽃이 아름답기도 하다.

그런데 같이 관형사라 불리는 '이', '그', '저'같은 말과 '새'같은 관형사는 그것들이 같이 명사구 안에서 사용될 때 다른 위치를 지킨다. 가령,

(90) a. 새 달력
b. 그 달력
c. 그 새 달력
d. *새 그 달력

에서 a와 b만을 보면 '새'와 '그'가 완전히 같은 품사로 보이나 c가 성립하고 d가 말이 안되는 것을 보면 '그'는 명사구 안에서 '새'보다도 더 앞에 나오는 말임을 알 수 있다. 그래서 우리는 '이', '그', '저' 같은 말들을 '지시사(Determiners; 약자 Det)라고 부르고 '새'같은 말들을 관형사(Attributive Adjective ; 약자 Adj. attr)라고 부르기도 한다.

마지막으로 문제가 되는 것은 (86)의 '저 어제 입사한 사람'이나 '경험이 많은 사람'등이다. 여기에서 보면 '어제 입사한'이나 '경험이 많은' 등은 명사인 '사람'을 꾸며 주고 있는데 그것들이 일정한 구조를 가지는 것이 아니라 변호가 심함을 알 수 있다. 그러한 예를 더 들어보면 그러한 사실을 보다 분명히 알 수 있다.

(91) 어제 학교에서 너하고 얘기하던 사람이 누구냐?
(92) 내가 너에게 아주 훌륭한 재능을 가졌다고 말했던 그 사람이 우리 회사에 들어 왔다.

같은 예를 보면 '어제 학교에서 너하고 애기하던'이나 '내가 너에

게 아주 훌륭한 재능을 가졌다고 말했던' 등이 '사람'이라는 명사를 꾸미고 있다. 이러한 꾸미는 구절들은 이것을 잘 살펴보면 그것들이 원래 명사에 붙어 있던 것이 아니라 각기 하나의 문의 구조를 가진 것들임을 알 수 있다. 가령 (86), (91), (92) 등의 명사에 붙은 수식어들은 각기 다음과 같은 예문들과 같은 내용임을 알 수 있다.

(93) a. 저 사람은 어제 입사했다.

b. (저 사람은) 경험이 아주 많다.

(94) (그 사람이) 어제 너하고 얘기했다.

(95) 그 사람이 아주 훌륭한 재능을 가졌다고 내가 너에게 말했다.

이처럼 그 내용이나 구조가 하나의 문에 해당하도록 다양한 수식부는 이를 한 명사구 안에 포함된 구조로는 도저히 처리하기가 불가능할 뿐 아니라 뒤에 6.5에서 보는 바와 같이 이들을 문(S)의 성분구조를 완전히 갖춘 구조에서 도입하는 것이 문법의 틀로 보아서도 경제적이고 합리적이므로 이것들은 문에서 변환시켜 도입하기로 한다. 따라서 명사구 성분규칙에는 (83)~(85)의 명사구들만을 생성하는 규칙만을 아래와 같이 설정하기로 한다.

(96) NP → (Det) (Adj. attr) N

$$(97)\ N \rightarrow \begin{bmatrix} Np \\ Nm \\ Nc \\ Na \\ \cdots\cdots \end{bmatrix}$$

(96)에서 지시사류(Det)나 관형사류(Adj. attr)는 수의선택요소이며 명사(N)만이 필수요소로 된다. (97)에서는 위에 예문을 들지 않은 Na(추상명사 Abstract Noun)같은 것도 넣어서 예시했으며 점선(……)은 이 규칙이 아직 완성된 것이 아니고 더 첨가될 요소가 있음을 표시한 것이다.

영어의 경우도 NP의 성분구조가 아직 충분히 기술되어 있지 못하다. 먼저 예문을 들어 본다.

(98) Most of the forty-five men have died of the accident.

(99) All of his books are acclaimed to be excellent description of the Korean culture.

여기에서 명사구는 (98) most of the forty-five men, the accident, (99) all of his books의 셋이다. 이들의 성분을 보면 명사이외에 forty-five 같은 수사(Num = Numerals), the와 같은 관사(Det = Determiner), 그리고 most of all of나 all of처럼 언제나 관사 앞에 붙는 전관사(Preart = Pre-article)등으로 되어 있다. 그래서 이러한 예에서 우리는 (100)과 같은 규칙을 설정할 수 있다.

(100) NP → (Preart) (Art) (Num) N

이 규칙이 뜻하는 바는 명사구는 최소한 명사가 있어야 하고 거기에 전관사, 관사 그리고 수사의 셋이 주어진 순서대로, 그리고 각기 수의 선택 성분으로 있을 수 있다는 의미이다.

6.4 화제, 논평, 중주어

우리는 위 6.1~6.3.3에서 한국어와 영어가 가질 수 있는 성분구조의 대강을 살폈다. 그 규칙들을 다시 아래 정리해 보기로 한다.

■ 한국어의 성분구조 규칙〈잠정단계 ①〉

(101) S → NP VP Mod (=(72))

(102) VP → [NP이 / (Int) Adj / (NP) (NP) VB] (=(74))

(103) VB → (Adv) V (C/P) (=(75))

(104) C/P → '-이-', '-히-', '-기-', '-리-', '-우-' (=(76))

(105) Mod → Tns PS SL Asp SE

■ 영어의 성분구조 규칙〈잠정단계 ①〉

(106) S → NP Mod VP (=(73))

(107) VP → [BE NP / BE (Int) Adj / VB (NP) (NP)] (=(68))

(108) Mod → Tns Asp

(109) Asp → Prf Prg

(110) Tns → [Pres / Pst]

Pres=Present, Pst=Past

그러나 규칙 (101)~(104)는 한국어를 기술하는 데에는 아직도 부족한 점이 많다. 그래서 이 절에서는 위에 주어진 일련의 규칙이 어떤 점이 부족하며 한국어나 그와 비슷한 점이 있는 일부의 언어들을 기술하기 위해서는 영어에는 필요하지 않은 어떤 규칙이 더 필요한가를 살펴보기로 한다. 그 부족한 점이란 특히 한국어의 "-는/은"을 가진 구문과 이른바 중주어 구조의 두 가지에 관련된 문제들이다. 먼저 예문을 보자.

(111) 코끼리의 코가 길다.
(112) 그 사람은 키가 매우 크다.
(113) 서울은 인구가 많다.
(114) 이 회사는 사원이 5,000명이다.

이 예문들을 보면 한결같이 'A는 B가 C하다'와 같은 구조를 가졌음을 볼 수 있다. 그 의미를 잘 살펴보면 먼저 A라는 말로 지칭된 개체를 화제로 들추고 다음으로는 그 선정된 화제에 관하여 'B가 C하다'는 것을 말하고 있다. 가령 (111)의 경우를 보면 코끼리를 먼저 문 전체의 화제에 올려놓고 그 다음 그 화제(즉 코끼리)에 대하여 '그 코가 길다'는 설명을 하고 있다. 그래서 이와 같은 설명('그 코가 길다')을 주어진 화제(Topic)-즉 여기에서는 코끼리-에 대한 논평(論評 Comment)이라고 일반적으로 부른다. 이렇게 보면 (111)~(114)의 예문들은 그 성분구조를 우선 아래 (115)처럼 표시할 수 있다.

(115) S → Topic Comment

즉 하나의 문은 화제와 논평으로 이루어진다는 말이 된다. 구체적으로 위 예에서 화제에 해당하는 것은 '코끼리', '그 사람', '서울',

'이 회사' 등이며 논평에 해당하는 것은 '코가 길다', '키가 매우 크다', '인구가 많다', '사원이 5,000명이다' 등이다.

여기에서 우리가 한 가지 주목해야 할 점은 우리가 논평이라고 부른 '코가 길다', '키가 매우 크다' 등은 그것 자체로서 하나의 구조를 가진 점이다. 즉 논평들은 그것이 <주부+술부>의 구조를 가지고 있어서 앞에서 규칙 (101)로 나타냈던 구조를 그대로 가지고 있음을 알 수 있다. 즉 바꾸어 말하면 한국어와 같은 언어는 한 개의 문이 먼저 (115)로 나타낼 수 있는 바와 같이 화제는 논평으로 이루어졌으며 그 논평은 다시 (101)로 나타낼 수 있는 바와 같은 한 개의 문의 구조를 가지고 있다는 말이다. 그래서 필자는 <화제+논평>으로 이루어진 높은 차원의 문, 즉 (115)와 같은 구조를 '상위문(Super-Sentence)'이라고 이름하고 (101)과 같이 <명사구+동사구+양태(modality)>로 되어 있는 문을 '하위문(Lower-Sentence)' 또는 단순히 '문(Sentence)'이라고 부르기도 한다.

과거에는 이러한 상위문을 성분구조 규칙에서 설정하지 않고 모든 문은 단순히 (101)과 같은 구조에서 출발하는 것으로 보고 거기에다 이른바 화제화(話題化 Topicalization)의 규칙을 적용함으로써 (115)를 기저구조로서가 아니라 표층구조로서 얻으려는 입장이 있었다(김한곤 1967이 그러한 시도의 처음 것이었고 그 이후도 그러한 입장의 논문들이 많았다). 그러나 우리 문법에는 전통적으로 화제를 큰 주어로 보고 그 다음에 따르는 문을 그 화제에 대한 서술로 보는 생각이 있어 왔으며(최현배 1927, 박병수 1977) 그러한 생각이 더 우리말의 생태를 더 자연스럽게 포착한 것으로 판단되므로 이 책에서도 그러한 전통적인 견해를 받아들이기로 한다.

이렇게 생각해 보면 한국어의 성분구조는 그 맨 첫 단계에서 다음과 같이 되어야 한다고 잠정적으로 생각할 수 있다.

(116) S → Topic S

(117) S → NP VP Mod

이 두 규칙에는 (116)은 (115)의 내용을 그대로 나타낸 것이다. 다만 달라진 것은 논평(Comment)이라는 기능적인 범주를 문(S)이라는 형태범주로 바꾼 것뿐이다. 그렇게 하더라도 우리는 5.2에서 논의한 바와 꼭 같은 이유와 절차에 따라 상위의 S에 직접 지배되는 S는 논평의 기능을 가진 문, 즉 Comment임을 알 수 있다.

다음으로는 이른바 중주어의 문제를 살펴보기로 한다. 예문부터 살펴보자.

(118) 내가 머리가 너무 길었다.

(119) 그 사람이 성품이 너무 곱다.

(120) 이 책이 내용이 참 재미가 있다.

이 예문들을 잘 살펴보면 우리가 일반적으로 주격조사라고 부르는 '-이'가 겹쳐 쓰이고 있음을 볼 수 있다. 이들의 뜻은 얼핏 생각하기에는 '-이'가 붙어 있는 두 명사들 사이에 '-의'로써 표시할 수 있는 관계가 있음을 알 수 있다.

(121) 너의 머리가 너무 길었다.

(122) 사람의 성품이 무척 곱다.

(123) 이 책의 내용이 참 재미있다.

여기에서 (121)~(123)의 뜻을 보면 각기 (118)~(120)과 대차가 없는 듯하다. 즉 두 문의 가리키는 바 상황이 같다는 말이다. 그러나 더 자세히 생각해 보면 차이점이 있다. 가령 (118)과 (121)을 보면 전자는 '너'의 관한 얘기임에 반하여 (121)은 '(너의) 머리'에 관한 얘기이다. 다음의 질문을 보자.

(124) 누가 머리가 너무 기니?
(125) 무엇이 너무 길다는 거니?

위에서 (124)와 같은 질문에 대해서 (118)은 좋은 대답이 된다. 그러나 (125)에 대해서는 (124)가 아니라 (121)이 좋은 대답이다. 이것은 (118)은 '너'가 주어인 반면 (121)은 '(너의) 머리'가 주어라는 반증이다. 이것은 그것들이 가리키는 실지 상황이 비록 같을지라도 말하는 이나 듣는 이의 입장에서 보면 그들의 관심의 초점이 무엇이냐 하는 차이를 나타내고 있으므로 무시할 수 없는 큰 차이라고 할 수 밖에 없다.

그런데 이러한 '-이'의 중첩현상은 위 예들에서처럼 2중으로만 되는 것이 아니라 아래 예에서와 같이 3겹이 될 수도 있다. 그리고 이론상으로는 그 이상으로 겹치는 것도 배제되지는 않는 것 같다.

(126) 그 백화점이 옷값이 가장 비싸다.
(127) 철수가 몸에 열이 많이 난다.
(128) 서울에서는 수유동이 공기가 시원하기가 제일이다.

여기에서 마지막 (128)은 '수유동이 공기가 시원하다'와 같은 2중 주어를 가진 문이 다시 더 상위의 문 '서울에는 -이 제일이다'의 빈 자리에 내포되어 생긴 문으로서 복문이다(이러한 내포문을 가진 복문에 대하여는 6.5에서 논하기로 한다). 그러므로 표면상 나타나는 '-이'의 수효를 보고 그 수효만큼 주어가 중첩되었다고 보는 것은 잘못임을 알아야 한다.

우리는 앞서 (111)~(114)와 같은 문들을 위하여 (116)~(117)과 같은 규칙을 설정했듯이 (118)~(120)과 같은 중주어 구조를 위하여도 유사한 규칙 (129)를 세우기로 한다.

(129) S → NP S

이 규칙은 하나의 S가 <NP+S>와 같은 구조로 이루어질 수 있는 길을 터주어서 위에 예로 든 바와 같은 중주어 구조를 변환과정을 거치지 않고 성분구조에서 직접 생성할 수 있게 해준다. 그런데 여기에서 무엇보다 중요한 것은 변환을 거치지 않아도 된다는 그 자체보다도 성분구조에 의존해서 중주어 구조나 화제구조를 생성하는 것이 첫째로 원어민의 직관에 더 가까운 기술이 되고 또 둘째로는 변환에서 오는 의미의 변화를 치르지 않게 되어 보다 더 합리적인 문법이 될 수 있게 된다.

그런데 여기에 마지막으로 주목할 현상이 있다. 그것은 즉 S에 관한 규칙이 (101)과 (116), (129)의 셋이나 있게 된다는 점이다. 편의를 위하여 이 세 규칙을 아래에 다시 제시하고 이에 대한 논의를 해 보기로 한다.

(130) S → NP VP Mod (=(101))
(131) S → Topic S (=(116))
(132) S → NP S (=(129))

이 세 규칙을 잘 비교해 보면 (130)은 (131)이나 (132)와는 판이하게 다른 점이 하나 있다. 즉 이것은 (130)이 양태(Modality)를 가졌다는 점이다. 여기에서 이러한 생각에 대하여 한 가지 반론을 제기할 수 있는 가능성이 있는데 그것은 우리가 상위문이라고 이름지었던 (131)과 (130)을 연결 적용하여 보면 문제가 드러난다. 그 결과를 수상도로 그리면 (133)과 같다.

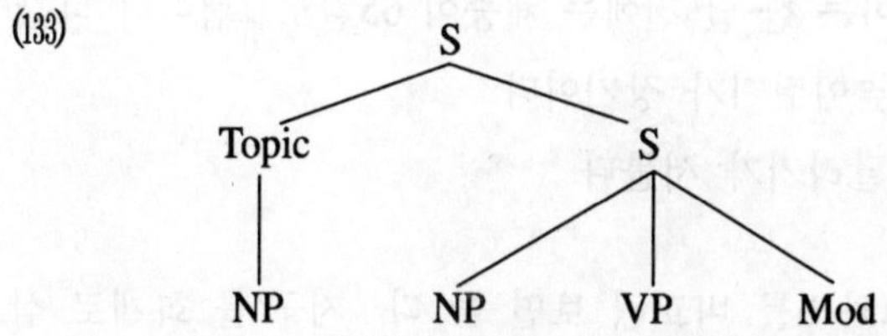

이렇게 놓고 보면 문제는 맨 끝의 양태(Mod)가 (133)에서처럼 하위 S에 직접 지배를 받아야 옳은 것인가 아니면 (134)에서와 같이 상위 S의 직접지배를 받아야 옳은 것인가 하는 문제이다.

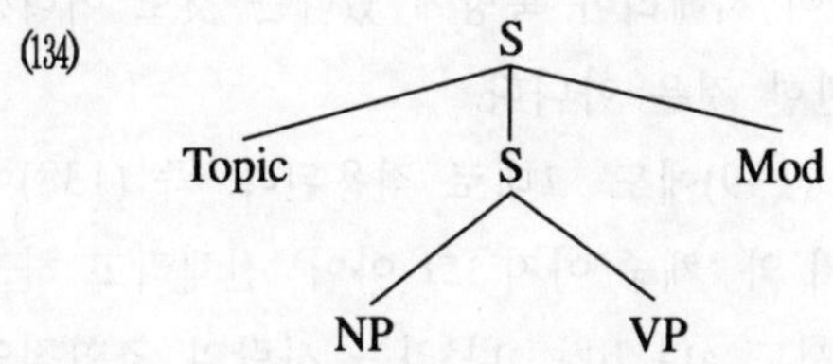

만일 (134)가 더 좋은 기술이라면 규칙 (130)에 있는 Mod는 없애서 (135)처럼 개정하고 또 규칙 (131)도 다음 (136)처럼 개정하여야 할 것이다.

(135) S → NP VP

(136) S → Topic S Mod

이 문제와 관련하여 아래 예문의 뜻을 자세히 살펴보자.

(137) a. 지구는 옛날에 그 북극이 미국의 로키산맥이었다.
b. 지구는 지금은 그 북극이 시베리아의 북쪽에 있다.
(138) a. 그 아이는 한 달 전만 해도 키가 1미터밖에 안되었다.
b. 그 아이는 한 달 전에는 체중이 65킬로그램이나 나갔다.
(139) a. 나는 높이뛰기가 장기이다.
b. 나는 달리기가 서툴다.

먼저 (137)에서 a와 b를 비교해 보면 둘 다 '지구'를 화제로 삼고 있는 점에서는 동일하다. 그래서 두 문장의 의미상 차이는 '그 북극'의 위치가 달라진 데에 있다. 즉 a에서는 북극이 현재의 미국에 있었던 과거의 일인데 그 과거를 서술어로 볼 때 그것은 지구의 전체속성에 관한 것이라기보다는 북극의 속성이 과거에는 미국에 있었다는 뜻이다. 그러므로 현재 북극이 시베리아 북방에 있다는 것도 어디까지나 지구의 속성 전체에 관한 것은 아니다.

이러한 논의는 (138)이나 (139)에도 그대로 적용된다. 즉 (138)에서 변한 것은 '그 아이'의 '키'와 '체중'이지 '그 아이' 전체라고 하고 있는 것은 아니다. (139)에서도 a나 b나 '나'라는 사람의 조합적인 능력이 아니고 '높이뛰기'와 '달리기'에 관한 것이다. 따라서 이러한 문들의 양태에 관한 기술은 직접적으로는 주어가 되는 명사에 관한 것이고 화제와는 간접적으로 관련이 있음을 우리가 화용론적인 절차를 통하여 추론할 수 있을 뿐이다. 양태에 관한 진술은 어디까지나 주어에 관한 서술이며 그것이 화제와 가지는 관련은 주어가 화제의 일부분이거나 화제의 속성을 나타내는 것이라는 이유 때문에 생겨나는 것이라고 볼 수밖에 없다.

이러한 이유로 (130)과 (131)은 근본적으로는 그대로 두는 것이 타당하다고 보나 다만 한 가지 기술적인 문제는 화제는 일반문보다도 더 상위에서 나타나는 것이 우리말의 성질이므로 그러한 관계를 포착하기 위하여 (131)의 S는 (130)의 S와 구별되는 기호를 써서 언제나 상위에 오도록 하는 것이 바람직하다. 그 방편으로 (130)을 (140)처럼 바꾸기로 한다.

(140) S_0 → Topic S

다음으로는 (130)과 중주어 구조를 위한 (132)와의 관련을 보기로 한다. 이들은 둘 다 화제규칙 (138)보다 하위에 온다는 점에서 동일하다. 그러나 그들 사이에는 중주어 규칙인 (132)가 (130)보다는 상위에 온다. 그러나 실지 규칙의 유도과정(규칙이 적용되는 과정)에서는 이들을 동일한 차원에서 보아도 문제가 없는 듯하다. 즉 일단 화제를 택하여 (141)같은 구조가 생성되었다고 하자.

(141)

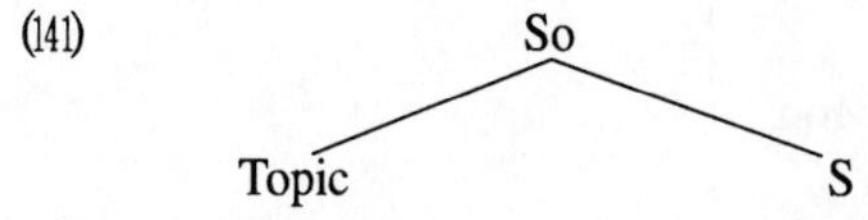

여기 (141)의 S에 (130)을 적용하면 (142)같은 구조가 생성되고 만일 (132)를 적용하면 (143)이 얻어진다.

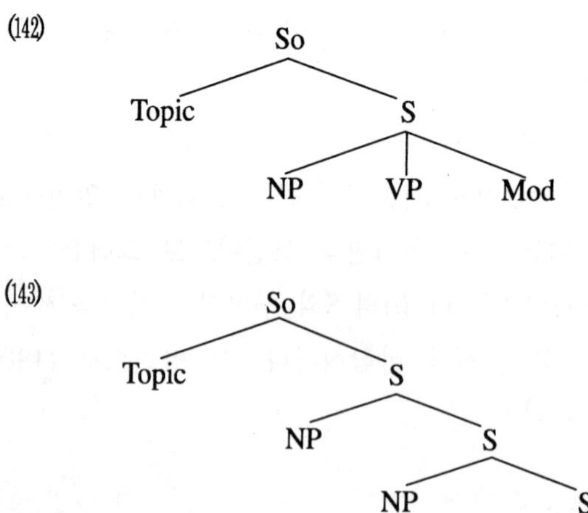

위에서 (143)은 중주어 규칙 (132)가 2중으로 적용된 경우다. 이처럼 (132)가 적용되어서 생긴 구조—가령 위 (142)같은 구조—에는 (130)이 적용될 수 있음은 물론이다. 그와 달리 만일 처음부터 (130)이 적용되고 나면 S가 생성되지 않으므로 (132)나 (140)이 다시 적용될 가능성은 배제된다. 그러므로 이 두 규칙은 다음 (144)처럼 합칠 수가 있다.

(144) $\mathrm{S} \rightarrow \begin{bmatrix} \mathrm{NP\ S} \\ \mathrm{NP\ VP\ Mod} \end{bmatrix}$

그러면 한국어에 관한 성분구조는 (140), (144), (102)~(105)를 가지면 된다는 말이 된다. 그러나 영어 같은 언어에는 우리말의 경우와 같은 화제구조를 성분구조에서 생성할 필요가 없고 또 중주어 구조는 없으므로 (140)이나 (144)같은 규칙이 필요 없고 (106)~(110)만을 가지면 된다.

6.5 단문과 복합문

이상에서 우리는 한국어와 영어의 성분구조의 대강을 살폈다. 그런데 지금까지 우리가 다루었던 문들은 그 성분이 서술어를 하나만 가진 즉 단순한 문들이었다. 이처럼 주어부와 서술부를 하나만 가진 문을 우리는 단문(單文 simple sentences)이라 부르기로 한다. 그런데 영어에 대해서는 우리가 단문만 다루어 왔으나 한국어에 대해서는 <화제+논평>에서처럼 상위문에 하위문이 서술어로 내포되는 구조를 살폈고 또 주어가 두 개 이상 있어서 처음의 주어가 상위의 주어가 되고 그 다음의 주어와 서술부는 그 상위 주어에 관한 서술을 이루는 형태의 특이한 구조-중주어 구조-도 보았다. 이처럼 두 개 이상의 S범주를 가진 구조는 엄밀한 의미에서는 복합문(複合文 complex sentences)이라 부른다. 그러나 우리는 그 밖의 복합문 구조인 보문구조라든지 체언화, 등위구조, 종속구조 등은 아직 배우지 못했으므로 이 절에서는 이런 것들을 살피기로 한다.

(145) 나는 국어문법도 배우고 영문법도 배운다.
(146) 그는 딴에는 부지런히 공부했으나 일이 뜻대로 되지 않았다.

위 예문들을 보면 각기 아래와 같은 두 개의 문을 결합한 것이나 다름이 없음을 알 수 있다.

(147) a. 나는 국어문법을 배운다.
b. 나는 영문법을 배운다.
(148) a. 그는 딴에는 부지런히 공부했다.
b. (그러나) 일이 뜻대로 되지 않았다.

이러한 문의 구조를 수상도로 나타내면 아래 (149)와 같다.

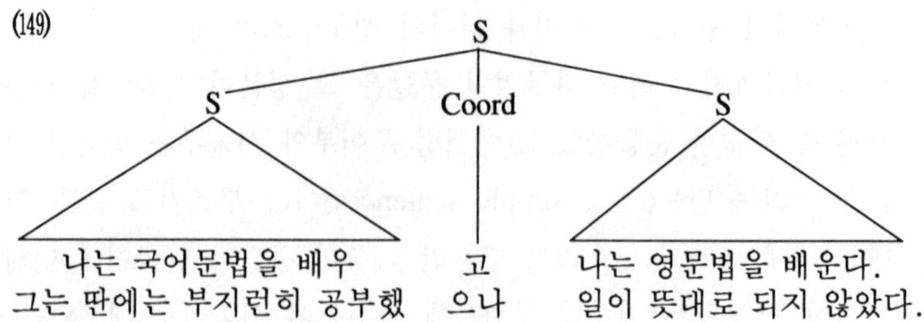

위 (149)에서 우리는 내포문이 등위접속사(等位接續詞 coordinators ; 약자 Coord)에 의해서 연결되어 보다 큰 문을 이룸을 표시하고 각기 하위 내포문의 세부구조가 어떤가는 표시하지 않고 세부사항을 생략했다는 뜻으로 삼각으로써 약식 도표를 그렸다. 그러나 이 삼각부분은 사실 더 자세히 그리려면 앞 절에서 배운 바와 같은 성분구조를 다 적용하여 보다 세밀한 기술을 할 수 있다. 하여튼 이러한 등위구조를 성분구조로 나타내면 (150)과 같다.

(150) S → S Coord S

규칙 (150)은 아래 (151)~(152)와 같은 영어에도 적용될 수 있다.

(151) I am reading a fiction and he is reading poetry.

(152) Richard is very good in mathematics but he is not good in mathematics but he is not good in English.

이러한 등위구조의 한 가지 특징은 등위접속사로 연결되는 두 개의 등위절(等位節 conjuncts)의 순서를 어떻게 바꾸어 놓아도 그 뜻에 차이가 없는 점이다.

(153) 나는 영문법도 배우고 국어문법도 배운다.
(154) 일이 뜻대로 되지 않았으나 그는 딴에는 열심히 공부했다.
(155) He is reading poetry and I am reading a fiction.
(156) Richard is not good in English but he is very good in mathematics.

복합문에는 위와 같은 이른바 등위구조뿐 아니라 아래에 예를 든 종속구조도 있다.

(157) 네가 가면 모두가 섭섭해 하리라.
(158) 그가 오거든 네가 꼭 만나라.
(159) 누가 해도 그 일은 되지 않는다.
(160) Give him my best regards if he comes.
(161) When the sun falls, it becomes dark on earth.
(162) Even if you may like him, he doesn't like you.

이러한 종속구조의 특징은 두 내포절 중 하나는 그것을 따로 떼어 놓았을 때 독립절을 이룰 수 있으나 남은 하나는 단독으로 독립할 수 없는 점이다. 가령 (157)과 (160)의 경우만을 내포절을 잘라내서 독립시켜 보면

(163) a. *네가 가면.
b. 모두가 섭섭해하리라.
(164) a. Give him my best regards.
b. *If he come.

위 예에서 우리는 각기 *표의 것은 말이 성립하지 못하는데 그 짝들은 그대로 독자적으로 말이 되는 것을 볼 수 있다. 즉 예들에서 두 개 내포절 중 하나는 다른 하나에 의존해야만 말이 성립하는 구조인 것을 볼 수 있는데 이러한 의존적인 구조를 종속구문이라고 부른다. 이와 같은 예에서 우리는 한국어를 위하여는 (165), 영어를 위하여는 (166)과 같은 성분구조 규칙을 설정할 수 있다.

(165) S → S Subord S

(166) S → Subord S S

위에서 Subord란 종속접속사(從屬接續詞 Subordinators)의 약자로 쓴 것이다.

세번째 내포구문으로는 보문(補文 Complement)이 있다. 가령 예들을 보자.

(167) 나는 한국인이 부지런도 하고 성실도 하기를 바란다.

(168) 그가 뒤늦게나마 온 것이 천만다행이다.

(169) I realized later that I knew little about American culture.

(170) It is surprising that he has picked up French so quickly.

위 예들의 성분구조를 살피기 위하여 각기 다음과 같은 두개씩의 문들의 상호관계를 살펴보기로 한다.

(171) a. 나는 그것을 바란다.

b. 한국인이 성실도 하고 부지런도 하다.

(172) a. 그것이 천만다행이다.

b. 그가 뒤늦게나마 왔다.

(173) a. I realized it later.

b. I knew little about American culture.

(174) a. It is surprising.

b. He has picked up French so quickly.

독자는 자세한 설명을 듣지 않고서도 위 (167)~(170)의 각 예문들이 (171)~(174)의 a, b 두개 예문들을 결합해 놓은 결과라고 볼 수 있다는 것을 깨달을 것이다. 예를 들어 (167)은 (171)a의 '그것'의 자리에 b를 대입해서 얻은 것이나 다름이 없다. 또 (168)은 (172)a의 '그것'의 자리에 b를 대체하여 얻은 것이나 다름이 없다. 그래서 이러한 생각을 살려 (167), (168)같은 예문의 성분구조를 수상도로 나타내면 아래의 (175), (176)과 같다.

이처럼 두개의 성분문(constituent sentences)이 결합이 되는데 있어 그 중 하나가 다른 것의 속에 안겨 들어가는 경우, 즉 내포되는 경우, 내포되어 들어가는 쪽을 내포문(內包文 embedded sentence)이라 하며 그것을 내포하는 주인이 되는 후자를 모문(母文 matrix sentence)이라고 부른다. 위 예에서 '한국인이 부지런하기도 하고 성실하기도 하'의 부분이 내포문이고 '나는…을 바란다'의 부분이 모문이다. 위 (175)나 (176)같은 보문구조에서 내포문은 모문 안에서 명사구 구실을 하고 있으므로 이러한 보문구조를 특히 명사구 보문(Noun Phrase Complementation)이라 부른다. 여기에서 한국어의 명사구 보문을 위한 성분구조를 설정해 보면 다음과 같다.

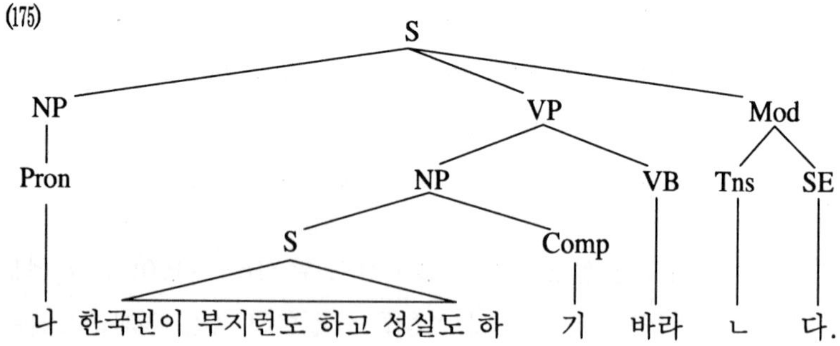

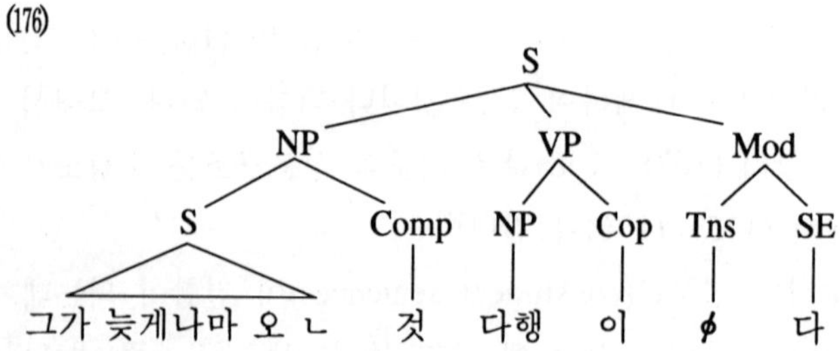

(177) NP → S Comp

또 다음과 같은 예문을 보자.

(178) 나는 거기에 가기를 바란다.
(178)′ a. 내가 거기에 간다.
b. 나는 그것을 바란다.

여기에서 (178)은 (167)과는 상당히 다른 문장구조를 가진 것처럼 보일지 모르나 사실은 둘을 다 같은 관점에서 볼 수 있음을 알 수 있다. 즉 (178)′b의 '그것'이 차지하는 자리에다 (178)′a를 대입하면 '나는 <내가 거기에 간다>를 바란다'와 같은 구조를 얻게 된다. 여기에서 (167)의 경우와 다만 하나 다른 점은 내포문의 주어와 모문의 화제가 다 같이 '나'로서 동일인을 지칭하므로 내포문 쪽의 것을 생략할 수 있는 점이다. 이러한 변형을 동일지칭생략(同一指稱省略 Equi-deletion)이라 부른다. 그러므로 (178)의 경우에도 규칙 (177)은 똑같이 적용이 될 수 있다.

영어의 경우도 (169)~(170)을 보면 명사구 보문 구조가 있음을 알 수 있다. 다만 영어와 다른 점은 우리말에서는 '-기'나 '-ㄴ 것'등 이른바 보문자(Complementizer : 약자 Comp)가 보문의 뒤에 오는데 반해서 영어에서는 'that'과 같은 보문자가 보문의 앞에 오는 차이가 있다. 따라서 영어의 명사구 보문을 위한 규칙은 다음과 같다.

(179) NP → Comp S

네번째로 이상에서 다룬 명사구 보문과는 달리 동사구 보문(Verb Phrase Complementation)이 있다.

(180) a. John forced Dr. Brown to examine Mary.
b. John forced Mary to be examined by Dr. Brown.

이러한 영문은 '존이 메기에게 강요했다'는 부분만으로는 그 뜻이 완전하지가 못하다. 즉 '누구에게 강요했다'는 개념은 '무엇을' 또는 '어찌하라고' 강요했는가가 문제가 되기 때문에 그 뜻이 동사자체의 의미만으로서 독자적으로 이루어질 수 없다. 먼저 (180)a와 b의 구표지를 수상도로 그려 보면 다음 (180)′의 a 및 b와 같다.

이러한 구조를 근거로 우리는 다음과 같은 성분구조를 만들 수 있다. 여기서 NP를 수의선택성분으로 한 이유는 NP를 가지지 않은 동사구보문의 경우를 위한 것이다.

(181) VP → VB (NP) S

여기에서 한 가지 기억할 점은 한국어의 경우에는 (177)을 그대로 (102)에 연결시켜 문의 도출을 하면 되므로 별도로 (181)같은 동사구 보문 규칙을 설정하지 않아도 된다는 점이다.

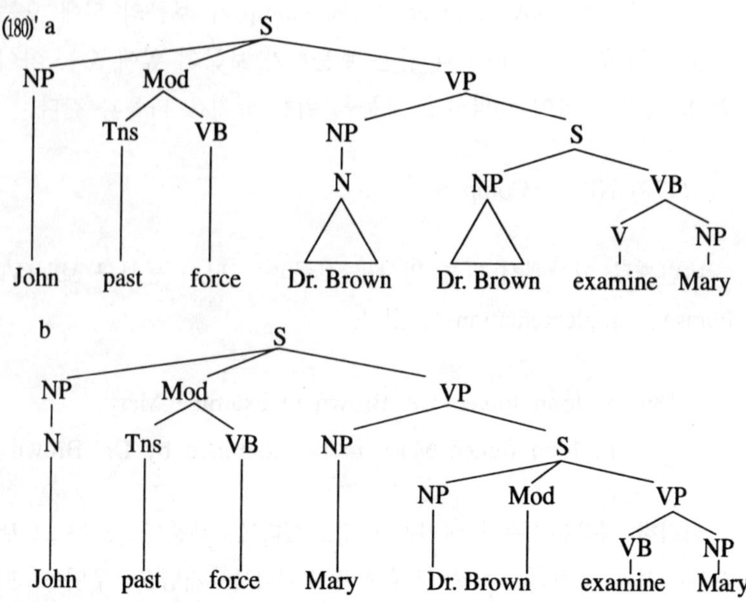

마지막으로 복합문의 구조에는 관계화(關係化 Relativization) 구문이 있다.

(182) 나는 네가 어제 나에게 준 책을 영식에게 빌려 주었다.

(183) a. 네가 어제 나에게 책을 주었다.

b. 나는 그 책을 영식에게 빌려 주었다.

예문 (182)에서는 (183)의 a와 b의 두개 성분문(成分文 Constituent sentences)을 추출할 수 있다. 여기에서 b의 '그 책'이 a의 '책'과 같은 것을 나타내고 있는 경우에 그 지칭대상(指稱對象 referent)이 같다고 한다.

이처럼 두개 문에 들어있는 명사의 지칭대상이 동일물인 경우 우리는 그 문의 하나를 관계화절로 바꾸어 나머지 하나에 연결함으로써 복합문을 만들 수 있다. 위 (183)a와 b를 그처럼 관계화절로 만들어 연결하려면 그들을 우선 아래와 같이 한개 구조로 결합할 필요가 있다.

(184) 나는 <네가 어제 그 책을 나에게 주었> 그 책을 영식에게 빌려 주었다.

이 일반화된 구조(Generalized Structure)는 이를 성분구조표지로 표시하면 다음과 같다.

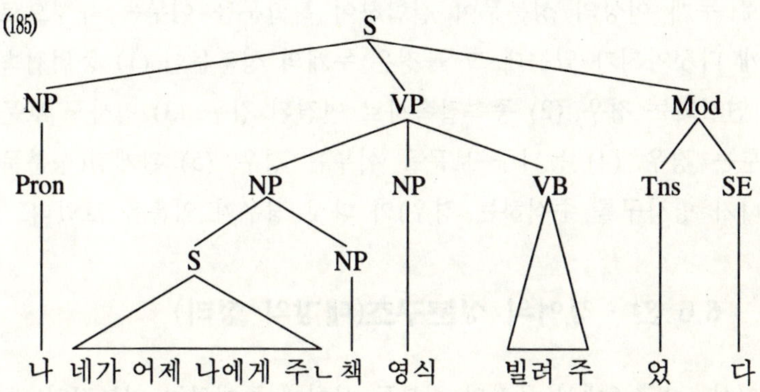

이를 근거로 한국어의 관계화 성분구조를 만들어 보면 (186)과 같다.

(186) NP → S NP

영어의 경우도 아래 가령 (187)과 같은 문장을 근거로 하여 (188)과 같은 성분구조규칙을 만들 수 있다.

(187) They sent flowers to the patient whom they visited the day before.

(188) NP → NP S

관계화절에서도 한국어와 영어는 수식하는 관계절의 순서가 한국어에서는 머리명사(head noun)의 앞에 오는데 영어에서는 그 뒤에 오는 것에 차이가 있음을 알 수 있다.

우리는 이상에서 문의 종류에는 단문과 복합문이 있다는 것, 그리고 단문이란 주부와 술부가 한쌍만으로 이루어져 있는 문이고 복합문은 두개 이상의 성분문이 결합하여 이루어진 것임을 보았다. 다음으로 두개 이상의 성분문이 결합하여 복합문을 이루는 유형으로는 크게 다섯가지가 있는데 그 특징은 두개의 성분문이 (1) 등위접속사로 연결되는 경우, (2) 종속접속사로 연결된 경우, (3) 명사구 보문을 이루는 경우, (4) 동사구 보문을 이루는 경우, (5) 관계절(성분문의 하나가 명사구를 수식하는 경우)의 다섯 경우가 있음을 보았다.

6.6 한 · 영어의 성분구조(대강의 정리)

이상 6.1~6.5에서 문장의 성분들 사이에 존재하는 기본적인 관계,

즉 성분구조의 대강을 살폈다. 다음으로는 표면상으로는 다르나 서로 환언관계에 있는 문들은 성분구조규칙에서 얻은 심층구조에다 일련의 변형규칙을 적용하여 얻는 과정을 국어의 사동, 피동의 경우를 들어 예시하였다.

이제는 변형을 보다 더 상세하게 다룰 차례인데 그에 앞서 지금까지 살폈던 대강의 성분구조를 다시 한번 정리하고 나서 다음 절에서부터 변형을 다루기로 한다.

성분구조에서 우선 국어 명사구(NP) 관계 규칙을 살펴보면 (96), (177), (186)의 세 개가 있음을 알 수 있다. 그래서 이것을 한 개로 정리하면 (189)처럼 된다.

$$(189)\ NP \rightarrow \begin{bmatrix} S\ NP \\ S\ Comp \\ (Det)\ (Adj.\ attr)\ N \end{bmatrix}$$

다음으로는 접속사류를 가진 복합문 S에 관한 규칙 (150)과 (165)에서 등위접속사(Coord)와 종속접속사(Subord)를 다 같이 접속사류(接續詞類 Conjunction : 약자 Conj)로 보아 한 규칙으로 합치면

(190) S → S Conj S

처럼 된다. 그렇게 하려면 물론 다음 (191)처럼 접속사를 다시 하위분류하는 규칙이 필요하게 된다.

$$(191)\ Conj \rightarrow \begin{bmatrix} Coord \\ Subord \end{bmatrix}$$

그런데 S에 관한 규칙은 (190)뿐만 아니라 (144)도 있으므로 이 둘을 다시 합치면 (193)과 같다.

$$(192)\ \text{S} \rightarrow \begin{bmatrix} \text{NP S} \\ \text{S Conj S} \\ \text{NP VP Mod} \end{bmatrix}$$

다음으로는 영어의 경우도 S에 관한 규칙이 (106), (150), (166)의 셋이 있다. 그 중 우선 접속관계의 (150)과 (166)을 합치면

(193) S → S Conj S

처럼 된다. 이 규칙이 국어의 경우의 (190)과 그 형태가 꼭 같음에 유의하기 바란다. 다음으로 (106)과 (193)을 합치면 아래 (194)와 같다.

$$(194)\ \text{S} \rightarrow \begin{bmatrix} \text{S Conj S} \\ \text{NP Mod VP} \end{bmatrix}$$

그 다음으로 영어 NP에 관한 규칙에는 (100), (177), (188)의 세 개가 있다. 이제 이것들도 다음 (195)처럼 합치기로 한다.

$$(195)\ \text{NP} \rightarrow \begin{bmatrix} \text{NP S} \\ \text{Comp S} \\ \text{(Preart) (Art) (Num) N} \end{bmatrix}$$

국어와 영어의 성분구조규칙이 이상의 기술로 완전한 것은 아니다. 그러나 입문서라는 점과 지면을 생각하여 대충 성분구조를 이해

할 수 있는 이 정도에서 그치기로 한다.

또 하나 기억할 점은 현대 언어이론에서는 **'보편문법'**(普遍文法 Universal Grammars)이라고 하여 여러 개별언어에 공통되는 성분구조를 시도하기도 한다. 그러한 관점에서 보면 국어와 영어도 공통된 성분구조를 설정할 수 있는 가능성을 생각해 볼 수도 있다. 그러나 그렇게 하면 변형과정이 그만큼 복잡해지므로 우리는 한국어와 영어의 어순이 다른 점을 그대로 감안해서 양국어에 조금 다른 성분구조를 설정하였다. 여기에서도 그러한 처음의 접근법을 그대로 유지하여 한 · 영어에 별도의 성분구조를 이미 설정한 그대로 아래에 정리해 보기로 한다. 이렇게 모든 규칙을 한 곳에 모아서 정리하는 것은 다만 참조의 편의를 도모하고자 하는 이유 밖에 없다.

(196) 한국어의 성분구조

1. S_0 → Topic S (140)

2. S → [NP S / S Conj S / NP VP Mod] (192)

3. VP → [NP 이 / (Int) Adj / (NP) (NP) VB] (102)

4. VB → (Adv) V (C/P) (103)

5. C/P → '-이-', '-히-', '-기-', '-리-', '-우-' (104)

6. Mod → Tns PS SL Asp SE (105)

7. Conj → [Coord / Subord] (191)

8. NP → (Det) (Adj. attr) N (96)

9. $N \rightarrow \begin{bmatrix} \text{Np} \\ \text{Nm} \\ \text{Nc} \\ \text{Na} \\ \cdots \end{bmatrix}$ (97)

(197) 영어의 성분구조(대강의 종합)

1. $S \rightarrow \begin{bmatrix} \text{S Conj S} \\ \text{NP Mod VP} \end{bmatrix}$ (194)

2. $VP \rightarrow \begin{bmatrix} \text{BE NP} \\ \text{BE (Int) Adj} \\ \text{VB (NP) (NP)} \end{bmatrix}$ (107)

3. Mod → Tns Asp (108)

4. Asp → Prf Prg

5. $Tns \rightarrow \begin{bmatrix} \text{Pres} \\ \text{Pst} \\ \text{NP S} \end{bmatrix}$ (110)

6. $NP \rightarrow \begin{bmatrix} \text{Comp S} \\ \text{(Preart) (Art) (Num) N} \end{bmatrix}$ (195)

7. VP → VB (NP) S (181)

6.7 변형규칙의 개관

위 6.6에서 한국어와 영어의 성분구조규칙을 대강 정리해 보았으므로 이제는 변형(또는 변환 Transformation)을 살필 차례다. 변형규칙이란 성분구조에서 생성된 심층구조에다 형태상의 어떤 변화를 주어서 표층의 문을 만들어내는 절차를 규칙화한 것이라는 것은 이미 살폈다. 본절에서는 국어와 영어의 경우를 예로 들어서 실제로 자주 쓰이는 변형규칙에 어떤 것들이 있는가를 살핌으로써 양국어의 통사구조 중에서 중요한 것들을 살펴 보는 효과까지를 얻고자 한다.

(1) 격표지 부가변형(Case Marking)

우리는 이미 주격표지부가(9), 목적격표지부가(10), 여격표지부가(13) 등 세 가지 격표지부가변형을 보았다. 이러한 한국어의 격표지(이른바 격조사)는 그것들을 성분구조규칙에서 얻는 것보다도 변형에 의해서 얻는 것이 더 편리하다. 그 이유는 표면상의 격의 관계는 표층구조를 다 얻은 후, 즉 모든 변형규칙이 적용된 후에야 결정되는데 만일 격표지를 심층에서부터 주어 놓으면 변형규칙을 적용할 때마다 새로 격표지부가를 다시 해야 하는 번거로움이 있기 때문이다. 이러한 격표지들은 표층의 문에는 의례히 붙어 있는 것이므로 격표지부가 규칙들은 다 의무적(obligatory)인 것으로 처리할 필요가 있다. 한국어에는 우리가 배운 주격표지부가나 목적격표지부가, 여격표지부가 이외에도 여러 격이 있으나 다른 규칙들의 부가 방법은 이미 예시한 세 개로써 충분하므로 규칙을 더 예시하지 않기로 한다.

(2) 부정(否定 Negation)

어떤 진술의 내용이 사실이 아님을 나타내는 구문을 부정이라고 부른다. 가령 아래 예들에서 b나 c는 모두가 a를 부정하는 뜻을 가지고 있다.

(198) a. 그 사람이 그 회의에 간다.

b. 그 사람이 그 회의에 안 간다.
c. 그 사람이 그 회의에 가지 아니한다.
(199) a. ?그 사람이 그 회의에 가기를 한다.
b. 그 사람이 그 회의에 가기는 아니한다.

먼저 (108)a와 b에서 전자는 긍정문이고 후자는 부정문이다. 즉 이 둘의 차이는 그 진술의 사실이 반대인 관계에서는 차이가 있다. 즉 만일 a가 사실이라면 b는 사실이 아닐 것이며 a가 사실이라면 b가 사실이 아니게 된다. 이러한 경우 b를 a에서 변형에 의하여 도출하기로 한다면 다음과 같은 규칙이 필요할 것이다.

(200)	NP	VB	Mod	SE
	1	2	3	4
	→ 1	ani+2	3	4

그런데 이미 살핀 바와 같이 위 예문 (198)에서 c도 b와 같이 a의 부정문임이 틀림없다. 그런데 부정규칙인 (200)은 부정이란 점에서는 b와 다를 바가 없는 c를 생성해 주지 못한다. 그 까닭은 c는 (200)의 구조기술과는 맞는 것이 아니기 때문이다. 여기에서 우리는 (198)c와 흡사한 구조를 가진 (199)a와 같은 문의 구조기술을 생각해 볼 필요가 있다. 이를 잘 살펴보면 아래 (201)과 같이 보문 구조를 가지고 있음을 알 수 있다.2)

즉 이러한 구조의 특징은 '그 사람이 …을 한다'의 구조에 '그 사람이 회의에 가다'와 같은 내포문을 삽입한 것이라고 할 수 있다. 그런데 여기에서 재미있는 사실은 (198)c는 (199)a(=(201))에다 '아니'

2) 이러한 관찰과 기술은 송석중(1967)이 처음 한 것이다

라는 부정의 형태소를 삽입한 것에 불과하다는 사실이다. 그러므로 우리는 (198)c와 같은 부정문은 (198)a의 직접적 부정형태로 볼 것이 아니라 (199)a와 같은 복합문의 부정형으로 봄이 더 편리함을 알 수 있다. 그리고 (199)a의 성분구조는 이미 5.6에서 정리해 보인 성분구조 규칙에서 (201)과 같은 구조를 얻을 수 있음을 보았으므로 거기에다 부정의 요소인 '아니'만 적절히 삽입하면 된다. 이러한 경우에 부정의 뜻을 가진 '아니'같은 요소를 우리는 편의상 '부정소'라고 부르기로 한다.

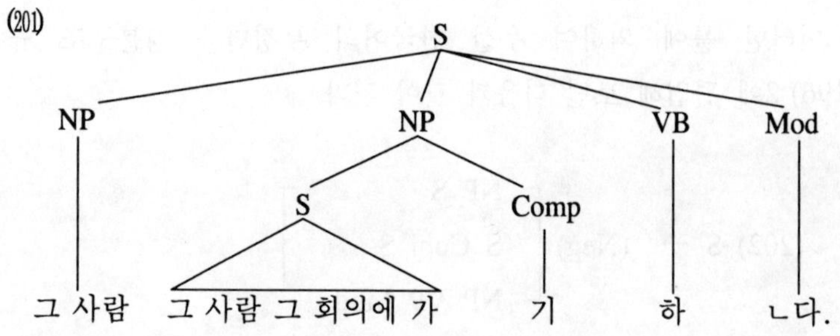

이처럼 (198)b와 c는 전자가 단순한 문의 부정이고 후자가 복합문을 포함하는 부정인 점이 다름에는 틀림없으나 부정소가 삽입되는 위치로 보아서는 아무런 차이가 없음을 볼 수 있다. 즉 두 경우에 다 부정소 '아니'는 주동사인 '가다'와 '하다'의 앞에 붙어 있다.

이처럼 부정소가 어느 성분에 붙어서 문장을 부정하는 경우 그 부정되는 요소는 부정을 하는 부정소 '아니'의 초점(focus)안에 들어 있다고 말한다. 이와 같은 부정의 구문을 기술하는 방법으로 Chomsky (1957)는 (198)a나 (199)a와 같은 표층구조에서 (198)b와 c같은 표층구조를 각기 유도해 내는 것으로 했었는데 그렇게 하면 부정변형이 문의 의미를 바뀌게 하는 역할을 하게 된다. 즉 예컨대

(198)a는 긍정의 뜻을 가짐에 반하여 부정변형을 거친 (198)b는 부정의 뜻을 가져서 그 뜻이 그 심층구조와는 반대의 말이 되므로 변형규칙이 문의 의미를 변화시킨 셈이 되는 것이다 이처럼 변형이 변형 전 문의 뜻을 바꾸는 것은 문법기술에 좋은 것이 아니므로 Chomsky(1965)에서는 부정소(또 그와 마찬가지로 의문소, 명령소 등 변형규칙에 의미변화를 끼치는 요소들)는 다 처음부터 성분구조규칙에다 편입해 놓고 변형규칙은 의미의 변화를 초래하지 않는 순전한 변형으로 바꿀 수 있는 틀을 제시하였다(이것은 본래 Katz와 Postal의 생각을 Chomsky가 받아들인 것임).

이러한 틀에 의하여 우선 한국어의 부정만을 성분구조 규칙 (196)-2에 편입해 보면 다음과 같이 된다.

$$\text{(202) S} \rightarrow \text{(Neg)} \begin{bmatrix} \text{NP S} \\ \text{S Conj S} \\ \text{NP VP Mod} \end{bmatrix}$$

(202)′ Neg → ‘ani’

더욱 나아가서 의문문이나 명령문도 역시 변형에 의한 의미의 변화를 피하려면 Q(의문소)나 Imp(명령소)를 성분구조에 포함하는 것이 바람직하므로 (202)는 다시 다음 (203)처럼 개정하는 것이 좋다.

$$\text{(203) S} \rightarrow \begin{matrix} \text{Neg} \\ \text{Q} \\ \text{Imp} \end{matrix} \begin{bmatrix} \text{NP S} \\ \text{S Conj S} \\ \text{NP VP Mod} \end{bmatrix}$$

(204) Q → ‘ni’, ‘nya’, ‘kka’, …

(205) Imp → ‘-la’, ‘-o’, ‘-ci’, …

한국어의 구조를 이처럼 두개의 다른 심층구조에서 얻는 것으로 하는 경우 다만 한 가지 문제가 되는 것은 (199)a에서 (198)c를 얻는 과정에서 체언의 보문소인 '-기'를 부정의 경우에는 '-지'로 바꾸어야 하는 문제가 있다. 이에 대해서는 이의를 제기할 수도 있겠으나 (199)b와 같은 문이 가능하고 또 아래 (206)과 같은 문이 가능한 것 등으로 보아 한국어의 부정을 두 가지 다른 심층에서 도출하는 일은 상당한 근거가 있는 것으로 볼 수밖에 없을 것 같이 생각된다.

(206) 그 사람이 그 회의에 가기는 할 것이다.

이상에서 한국어의 부정문을 살폈는데 영어의 경우도 부정규칙이 의미를 바꾸지 않는 체제를 갖추려면 부정을 변형에 의하여 도입하지 말고 성분구조에서 도입하여야 한다. 우선 예문부터 몇 개 살피기로 하자.

(207) a. Mr. Carter is an astronaut.
(카터씨는 우주비행사다.)
b. Mr. Carter is not an asteronaut.
(카터씨는 우주비행사가 아니다.)
(208) a. Jim is driving very carefully.
(짐은 매우 조심스럽게 운전하고 있다.)
b. Jim is not driving very carefully.
(짐은 매우 조심스럽게 운전하고 있지 않다.)
(209) a. Mary has seen a crocodile.
(메리는 악어를 본 적이 있다.)
b. Mary has not seen a crocodile yet.

(메리는 악어를 본 적이 없다.)

(210) a. Sam bought a van.

(샘은 큰 트럭을 샀다.)

b. Sam did not buy a van.

(샘은 큰 트럭을 사지 않았다.)

이상 네 쌍의 문들은 a가 어떤 진술을 한 데 대하여 b가 그 진술의 사실여부를 반대로 만든 점에서 후자가 전자의 부정이다. 이러한 한 쌍의 진술을 두고 우리가 전자를 긍정문, 후자를 부정문이라고 함은 여기 영어의 경우도 국어의 경우와 다를 바가 없다. 그러면 영어의 경우는 부정이 어떤 구조를 가지는지 보기로 한다.

먼저 (207)에서 is가 is not로 바뀜으로써 부정이 되는 것을 보면 V → V Neg의 변화(여기에서 Neg은 부정소의 표시)인 듯 보인다. 그런데 (208)의 예를 보면 is driving → is not driving과 같은 변화를 볼 수 있다. 만일 이 예도 앞의 경우와 같이 단순히 is → is not의 변화라고 보면 그 뒤에 따로 남는 driving을 어떻게 설명할 것인지가 문제된다. 즉 driving은 drive에다 -ing을 붙인 형태임이 분명한데 그러한 경우 첫째 문제는 is not을 V Neg의 형태로 보는 경우 (207)은 V Neg V의 형태가 된다. 둘째로는 그러한 설명을 그대로 받아들이는 경우에는 drive에 붙어 있는 -ing를 설명할 수 없게 된다. 여기에서 is -ing는 상호 수반되는 요소로서 진행상을 나타내는 것임을 원어민은 다 아는 일이므로 그것은 Aux(조동사류)로 보면 is driving은 Aux V의 구조로 볼 수 있으며 그 부정화는 Aux V → Aux Neg V의 변형이라고 볼 수 있다. 또 (209)를 보아도 has seen을 Aux인 has p.p.형(과거분사형)과 V인 see의 결합이라고 보면 has seen → has not seen의 변화는 구조적으로는 Aux V → Aux Neg

V의 구조변화여서 (208)의 경우와 꼭 같다고 볼 수 있다. 마지막으로 (210)을 보면 bought → did not buy의 형태적 변화를 볼 수 있다. 이를 (208)이나 (209)와 관련시켜 보자면 bought를 단순히 V로 볼 것이 아니라 Past V로 보는 것이 타당하며 Past는 Present와 더불어 Tense(시제)이고 또 시제는 일종의 조동사류(Aux)이므로 결국 이 부정형도 Aux V → Aux Neg V의 변화로 볼 수 있게 됨을 알 수 있다. 다만 여기에서 하나 문제가 되는 것은 Past가 Aux이므로 Aux V → Aux Neg V의 변화 자체에는 무리가 없으나 표면에서 did와 같이 do에 Past(=Aux)가 얹혀서 나타나므로 이러한 경우를 위해서 do형을 도입하는 규칙이 별도로 필요하게 되는 점이다. 이상과 같이 영어의 부정의 과정을 생각해 가면 맨 처음 (207)의 경우도 is → is not의 변화과정을 앞서 생각한 것처럼 V → V Neg의 변화로 볼 것이 아니라 is를 Aux V의 구조로 생각하여 Aux V → Aux Neg V의 변화로 보는 것이 다른 세 경우와 통일성을 가진 기술임을 알 수 있게 된다. 여기에서 다만 문제가 되는 것은 실제의 표면구조에 있어서 BE 동사는 그 Aux 성분과 V적인 성분이 언제나 붙어 다닌다는 점이 있기는 하다.

이상과 같이 표면상 달라 보이는 영어의 부정문들에 대하여 체계적이고 통일된 기술을 할 수 있게 된 것은 우리가 is나 bought 같은 성분들도 표면상 조동사류(Aux)를 가진 is driving, has seen 등과 꼭 한가지로 Aux V의 형태임을 발견한 데에 있는 것이 아니다. 이러한 예는 언어학이 표면에 드러난 것만을 보는 것이 아니라 어떤 체계적인 관찰을 통하여 언어의 심층에 깔린 범주나 현상까지도 발견해 냄으로써 보다 더 과학적인 기술이나 설명이 가능함을 보여 주는 좋은 예가 된다.

여기까지에서 살핀 영어의 부정구조를 참고하여 부정을 변형으로 다루지 않고 성분구조 규칙에 편입하려면 규칙 (197)의 어느 한 단계에서 Neg을 도입하는 개정을 해야 한다. 위에서 부정소 Neg을 Aux와 V 사이에 삽입했던 것은 위 (207)~(210)의 문장들의 표면구조를 그대로 받아들여 편의상 그렇게 했던 것이나 부정의 의미는 조동사류나 동사만을 부정하는 것이 아니고 한 개의 문 전체의 서술 내용을 부정하는 것이므로 그러한 점을 고려하여 (197)-1의 우측 전체 앞에 Neg을 삽입하면 다음 (211)처럼 개정된 규칙을 얻게 된다.

$$(211)\ S \rightarrow (Neg) \begin{bmatrix} S\ Conj\ S \\ NP\ Mod\ VP \end{bmatrix}$$

이상에서 우리는 한국어와 영어의 경우 부정소를 성분구조에 포함시킴으로써 변형을 거치지 않고 부정문을 얻는 방도를 살펴보았다. 그러나 부정문을 보다 더 자세하게 다루려면 (202)나 (211)에서 가장 상위에 있는 부정소(Neg)가 어떤 과정을 거쳐서 문의 어느 중간의 성분 속으로 들어가는가를 다루어야 한다. 그러나 본서에서는 입문서임을 고려하여 그러한 상세한 점까지를 다루지 않고 다만 부정과 관련된 기본적인 관찰들만 이 정도로 다루어 두기로 한다.

(3) 의문문(疑問文 Question)

지금까지 우리가 보아 온 긍정, 부정문은 어떤 사물에 대하여 화자가 본 바나 생각한 바를 진술 또는 서술하는 표현이었다. 즉 그러한 문들은 어떤 정보를 청자에게 전달하는 표현이다. 그와 달리 화자는 청자에게 어떤 정보를 달라고 요청할 수가 있는데 그러한 경우에 사용되는 문이 우리가 이 절에서 다룰 의문문이다. 즉 의문문이란 간단히 말해서 화자가 청자에게 어떤 정보를 요청하는 표현이다.

우리말에서 의문문은 억양에 의해서 표현하는 경우, 문말어미(sentence ending)의 형태에 의존하는 경우, 또 어떤 서술적인 표현에 의해서 간접적으로 표현하는 경우의 세 가지를 생각해 볼 수 있다.

(212) a. 그 사람이 돌아 왔어요.
b. 그 사람이 돌아 왔어요?

(213) a. 그 집에 불이 났어.
b. 그 집에 불이 났어?

(214) a. 아니, 그 사람이 죽었습니까?
b. 아니, 그 사람이 죽었는가?
c. 아니, 그 사람이 죽었니?
d. 아니, 그 사람이 죽었나?

(215) a. 나는 그가 언제 결혼했는지 궁금하다.
b. 그가 언제 결혼했니?

(216) a. 제발, 네가 왜 그런 일을 했는지 말해 달라.
b. 제발, 네가 왜 그런 일을 했니?

(212)에서 a와 b는 그 어휘의 구성에는 아무런 차이가 없다. 다만 a는 그 억양의 끝이 내려가서 끝을 맺는다. 그와 달리 b는 말끝이 올라가서 끝을 맺는다. 이러한 말끝의 억양의 오름과 내려감은 이러한 경우 서술문과 의문문의 차이를 나타낸다. 그래서 그것을 표시하기 위하여 필사(筆寫 writing)에서는 의문문에 물음표(?)를 붙여서 표시하는 것이 예사로 되어 있다. (213)의 a와 b도 그와 꼭 같은 경우를 보인 것이다.

둘째로 (214)의 a, b, c, d 등에서는 '-ㅂ니까', '-는가', '-니', '-

냐' 등의 문말어미들이 의문, 즉 정보를 요청하는 뜻을 나타낸다. 이러한 문들에서도 그 말끝의 억양이 올라가는 것이 예사이기는 하나 이처럼 문말어미가 어형상 분명히 의문을 나타내는 경우에는 (212)나 (213)의 경우와는 달리 어말에 상향억양(rising intonation)을 쓰지 않아도 의문문인 점에서 오해가 있을 수 없으므로 이것들을 의문 문말어미(question endings)라고 할 수 있다.

셋째로 (215)a의 경우는 형태상으로는 서술문임에 틀림이 없다. 그러나 그 서술자체가 화자의 궁금증이나 정보를 알고 싶어한다는 상황의 표시가 되어 있기 때문에 청자는 화자의 입장을 생각해서 협동하는 마음 때문에 정보를 제공하게 되므로 이러한 문들은 마치 의문문과 같은 효과를 내게 된다. 그러나 거듭 강조하거니와 이들은 통사적으로 보아서는 의문문은 아니다. 다만 의문문과 같은 화행(話行 speech act)상의 효과를 가져 올 뿐이다.

이상 세 가지 의문문의 기능 중에서 둘째번의 형태가 분명한 것을 성분구조 규칙 (202)에다 포함시키면 아래 (207)과 같다.

(217) $S \rightarrow (Q)\ (Neg) \begin{bmatrix} NP\ S \\ S\ Conj\ S \\ NP\ VP\ Mod \end{bmatrix}$

(218) Question Transformation

Q X SE

1 2 3

$\rightarrow 2+ \begin{bmatrix} \text{'-kka'} \\ \text{'-ka'} \\ \text{'-ni'} \\ \text{'-nya'} \end{bmatrix}$

다음으로는 영어의 의문문을 살피기로 한다.

(219) a. Does John write a letter?
(존이 편지를 씁니까?)
b. Did John write a letter?

(220) a. Has John written a letter?
b. Had John written a letter before he left?
(존은 떠나기 전에 편지를 썼습니까?)

(221) a. Is John writing a letter to her mother?
b. Was John wirting a letter?

(222) a. Will John writer a letter tomorrow?
b. Has John been writing letters?
(존이 지금까지 편지를 써 왔습니까?)
c. Will John be writing a letter tomorrow?
d. Will John have been reading novels for ten years by next year?
(존은 내년이면 소설을 10년간 읽게 되나요?)

위 예문 (219)에서는 의문문을 만드는 과정이 NP Aux V → Aux NP V처럼 주어의 기능을 가진 NP와 그 Aux의 순서를 바꾸는 것임을 알 수 있다. 이처럼 NP와 Aux의 위치를 바꾸는 것을 우리는 도치(Inversion)라고 부른다. 다음으로 (220)과 (221)도 보면 각기 완료와 진행이라는 점은 다르나 그 문법범주 면에서 보면 NP Aux V → Aux NP V의 변화로서 앞의 경우와 다름이 없음을 알 수 있다. 마지막으로 (222)의 여러 예를 보아도 위에 살핀 진행, 완료 등이 겹쳐 사용되었을 뿐 의문의 과정은 역시 도치에 의거하고 있음을 본다. 그래서 영어의 경우에도 의문소(Q)를 (211)에 넣어서 성분구조를 개정하면 아래 (223)처럼 된다. 그리고 이처럼 Q를 가진 성분구조에다 (224)같은 의무적인 도치규칙을 적용하면 의문문을 얻게 된다.

(223) S → (Q) (Neg) [S Conj S / NP Mod VP]

(224) Question Transformation(OBL)

Q NP Aux VB

1 2 3 4

→ 3 2 4

이상에서 우리는 의문문의 경우에도 의문소(Q)를 성분구조에 미리 설정하고 만일 의문소가 성분구조에서 선택이 된 경우에는 그에 따라 의무변형 규칙을 적용하여 의문문을 얻을 수 있음을 보았다.

(4) 명령문(命令文 Imperative Sentences)

위 6.7(3)에서는 의문문에 대해서 살폈다. 의문문이 청자에게 어떤 정보를 달라고 요청하는 데에 쓰는 문인 것은 이미 살핀 바와 같다. 이제 우리는 명령문을 살필 차례인데 명령문도 청자에 대한 어떤 요청인 점에서는 의문문과 같다. 그런데 명령문이 의문문과 다른 점은 의문이 정보의 요청인데 반하여 명령은 어떤 조처의 요청이라는 점이다. 즉 바꾸어 말하면 두 경우가 다 청자에 대한 요청이라는 점에서는 같으나 그 요청의 대상이 의문의 경우는 정보(의 요청)이고 명령의 경우는 요청대상이 어떤 행위나 조처라는 점에 차이가 있다는 말이다. 다음의 예들은 명령 또는 요청을 나타내는 것들이다.

(225) a. 너는 가게에 가거라.
b. 자네는 조금 입을 다물고 있게.
c. 늦는데 어서 서둘지.
d. 당신은 시장에 가시지요.
e. 선생님께서는 먼저 가십시오.
f. 나리께서는 먼저 행차하시옵소서.

이 예문들을 보면 모두 다 청자에 대해 어떤 요청을 하는 뜻을 지니고 있다. 물론 b같은 경우는 말이 너무 많은 사람에게 말을 그만 하라는 뜻이므로 행동을 유발하려는 것이 아니라 행위를 정지시키는 효과를 노린 말이기는 하다. 그러나 하던 일을 정하는 것도 일종의 행위임에는 틀림없으므로 이러한 예도 넓은 의미에서는 행위의 요청임에 틀림없다고 볼 수 있다.

우리말의 명령문들을 보면 앞 절에서 배운 의문의 경우와 꼭 같이 명령이나 요청의 의미가 문의 끝에 붙은 문말어미에 의해 표현되어 있음을 알 수 있다. 즉 그 형태는 의문의 대상을 의식한 존댓말의 높낮이 수준에 따라 다르기는 하지만 '-(ㄱ/너)어라', '-게', '-지', '-오/요', '-소서' 등의 문말어미가 명령이나 요청의 신호로 사용되고 있다.

그러면 우선해야 할 일은 전절에서 의문과 부정을 다 포함하여 설정했던 성분구조 규칙 (217)에다 명령의 의미도 포함토록 하고, 그 다음으로는 부정변형규칙 (218)에 비유할 수 있는 명령변형 규칙을 만들어야 한다. 이러한 명령의 문말어미를 편의상 I (Imperative의 약자로서)를 써서 그 범주기호로 삼기도 한다면 (217)은 다음과 같이 개정할 수가 있다.

(226) $$\text{S} \rightarrow \begin{bmatrix} \text{(Q)} \\ \\ \text{(I)} \end{bmatrix} \text{(Neg)} \begin{bmatrix} \text{NP S} \\ \text{S Conj S} \\ \text{NP VP Mod} \end{bmatrix}$$

(227) Imperative Transformation(OBL)

I	X	SE
1	2	3

→ 2 + { -라 / -게 / -지 / -오/요 / -소서 }

-라
-게
→ -지
-오/요
-소서

위 (225)에서 (I)와 (Q)를 한 위치에 놓고 서로 배타적인 선택(이러한 분포를 상보적 분포 Complementary distribution이라고 부름)이 되도록 한 이유는 어떤 하나의 문이 의문문도 되고 동시에 명령문도 될 수는 없기 때문이다.

다음으로 영어의 명령문을 살피기로 하자.

(228) a. Come to my office at four.
b. Finish this book in a week.

영어의 경우도 그 성분구조에다 명령의 의미소 I를 넣으면 (223)을 다음 (229)와 같이 개정할 수 있다. 그리고 그와 아울러 명령변형법칙은 (230)과 같이 만들 수 있다.

(229) $$\text{S} \rightarrow \begin{bmatrix} \text{(Q)} \\ \text{(I)} \end{bmatrix} \text{(Neg)} \begin{bmatrix} \text{S Conj S} \\ \text{NP Mod VP} \end{bmatrix}$$

(230) Imperative Transformation(OBL)

I	NP	Aux	VB
1	2	3	4
→	4		

위 (229)에서 만일 Q가 선택되는 경우에는 앞절 6.7(3)에서 배운 의문문이 생성될 것은 당연한 일이다. 지금 여기에서 배우고 있는 명령문은 Q가 아니라 I가 선택된 경우를 보고 있는 것이다. 일단 I와 둘째 행 NP Mod VP가 선택되면 그 구조가 명령변형규칙 (230)의 구조기술을 충족시킨다. 그러면 이 규칙이 작동되어 구조기술에 표시된 성분 1 2 3 4 중에서 4만이 선택되어 영어의 명령문이 이루어지게 된다. 이 규칙들을 앞서 제시한 예문들 (228)과 관련시켜 규칙 적용과정을 생각해 보기 바란다.

이상에서 우리는 의문문의 경우도 명령소(I)를 성분구조에 미리 설정하고 명령소가 성분구조에서 선택이 된 경우에는 그것이 의무적인 명령변형규칙을 작동시켜 명령문을 얻을 수 있는 체제를 살펴 보았다.

(5) 대명사화와 재귀대명사화 (Pronominalization and Reflexivization)

대명사나 재귀대명사는 어느 나라의 말에서나 문법적으로 매우 중요한 위치를 차지한다. 말이라는 것은 우리 주변에서 일어나는 일이나 인간의 머리 속에 일어나는 생각들을 묘사하기 위한 도구이므로 언어가 가진 첫째 기능은 어떤 사물을 가리키는 일이고 다음 기능은 그렇게 지시된 사물이 어떻다고 서술하는 일이다. 이것들을 학술어로 각기 지칭(指稱 reference)과 서술(敍述 predicate)이라고 부른다.

이런 관점에서 볼 때 언어란 결국은 지칭과 서술의 두 기능이 짜인 조직체라고 볼 수 있다.

그런데 그러한 두 기능 중에서 지칭은 명사와 지시어의 결합으로 이루어진다. 가령 명사 '책'은 그 자체로써만은 어떤 성질을 가진 물건을 추상적으로 총칭하는 것이지 구체적으로 하나 또는 어떤 정해진 수효를 가리키지를 못한다. 그런데 거기에다 '이 책', '저 책', '그 책들', '내가 어제 산 책'처럼 어떤 말을 더 첨가하면 구체적인 어떤 사물을 꼬집어서 지칭하는, 즉 선별하여 가리키는 효과를 얻게 되며, 그렇게 하고 나야 비로소 그런 사물에 대해서 어떤 서술을 할 수 있게 된다. 그런데 이러한 지칭의 표현들은 어떤 문맥에 들어갔을 때 반복을 피하기 위하여 그 대형(代形 Pro-form)을 사용하는 것이 어느 나라의 언어에나 자주 있는 현상이다.

(231) Do you remember that man? We met him at Dave's at the Chrismas party.

(232) 저는 수위 김씨가 마음에 들지 않아요. 그가 하는 일이 어쩐지 이상하게만 느껴져요.

위 (231)에서 'him'은 첫째 문에서 'that man'이라고 지칭했던 인물을 가리키기 위한 단어인데 'that man'이란 표현을 반복하는 것을 피하느라고 그 대신으로 쓰는 형태, 즉 대형(Pro-form)이다. 그리고 (232)에서도 두번째 문의 처음에 나오는 '그'라는 단어는 첫째 문에서 '수위 김씨'란 표현으로 지칭했던 그 동일 인물을 가리키는 대형이다. 여기 'him'이나 '그'처럼 어떤 다른 명사구를 반복해 쓰는 대신으로 사용되는 단어들을 우리는 대명사(Pronoun)라고 부르며 그러한 대명사를 얻어내는 변형과정을 대명사화(Pronominalization)라고 부른다.

위의 경우와 비슷하면서도 조금의 차이가 있는 다음의 예문을 보자.

(233) a. Harry shot the man.
b. Harry shot him.
c. Harry shot himself.

(234) a. 순길이 그 사람을 추켜세웠다.
b. 순길이 그를 추켜세웠다.
c. 순길이 (자기) 자신을 추켜세웠다.

위 (233)a에서는 'Harry'가 그 사람을 쏘았다는 뜻인데 이 때 영어에서 'the man'은 Harry 자신을 가리킬 수는 없다. 그와 마찬가지로 b에서도 'him'은 Harry 자신을 가리킬 수는 없다. 그래서 Harry가 자신을 총으로 쏜 경우, 즉 총으로 자살한 경우는 c에서처럼 'himself'같은 대형을 사용한다. 이처럼 단순한 대명사인 'him'과 구분되며 자신을 나타내는 의미를 가진 대형 'himself'를 **재귀대명사**(再歸代名詞 Reflexive Pronoun)라고 부르며 재귀대명사를 얻어내는 변형과정을 재귀대명사화(Reflexivization)라고 한다.

위 한국어의 (234)에서도 a의 '그 사람'은 순길이 자신을 가리키는 말로는 해석되지 않는다. 또 그의 대형인 b의 '그'도 순길을 가리킬 수는 없다. 만일에 주어인 '순길'과 동일인물이 순길의 추켜세움을 받는 것으로 말하고자 하면 '자기 자신' 또는 '자신'이란 말을 사용하여야 한다.

이처럼 어떤 대형이 주어와 동일한 지칭을 가진 경우에 그러한 대형을 한국어의 경우도 영어의 경우와 같이 재귀대명사라고 부른다.

여기에서 위 영어와 한국어의 경우에 다 공통되는 원리를 찾을 수 있다. 그 첫째는 한 명사와 같은 지칭대상을 가진 대형을 사용하여야 할 경우에, 둘째는 그 명사가 주어로 쓰이고 있으며 그와 지칭이 동일한 대형은 재귀형(reflexive)을 사용하여 재귀형이 아닌 보통의 대명사의 경우와 그 뜻의 구분을 이룬다는 점이다. 이는 영어나 한국어에서 다 같은 원리임을 볼 수 있다.

(235) a. Reid told Harry to shave himself.
　　　b. Susan talked to Mary about herself.

(235)a의 경우 'Reid'가 주어이고 'Harry'는 목적어인데도 'himself'는 분명히 Harry를 가리키는 대형이며 Reid를 가리키는 의미로는 해석되지 않는다. 또 b에서는 'herself'가 Susan을 가리키는 의미로만 해석되며 Mary를 가리키는 의미로는 이해되지 않는다.

여기에서 우리는 (235)a의 경우의 성분구조에 대해 더 깊은 관찰이 필요함을 알게 된다. 즉 (235)a는 다만 표층의 구조를 나타내고 있을 뿐 그 심층에서는 아래 (235)′a와 같은 구조를 가졌다고 가정해 본다.

(235)′ a. Reid told Harry <Harry shave Harry>.
　　　b. Susan told <to Mary> about Susan.

(235)′a는 'Reid told Harry.'에다 Reid가 Harry에게 무엇을 얘기했는가 하는 그 내용, 즉 'Harry shaves Harry.'(Harry가 자신을 면도하다)는 의미의 내용을 전달했다는 말을 내포시킨 문이다. 따라서 'Harry shaves Harry.' → 'Harry shaves himself.'의 변화는 위 재귀

대명사화의 조건에 아주 합일되는 적절한 변형이며 그 다음으로 'Harry'를 'him'으로 대명사화하는 것으로 보면 (234)a와 같은 문을 아주 자연스럽게 얻을 수가 있다. 다음으로 (234)b도 그 기저구조를 (235)b처럼 설정하면 우리가 가정한 재귀대명사화의 조건에 아무런 위배 없이 얻을 수 있음을 볼 수 있다. 즉 'to Mary'는 전체 문의 부사구에 불과하고 아무런 보문구조도 내포된 구조가 아니므로 Susan의 이야기는 Susan 자신에 관한 것이어서 주어인 'Susan'과 'herself'와의 지칭이 일치하는 것은 아주 자연스러운 것이다.

(236) a. 영식은 누구나가 자신에게 불리한 것은 싫어한다고 말했다.

b. 영식은 <누구나가 자신에게 불리한 것은 싫어한다>고 말했다.

위 한국어의 복합문의 경우도 (236)a에서만 보면 '자신'이 '누구나'를 가리키는 것으로 보이기는 한데 이를 문법적으로 분명히 밝힐 수가 없는 듯이 보인다. 그러나 이를 (236)b와 같은 구조로 밝히고 보면 '누구나'는 < >로 둘러 싼 보문의 주어이며 '자신'은 그 보문 안의 재귀형이므로 당연히 '누구나'를 가리키는 것임을 알 수 있다. 그리고 '영식은 …고 말했다'는 재귀대명사와는 아무런 직접 관계가 없음을 알 수 있다.

이상에서 관찰한 바를 토대로 하여 영어와 한국어의 경우에 다 공통되도록 대명사화 및 재귀대명사화의 "형식화"된 규칙을 만들면 다음과 같다.

(237) 대명사화(Pronominalization) <영어, 한국어 공통>

<X NP_i X>s <X NP_i X>
1 2 3 4 5 6
→1 NP_i 3 4 NP_i 6
+PRO

(238) 재귀대명사화(Reflexivization) <영어, 한국어 공통>

<X NP_i Y NP_i Z>s
1 2 3 4 5
→1 2 3 NP_i 5
+RFL

NP에 i라는 지표를 붙인 것은 해당되는 두 명사의 지칭이 동일하다는 표시로 쓴 것이다. 그리고 +PRO와 +RFL은 각기 대명사와 재귀대명사의 의미 자질을 나타내며 각기 규칙에 규정된 바와 같은 요건이 충족될 때 해당하는 명사구가 대명사화 및 재귀화가 가능하다는 표시이다.

이러한 규칙은 겉보기에는 대명사화나 재귀대명사화 현상을 상당히 잘 포착한 것 같은 착각을 줄지도 모른다. 그러나 엄격하게 보면 진정한 형식화에서는 너무나도 먼, 즉 부적절한 규칙이라고 볼 수밖에 없다. 첫째로 영어의 경우에는 지칭이 동일한 두 명사구가 있어서 그중 어느 하나를 대명사화 하려는 경우 이른바 순행대명사화(順行代名詞化 Forward Pronominalization)도 있고 또 조건에 따라서는 역행대명사화(逆行代名詞化 Backward Pronominalization)도 가능하다. 순행대명사화란 동일한 지칭을 가진 두 개의 명사구 중에서 처음의 명사를 보고 두번째의 명사구를 대명사로 바꾸는 경우, 즉 위 (231)같은 경우를 부르는 말이다. 또 역행 대명사화란 다음에 예시한 (239)의 경우처럼 지칭이 동일한 두 개의 명사구 중에서 두번째 명사구에 의거하여 첫번째 명사구를 대명사로 바꾼 경우를 이른다.

(239) When he finished writing all the letters. John ment to the movies.

위 (237)이 완전한 규칙이 아니라는 이유는 이러한 영어의 현상을 제대로 고려하지 않은 규칙이어서 아직도 부족한 기술이기 때문이다. 위에서 형식화라는 설명에 " "표를 붙인 것도 진정한 의미에서 엄격한 형식화가 아니라는 것을 나타내고자 한 것이다. 둘째로 대명사화는 여러 가지 어려운 문제를 내포한 언어학에서도 난관 중의 난관에 해당하여 이 책과 같은 입문서에서는 다룰 수 없는 큰 과제에 속한다. 그래서 본서에서는 그러한 점을 고려하여 더 이상의 복잡한 설명을 피하고서 이 정도의 간략한 설명으로 대신하고자 한다.

6.8 피동화(被動化 Passivization)와 요소변형(Elementary Transformation)

지금까지 우리말과 영어의 중요한 통사구조를 살피면서 문의 성분들이 이루는 구조가 성분구조규칙으로 포착이 가능하고 또 일부의 현상은 변형의 개념을 이용하여 기술이 가능함을 보았다. 이제 마지막으로 이른바 피동(또는 수동 Passive)의 형태를 국어와 영어의 경우를 중심으로 살피고 마지막으로 그것을 기초로 삼아 보다 더 분석적인 관점에서 변형과정의 일반적인 성질을 살핌으로써 통사론을 마무리 짓기로 한다.

먼저 영어의 경우부터 살펴보기 위해 (240)을 예로 든다.

(240) a. A cat ate the rat.

b. The rat was eaten by a cat.

(240)a는 능동문(能動文 active sentence)이고 b는 피동문(Passive sentence)이다. 능동문이란 행위주(agent)가 주어가 되고 행위를 받는 대상(patient)이 목적어가 되어 있는 구조를 가진 문을 이르는 말이다. 즉 (240)a에서 고양이(a cat)는 의미상의 행위주-다시 말하면 먹는 행위의 주체-인 동시에 문법적으로 이 문의 주어이기도 하다. 쥐(the rat)는 고양이가 먹는 행위의 대상인 동시에 문법적으로 목적어이기도 하다. 이러한 문을 우리는 능동문이라고 일컫는다.

그와 달리 피동문 또는 수동문이란 능동문의 두 명사구의 어순이 반대로 바뀌어 있는 경우를 일컫는다. 즉 피동문에서는 행위의 대상-능동문의 목적어-이 주어의 위치에 오고 행위의 주체-능동문의 주어-가 서술부의 일부에 포함되어진다. 즉 능동문과 피동문의 차이는 문의 주어와 목적어의 위치가 정반대가 되어 있는 점에 차이가 있다. 그런데 영어의 경우를 보면 피동문 (240)b는 능동문 a와 비교할 때 주어와 목적어의 어순만 바뀌어 있는 것이 아니라 동사의 형태도 능동의 ate가 피동에서는 was eaten으로 바뀌어 있음을 볼 수 있다. 이러한 점을 고려하여 영어의 능동문과 피동문의 구조를 다 포착하는 성분구조규칙을 만들면 다음과 같다.

(241) VP → [BE NP / BE (Int) Adj / VB (NP) (NP) (Manner)]

(242) Manner → by Dummy

(243) X NP Y VB NP(by Dummy) Z

1 2 3 4 5 6 7 8

위에서 (241)은 전에 설정했던 성분구조규칙 (107)을 개정하여 피동구문을 기저에서 생성할 수 있도록 한 것이다. 그리고 (243)은 (241)~(242)를 적용하여 얻을 수 있는 구조의 기술이다.

여기에서 먼저 능동의 구조는 '(by Dummy)'가 선택이 되지 않는 경우에 생성된다. 가령 (240)a의 a cat은 (242)의 NP(2)에 해당하며 the rat은 NP(5)에 해당한다. 그와 달리 만일 (242)에서 '(by Dummy)'가 선택되는 경우에는 세 가지의 변환이 일어난다.

그 첫째로 NP(1)의 자리에 있던 a rat이 by Dummy의 Dummy 자리로 옮겨진다. 이것을 형식화해서 규칙으로 표시하면 다음과 같다.

(244) 명사구후치변환(NP Postposing)

X	NP	Y	VB	NP(by	Dummy)	Z
1	2	3	4	5 6	7	8

⇒1 Dummy 3 4 5 6 2 8

다음으로는 본래 NP(2)의 자리에 있던 the rat이 NP(1)의 자리로 옮겨진다. 이것도 첫째 변형의 과정과 비슷하여 다음과 같이 규칙화해 표시할 수 있다.

(245) 명사구전치변환(NP Preposing)

X	Dummy	Y	VB	NP	by	NP	Z
1	2	3	4	5	6	7	8
⇒1	5	3	4		6	7	8

마지막 세번째로 동사구의 구조 VB(4)가 be+en VB으로 변환된다. 이것을 규칙화하면 다음 (246)와 같이 된다.

(246) 피동조동사류첨가변형(Passive Affix Insertion)

X NP Y VB by NP Z

1 2 3 4 5 6 7

⇒1 2 3 be+en 4 5

이처럼 세 가지의 변환과정을 거친 다음 be+en VB를 be VB+en으로 바꾸는 조동사류 도치규칙(Auxiliry Inversion)이나 VB+en을 eaten으로 바꾸는 이른바 형태음운규칙(morphophonemic rule)등을 거치면 (240)b와 같은 수동문을 얻게 된다. 이러한 조동사류 도치규칙이나 형태음운 규칙은 본서에서는 상론을 생략하기로 한다.

이상에서 우리는 피동문을 얻기 위하여 심층구조에서 표층구조를 얻는데 있어 명사구 전치변환, 명사구후치변환, 피동조동사류부가변형의 세 가지 변환이 필수적임을 살폈다. 그래서 이러한 일련의 변형을 총칭하여 피동변형(Passivization)이라고 부른다. 그런데 피동변형을 이루는 일련의 과정을 이루는 이 세 가지의 변형들은 이러한 피동문을 얻는 데에만 필요한 것이 아니라 다른 문장들은 얻는 데에도 필요하다는 것이 변형문법의 연구과정에서 발전되었다. 그래서 이러한 변형들은 보다 더 포괄적인 변형과정의 총칭으로 쓰이는 예컨대 "피동변형"과 구분하여 이들을 요소변형(Elementary Transformations)이라 부르기에 이르렀다. 이러한 관점에서 보면 모든 변형은 몇 개의 요소변형의 결합으로 분석할 수가 있다는 말이 된다. 그리고 요소변형들을 그 변형과정에서의 기능면에서 살펴보면 이를 크게 세 가지로 분류할 수 있음도 알게 되었다. 이 세 가지 요소변형이란 다음과 같다.

(247) A. 이동변형(移動變形 Movement transformation)

B. 첨가변형(添加變形 Insertion transformation)

C. 삭제변형(削除變形 Deletion transformation)

먼저 이동변형은 위에서 본 명사구 후치변형이나 명사구 전치변형처럼 어떤 성분을 한 위치에서 다른 위치로 옮기는 변형들을 이르는 말이다. 다음으로 부가변형이란 위 피동조동사류 부가변형처럼 어떤 성분을 새로이 부가 첨가하는 변형을 일컫는다. 셋째로 삭제변형이란 6.5((178)′)와 관련해서 보았던 동일지칭생략(Equi-deletion)처럼 어떤 한 요소가 삭제되도록 하는 변형과정을 이르는 말이다. 다시 한 번 강조해 두고 싶은 것은 흔히 하나의 변형인 것처럼 생각하기 쉬운 이른바 피동화라는 것이 이같이 보다 더 미시적인 관점에서 보면 몇 단계의 요소변형의 집합을 총칭하는 말이라는 점이다.

다음으로는 우리말의 피동문을 영어에 관한 관찰과 관련시켜 가면서 살펴보기로 한다. 이 관찰의 결과로 우리는 국어의 경우는 영어와 같은 의미의 피동문은 없음을 알게 될 것이다. 우선 영어와 비슷한 기술이 가능할 듯한 예문을 먼저 살펴 보자.

(248) a. 고양이가 그 쥐를 먹었다.

b. 그 쥐는 고양이에게 먹히었다.

c. 그 쥐는 고양이에게 먹힘을 당하였다.

먼저 (248)a와 b를 비교하여 보면 능동문 a에서 행위주이면서 주어로 쓰인 '고양이'와 행위대상이면서 목적어로 쓰인 '그 쥐'가 피동문 b에서는 그 어순이 바뀌었고 동시에 능동문의 동사 '먹었다'가 피동에서 '먹히었다'로 바뀌어 '히'가 피동의 표지 노릇을 하고 있다. 이는 이미 살핀 영어의 경우와 아주 흡사한 경우로서 규칙 (241),

(242)를 써서 (243)과 같은 구조를 생성하고 거기에 일련의 변환규칙을 적용했던 절차가 그대로 적용될 수 있는 예이다. 그래서 우리는 국어의 동사구 규칙 (102)를 다음 (249)처럼 개정하고 거기에다 (250)을 첨가함으로써 (251)같은 성분구조를 만들 수 있다.

(249) VP → [(Int) Adj / (NP) (NP) (Manner) VB]

(250) Manner-Dummy+에게

(251) X NP NP(Dummy+에게) Y VB Z
1 2 3 4 5 6 7 8

먼저 (248)a와 같은 능동문의 경우는 (251)의 'Dummy+에게'가 선택되지 않은 경우로서 (248)a의 '고양이'는 (251)의 NP(2)에 해당하며 '쥐'는 NP(3)에 해당한다. 그런데 수동문인 (248)b의 경우는 (251)에서 'Dummy+에게'가 선택된 경우이다. 이것이 일단 선택되면 영어의 경우와 비슷하게 세가지의 변환과정이 연달아 일어나게 된다. 첫째, 원래 NP(2)의 자리에 있던 '고양이'가 Dummy의 자리로 옮겨진다. 다음으로는 원래 NP(3)의 자리에 있던 '쥐'가 NP(2)의 자리로 옮겨진다. 마지막으로 VB(7)에 C/P[3]인 '이 히, 기, 리'의 하나가 첨가된다. 그리고 우리말의 경우에도 이러한 세 가지 과정을 모두 합쳐서 피동화(Passivization)라 일컫기로 한다. 이러한 세 과정을 영어의 경우와 같이 형식화하면 아래 (252), (253), (254)와 같다.

(252) 명사구후치변환(NP Postposing)

3) 규칙 (103)에서는 잠정적으로 선택요소로 표시하였으나 여기에서와 같은 기술을 택하는 경우에는 성분구조 규칙에서는 없애야 함.

X NP NP(Dummy+에게) Y VB Z

1 2 3 5 5 6 7 8

⇒1 Dummy 3 2+5 6 7 8

(253) 명사구전치변환(NP Preposing)

X Dummy NP NP+에게 Y VB Z

1 2 3 4 5 6 7 8

⇒1 3 4+5 6 7 8

(254) 피동보조어간첨가변형(Passive Infixing)

X NP NP+에게 Y VB Z

1 2 3 4 5 6

⇒1 2 3 4 5+이/히/리/기 6

다음으로 (248)c는 b의 경우와는 아주 다른 피동문임을 볼 수 있다. 이러한 구조는 본래의 피동구문이라기보다는, 즉 통사적인 피동구문이 아니라 어떤 어휘항목의 의미에 의존한 우회적인 표현에 불과하다. 그래서 우리는 이러한 피동문을 기생적 피동문(Parasitic Passive)이라 이름 붙이고 본서가 입문서인 성질을 감안하여 이를 우리의 논의에서 제외하기로 한다.

위에서 같은 예들만 보면 국어와 영어는 그 피동구문에 아주 유사한 점이 많고 (249)~(254)와 같은 피동구문 기술이 우리말을 위하여 상당한 신빙성이 있는 것으로 생각되기 쉽다. 그러나 다음과 같은 예를 보자.

(255) a. Dan fed the baby.

b. The baby was fed by Dan.

(256) a. 아버지가 아이에게 밥을 먹였다.
b. *아이가 아버지에게 밥을 먹혔다.

이 예들을 보면 위에서 우리가 설정한 규칙들이 영어의 경우에는 상당히 잘 된 것이지만 국어의 경우에는 알맞지 않은 것임을 곧 알아차리게 된다. 즉 (256)b는 a의 피동문으로서는 잘 된 문이 아님을 국어를 아는 사람이면 직관적으로 느낄 수 있다. 혹시 이 문을 억지로 해석을 하자면 '아이가 자기가 먹을 밥을 아버지에게 빼앗겼다'는 의미로는 해석할 수 있을지언정 '아버지가 아이에게 밥을 먹였다'는 뜻의 피동문으로는 해석할 수가 없다.

다음으로 아래 (257)~(258)의 관계에서도 영어와 한국어의 피동구문의 또 하나의 차이를 볼 수 있다.

(257) a. Jim saw Sarah.
b. Sarah was seen by Jim.

(258) a. 영길이 순희를 보았다.
b. *순희가 영길에게 보였다.
c. 순희가 영길에게 보였다.

이 예들을 보면 영어의 see와 국어의 '보다'는 똑같이 타동사이면서도 영어의 경우는 자연스런 피동문이 성립되는데 국어의 경우는 (258)b는 말이 되지 않는다. c의 경우는 말은 아주 자연스러우나 위의 피동규칙을 이용하여 a에서 유도해낼 수 있는 문은 아니다.

마지막으로 아래 (259)~(260)의 관계를 보면 영어의 경우에는 아주 자연스러운 피동문이 두 가지나 가능한 경우에도 한국어에서는 하나도 좋은 말이 성립이 안 되는 것을 잘 보여준다.

(259) a. Jim showed Sarah a book.

b. Sarah was shown a book by Jim.

c. A book was shown to Sarah by Jim.

(260) a. 영길이 순희에게 책을 보였다/보여 주었다.

b. *순희가 영길에게 책을 보이었다.

c. ??책이 영길에 의해 순희에게 보여졌다.

이 예를 놓고도 사람에 따라서는 최소한 (260)c는 우리말이 된다고 생각할 사람이 있을지 모르나 필자의 직관으로는 이러한 말은 자연스런 말로서는 전혀 허용되지 않는다.

우리는 위에서 먼저 영어의 피동문을 위한 성분구조 규칙과 변형규칙을 소개하고 또 그와 비슷한 과정을 거쳐 국어의 피동구문을 도출하는 시도를 보였고, 그 다음으로는 그러한 시도에서 봉착하는 어려움을 보이려 꾀했다. 저자의 이러한 시도에는 두 가지 의도가 있다. 그 첫째는 국어의 피동구문은 통사적으로나 형태적으로 사동(또는 사역)구문과 확연한 구분이 되지 않는 특이한 구문으로서 영어의 피동구문을 기술하는 방식으로는 해결이 안 되는 구조라는 것을 보이기 위한 의도였다. 이것은 현대 문법이론이 그 의도가 아무리 이른바 보편문법을 겨냥한 것이라 하더라도 그러한 목표를 가졌다는 그 자체가 바로 그 문법 모형이 모든 언어에 적용될 수는 있다는 증거가 될 수는 없다는 것을 예시하고자 했다. 하물며 보편문법을 겨냥한 문법모형이라고 하여 그것을 이용하여 외국어를 기술해 놓은 그 외국어 기술 자체까지를 바로 적용하려는 시도는 반드시 성공이 보장될 수는 없는 것이다.

둘째로는 변형문법은 현대이론의 한 주류를 이루어 왔고 상당히 강력한 문법이다. 그러나 인간이 사용하는 섬세하고 예외가 많은 언어활동의 본연의 성질을 다 기술하기에는 아직도 너무나 요원한 시도에 머물고 있는 실정이다. 그것은 현대이론의 주류의 하나로서 많은 개정과 천착을 거쳐서 그 부족점을 보완해 가고 있기는 하나 어느 한 쪽을 보완해 가면 다른 한 쪽이 비어가는 실정이라고 생각된다. 가령 그러한 예가 근래의 GB이론(Government and Binding Theory)으로서 이는 문법의 과도한 힘을 견제하고 언어습득의 과정과 인간의 인지작용을 설명하려는 점에서는 큰 발전을 본 이론이라 생각되나 그와 반면에 언어의 구체적인 사용과정과 관계되는 실상에서는 점점 더 멀어져가는 추상론으로 나가고 있다고 생각된다.

모든 이론이 그러한 성질을 가졌듯이 어떤 한 현상을 두고 그 모든 양상을 다 포착할 수 있는 이론을 구축하기란 무척 어려운 일이라는 것을 알게 된다.

참 고

통사론 전반에 관한 서적은 너무 많아서 그 중에서 적절한 것을 선택하기가 어려울 정도다. 초보자는 언어학개론의 어느 것을 골라잡아도 통사론에 대하여는 최소한 어느 정도의 해설을 발견할 수 있다.

개론서 중에서 Jespersen(1924)은 저자 특유의 언어기술 이론을 전개한 것으로 개척적인 역저. Hocket(1958)는 전통적인 구조주의에 입각한 언어학 일반 입문서이나 구체적인 언어자료에 입각하여 치밀하고 착실한 언어분석법을 시도한 양서. Akmajian and Heny(1975), Culicover(1976), Stockwell(1977), Baker (1978), Matthews(1981), Baltin & Collins(2001)은 현대 통사론 전반을 다룬 책들.

통사론을 중심으로 쓴 본격적인 문법 이론서를 몇 개 골라 보면 다음과 같다.

1. 전통 변환생성 문법 관계 : Chomsky(1957), Chomsky(1965), Bach(1974)

2. 수정 생성이론 및 GB이론(Government and Binding Theory) 관계 : Jackendoff(1977), Radford(1981), Chomsky(1981)
3. 장벽(Barrier) 이론 : Chomsky(1986)
4. 최소주의(Minimalism) 관계 : Chomsky(1995)
5. 격문법 관계 : Fillmore(1968), Anderson(1971)
6. 범주문법(Categorial Grammar) 관계 : Thomason, ed.(1974)
7. GPSG(Geralized Phrase Structure Grammar) 관계 : Gazdar. et al.(1985)
8. HPSG(Head-Driven Phrase Structure Grammar) 관계 : Pollard and Sag (1987)
9. LFG(Lexical-Functional Grammar 어휘기능 문법) 관계 : Bresnan, ed. (1982)
10. 형태론 관계 : Aronoff(1976)

위 이론들 중에서 GB Teheory, GPSG, LFG의 셋을 종합적으로 관련시켜서 비교 소개한 책으로 Sells(1985)는 비교적 양서.

위 이론들 중에서 LFG, GPSG, HPSG, Categoial Grammar 등은 모두가 unification(통합원리)의 원리를 이용하고 있는 점에서 공통되며 통합원리는 자연언어의 전산화(computer processing of natural languages)에도 크게 기여할 것으로 기대되고 있다. 이러한 관점에서 문법을 본 개설서로는 Shieber (1986)를 참조.

국어문법과 관련되는 것으로는 이익섭 · 임홍빈(1983), 고영근(1983)이 참조가 될 것이다.

◈ 연 습 문 제 ◈

A. 통사론(syntax)이란 언어의 어떤 양상을 다루는 학문인가?

B. 형태소를 정의하고 단어와의 차이를 설명하라.

C. 다음 예문에서 단어임과 동시에 형태소인 성분을 찾아 그들을 열

거하라. 다음으로는 형태소이면서도 단어는 아닌 요소들을 찾아 열거하여라.

<예문> 우리는 하는 수 없어 거기에 가는 것을 포기하였다.

D. 문장 또는 문(sentence)이란 무엇을 일컫는 것인가?

E. 다음의 두 문장은 통사적으로 어떤 관계가 있다고 말하는가?

(1) 경찰이 도둑을 잡았다.

(2) 도둑이 경찰에게 잡히었다.

F. 심층구조(deep structure)와 표면구조(surface structure)를 한국어나 영어 문장의 예를 들어 설명하여라.

G. 다음 국문과 영문의 심층구조를 수상도로 나타내어라.

(1) 순이네는 아버지가 어제 오셨다.

(2) 선생님이 학생에게 책을 주셨다.

(3) Mr. Park met Mr. Jones.

(4) This story is quite interesting.

(5) 우리는 한국민이 부지런도 하고 성실도 하기를 바란다.

(6) His parents forced John to be examined by the doctor.

H. 변형이란 무엇인지 예를 들어 설명하여라.

I. 변형에는 몇 가지 요소변형(elementary transformation)이 있으며 그 이름들은 무엇인가?

제 7 장 뜻캐기 : 의미론

≪뜻의 체계적 파악≫

7.1 의미론이란 무엇인가?

우리가 이 책의 서두에서 살폈듯이 언어학이란 언어전반에 관한 체계적인 연구라 할 수 있는데 생각해 보면 언어란 결국 어떤 형태, 예컨대 음성형태, 글자의 형태 등을 이용하여 화자가 마음속에 생각하고 있는 바를 표현하는 것이다. 이것을 바꾸어 말하면 어떤 형태를 이용하여 어떤 뜻, 즉 의미를 나타내는 것이 언어라고 할 수 있다. 그러므로 언어학의 궁극적 목표는 형태와 의미의 관계를 체계적으로 파악하는 학문이라 볼 수 있다.

그런데 형태에는 그 나름대로의 구조가 있고 그 구조에는 또 계층이 있고 해서 그러한 형태의 구조와 계층을 연구하는 분야로서 음운론이나 형태론, 통사론 등이 있게 된다. 그래서 이러한 분야가 어느 정도 천착되어 있으면 그러한 구조와 의미와의 관계를 보다 더 구체적으로 파악할 필요가 있게 된다. 이처럼 형태와 의미의 관계를 체계적으로 파악하는, 즉 기술하고 설명하는 분야를 우리는 의미론(意味論 semantics)이라고 부른다.

이렇게 생각하여 보면 언어학이란 결국은 의미의 파악이 그 최종 단계라고도 생각할 수 있다. 다만 의미의 파악을 하는 일은 언어학의 여러 분야 중에서도 가장 범위가 넓고, 형태에서 의미의 세계로 더 접근할수록 그 범위가 넓어져서 그 테두리를 확실하게 한계 짓고 정의하기가 대단히 어려워지는 면이 있다. 그러나 언어라는 것이 형태와 의미를 연관시키는 역할이 그 본질인 이상 우리가 언젠가는 의미의 세계를 극복해야만 언어학이 언어의 연구를 위한 학문으로서의 본분을 다 하게 될 것이다.

7.2 언어와 의미

의미를 파악한다는 것이 형태와 의미의 관계를 찾아내는 것이라면 당연히 우리가 생각할 수 있는 단계로서 먼저 형태를 잘 알고 그 다음으로는 의미라는 것을 잘 알아내야만 그들의 관계를 밝힐 수 있을 것이다.

우리가 제 3, 4, 5, 6장에서 공부한 것은 형태와 의미를 알아보는 작업 중에서 바로 그 전자(즉 형태)를 어느 정도 밝혀 본 일에 해당한다. 그러면 이제 우리가 알아보아야 할 것은 의미가 무엇이며 그 본질이 어떠한 것인가 하는 것이다.

7.2.1 의미의 자연성(自然性)과 비자연성(非自然性)

다음 예문들을 보자.

(1) a. Those spots mean measles.
(이 반점들은 홍역을 의미한다.)
b. Those spots didn't mean anything to me but to the doctor, they meant measles. (이 반점들은 나에겐 아무 의미도 없었으나 의사에겐 홍역을 의미했다.)
c. *But in fact the spots didn't mean measles.
(그러나 사실은 그 반점들은 홍역이 아니었다.)

(2) a. The "sold out" sign means that the movie theater is full.
(저 "매진"이라는 표시는 영화관이 만원임을 의미한다.)
b. But it isn't in fact full. The girl at the box-office made a mistake.
(그러나 사실은 만원이 아니다. 매표소의 아가씨가 실수를 한 것이다.)

위 두 묶음의 문장에서 우리는 두 가지의 다른 의미를 볼 수가 있다. 첫째의 반점이 가지는 의미는 잘 생각해 보면 홍역에는 자연발생적으로 반점이 따르기 때문에 생겨난 의미다. 즉 홍역의 반점은 자연발생적인 홍역의 증상이므로 그 반점을 보고서도 홍역이 아니라고 말할 수는 없다. 그래서 (1)c같은 말은 성립하지 않는다. 이러한 자연발생적인 의미는 어떤 사람에게는 아무런 의미도 없을 수도 있다. 가령 내가 홍역의 반점을 전혀 과거에 보지도 경험하지도 못했던 것이라면 그 반점이 나에겐 아무런 의미도 없다. 위 (1)b같은 말이 성립하는 이유가 바로 여기에 있다.

(1)의 홍역의 반점과는 달리 (2)의 "sold out"("매진")이라는 기호(sign)는 본질적으로 다른 종류의 의미를 지니고 있다. 그 뜻은 물론 '표가 다 팔리고 없는 상태'를 나타내는데 그것이 (1)의 경우와는 달리 자연발생적이 아니고 인위적이다. 가령 표가 매진된 상태를 매표소 앞에 흰 기를 달아놓는 것으로 표시하기로 해도 이 약속이 극장 당사자와 관객들 사이에 양해된 것이라면 그대로 '매진'의 뜻을 가지게 된다. 그리고 이러한 기호를 쓰는 데 있어서는 그 사용자가 잘못하여 실수를 저지를 수도 있다. 그래서 (2)b같은 말을 할 수 있을 때가 있다.

그라이스(Grice)는 이와 같이 의미에는 자연발생적인 것과 인위적인 것의 두 가지가 있음을 지적하고 전자를 **자연적 의미**(natural meaning), 후자를 **비자연적 의미**(non-natural meaning)이라고 불렀다(Grice 1957).

이러한 관점에서 볼 때 인간이 사용하는 언어는 그라이스의 구분법에 따르면 비자연적인 의미로 되어있음을 알 수 있다. 그러므로 이른바 "자연언어"의 표현은 그것을 사용하는 사람의 의도나 생각, 말하는 여건, 말하는 이의 실수 등 허다히 많은 요인들이 영향을 주어 그 뜻이 결정되며, 따라서 어떤 한 문(文)의 의미가 언제나 일정한 뜻으로만 사용되는 일은 거의 없다고 해도 과언이 아니다.

7.2.2 지칭적 의미와 함축적 의미

위 7.2.1에서는 그라이스의 자연적 의미와 비자연적 의미의 구분을 보았고 인간이 사용하는 자연언어는 그 중에서 비자연적 의미로만 구성된 것이라는 것을 살폈다. 그런데 사람이 사용하는 이와 같은 비자연적이고 자의적(恣義的 arbitrary)인 언어의 사용방법은 그 의미의 사용양상을 더 깊이 살펴보면, 비자연적 의미의 안에서도 더욱 더 세분된 의미의 구분을 할 수 있음을 알 수가 있다. 아래 예문들을 살펴보자.

(3) a. 그 남자는 수술을 받고 여자로 바뀌었다.
    b. 남자는 평균수명이 여자보다 짧다.
    c. 남자가 그렇게 쫄쫄 울면 어떻게 하니?

위에서 a의 '남자'는 그 뜻이 여자와 구분되는 일반적인 의미라고 짐작이 된다. 즉 이러한 의미의 '남자'는 여자와 다른 한 개체를 지적해 내는 의미를 가진 것이다. 또 (3)b의 '남자'도 여자와 구분되는 의미의 남자를 의미하는 점은 (3)a의 경우와 같다. 그러나 이 경우에는 처음 경우와는 달리 어느 한 개체로서의 남자를 가리키는 것이 아니라 그러한 남자의 집합을 가리키고 있다.

한 개체가 됐든 집합이나 집단이 됐든, 어떤 말이 어떤 대상을 가리키는 뜻을 가진 경우 그러한 의미를 전통적으로 **지칭적 의미**(指稱的意味 denotative meaning 또는 referential meaning)라고도 하고 또 **개념적 의미**(槪念的意味 cognitive meaning)라고 부르기도 한다.

다음으로 위 (3)c의 '남자'란 말이 가진 의미를 생각해 보라. 이 경우의 '남자'도 물론 여자와 구분되는 남자임에는 틀림없으나 이 때의 남자는 울어서는 안되는 존재, 강해야하는 존재, 용감해야 하는 존재…등등, 본래의 생리적인 의미의 남자와는 다른 어떤 사회적인, 정서적인, 그리고 주관적인 의미를 '남자'라는 말에 부여하고 있다. 그와 달리 '여자'라는 말에는 잘 우는 성질, 나약한 성품, 치마를 입은 사람…등등, 상당히 주관적인 평가를 반영하는 의미가 부여되는 경우가 많다. 그러나 이러한 평가는 객관적인 사실이 되지 못하며 모든 남자에게 또는 모든 여자에게 일괄적으로 적용되는 사실은 되지 못한다. 이와 같이 어떤 사물을 객관적으로 가리키는 의미와는 달리 주관적이고 사람이나 지역사회, 어떤 세대에 따라 다른 의미를 전통적으로 **함축적 의미**(connotative meaning)라고 부른다.

위에서는 의미에 지칭적 의미와 함축적 의미가 있다는 것을 보았다. 그런데 우리가 의미론에서 일반적으로 연구하는 데 있어서 주로 대상으로 삼는 것은 지칭적인 또는 인지적인 의미이다. 그 이유는 인지적인 의미는 객관적일뿐 아니라 의사소통에 중추적 역할을 하기 때문이다.

7.2.3 기호와 지칭개념, 지칭대상

그런데 지칭적 의미라 해도 어떤 의미를 가진 형태소 또는 형식과 그 의미의 관계를 생각해 보면 그렇게 간단하지만은 않다. 그래서 이 절에서는 형태와 의미와의 관계를 간략히 살피기로 한다.

그 첫째로 형식과 의미와의 관계는 어떻게 이루어진 것인가에 관해서 몇 가지 다른 생각들이 있다. 그 중 첫째로 들 수 있는 이론으로는 형식이 바로 어떤 사물을 가리킨다는 생각이다.

(4) <형식> ↔ <사물>
'책상' ↔ 책상의 그림
'연필' ↔ 연필의 그림

watch ↔ 팔목시계의 그림
tree ↔ 나무의 그림

이러한 생각은 언어 형식인 한 단어나 형태소가 위 (4)에서처럼 어떤 사물과 직접 관계 지어져 있다고 보는 것이다. 그러므로 이러한 생각에 의하면 위에서 '책상', '연필', 'watch', 'tree'등 단어들을 언어의 형식이며 그것들이 가리키는 현실의 물건들(책상, 연필, 팔목시계, 나무 등 물체들)이 그 의미라고 생각된다. 이렇게 생각하면 언어의 의미는 그것이 가리키는 현실세계라는 말이 된다.

그런데 이러한 생각(이론)은 중요한 난관에 봉착하게 된다. 그 문제란 그러면 모든 단어나 형태소가 다 어떤 사물을 가리키는가를 찾아낼 수 있는가 하는 것이다. 가령 '걷다', 'sing'같은 말들은 동물이 발을 써서 한 장소에서 다른 장소로 옮겨가는 현상이나 입을 벌리고 목청을 울려 일상의 말과는 달리 높낮이의 폭이 훨씬 넓은 소리를 내어 무엇인가를 표현하는 등의 현상을 가리킨가고 말할 수 있을 것이다. 그런데 여기에서 '걷다'나 'sing'등이 가리킨다고 우리가 말한 현상이 위에서 얼마나 복잡하게 묘사되었는가를 보아도 이러한 이론은 그리 쉬운 것은 아님을 예측할 수 있다.

이러한 어려움은 '사랑하다', 'anticipate' 같은 단어가 되면 더욱 커진다. 그 누가 '사랑한다'는 어떤 현상을, 그리고 'anticipate'는 또 어떤 현상을 "가리킨다" 또는 "지칭한다"고 꼬집어 말할 수 있겠는지 각자 생각해 보기 바란다.

이러한 이론의 결함을 보완할 수 있는 이론으로 생각되는 것이 이른바 의미의 삼각도이다. 아래 (5)는 이 이론을 간략히 표시한 것으로서 유명한 그림이다(Ogden and Richards 1946).

(5)

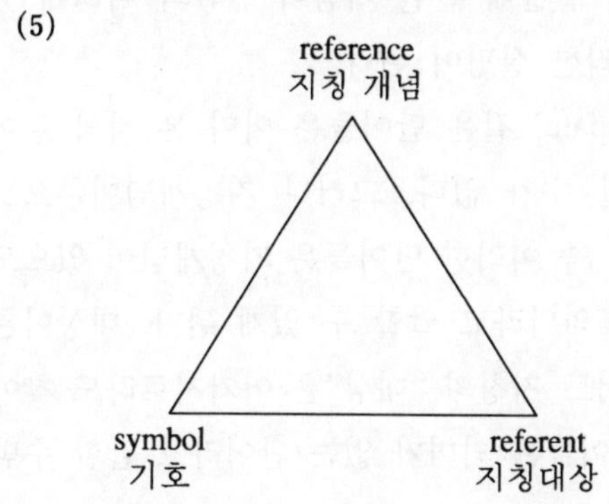

이 생각에 의하면 언어형식은 어떤 사물을 직접 가리키는 것이 아니다. 언어형식인 단어 또는 형태소는 어떤 지칭개념을 의미하며 그 지칭개념이 지칭대상(referent)을 지칭한다. 그러므로 형식과 (지칭)

대상과는 직접적인 관계는 없으며 형식은 지칭개념의 중계로 대상과 관련을 맺게 되고 그 대상을 대신(stands for)하는 것이다.

우리는 편의상 첫째 이론-즉 언어형식과 지칭대상(물)만을 고려하는 이론-을 **지칭대상이론**(referent theory)이라 부르고 둘째 이론-지칭개념을 중개자로 고려하는 이론-을 **지칭개념이론**(reference theory)라 부르기로 한다.

지칭개념이론은 지칭대상이론이 가진 어려움을 해결해 준다. 지칭개념이론에서는 예를 들어 '책상', '연필', 'which', 'tree'등과 같은 단어들은 지칭대상이론에서와는 달리 대상만 가진 것이 아니라 개념을 매개체로 가진 점이 다를 뿐 대상을 가리킬 수 있다는 점에서는 같다.

다음으로 '걷다', 'sing' 같은 말들은 대상이론의 경우는 걷는 현상이나 노래하는 현상을 가리킨다고 하기에는 너무나 막연한 점이 있었는데 개념이론에서 이러한 말들에 관한 개념이 인간의 머리에 있는 것으로 보는 만큼 더 편리한 설명이 된다.

셋째로 '사랑하다', 'anticipate' 같은 단어들은 이미 본 바와 같이 지칭대상만 가지고는 설명할 수가 없다. 그러나 지칭개념이론으로 보면 훨씬 좋은 설명이 된다. 즉 이러한 단어들은 지칭개념이 있으므로 그 지칭개념이 그 뜻, 즉 의미라고 말할 수 있게 된다. 대상이론에서는 이러한 단어에 대해서도 지칭의 "대상"은 어거지로라도 찾아내지 못하면 결국 이러한 단어들은 의미가 없는 단어라고 말할 수밖에 없는 곤경에 처하게 된다.

여기에서 우리는 언어의 **의미**(meaning)가 무엇이냐는 문제를 생각해 볼 수 있다. 지칭개념이론에 의하면 의미란 결국 언어형식이 가리키는 지칭개념이며 그러한 지칭개념을 매개체로 하여 현실을 알 수 있고 머리 속에 그릴 수 있는 것이다. 그러나 머리 속에 그리는 현실은 어디까지나 개념이지 현실 그 자체는 아니다. 대상이론에서의 의미는 그와 달리 현실 그 자체를 나타내는 것으로 간주되므로 언어 형식과 현실과의 관계에서 잘 설명할 수 없는 부분이 너무나 많게 된다.

마지막으로 술어에 관한 혼동을 피하기 위해 한마디 해 둘 필요가 있다. 우리는 위에서 reference(지칭개념)와 referent(지칭대상, 즉 사물)와를 구별하였는데 또 어떤 이론에서는 지칭개념을 sense('의미' 정도로 번역할 수 있음)와 reference(지칭)의 두 가지로 부르기도 한다. 그러므로 이 후자의 경우는 reference(지칭)란 말이 지칭대상을 가리키는 말로 쓰이게 된다. 이점 주의하고 앞뒤 문맥에 따라 어떤 의미인가를 알아야 한다.

7.2.4 다의성(多義性)과 동의성(同義性)

위에서는 언어형식과 지칭대상이 어떻게 연관이 지어지는지와 그에 따라 의미가 무엇인가를 간략히 살폈다. 다음으로 알아 봐야 할 일은 언어 형식과 의미가 연결됨에 있어 그 수효는 상호간에 어떻게 되는가의 문제다.

(6) a

'다리' ┌ 사람의 다리
│ 책상의 다리
│ 교량
└ 관련, 연결

b

대답 ┌ answer
│ reply
└ response

위 (6)a에서는 단어 '다리' 하나에 네 가지의 뜻이 있는 경우이다.

즉 형식 하나에 뜻이 네 개이니 그 대응관계가 1대 4의 경우다. (6)b의 경우는 단어가 세 개가 다 같이 한 뜻을 가진 예다. 이 경우는 형식과 뜻의 대응관계가 3대 1이다.

이처럼 언어형식과 의미와의 관계는 언제나 <1대 1> (one to one)의 관계가 아니라 <1 : 다수> (one to many) 또는 <다수 : 1> (many to one)의 경우가 대부분이다. 이처럼 <형식 : 의미>가 1 : 다수인 경우를 **다의성**(多義性 polysemy)이라 부르며 다수 : 1인 경우를 **동의성**(同義性 synonymy)이라고 부른다. 위 예에서 (6)a는 다의성을 가진 경우이며 (6)b는 동의성을 가진 경우이다.

다의성이나 동의성에서 과연 순전한 다의어나 완전한 동의어가 있느냐는 하나의 문제로 남는다. 가령 (6)a와 관련해서 생각해 보면

(7) 내가 너와 그 사람과의 다리를 놓아주마.

같은 경우의 '다리'의 뜻이 관련이나 연결을 의미하는 것으로 해석될 수 있으나 잘 생각해 보면 이것은 교량이란 뜻이 은유적으로 확장된 것임에 틀림없을 것 같다. 한결음 더 나아가 사람의 다리와 책상의 다리도 생각해 보면 책상의 '다리'란 말은 사람의 '다리'란 말에서 비롯됐을 것이며 이 둘은 어떤 차원에서 보면 결국 같은 의미라고 생각할 수 있다. 그러므로 어떤 단어가 이렇게 근원이 같은 의미를 몇개 가졌다고 생각되는 경우 그 말은 다의어라고 할 수 있느냐의 문제가 있다. 그러나 여기 예에서 최소한 사람이나 책상의 다리와 교량은 일반대중에게는 다른 뜻으로 받아들여질 것이며 그런 의미에서 다의성은 그대로 인정될 수 있을 것으로 여겨진다.

또 동의어의 경우도 마찬가지다. (6)b의 경우 response는 본래 우리말로는 '반응'정도의 뜻인데 문맥에 따라서는 reply, answer등과

아무 불편 없이 교체(交替 substitute) 사용이 가능하다.

(8) Did you get his ________ ?
Yes, I did.

같은 문장의 빈자리에 answer, reply, response의 어느 것을 넣어서 써도 이 대화의 내용에 큰 변화를 일으키지 않는다. 그런 의미에서 이 세 단어는 동의어라고 볼 수 있다. 그러나 한편 더 자세한 관점에서 보면 이 셋이 언제나 똑같은 의미로 쓰인다고는 할 수 없는 경우가 많다. 그렇더라도 인지적인 관점에서 보았을 때 서로 교체 가능한 단어는 동의어로 보는 것이 일반적인 견해다.

7.2.5 기호화(記號化)와 기호해석(記號解釋)

위에서 우리는 단어와 뜻과의 관계, 즉 언어형식과 의미와의 대응관계를 살폈다. 이렇게 보면 언어란 결국 어떤 형식을 갖춘 기호를 이용하여 어떤 의미내용을 전달하는 것이다. 그런데 인간이 기호를 이용하여 의사소통을 하는 데에는 두 가지의 반대되는 방향이 있다. 그 중 하나가 말을 스스로 하는 경우인데 이 때에는 의미를 먼저 생각하고 거기에 맞는 기호를 찾아 내는 일이다. 반대로 다른 한 경우는 말을 듣는 경우이다. 듣는 경우에는 먼저 언어기호를 듣고서, 즉 주어진 언어기호를 가지고서 그것을 의미로 바꾸는 과정이다. 이것을 도해하면 (9)와 같다.

(9) <화자> : 의미 → 언어기호 encoding
(speaker)

<청자> : 언어기호 → 의미 decoding
(hearer)

이처럼 어떤 의미를 언어기호로 바꾸는 과정을 **기호화**(encode)한다고 하며 어떤 기호를 의미로 바꾸는 과정을 **기호해석**(decode)한다고 한다.

이렇게 보면 인간은 말을 써서 의사소통을 할 때, 기호화하는 자로서의 화자의 역할과 기호를 해석하는 자로서의 청자의 역할을 순간순간 번갈아하는 대단한 능력의 소유자다. 근래에 통신공학과 전산공학이 발달하여 인간의 자연언어에 관한 연구에 관심이 높아지고 일부 연구가 이루어질수록 인간의 언어가 얼마나 복잡하고 기계적인 또는 논리적인 기술이 어려운 것인가가 새삼스럽게 더 인식되어 가고 있으며 인간의 언어능력도 그만큼 더 연구되어가고 인식이 새로워지고 있다.

7.3 의미의 성분

위 7.2.3에서는 의미가 무엇인가에 대한 두 가지의 이론-즉 지칭대상론과 지칭개념론을 보았고 7.2.4에서는 다의성과 동의성을 살폈다. 그런데 의미가 지칭개념이건 지칭대상이건, 또 한 개 단어의 뜻이 하나이건 둘이상이건 간에 다시 한 가지 문제되는 것은 어떤 형태소가 가진 이른바 "한 개"의 의미가 과연 단일한 한 개의 뭉치와 같은 것인가 아니면 몇 개의 요소가 결합되어 이루어진 것인가 하는 점이다. 즉 어떤 단어가 하나의 의미를 가졌다고 할 때 그 의미가, 단일한 한 개인가 아니면 몇 개의 의미성분이 결합되어 이루어진 것인가 하는 문제이다.

7.3.1 의미성분(意味性分) 또는 의미자질(意味資質)

이것은 어떤 물질을 이루고 있는 것이 분자만이냐 아니면 원자이냐, 더욱 나아가서 원자는 더 작은 입자로 나누어질 수 있는 것이냐 하는 것과 일맥상통하는 점이 있는 일이다.

가령 다음 예문을 보자.

(10) a. 그 신사는 여자다.
b. 그 숙녀는 남성이다.
c. 그 어린이는 결혼했다.

(11) This triangle is rectangular.

여기 (10)이나 (11)의 예문들이 부자연한 말인 것은 우리말이나 영어를 아는 사람이면 누구나 알 수 있다. 이들이 말이 안되는 이유는 통사적인 이유가 아니고 그 뜻 때문인데 그러면 우리는 어떻게 해서 그것을 알아낼 수 있는 것일까?

만일에 (10)에서 '신사', '숙녀', '어린이' 등 단어의 뜻이 단일성을 가진 것이라면 우리는 이 표현들이 잘못된 것임을 판단할 수 없을 것이다. 첫째 문(文)에서 '신사'가 남성이라는 의미를 가지고 있다고 보아야 남성인 신사를 여성이라고 하는 말이 이상하다는 것이 판단이 간다. 둘째와 셋째의 문(文)도 '숙녀'는 여성, 그리고 '어린이'는 미성년이라는 것이 각기 그 의미성분으로 있다고 보아야만 이 문장들이 의미상으로 잘못 되어 있다는 것을 말할 수 있다.

이처럼 단어의 의미가 한 덩이가 아니고 어떤 성분들의 집합으로 보아야 편리한 점에서는 (11)도 마찬가지다. triangle(삼각)은 세 각을 가진 것이라는 의미성분이 인정되고 또 rectangular(직사각)라는 것은 직각을 네 개 가진 것이라는 의미성분이 인정되어야만 비로소 이 문(文)이 말이 안된다는 것을 설명할 수 있게 된다.

이상에 우리가 단어의 뜻에 포함되어 있다고 생각되는 의미성분을 기술의 편의를 위해 기호로서 표시해 보기로 하면 다음과 같다.

(12) '신사' [+MALE], [+ADULT]
'숙녀' [−MALE], [+ADULT]
'어린이' [−ADULT]
'triangle' [+TRIANGLE]

여기에서 영문자로 표시된 것은 해당 단어가 가지고 있다고 생각되는 **의미성분**(components) 또는 **의미자질**(semantic features)이고 그 앞에 붙은 +나 −표기는 그 해당속성을 가진 경우와 갖지 않는 경우를 표시한 것이다. 그리고 [ ]는 이러한 표시가 성분이자 자질이라는 뜻으로 쓴다. 이러한 방법을 써서 한 단어의 뜻을 기술하면 단어들 간의 의미의 차이도 드러날 것이 예측된다. 간단한 예로 '신사'와 '숙녀'의 차이는 남성 [MALE]이라는 자질에서 +와 −의 차이로 나타나며, 이 두 단어와 '어린이'와의 차이는 성인 [ADULT]라는 자질에서 +와 −의 차이로 나타난다.

7.3.2 의미성분 분석의 절차

우리는 이상에서 한 단어가 가진 흔히 말하는 "한 개의" 뜻이 사실은 더 작은 의미의 조각 또는 성분인 의미자질로 나뉠 수 있다는 것을 보았다. 이제 다음으로는 그러한 의미자질을 단어/형태소에서 찾아내는 절차를 생각해 보기로 한다.

먼저 아래 예를 보자.

(13) man, woman, boy, girl ; ox, cow, gander, goose ; father, mother, sister, brother

앞의 예에서 먼저 man, woman, boy, girl을 생각해 보면 man과 woman은 좋은 대조(contrast)를 이룸을 알 수 있다. 이들은 [MALE]이라는 자질에서 +와 −로 대립을 이룬다. 다음으로 boy와 girl도 [MALE] 자질에서는 그와 꼭 같다. 한편 man : boy, woman : girl의 관계를 보면 [ADULT] 자질면에서 +와 −로 대립됨을 알 수 있다. 이러한 관계를 도표로 나타내 보면 다음과 같다.

(14)

	+ADULT	−ADULT
+MALE	man	boy
−MALE	woman	girl

도표 (14)가 의미하는 바는 man, woman, boy, girl의 4개 단어가 [+/−ADULT]와 [+/−MALE]이라는 두 개의 의미자질로 명료하게 기술된다는 점이다.

다음으로는 ox, cow, gander, goose를 보자. 이것들도 ox : cow, gander : goose의 대립은 +MALE : −MALE로써 기술된다. 또 ox : gander, cow : goose는 [+OX]와 [+GOOSE]의 차이로 대립을 이룬다. 이것을 도해하면 다음과 같다.

(15)

	+OX	+GOOSE
+MALE	ox	gander
−MALE	cow	goose

또 더욱 재미있는 것은 도표 (14)와 (15)도 체계적인 대립을 이루는데 그 차이는 [+HUMAN]과 [−HUMAN]과의 대립임을 쉽게 알 수 있다.

다음으로는 father, mother, brother, sister의 뜻을 생각해 보자. 지금까지 찾아낸 의미자질 중에서 가능한 대로 다 적용해서 이 단어들을 기술해 보면 다음과 같다.

(16)

	HUMAN	MALE	ADULT ……
father	+	+	+
mother	+	−	+
brother	+	+	0
sister	+	−	0

위에서 0은 어떤 자질이 +일 수도 있고 −일 수도 있다는 뜻으로 우리가 임의로 사용하기로 한다. 그런데 (16)은 이 단어들의 의미를 충분히 기술해 주지 못하고 있다. 가령 father와 brother, 또 mother와 sister를 구별짓지 못하고 있는 것이 그 부족한 점이다. 어떤 사람은 father는 [+ADULT]이고 brother는 [0 ADULT]라고 할지 모르나 0(zero)는 +도 −도 될 수 있으므로 그 값이 +인 경우는 father와 구분할 수 없게 된다.

여기에서 우리는 문제의 핵심이 어디 있는가를 더 깊이 생각해 볼 필요가 있다. 그러면 man이나 ox등과 father같은 단어의 근본적인 차이는 무엇일까? 여기에서 우리는 father같은 말은 man이나 ox같은 말과는 달리 어떤 개체와 다른 개체간의 관계를 일컫는 말임에 유의하게 된다.

즉 바꾸어 말하면 man(사람), ox(황소) 같은 개념은 그것이 독자적으로 어떤 의미를 가질 수 있다. 그와 달리 father(아버지), brother(형), sister(누이)같은 말들은 한 개인과 다른 개인간의 관계를 일컫는 말이다. 가령 father는 자기 혼자서는 father일 수가 없고 누군가의 아버지라야 한다. 이 점 sister, brother도 같다.

이와 같은 관계를 나타내는 말은 의미상으로 볼 때 서로 관계되는 두 개체가 다 표시되어야 그 의미가 잘 나타난다. father의 경우를 말로 풀어 이야기해 보면 "자기를 낳은 바로 위의 남자 어른" 정도의 뜻을 가졌다고 할 수 있으며 이것을 조금 더 체계적이고 일반화된 말로 바꾸면 "어떤 개인의 직계 1대손 위의 남자"로 정의할 수 있을 것이다. 이러한 의미해석은 다른 **관계어**(relational terms)에도 적용가능 할 것이므로 mother, brother, sister 등도 모두 그러한 해석을 적용하고, 부호를 이용하여 이를 조금 더 정밀한 기술을 이용한 기술로 해보면 아래 (17)과 같이 표시할 수 있다.

(17) —— 영어 —— —— 한국어 ——

<단어>	<의미표시>	<단어>	<의미표시>
father	m+m	아버지	m+m
	f+m		f+m

<단어>	<의미표시>	<단어>	<의미표시>
mother	m+f	어머니	m+f
	f+f		f+f
sister	m+m−f	누님	m+m−f
	f+m		
brother	m+m−m	아우	m+m−m
	f+m−m		

이러한 **의미표시**(semantic expression)를 읽는 법을 간략히 말하면 가령 '아버지'의 경우 m+m은 '어떤 남자(m)의 1세대 위(+)의 남자(m)'라는 뜻이며 f+m은 '어떤 여자(f)의 1세대 위(+)의 남자(m)'라는 의미이다. sister의 경우 m+m−f는 '어떤 남자(m)의 1세대 위(+)의 남자의 1세대 아래(−)의 남자'라는 뜻이다. 그와 달리 f−m−f는 물론 어떤 여자의 1세대 위의 남자의 1세대 아래의 여자'의 뜻이다.

여기에서 하나 우리가 유의할 점은 한 친족어가 두 가지 이상의 다른 친족 유형을 가리키기도 한다는 사실이다. 위 예를 들면 father가 여자의 아버지와 남자의 아버지를 다 뜻한다. 이러한 경우 비록 father란 말이 가리키는 지칭대상은 두 가지의 다른 유형일지라도 그 말이 뜻하는 바는 사실상으로 '어떤 사람의 1세대, 직계존속의 남자'라는 관계이므로 이 말을 사용할 자아(自我 ego : 의미표시에서 처음의 기호로 표시된 개체)를 남자와 여자를 중화시켜 다 나타낼 수 있는 부호가 필요하게 된다. 즉 남자(m)와 여자(f)를 총칭하여 '남자, 여자에 상관없이 아무나'의 뜻을 가진 기호가 필요하게 된다. 우리는 그러한 기호로서 a를 쓰기로 하자. 이 기호의 도움을 받으면 지금까지는 father를 두 가지 의미표시로 기술했던 것을 하나로 합쳐서

a+m으로 할 수 있고 '어머니'의 두 가지 표시도 a+f로 합칠 수 있게 된다.

앞 (17)의 단어들은 직계인 아버지를 거쳐서 이루어진 관계를 나타내는 것들이나 이와는 달리 결혼관계로 이루어진 친족 관계가 있다.

(17)	<단어(한국어)>	<의미표시>	<단어(영어)>
	아내	m : f	wife
	남편	f : m	husband
	시누이	f : m+m−f	
	시아주버니	f : m+m−m	

위에서 '아내'와 '남편'에 해당하는 말은 영어로 'husband', 'wife'가 있다. 그러나 '시누이'나 '시아주버니'를 가리킬 수 있는 영어로는 sister-in-law와 brother-in-law가 있으나 이 말들은 한국어와 뜻에 차이가 있다. 그러한 차이는 아래 (19)를 보면 알 수 있다.

(19)	<친족어>	<의미표시>		
	father-in-law	m : f+m	또는	f : m+m
	mother-in-law	m : f+f	또는	f : m+f
	brother-in-law	m : f+m−m	또는	f : m+m−m
	sister-in-law	m : f+m−f	또는	f : m+m−f

여기에서 영어의 father-in-law를 보면 한국어의 '장인'과 '시아버지'의 뜻을 다 가지고 있음을 알 수 있다. mother-in-law에서도 그와 비슷하여 '장모'와 '시어머니'의 두 가지로 다 쓰인다. 또 brother-in-law나 sister-in-law도 마찬가지로 남편의 입장에서나 아내의 입장에

서 다 쓰이는 말이다. 이러한 경우 우리는 이 친족어들이 뜻을 둘씩 가졌다고 할 수는 없다. 그래서 이처럼 **친족유형**(kin type)은 둘이나 그것을 한 가지로 묶어서 보는 경우를 위해 결혼관계의 두 관계, 즉 m : f와 f : m도 합쳐서 x : y로 표시하면 위 (19)의 영어 친족어들은 아래 (20)과 같이 기술할 수가 있다. 이는 우리가 자아(ego)의 성을 m과 f로 구별하지 않는 단어들을 기술하기 위해 a라는 기호를 썼던 것과 같은 이치다.

(20) <친족어> <의미표시>

father-in-law	x : y+m
mother-in-law	x : y+f
brother-in-law	x : y+m-m
sister-in-law	x : y+m-f

여기에서 x : y가 의미하는 바는 x가 남성(m)이건 여성(f)이건 상관없이 그와 반대되는 성(y로 표시)을 소유한 사람과 혼인관계에 있다는 것을 나타낸다. 그러므로 (20)과 같은 의미표시에서 예컨대 sister-in-law가 의미하는 바는 '어떤 사람의 배우자의 아버지의 딸'이 되므로 우리말의 '처형', '처제', '시누이' 등을 모두 포괄하는 말이 된다.

우리가 본절에서 알아 본 것은 한 단어/형태소의 의미기술을 위해서는 이른바 의미성분(components) 또는 의미자질(semantic features)을 찾아서 그러한 자질들의 결합표시로써 의미 표시를 할 수 있다는 것이었다.

그러한 의미자질을 찾는 방법으로서 **의미상 대조**(對照 contrast)되는 두 낱말/형태소를 비교하고 거기에서 최소한으로 대조되는 요소를 찾아내어 이것을 자질로 정하는 절차를 배웠다. 이 때 의미상 최소로 (하나의 의미자질에서만) 차이를 나타내는, 즉 대조되는 한 쌍의 단어들을 **최소대립어**(minimal pair)라고 한다. 가령 father(a+m)와 mother(a+f)는 m과 f의 한 가지 차이만을 나타내므로 최소대립어이다. 최소대립어는 의미성분(또는 의미자질)을 찾아내는 데 아주 좋은 방편이 된다.

7.4 단어/형태소들의 의미관계

위 7.3.2에서 배운 바와 같은 의미의 대조 또는 대립관계의 여러 가지 다른 형태는 어떤 두 단어/형태소들 간에 여러 가지 다른 의미관계를 생겨나게 해 주는데 그러한 관계를 유형별로 분류해 보는 것은 의미의 연구에 상당한 편의를 제공해 준다.

7.4.1 반대어(反對語)

그 중에서 가장 뚜렷한 것으로 최소대립의 관계에서 대립되는 의미자질이 두 단어에서 정반대의 뜻으로 되어 있는 경우 이 두 말은 서로 **반대어**(反對語 antonyms)라고 부르며 그러한 관계를 반대어관계(antonymy)라고 한다. 가령 father : mother, sister : brother, '형' : '누님', '형' : '아우'등은 다 서로 **반대어관계**에 있으며 전자와 후자를 서로 상대되는 단어의 반대어(또는 반의어)라고 한다.

이러한 반의어관계는 **성분분석**(componential analysis)을 해 보면 그 관계가 아주 더 명확하게 나타난다. 가령 위에 든 '형' : '누님'과 '형' : '아우'에서 '형'은 두 개의 반대어를 가진 것이 되는데 이것을 성분분석으로 나타내면 (21)과 같다.

(21)

<형 : 누님>		<형 : 아우>	
형	$m^{+}m^{-}m$	형	$m^{+}m^{-}m$
누님	$m^{+}m^{-}f$	아우	$m^{+}m^{-}m$

여기에서 위로 붙은 작은 활자의 +와 −는 지칭되는 친척의 연령이 그를 부르는 **자아**(ego)보다도 더 많거나(+) 적다(−)는 것을 저자가 임의로 나타낸 것이다. 여기에서 우리는 '형' : '누님'은 마지막의 m과 f에서 **최소대립**(minimal contrast)을 이루는 것을 볼 수 있다. 그러므로 이들은 서로의 반대어(antonym)다. 또 '형' : '아우'는 마지막의 연령표시에서 최소대립을 이루고 있다. 그러므로 이들도 서로 반대어관계(antonymy)에 있다.

7.4.2 동의어(同義語)

위에서 배운 반대관계에 이어 두 번째의 의미관계로는 우리가 이미 배운 **동의관계**(synonymy)가 있는데 이것도 성분분석을 이용하면 보다 더 명확한 기술이 가능하다. 가령 다음과 같은 예를 보자.

(22) woman [+ANIMATE] lady
[+HUMAN]
[−MALE]
[+ADULT]

이 예들은 둘 다 똑같은 성분분석이 가능하다. 이처럼 두개 단어/형태소에 동일한 **성분공식**(componential formula)을 부여할 수 있을 때 우리는 이 두 단어가 동의관계(synonymy)에 있다고 정의할 수 있다. 물론 woman과 lady는 그 함축적 의미(connotation)가 다르다.

lady는 상당히 존중해 주는 의미가 있고 woman은 그런 특별한 의미가 없이 중립적인 뜻이다.

이처럼 인지적으로 차이가 없으나 사회적인 또는 심리적인 의미차이가 있는 동의어는 어떤 자연언어에나 많이 있다. 영어의 경우 위 예들과 비슷한 차이를 가진 것으로 man : gentleman이 있다. 우리말에도 '식사' : '진지', '먹다' : '잡수시다' 등은 존대와 관련된 차이이며 '머리' : '대가리', '발' : '발목뎅이' 등은 중립적인 말과 천시의 차이를 나타낸다.

그러나 이들의 지칭적 의미(denotation 또는 referential or cognitive meaning)에는 차이가 없다. 이처럼 성분분석에서는 보통 인지적인 의미만을 문제 삼으며 동의성이라는 것도 그러한 인지적인 의미만을 참작하여 일컫는 것이 보통이다.

예를 하나만 더 보기로 한다.

(23) 어버이　a+(m.f)
　　 부모　　a+(m.f)

'어버이'는 아버지와 어머니를 총칭하는 말이다. 여기에서 우리가 '一과'나 'and'의 관계를 '·' 부호로써 표시하기로 한다면 '아버지와 어머니'는 (a+m), (a+f)로써 표시할 수 있을 것이다. 그러나 '어버이'라는 말은 '나의 아버지와 너의 어머니'같이 자아(ego)가 다른 아버지, 어머니를 합쳐서 부르는 말은 아니고 동일한 한 사람의 부모를 말하므로 이것을 구별하기 위하여 (23)에서처럼 a+(m.f)로 표시하여 자아(ego)가 한 사람임을 나타내기로 한다.

이렇게 표시하는 경우 우리는 '어버이'와 '부모'도 같은 성분공식(componential formula)으로 표시될 수 있음을 본다. 그러므로 우리는 이 예에서도 그 성분분석공식 또는 표시가 같으므로 두 단어는 동의관계(synonymy)를 가졌다고 말할 수 있게 된다.

7.4.3 포함관계(包含關係)

두 단어간의 의미관계의 셋째로는 **포함관계**(包含關係)를 들 수 있다.

우선 예부터 살피기로 한다.

(24) boy [+ANIMATE, +HUMAN, −ADULT, +MALE]
child [+ANIMATE, +HUMAN, +ADULT]
woman [+ANIMATE, +HUMAN, +ADULT, −MALE]
grown-up [+ANIMATE, +HUMAN, +ADULT]
human being [+ANIMATE, +HUMAN]

먼저 boy와 child의 의미자질 정의(또는 성분표시)를 보자. boy는 4개의 의미자질로 정의되어 있고 child는 3개의 의미자질로 정의되어 있는데 boy쪽이 +MALE 자질 하나를 가진 것이 차이고 나머지 세 자질은 똑같다. 이러한 경우 boy의 의미표시는 child의 의미표시를 포괄하고 있다. 이처럼 한 단어의 의미자질의 표시가 다른 단어의 의미자질 표시를 다 포괄하고 있을 때 Lyons나 Leech는 전자를 후자의 하이포님(hyponym)이라고 불렀다. 이러한 경우 그 단어들이 지칭하는 대상들의 포괄관계를 보면 자질이 더 적은 쪽이 더 큰 범주 또는 집단이어서 더 많은 자질로써 나타내어지는 지칭대상(즉 하이포님의 지칭대상)을 포괄하게 된다.

위 예에서 지칭대상 위주로 보자면 '어린 아이'가 '소년'을 포괄하는 개념이다.

다음으로 woman, grown-up, human being의 세 표현의 의미관계를 생각해 보자. 그 지칭대상들 간의 관계를 보면 woman(여자)은 grown-up(성인)의 한 부류이고 또 grown-up은 human being(인간)의 한 부류다. 즉 첫째는 둘째에 포괄되며 둘째는 다시 셋째에 포괄된다. 이러한 경우 앞에서 본 것처럼 woman은 grown-up의 하이포님이며 grown-up은 human being의 하이포님이다. 그 결과로 woman은 human being의 하이포님이다. 이러한 관계를 우리는 **이행관계**(transitive relation)라고 한다. 즉 A → B 그리고 동시에 B → C의 관계가 있는데 그 결과로 A → C의 관계도 성립하는 경우 이러한 관계를 **이행성**(移行性 transitivity)을 가졌다고 한다.

7.5 의미의 대립관계의 유형

이상 앞절에서는 의미의 대립에서 의미성분(또는 의미자질)을 찾아내는 절차, 성분분석에 의한 단어/형태소의 의미기술, 성분분석에 의거한 동의어, 반대어, 포괄관계 등 단어 상호간의 의미관계의 기술 등을 배웠다. 이제 본절에서는 그러한 대립관계에서 생겨나는 의미 차이의 유형을 살펴보기로 한다.

7.5.1 이원분류(二元分類)

그 중 첫째는 이른바 **이원분류**(二元分類 binary taxonomy)가 있다. 가령 이미 우리가 살핀 바 있는 male : female은 이에 속하며 이것은 서로 반대의 쌍을 이루는 2개 요소 중에서 어느 하나를 자질명으로 택하고 거기에 해당하는 것에 +기호를, 그리고 그와 반대되는 개념에 -기호를 붙이면 기술을 간편화할 수 있다.

가령 male → [+MALE], female → [-MALE]처럼 표시하면 된다. 이 범주에 속하는 예로 alive : dead([+ALIVE] : [-ALIVE]), animate : inanimate([+ANIMATE] : [-ANIMATE])등을 들 수 있다.

7.5.2 다원분류(多元分類)

둘째로는 **다원분류**(multiple taxonomy)가 있다. 가령 금속의 속성은 예컨대 금(gold)인 것과 그렇지 않은 것으로 분류해서는 타당하지 않다. 왜냐하면 금이 아닌 것들 중에는 또 다시 철, 동, 아연 등 수없이 많은 금속류가 있기 때문이다.

이러한 경우에는 이원분류에서처럼 +/-기호에 의한 표시는 할 수 없다. 그래서 Leech(1981)같은 경우는 예컨대 금속의 경우 METAL을 자질명으로 택하고 여기에다 gold → [*METAL], cooper → [°METAL], iron → [˙METAL]처럼 여러 가지 기호를 다양하게 붙여서 표시할 것을 제안한 예도 있다. 우리는 그와 달리 [1METAL], [2METAL], [3METAL] 등과 같이 하여 일반적으로는 [nMETAL]의 형식을 쓰면 더 편리할 것 같다. 이 때 n에 해당하는 숫자는 임의로 정할 수도 있을 것이며 혹은 각기 금속과 관계있는 어떤 숫자를 쓰는 방법도 있을 것이다.

7.5.3 양극대립(兩極對立)

의미대조의 셋째 유형으로는 **양극대립**(polar oppositions)이 있다. 가령 '크다' : '작다', '많다' : '적다' 같은 대립들이 양극대립에 속하는데 이것은 alive : dead같은 이원분류(binary taxonomy)와는 의미적으로 차이가 있다.

이원분류는 두 개 중 어느 하나를 부정하면 그것이 바로 그 대립항과 같은 뜻이 된다. 가령 alive : dead에 있어 not alive는 바로 dead와 같은 뜻이 되며, 반대로 not dead는 바로 alive와 같은 뜻이 된다.

양극대립은 두 개의 반대개념이 상호 대립을 이루는 점에서 이원분류와 흡사하면서도 그 두 항목의 어느 하나를 부정한 것이 그 대립항목과 같은 뜻을 가지지 않는다. 얼핏 생각하기에는 '크지 않다'나 '안 크다'가 바로 '작다'를 의미하는 것처럼 착각할지 모르나 실지 현실에서는 그런 일이 있는 경우도 있지만 이 단어들의 본 뜻은 그렇다고 할 수 없다. 가령

(25) 이 모자는 너무 크지도 작지도 않다. 꼭 알맞다.

같은 표현이 가능한 것이 바로 그런 증거다.

이러한 양극대립어는 또 이른바 정도어(程度語 degree words)를 수반할 수 있다. 그와 달리 이원분류어는 정도어를 수반할 수 없다.

(26) a. 이 강에는 잉어가 매우 많다.
　　 b. 이 호수에는 물고기가 아주 적다.
(27) a. *The man is very dead.
　　 b. *The fish is somewhat alive.
(28) a. The man is not dead. He is alive.
　　 b. The man is not alive. He is dead.

이러한 예에서 보면 '많다', '적다'같은 양극대립어는 정도어(정도를 나타내는 말)인 '많이'나 '아주'같은 말을 수반할 수 있으나 이원

분류어인 alive : dead같은 말은 부정(not)은 수반할 수 있어도 정도어인 very나 somewhat같은 말은 수반할 수 없음을 알 수 있다.

7.5.4 관계어(關係語)

다음으로 단어의 의미성분의 다섯번째 유형으로는 **관계**(關係 relation)가 있다. 우리는 이 유형의 예를 위 7.3~7.4.3에서 배운 친족어에서 많이 보았다. 우리는 친족어들은 관계를 나타내는 말이기 때문에 성분(또는 의미자질)의 단순한 집합만으로써는 그 의미를 나타낼 수 없다고 이미 배웠다. 그런데 이러한 말들은 두 개체간의 관계를 나타내므로 그 중 어떤 짝들은 서로 **역**(逆 inverse)관계를 가지는 경우가 있다. 아래 예를 보자.

(29) a. 김규태씨는 김일규의 형이다.
 b. 김일규는 김규태씨의 아우다.
(30) a. 김규태 → 형 → 김일규
 b. 김규태 ← 아우 ← 김일규
(31) a. Mr. Baker is Jim's parent.
 b. Jim is Mr. Baker's child.
(32) a. Mr. baker → parent of → Jim
 b. Mr. Baker ← child of ← Jim

위 (29)에서 만일 김규태씨가 김일규의 형이라면 김일규는 당연히 김규태씨의 아우가 된다. 이러한 관계를 화살표로 표시하기로 하고 화살의 시발이 화살의 대상과 어떤 관계에 있는 것을 나타낸다고 하면 이 관계는 (30)처럼 나타낼 수 있다.

또 영어의 예로도 parent와 child의 관계는 같은 방법으로 나타낼 수가 있다. 즉 Mr. Baker가 Jim의 parent라면 Jim은 당연히 Mr. Baker의 child의 관계에 있다.

7.5.5 계층적 대립(階層的對立)

의미성분의 대립의 유형의 다섯번째는 **계층적 대립**(hieararchical opposition)이다. 이것에는 길이, 무게 등 척도를 나타내는 말, 서열을 나타내는 말이 속한다. 예컨대 길이의 표시로 한 자, 두 자, 석 자…, 무게의 표시인 한 근, 두 근, 서 근… 서열/차례의 표시로 the first, the second, the third, the fourth… 등이 다 여기에 속한다. 이것들을 일반화하여 의미자질로 표시하려면 [1WEIGHT], [2WEIGHT],..., [nWEIGHT],..., [1LENGTH],..., [nLENGTH] ; [1ORDER],..., [nORDER]... 등으로 표시할 수 있을 것이다.

이러한 계층적 대립의 특징은 한 계열에 속하는 항목의 수효가 무한정하다(indefinite and open-ended)는 점이다. 예컨대 무게를 말하는 '한 근, 두 근…100근…1,000근…'등은 무한정하게 있을 수 있다. 바꾸어 말하면 이러한 계열에 속하는 요소에는 최고라든지 최후의 개념이 적용되지 않는다. 또 이러한 계층에 속하는 각 요소는 범주적으로 배타관계에 있다. 예컨대 1등인 자가 2등일 수 없고 2등인 자가 1등일 수도 없다. 그러므로 다음과 같은 문(文)들은 **모순**(矛盾 contradication)을 일으킨다.

(33) a. *그 첫째 사람이 마지막 사람이다.

b. *1984년은 1988년이다.

7.5.6 역(逆)의 대립(對立)

우리가 마지막으로 볼 여섯번째의 의미적인 대립의 유형은 **역**(逆) **의 대립**(inverse opposition)이다. 다음 예를 보자.

(34) Some boys don't like to study.
(35) Not all boys like to study.

이 예에서 (34)와 (35)는 그 내용에 차이가 없다. 즉 '어떤 소년들은 공부하기를 좋아하지 않는다'는 것은 '모든 소년들이 공부하기를 좋아하지 않는다'와 같은 뜻이다. 여기에서 그러한 관계가 성립하는 이유는 some이 not all과 같은 의미를 가지기 때문이다. 한 단어의 뜻이 다른 단어의 부정과 같은 뜻을 이룰 때 이들의 관계를 **역의 대립**(inverse opposition)이라고 부른다. 그래서 some과 all은 서로 역의 대립 관계에 있다.

역의 대립 관계에 있는 다른 예로 possible과 necessary가 있다. 아래 예문을 보자.

(36) It is not necessary that he will come.
(37) It is possible that he will come.

위에서 (36)의 뜻을 '그가 꼭 오는 것은 아닐 것이다' 정도의 뜻으로 해석한다면 (37)의 뜻은 '그는 오는 수도 있을 것이다' → '그가 올지도 모른다' 정도의 뜻이다. 이 두 표현을 잘 생각해 보면 결국은 같은 의미임을 알 수 있다. 즉 '반드시 오는 것이 아니다'는 것은 올 수도 있고 안 올 수도 있으므로 '올 수도 있다' → '올지도 모른다'와 사실상으로는 같은 뜻이다.

7.6 자질의 잉여성(剩餘性 Redundancy)과 유표성(有慓性 Markedness)

이상 앞 절에서 본 것처럼 의미자질은 한 단어/형태소와 다른 단어/형태소의 의미관계를 체계적으로 기술하는 데에 기여할 수 있다. 그런데 이러한 자질들은 그들 상호간에도 어떤 계층적 관계가 있고 또 두 자질이 대립을 이루는 경우는 그 하나가 일반적이고 다른 하나는 특수한 것으로 취급되는 경우가 있다.

7.6.1 의미성분간의 계층과 잉여성(剩餘性)

가령 아래 자질들을 보자.

(38)

- +ANIMATE
  - +HUMAN
    - +MALE
    - −MALE
  - −HUMAN
    - +MALE
    - −MALE
- −ANIMATE

위 (38)은 [+/−ANIMATE], [+/−HUMAN], [+/−MALE], [+/−ADULT] 등 자질을 그 계층적 상호관계에 따라 수상도(樹狀圖 tree diagram)로 표시한 것이다.

먼저 [+/−ANIMATE]는 모든 사물을 크게 양분하여 구분하는 데에 대조의 기준이 되는 자질이다. 다음으로는 [+ANIMATE]인 것 안에서만 [+/−HUMAN]의 구분이 성립된다. 즉 생물이라야만 그것이 인간인지 인간이 아닌 것(즉 동물)인지의 구분이 이루어진다.

다음으로는 [+HUMAN]인 것은 [+/−MALE]의 구분이 가능하다.

또 [−HUMAN]인 것도 [+/−MALE]의 구분이 가능하다.

이러한 계층적 포괄단계를 뒤집어 생각해 보면 먼저 ANIMATE와 HUMAN의 관계에서는 다음 (39)같은 일반화가 가능하다.

(39) 만일에 어떤 개체가 [+HUMAN]이면 그 개체는 반드시 [+ANIMATE]이다.

그런데 한편으로 우리가 어떤 개체를 성분기술을 할 때에 있는 속성을 다 표시하여 기술하면 다음 (40)과 같이 할 수 있다.

(40)

‘여자’	[+ANIMATE] [+HUMAN] [−MALE]	‘남자’	[+ANIMATE] [+HUMAN] [+MALE]

여기에서 만일 (39)와 같은 사실을 고려해 보면 어떤 형태의 의미를 (40)이 가진 자질을 다 표시하지 않아도 예측이 가능한 잉여자질(redundant feature)을 가지고 있음을 알 수 있다. 즉 ‘남자’, ‘여자’ 등의 기술에서 [+HUMAN]만 있으면 그것이 의례히 [+ANIMATE]일 것을 예측할 수 있다는 말이다. 이러한 현상을 잉여성(redundancy)이라고 말하며 이 때 예측 가능한 자질 ANIMATE를 **잉여자질**(redundant feature)이라고 부른다.

여기에서 만일 우리가 이러한 잉여관계를 나타내는 규칙을 [+/−HUMAN] → [+ANIMATE]처럼 세우고 이것을 [+HUMAN]이나 [−HUMAN]인 것은 반드시 [+ANIMATE]라야 한다는 것을 나타내는 것으로 한다면 (40)은 아래 (41)처럼 간략해질 수 있다.

(41) ‘여자’ [−HUMAN]　‘남자’ [+HUMAN]

(42) [+/−HUMAN] → [+ANIMATE]

즉 (42)와 같은 잉여규칙(redunadncy rule)을 설정함으로써 (40)과 같은 기술이 (41)처럼 간략하게 된 것이다. 이러한 잉여규칙은 일반성이 높아서 그러한 자질이 필요한 모든 기술에 적용할 수 있으므로 새 규칙을 하나 세우는 것이 종합적으로 보아 경제가 됨은 물론이다.

그런데 (38)에서 [+/−MALE]까지를 잉여규칙으로 포착하는 것이 가능하지는 않을까? 그렇게 할 수만 있다면 (42)대신에 [+/−MALE] → (+HUMAN) → +ANIMATE같은 더욱 포괄적인 잉여규칙을 얻을 수 있게 될 것이다. 그러나 여기에는 문제가 있다. 그것은 [+/−MALE]은 [+HUMAN]에만 지배되고 있는 것이 아니라 [−HUMAN]에도 지배되고 있기 때문에 [+/−MALE]에서 단일하게 [+HUMAN]이나 [−HUMAN]의 어느 하나만을 예측할 수 없다는 문제가 있다.

[+/−HUMAN]과 [+/−MALE]과의 이러한 관계를 <교차분류(cross classification)>라고 하며 이것을 도표로 나타내면 아래와 같다.

(43)

	+MALE	−MALE
+HUMAN	신사	숙녀
−HUMAN	ox	cow

이와 같이 교차분류가 되는 자질들은 그 한 가지 자질에서 두 가지 이상의 예측이 가능하기 때문에 단일한 예측을 위한 잉여규칙을 만든다는 것은 불가능하다.

7.6.2 의미성분의 유표성(有標性)

이원분류나 양극대립 등의 양자대립을 이루는 자질의 짝은 양자 중에서 어느 하나가 더 일반적인 것으로 여겨지고 다른 하나가 특수한 것처럼 인정되는 경향이 있다. 가령 우리말에서도 '길다' '짧다'의 짝에서 '길다'쪽이 일반성을 띠며 '짧다'는 특수성을 띤다. 여기에서 일반성과 특수성이라는 것은 다음과 같은 것을 의미한다.

(44) a. 그 다리는 얼마나 깁니까?
　　b. *그 다리는 얼마나 짧습니까?

이 점에서는 영어의 경우에도 마찬가지다.

(45) a. How long is the bridge?
　　b. *How short is the bridge?

즉 장단의 짝에서 긴 쪽이 짧은 쪽보다도 기본적이고 일반적인 것으로 간주되며 짧은 쪽은 특수한 것으로 간주되고 있다는 말이다 그래서 질문을 할 때에는 위 예들처럼 일반적인 짝을 이용하여 묻는 것이다. 이러한 경우 '길다', 'long' 등 일반성을 가진 말을 **무표항**(無標項 unmarked term)이라 부르고 '짧다', 'short'같은 특수성을 가진 것으로 간주되는 말을 **유표항**(marked term)이라 일컫는다.

이와 같은 유, 무표의 구별은 언어 사용자가 두 개의 대립을 이루는 개념 중에서 어느 것을 더 주된 것으로 보느냐하는 것을 반영하고 있다고 생각할 수 있다. 그러한 이유로 어떤 개념이나 범주를 총칭하는 경우에는 유, 무표항 중에서 무표항을 써서 가리키게 된다. 가령 영어에서 man : woman은 남녀의 구분을 가리키는 말인데 무표항인 man은 남녀구별 없이 사람을 가리킨다.

이러한 유, 무표의 구분은 조어법에도 나타나는 경향이 있다. 가령 happy : unhappy, familiar : unfamiliar, regular : irregular 같은 예들에서는 무표항인 happy, familiar, regular 등에다 접사(affix) un-, ir(← in-)등을 붙여서 유표항을 만들고 있다. 이러한 경우 여기에 쓰인 접사들은 일종의 유표의 표지 구실을 하고 있다고 할 수 있다.

한국어에서도 '절제'와 '무절제'같은 경우를 보면 전자를 무표항, 후자는 유표항이라 볼 수 있다. 다음의 예를 보자.

(46) a. 그는 얼마나 절제할 줄 아느냐?
     b. *그는 얼마나 무절제할 줄 아느냐?

(47) a. 그는 얼마나 절제합니까? 대단합니다.
     b. 그는 얼마나 무절제합니까? 말로 할 수 없어요.

위 (46)에서 보면 '절제' : '무절제'는 무표 · 유표관계에 있음이 분명하다. 그런데 (47)에서는 두 가지 경우가 다 말이 되는 것 같이 보인 이유는 무엇일까? 우리는 그 차이를 (46)의 '…할 줄'이라는 표현과 (47)의 '…하냐'의 차이에서 찾을 수 있다. 즉 그 차이란 '…할 줄'은 일반적인 능력이나 정도를 말하는 말이며 '…하느냐'는 현실의 상태를 묻는 말이다. 즉 후자의 경우는 그가 현실에서 이미 무절제하다는 것을 전제, 또는 상호 양해사항으로 해 두고 그 무절제한 정도를 묻고 있는 것이다 이처럼 어떤 한 쪽으로 사실을 확정하고 나면 그로부터는 그 특수사정의 정도를 묻는 것도 더 자연스러워지는 것이다.

7.7 의미와 통사구조

이상 7.3에서 7.6.2까지에서 우리가 본 것은 한 단어 또는 형태소의 의미였다. 그런데 언어가 의미전달의 매체로 쓰이는 것은 낱낱의 단어나 형태소로서가 아니라 대부분의 경우가 그러한 작은 단위를 두 개 이상 결합한 이른바 문(sentence)의 단위, 또는 그러한 문(文)들을 모은 **이야기**(discourse)로서 쓰인다. 그러므로 언어의 의미를 알려면 단어/형태소의 의미를 아는 것만으로는 부족하고 문장의 의미를 알아내야 하며 또 문(文)의 의미만으로도 부족하여 글 또는 이야기 전체의 의미를 파악하여야만 한다.

7.7.1 문(文)의 성분과 의미(意味)

우리는 이미 제 6장 통사론에서 단어/형태소가 결합하여 한 문(文)을 이루는 것에 대하여 관찰하였다. 단어는 낱낱으로 쓰이는 것이 아니라 통사적인 구조에 의하여 규칙적인 결합관계를 이루므로 낱낱의 단어의 뜻도 그러한 통사구조와 밀접한 관계가 있을 것이 예상되며 단어의 뜻은 물론 통사구조에 따라서도 의미가 영향을 받으리라고 예상된다.

그런데 우리가 이미 제 6장에서 알게 된 바와 같이, 한 통사구조를 이루는 가장 기본적인 단위는 이른바 품사라고 하는 문법범주이므로 이러한 문법범주와 의미와의 사이에 어떤 연관이 없을까 관찰해 봄직하다. 그러나 그에 앞서 우리가 가져야 할 의문은 문법범주와 의미범주와의 사이에 어느 정도의 상응관계가 있는가 하는 것이다.

다음 예문들을 보자.

(48) a. It is raining.
b. 비가 오고 있다.

(49) a. It is snowing.
b. 눈이 온다.

(50) a. 눈이 뜰에 많이 쌓였다.
b. *비가 뜰 한 쪽으로 흐른다.
c. 빗물이 뜰 한 쪽으로 흐른다.

(51) a. There is a road running around the lake.
b. 길이 호수 주위에 쭉 나 있다.

먼저 (48), (49)를 보면 비(rain)나 눈(snow)이라는 현상을 두고서도 영어에서는 동사(rain, snow)로 표현하고 있으며 한국에서는 명사('비', '눈')를 주축으로 하고 '오다'는 동사를 곁들여 표현한 것을 볼 수 있다. (51)에서도 보면 도로가 호수 주위에 둘러 있는 현상을 영어에서는 road라는 명사와 run이라는 동사를 곁들여 쓰고 있으며 한국어에서는 '길이 나다'는 표현을 써서 영어와는 상당히 다른 관점에서 보고 있다. 또 Stockwell(1977)에 의하면 아메리칸 인디언어의 하나인 나바호(Navajo)어에서는 이것을 영어로 직역하여 It roads around the lake에 해당하는 표현을 쓴다고 한다. 즉 나바호에서는 길을 나타내는 말이 바로 동사가 되어 있는 것이다.

(50)은 재미있는 현상을 보여준다. 한국어에서 '눈'의 경우는 내리는 눈 그 자체, 즉 눈송이를 가리키는 의미가 강하다. 그 증거로 '눈'은 땅에 쌓여도 내리고 있을 때와 마찬가지로 '눈'이다. 그러나 '비'의 경우는 다르다. 내리는 것은 '비'이지만 일단 땅에 닿고 나면 이

미 '비'가 아니고 '물'이다. 이것은 물론 눈은 내린 후에도 형태가 얼마동안 유지되고 비는 내리자 형태가 달라지는 이유일 것이다. 어쨌든 그 결과로 '비'는 내리는 빗방울 자체보다는 비가 내리는 현상 그 자체를 가리키는 뜻이 강할 것 같다.

이처럼 의미는 여러 가지 요인에 따라 다른 양태로 나타내고 어떤 의미를 어떤 문법범주로 표현한다는 일정한 상응관계는 없다. 그러나 뜻의 전달은 그래도 단어/형태소와 아울러 통사구조에 의거해서 전달된다. 그리고 완전한 상응관계는 아니나 각 문법범주에 따라 어느 정도 흔히 가지는 의미적인 기능이 있으므로 아래에서 간략히 이를 개관해 보기로 한다.

7.7.2 문법범주와 의미와의 상응관계

여기에서 우리는 어느 나라의 자연언어에나 있는 가장 기본적인 문법범주에 관해서만 의미와의 상응을 생각해 보기로 한다. 가장 기본적인 문법범주로서 (1) 동사(verbs), (2) 부사(adverb), (3) 명사(nouns)의 세 가지를 생각해 보기로 한다.

7.7.2.1 동사(verbs)

동사는 일반적으로 다음과 같은 의미내용을 나타내는 데 쓰인다.

사건 - 행위, 창조, 상태의 변화, 과정 … 등
상황 - 사건과 같이 행위나 변화를 수반하지 않는 어떤 사태
화자의 의도와 태도 - 약속, 명령, 희망, 기대 … 등

거의 어떤 언어에서나 다음과 같은 의미범주는 동사나 동사구에 포함된 부분에서 표현된다.

(1) 시간(time) : 어떤 사건이 일어난 시간의 발화시와의 관계를 말한다. 이 때 발화시라는 것은 화자가 말하고 있는 순간을 가리킨다. 사건시가 발화시보다 전이면 과거(past), 발화시와 동시면 현재(present), 발화시보다 뒤면 미래(future)가 된다. 여기에서 말하는 시간(time)이란 사실상의 시간을 말하는 것이고 통사론에서 말하는 시제(tense)와는 구분되는 다른 개념임에 유의하기 바란다.

(52) 과거(past)

The man arrived exactly at two in the morning.

(53) 현재(present)

Beavers build dams.

(54) 미래(future)

The man will finish the work by two in the afternoon.

(2) 상(aspects) : 어떤 사건을 그 시작의 순간, 중간, 아니면 사건의 끝에서 포착하여 가리킨 것.

(55) 기동상(起動相 Inceptive)

The students began to read aloud.

(56) 진행상/미완상(Progressive/Imperfective)

The workers are building the bridge.

(57) 지속상(持續相 Durative)

The students kept reading the book.

(58) 완료상(Perfective)

John has already left the town.

(3) 양상(modality) : 한 사건을 여러 가지 다른 가능세계(possible worlds)와 관련하여 그 진위값(truth value)을 가름하는 것을 양상이라 한다.

(59) 직설 : 가정(Indicative : Subjunctive)

a. John was at the party.

b. John could have been at the party.

(존은 파티에 올 수도 있었다. <그런데 오지 않았다.>)

(60) 능력성(Ability)

a. 나는 그 일을 30분이면 할 수 있다.

b. I can read Greek.

(61) 가능성(Possibility)

a. 그가 내일 올 지도 모른다.

b. You may be right, but I still doubt it.

(62) 필연성(Necessity)

a. You must be very tired.

b. 당신은 그 회의에 참가해야 한다.

(63) 부정(否定 negation)

그는 아침을 아직 안 먹었다.

(그가 아침을 먹은 일이 아직 없었다.)

7.7.2.2 부사(adverbs)

부사는 일반적으로 다음과 같은 의미를 나타내는 데 쓰인다.

사건과 행위의 서술

명제의 서술

양과 비교의 표시

어떤 행위에 관한 배경서술
목적/동기, 원인, 이야기의 변천

(1) 사건과 행위의 서술(predicates over events and actions) :

(64) 처소(處所 locative)
Harry works at home. He has a computer terminal installed at home.
(It is at home that Harry works.)

(65) 시점(時點 point of time)
영식이는 그제 시골에 갔다.
(영식이가 시골에 간 일은 그제 있었다.)

(66) 시간의 지속(duration/durative)
립 밴 윙클은 20년간이나 잠을 잤다.
(립 밴 윙클이 잠을 잔 것은 20년간이었다.)

(67) 양태(manner)
영미는 노래를 매우 잘한다.
(영미는 노래 부르는 것이 매우 잘된다.)

(68) 도구(道具 instrumental)
The robber opened the door with a screwdriver.
(It was with a screwdriver that the robber opened the door.)

(69) 수단(手段 means)
그가 그의 친구의 도움으로 선거에 당선되었다.
(그가 선거에 당선된 것은 그의 친구의 도움을 받아서였다.)

(2) 명제의 서술(predications over events or actions) :

(70) 양상(modality)

a. 그는 아마도 모레 도착할 것이다.
(그가 도착하는 모레라고 하는 가능의 세계가 존재할 것이다.)

b. He could have come earliar.
(그가 하려고 했었으면 더 일찍 올 수 있었을 세계가 존재했을 것이다. <그런데 그러한 세계가 실현되지 못했다.>)

(71) 사실성(factive)
Obviously she is a very intelligent.
(그가 매우 지성적이라는 것은 명백한 사실이다.)

(3) 양과 비교(quantity and comparison) :

(72) 빈도(頻度 frequency)
영가는 가끔 저녁 늦게까지 일한다.
(영가가 저녁 늦게까지 일하는 일이 가끔 있다.)

(73) 정도(degree)
Mary is quite beautiful.
(어떤 아름다움의 기준에 견주어서 메리의 아름다움이 상당한 정도를 넘어선다.)

(74) 비교(comparison)
미미는 키가 길성이보다 더 크다.
(미미의 키가 큰 정도가 길성이의 키 큰 정도보다도 더 넘는다.)

(4) 동기, 조건, 추이(motivations, conditions, transitions) :

(75) 원인(cause)

그가 왔기 때문에 내가 얘기한 것이다.

(내가 얘기한 것은 그가 온 때문이었다.)

(76) 목적(purpose)

He works very hard in order to pase the board exem.

(그가 열심히 공부하는 것은 변호사시험에 합격할 목적에서이다.)

(77) 조건(condition)

I will help him if he wants me to.

(내가 그를 돕는 일은 그가 그것을 원한다는 조건에 달려 있다.)

(78) 추이(推移 transition)

He didn't really know the fact. Nevertheless, he didn't pay attention.

(그는 그 사실은 정말로 알지 못했다. 그럼에도 불구하고 그는 주의를 기울이지 않았다.)

7.7.2.3 명사(nouns)

명사는 일반적으로 다음과 같은 속성을 가진 실재(實在 entity)를 나타낸다.

(가) 구체적(concrete)인 것과 추상적(abstract)인 것.

(나) 셀 수 있는 것(계수명사 countable)과 셀 수 없는 것(불계수명사 uncountable)

(다) 유생물(animate)과 무생물(inanimate)

(라) 인간(human)과 비인간(nonhuman)

여기 열거한 속성들은 대개가 그 지칭대상이 본래부터 가진 속성-이것을 <고유자질 (inherent features)>이라고 부름-이기 때문에 그 자질들 상호간에 어떤 계층적 관련이 어느 정도 있으며 따라서 잉여규칙을 세울 수 있는 것들도 있다. 그러나 또한 교차분류(交叉分類 cross classification)의 관계에 있는 것도 있어 일률적인 잉여규칙화는 불가능하다. (7.5.1 참조)

(1) 고유자질(inherent features) :

명사의 고유자질은 해당 명사와 동사간의 일반적인 의미의 상호적합성을 결정하는 역할을 한다. 이러한 상호적합조건을 통사론에서는 공기제약(cooccurence restriction)이라 부른다.

(79) a. *The rock laughed.
     b. The carpenter laughed.
(80) a. The children frolicked in the breeze.
     b. The dandelions frolicked in the breeze.
     c. *The slush frolicked.

위 (79)에서 the carpenter(목수)는 그 고유자질 [+HUMAN]을 가지고 있는 laugh(웃다)는 [+[+HUMAN…]]이라는 문맥자질을 가지고 있으며 이 둘은 상호적합성이 있다. 그러나 the rock([-HUMAN])과 laughed와는 서로 상충된다.

(80)에서도 frolic(홍정거리다)는 최소한 [+ANIMATE]가 필요한

동사이므로 children과는 적합하나 slush(눈 진창)와는 적합하지 않다. 그런데 dandelions(민들레)는 본래 무생물이나 아름다운 식물로 받아들여질 때 이것이 흥겹게 춤추는 것으로 볼 수도 있다. 이처럼 본래 의미적으로는 적합성이 없거나 낮은 것들끼리 연결하여 어떤 함축적인 의미가 더 창출(創出 create)되는 것을 <은유(隱喩 metaphor)>라 한다.

(2) 비 고유자질(non-inherent features) :

이 자질들도 동사의 문맥자질과 관련하여 상호적합성여부에 관련된다.

(81) 고체성 : 유체성(solidity : liquidity)

a. He emersed the metal in the chemical.

b. *He emersed the metal in the rock.

(82) 시점 : 지속(point of time : duration)

a. Two hours elapsed.

b. *Two o'clock elapsed.

c. 두 시간이 지났다.

d. 두시가 지났다.

(83) 유연성(柔軟性 flexibility)

a. 그들은 비닐 막을 구겼다.

b. 연돌공이 잘못해서 함석을 구겼다.

c. *김교수가 자기의 학설을 구겼다.

위 (81)~(83)의 예들은 저자가 일일이 자세한 설명을 하지 않고 독자 여러분이 생각해 보도록 여러분께 맡긴다. 다만 (82)에서 영어는 하나가 되고 다른 하나가 안 되는 것이 분명한데 한국어에서는 둘 다 말이 되는데 이는 '지나다'의 뜻이 달리 해석되기 때문임에 유의하기 바란다. 즉 한 경우는 시간의 흐름을 일컫는 것인데 반해서 다른 한 경우는 한 순간을 지나친 것을 뜻하는 것이다.

7.8 문(文)의 의미

이상에서 우리는 의미의 기본개념에 대하여 살폈는데 지금까지는 주로 단어/형태소를 위주로 하여 다루었다. 그런데 의미의 전달은 한 단어나 형태소에 의존하는 것보다는 일반적으로 그러한 단어/형태소를 몇개 이상 어떤 규칙에 의거하여 모아서 만든 문(文)에 의거하여 의미를 전달하는 경우가 많다. 그러므로 우리가 의미를 알려면 단어의 의미를 아는 것만으로는 부족하며 그 단어들이 한 문(文) 안에서 어떤 경로를 통하여 전체문의 의미에 보탬이 되는가를 알아야 한다. 그래서 본절에서는 한 문(文)의 통사구조와 의미구조가 어떻게 연관되는가를 보기로 한다.

7.8.1 통사구조와 의미구조와의 관계

한 문(文)의 의미를 생각하는 데에 있어 우리가 우선 알아야 할 일은 문(文)의 통사범주와 의미범주들 간에는 1대 1의 대응이 성립하지 않는다는 사실이다. 예를 들면 통사상의 주어가 의미상의 행동주인 경우도 있지만 때에 따라서는 의미상의 목적 또는 대상일 수도 있는 것과 같이 통사상의 한 범주가 언제나 의미상의 한 개념을 표현하는 것이 아니다. 예컨대 '사람이 밥을 먹는다'같은 능동문에서는 통사상 주어인 '사람'이 '먹는다'는 행동의 행위주이나 '그 사람은 사자에게 먹혔다'같은 피동문에서는 통사상으로는 주어임에도 불구하고 '먹는다'는 동작의 주체가 아닌 대상이다.

만일 의미구조와 통사구조가 그처럼 완전히 1대 1의 대응을 이룬다면 통사론이 있고 거기에다 단어/형태소의 의미기술이 더 있다면 의미해석은 거의 자동적으로 나올 수 있을 것이다. 그러나 언어의 현실은 그렇지가 못하다. 그래서 우리는 우선 통사구조와 의미구조가 얼마나 다른가를 가장 전형적인 예들을 몇 개 들어 살펴보기로 한다. 우선 수상도로 표시한 것을 몇 개 제시해 본다.

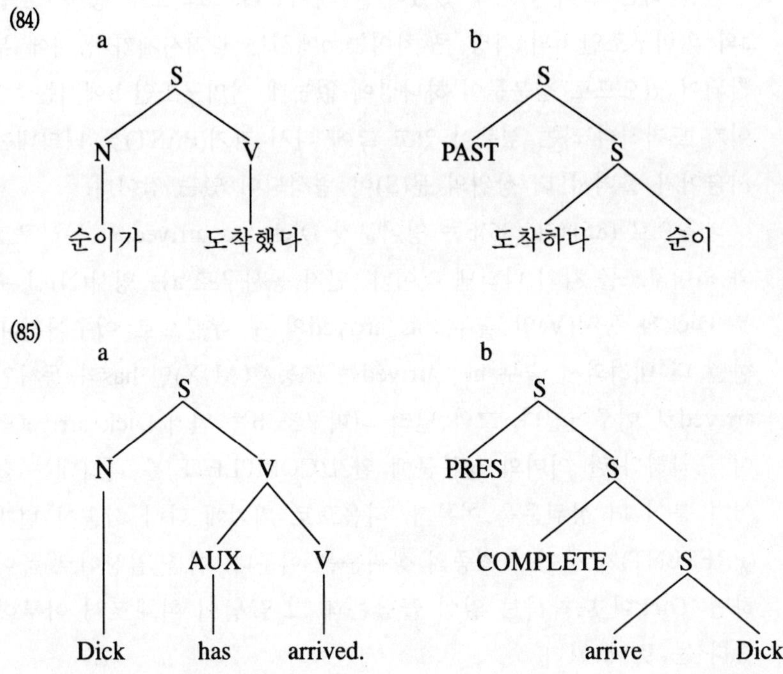

먼저 위 (84)a를 보자. '순이가 도착했다'의 통사구조는 명사(N)인

'순이'와 동사(V)인 '도착했다'로 되어 있다. 여기에서 '(어)ㅆ'은 과거시제를 나타내는 것으로서 동사인 '도착하다'에 곁들여서 표현된다. 다음으로 그 의미구조를 간략히 표시해보면 (84)b와 같다. 즉 문(文) '순이가 도착했다'의 의미구조는 먼저 동작을 나타내는 '도착하다'와 개체를 나타내는 '순이'가 결합하여 '순이란 이름의 개체가 도착하는 동작을 하는' 것을 나타내는 의미적인 문(S)을 이루고 그것이 다시 과거(PAST)라는 서술어를 가져서 더 상위의 의미적인 문(S)을 이루게 된다. 이를 일상어로 풀이하면 '순이'라는 개체가 도착하는 동작을 하는 일이 과거에 있었다'를 의미한다. 그러므로 통사구조인 a와 의미구조인 b의 가장 큰 차이는 a에서는 과거시제가 동사에 부착되어 있으므로 성분문이 하나밖에 없는데 의미구조인 b에서는 '순이가 도착하다'라는 성분이 있고 그에 다시 과거(PAST)를 나타내는 서술어가 붙어서 더 상위의 문(S)이 형성되어 있는 점이다.

다음으로 (85)a와 (85)b는 영어문장 Dick has arrived.의 통사구조와 의미구조를 각기 나타낸 것이다. 먼저 통사구조 a는 명사(N)인 주부 Dick과 동사(V)인 술부 has arrived의 두 부분으로 이루어진다. 한층 더 내려와서 술부 has arrived는 조동사(AUX)인 has와 동사인 arrived로 이루어진다. 그와 달리 의미구조 b는 먼저 Dick arrive(딕이 도착하다)란 의미의 성분문에 완료(COMPLETE)를 나타내는 술어가 붙어 더 상위문을 이룬다. 다음으로 거기에 다시 서술어 현재(PRESENT)가 붙어서 최종의 상위문을 이룬다. 이를 일상어로 풀이하면 'Dick이 도착하는 일이 끝났는데 그 끝남이 현재로서 이루어졌다'는 뜻이 된다.

[(86)과 (87)에서 가지치기가 어느쪽으로 되었는가?]

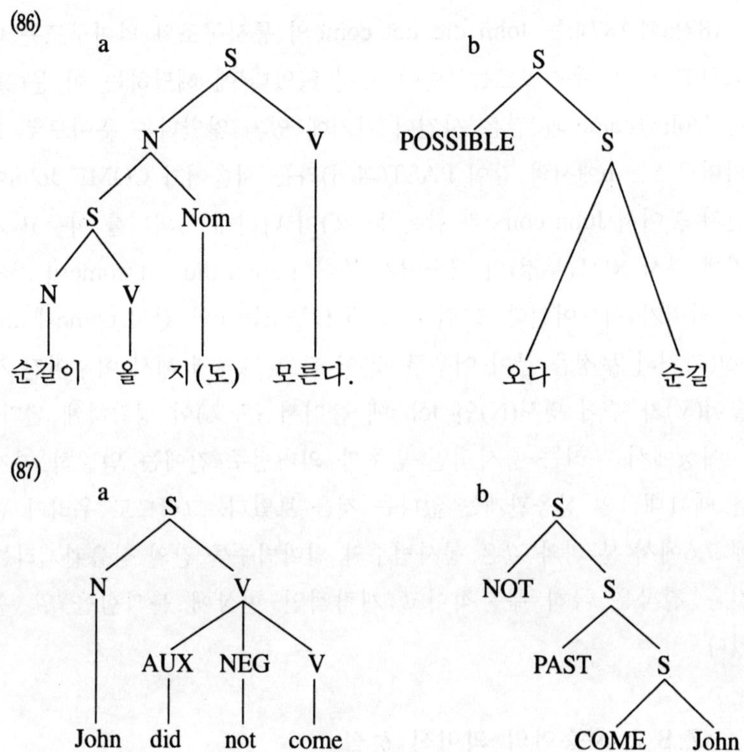

(86)a와 (86)b는 '순길이가 올지도 모른다'와 같이 어떤 일의 가능성을 나타내는 구조인데 통사적으로는 a와 같으나 의미적으로는 b처럼 '가능(POSSIBLE)'의 서술어가 가장 상위의 서술어로 있음을 나타내 주고 있다.

여기에서 의미적으로 '가능'의 서술어가 통사적으로는 '…(으)ㄹ지도 모른다'와 같은 표현으로 나타내지며 그것이 주어부가 되는 N의 한 부분인 체언화 보문자(Nom)인 '지'와 서술동사(V)인 '모른다'의 결합으로 나타내어지고 있음에 주목할 필요가 있다.

(87)a와 (87)b는 John did not come의 통사구조와 의미구조를 대조하고 있다. 우리말로는 '존이 오지 않았다'에 해당하는 이 문(文)은 'John+come'과 같은 사건이 과거에 있지 않았다는 뜻이므로 그 의미구조는 b에서와 같이 PAST(과거)라는 서술어가 COME John에 먼저 붙어서 John come과 같은 문(文)이 나타내는 의미를 이루고 거기에 다시 NOT(부정)의 서술어가 붙어서 John did not come이 가지는 의미가 이루어진다. 그런데 그 통사구조는 a와 같이 come에 did not(과거와 부정을 같이 어우른 것)이 붙고 그렇게 해서 이루어진 서술어(V)가 주어 명사(N)인 John에 붙어서 문(文)이 성립하게 된다.

이상에서 우리는 통사적인 범주와 의미범주 간에는 엄밀히 따져볼 때 1대 1의 상응관계는 없다는 것을 보았다. 그러므로 우리가 전에 7.6에서 본 바와 같은 통사범주와 의미범주들 간의 상응관계라는 것은 결국은 극히 부분적이고 개략적인 현상에 불과함을 알 수 있다.

7.8.2 서술어의 의미적 성질

우리가 이미 위 7.8.1에서 본 바와 같은 의미구조를 이루는 데에 가장 근본적인 영향을 미치는 것은 그러한 의미구조에 쓰이는 서술어(敍述語 Predicate)의 의미적인 성질이다. 가령 EXIST(존재하다) 같은 의미의 서술어는 그 존재하는 개체(individual)를 하나만 요구한다. 즉 The man exists(그 사람이 존재한다)에서 the man을 m이라는 기호로 표시하고 exist라는 동사의 뜻을 EXIST라는 의미적 서술어로 표시한다면 그 의미구조는 아래 (88)b처럼 표시할 수 있다.

(88)

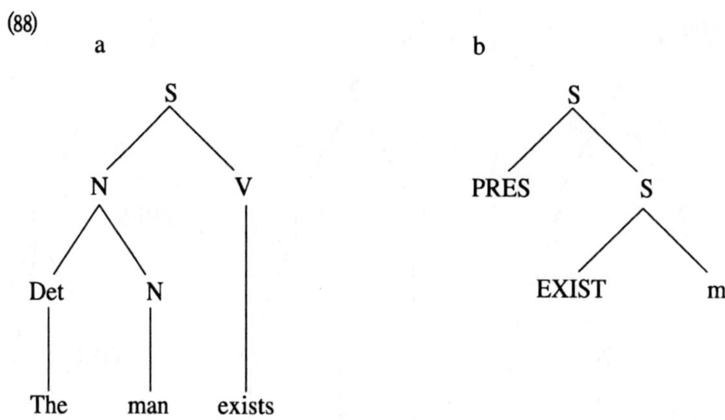

다음으로 LOVE같은 의미의 서술어는 사랑하는 개체 하나만으로 써는 그 의미가 완성되지를 않는다. 가령 '순이는 사랑한다'나 'Mary loves'같은 문들은 얼핏 보기에 완성된 문(文)처럼 느껴질지 모르나 잘 생각해 보면 사랑을 받는 사람의 표시가 없기 때문에 그 실지 상황을 정확히 알 수가 없다. 이 문(文)들은 '순이가 철수를 사랑한다.', 'Mary loves John.'처럼 사랑하는 개체와 사랑받는 개체의 둘을 다 표시하는 말로 바꾸어야 비로소 분명한 것이 되어서 이 표현들이 나타내 주는 현실이 어떠한 것인지가 명확히 나타난다. 이것을 의미구조로써는 (89)c처럼 나타낼 수 있다.

위에서 또 하나 유의해야 할 점은 통사구조에서 영어와 한국어에 차이가 있다는 점이다. [(86)과 (87)에서 보였듯이, 영어는 우측가지치기(right branching)를 하는 반면 한국어는 좌측가지치기(left branching)을 하는 점도 한 차이점이다.]

(89)

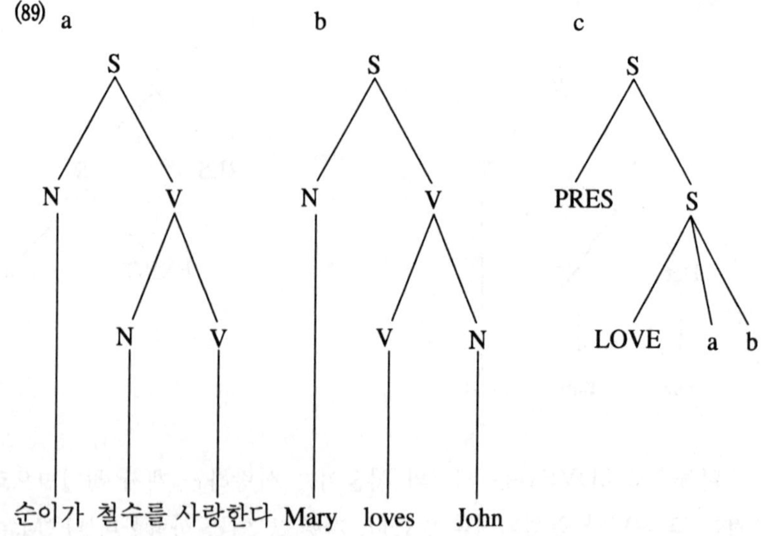

셋째로 '질투하다' JEALOUS같은 의미의 서술어를 보자. '영이가 철수를 질투한다', 'Mary is jealous of John.'같은 문은 그것만으로서는 한 개체가 다른 개체를 질투하는 이유/원인을 알 수 없다. 만일 이것을 '영이가 순이와 관련하여 철수를 질투한다.', 'Mary is jealous of John's love.'같이 보충하여 표현하면 질투를 하는 개체와 질투를 받는 대상뿐만 아니라 그러한 질투를 유발하는 원인이 되는 개체까지 3인의 개체를 밝혀서 그 상황이 명확해진다.

그러므로 '질투하다'는 세 개체를 요구하는 서술어이며 그 의미를 JEALOUS로 나타내고 그에 관련되는 개체를 a, b, c로 나타내면 그 의미구조는 아래 (90)b와 같이 표시할 수 있다. [(90)a에서 영어는 역시 우측가지치기를 하는 언어임을 잘 보여주고 있다.]

(90) a

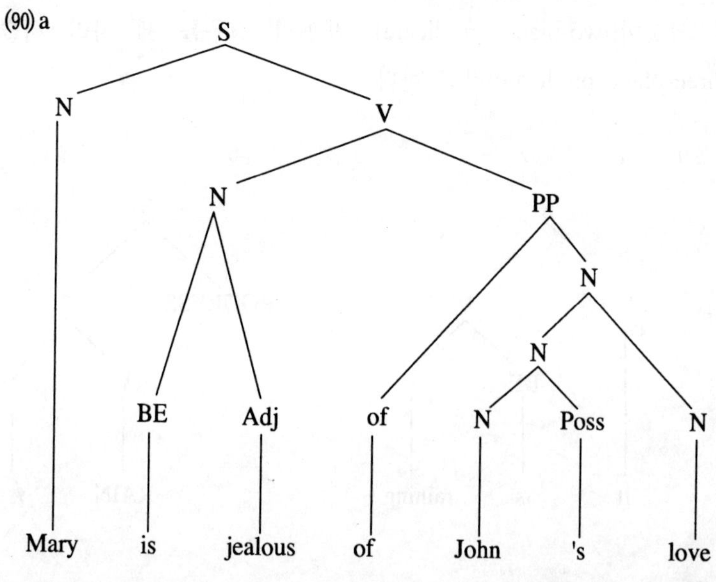

b

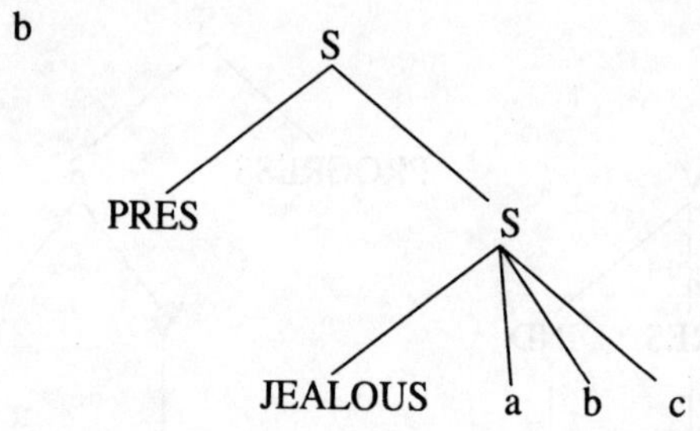

이상에서 우리는 서술어가 (88)의 EXIST의 경우와 같이 한 개의 개체만을 요구하는 경우, (89)의 LOVE와 같이 2개의 개체를 요구하는 경우, (90)의 JEALOUS와 같이 3개의 개체를 요구하는 경우의 세 가지가 있음을 보았다. 우리는 편의상 이들에게 이름을 붙여 첫째의 경우를 한 자리 서술어(one-place predicate), 둘째의 경우를 두 자

리 서술어(two-place predicate), 셋째의 경우를 세 자리 서술어(three-place predicate)라고 한다.

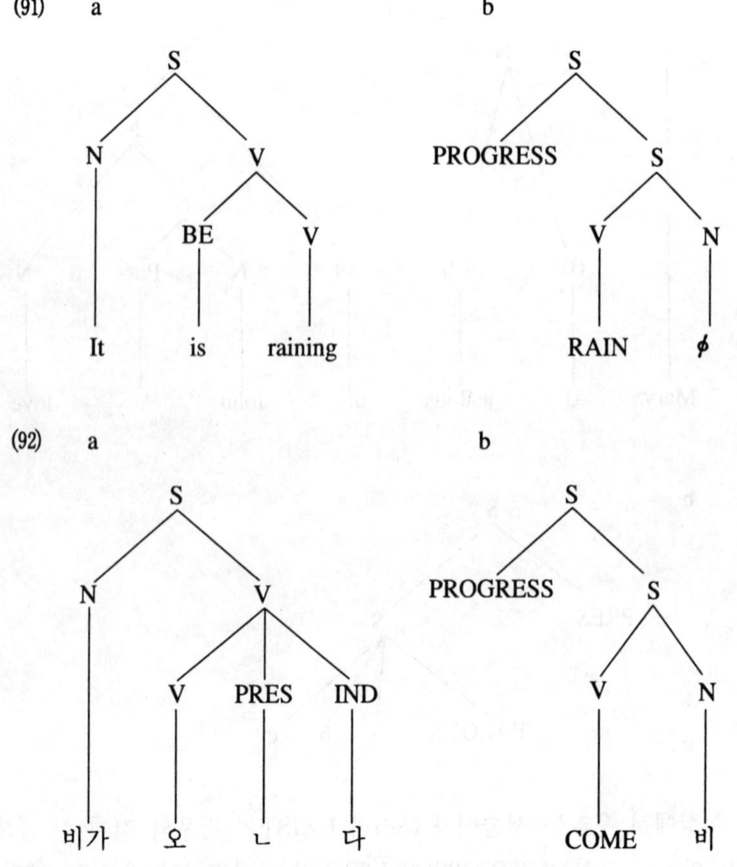

한 가지 부연해 둘 것은 어떤 자연언어에 개체가 전혀 필요없는 서술어, 즉 빈자리 서술어(zero-place predicate)가 있느냐 하는 문제가 있다. 가령 영어의 'It is raining.'같은 표현은 통사상으로는 주어인 it이 있어 얼핏 보기에 한 자리 서술어일 듯하나 그 뜻은 rain(ing)

만으로써 족하다. 그와 달리 우리말에서는 '비가 온다'고 보므로 '비'라고 하는 것이 '온다'는 동작을 하는 것으로 파악되고 있으므로 한 자리 서술어로 표현되고 있는 것이다. 이를 의미구조로 나타내면 각기 아래 (91)b, (92)b처럼 된다.

여기에서 하나 문제는 같이 비가 오는 현상을 놓고 영어에서는 그 의미 구조가 빈자리 서술어로 표현되고 한국어에서는 한 자리 서술어로 표시되는 것으로 한다면 같은 상황을 놓고서도 자연언어에 따라 의미세계를 달리 파악한다는 말이 되므로 이상적이 되지 못하는 점이 있다. 그러나 아무리 공통적인 요소가 많은 의미세계라 할지라도 자연언어에 따라 이만한 차이가 있는 것은 오히려 자연스러운 일이 아닐까 생각된다. 왜냐하면 이러한 차이는 세상을 보는 눈이나 그것을 표현하는 관점이 없어 사용자에 따라서 어느 정도의 차이가 있음을 보여주기 때문이다.

7.8.3 문(文) 의미해석의 절차

우리는 위 7.8.1에서 한 문(文)의 통사구조와 의미구조가 상당히 다른 점을 보았고 7.8.2에서는 한 문(文)의 의미구조가 그 서술어가 가리키는 의미상황과 관련하여 그에 관련될 필요가 있는 개체의 수효에 따라서 한 자리 서술어, 두 자리 서술어, 세 자리 서술어 등으로 분류할 수 있음을 보았다.

또 우리는 그보다 앞서 7.7.2에서 문법범주와 의미범주와의 사이에 어느 정도의 상응관계가 있는가를 살폈는데 그 관계에 일반적인 경향은 다소 엿보이나 그러한 관계에만 의존해서 한 문(文)의 의미를 해석할 수 있을 정도로 밀접하고 규칙적인 관계를 발견하지는 못하였다.

그러면 우리는 한 문(文)의 의미를 해석할 수 있기 위하여는 어떤 절차나 과정을 찾아야 할 필요가 생긴다. 바꾸어 말하면 어떤 언어의 사용자는 한 문(文)이나 긴 말을 들으면 그 뜻을 풀이해서 알아듣고 그것이 나타내는 상황이나 내용을 파악할 수가 있는데 그와 같은 의미 이해의 과정이 어떻게 해서 가능한가를 기술하는 것이 의미론의 중요과제라고 할 수 있다.

그런데 우리가 한 문(文)의 의미를 기술하려면 그것이 가질 수 있는 의미가 어떠한 것이 있는가를 먼저 살필 필요가 있다. 가령 다음과 같은 문(文)을 보자.

(93) 이 방이 너무 춥구나.

우선 (93)을 있는 그대로 직설적으로 그 의미를 알아듣는 경우를 생각해 본다면 (1) 우선 먼저 여기에 방이 있고, (2) 이 방의 온도가 바람직한 기준치보다 낮고, (3) 그로 인해 화자가 신체적인 불편(즉 추위)를 느낀다…는 세 가지로 요약이 가능하다.

그러나 (93)같은 문(文)이 실지 상황에서 쓰이는 경우를 생각해 보면, 화자는 위 해석과 같이 단순히 그 방의 상황을 묘사하기 위하여 이러한 문(文)을 말하는 경우도 있겠으나 그와 달리 어떤 함축적 의미를 나타내기 위하여 쓰이는 경우도 있다. 가령 사무실의 상사가 방에 난로를 미리 피워 실내를 덥혀 놓아야 하는 의무를 가진 사원에게 이러한 말을 했다면 이는 단순히 방이 춥다는 설명이라기보다는 방을 더 따뜻하게 하라는 요구, 네 책임을 잘못했다는 질책, 왜 방이 춥냐는 의문… 등등, 그 전후 여건이나 말의 맥락에 따라서 여러 가지 의미를 나타낼 수가 있다.

우리는 편의상 전자와 같은 의미를 **직설적 의미**(literary meaning)

라고 부르고 후자와 같이 화자가 어떤 화맥(話脈 speech context)안에서 자기의 의도 등 직설적 의미 이상의 것을 나타내는 의미를 Grice의 술어를 빌어 **대화상 함의**(含意 conversational implicature)라고 부르기로 한다.

이중 직설적 의미는 어떤 문(文)이 원초적으로 가질 수 있는 의미의 불변한 최대공약수라고 한다면 대화상 함의는 그러한 공통적 불변 공약수를 어떤 상황 안에서 이용하여 어떤 다른 의미를 전달하는 데 쓰는 것이라고 할 수 있다. 본 절에서는 이 두 가지 다른 종류의 의미 중에서 직설적인 의미가 어떻게 하여 도출되어 나올 수 있는가를 다루기로 한다.

우선 우리가 한 문(文)의 의미를 생각해 보면 그것이 문(文)을 구성하고 있는 단어들의 뜻의 합(合 sum)은 아니라는 것을 곧 알 수 있다.

(94) a. John loves John.
b. Mary loves John.
(95) a. 수돌이가 순이를 사랑한다.
b. 순이가 수돌이를 사랑한다.

위 (94)나 (95)와 같은 간단한 문(文)을 보아도 한 문(文)의 의미가 그 성분이 되는 단어들의 뜻의 합이 아님은 너무나 분명하다. 만일 문(文)의 뜻이 그 단어들의 뜻의 합산으로 이루어진다면 위 (94)a와 b는 그 뜻이 같아야 할 텐데 이 두 문(文)은 그 상황이 정반대이다. 즉 a와 b에서는 그 사랑하는 주체와 객체(대상)가 정반대로 바뀌어 있다. 또 그러한 주객체의 전도의 관계는 (95)a와 b의 관계에서도 마찬가지다.

그러나 그렇다고 하여 문(文)의 의미가 그 구성요소가 되는 단어나 형태소의 뜻과 전혀 상관없이 이루진다고는 볼 수가 없다. 우리는 문(文)안의 단어나 형태소가 전체 문장의 뜻에 기여하는 것은 분명히 알 수 있으므로 그것이 어떻게 하여, 즉 어떤 과정을 통하여 이루어지는가를 알아내는 일은 한 문(文)의 직설적 의미가 성립하는 절차를 밝히는 것이 될 것이다. 이처럼 문(文)의 의미를 그 구성요소가 되는 단어나 형태소의 뜻에서 모종의 절차를 거쳐 얻을 수 있다고 하는 가설을 우리는 **의미복합의 원리**(compositionality principle)이라고 한다.

그러한 절차를 언어학에서 맨 처음 체계적으로 형식화하는 노력을 한 것은 Katz-Fodor(1963)였다. 그래서 본절에서는 그들이 제시한 방법에 의하여 문(文)의 직설적 의미의 해석방법을 간략히 살피기로 한다.

우선 먼저 (94)와 (95)의 의미 형성의 과정을 직관적으로 살펴보면 각기 a와 b의 의미차이는 사랑의 주·객체가 바뀌어 있는 것을 알 수 있는데 먼저 (94)에서는 loves라는 동사와 관련하여 John과 Mary의 어순이 a와 b에서 바뀌어 있음을 볼 수 있다.

그러나 (94)와 (95)에서 그 주객의 관계에 영향을 끼친 것이 어순만이라고 일률적으로 단정할 수는 없다. 그 이유는 아래 (96)을 (95)와 비교해 보면 알 수 있다.

(96) a. 순이는 수돌이가 사랑한다.
b. 수돌이를 순이가 사랑한다.

여기에서 (95)a와 (96)a를 비교하여 보면 그 뜻은 같은데 '순이'와 '수돌이'의 어순이 바뀌어 있음을 본다. 또 그러한 관계는 (95)b와

(96)b에서도 마찬가지다. 이러한 예에서 우리가 알 수 있는 것은 여기 영어의 예에서는 어순이 주객의 차이에 결정적인 영향을 미침에 반해서 한국어에서는 '이/가'나 '을/를'같은 형태소들이 주객의 관계를 나타내고 있음을 알 수 있다. 즉 여기에서 '이/가'는 주체를 나타내고 '을/를'은 객체를 나타낸다.

이처럼 문(文)의 뜻에 영향을 미치는 요소가 영어에서처럼 어순이든 한국말에서처럼 어떤 형태소(여기에서는 토씨)이든 간에 이들은 모두 통사적인 요소들이다. 그러면 우리는 여기에서 문(文)의 의미에 영향을 미치는 것은 단어/형태소의 의미뿐만 아니라 통사적 요소까지 합한 두 가지임을 우선 알 수가 있다.

이처럼 문(文)의 의미에 영향을 미치는 것은 단어(앞으로는 '단어'란 말을 '단어/형태소'의 두 가지를 포괄해 나타내는 말로 쓰기로 함)와 통사적 요소의 두 가지라고 생각되므로 문(文)의 의미를 기술하려면 먼저 단어의 의미를 기술하는 방법을 강구하고 다음으로는 통사적인 요소가 미치는 영향, 즉 통사적인 요소가 단어의 의미와 어떤 작용을 일으켜서 종합적인 의미를 이루는가를 기술할 수 있도록 해야 할 것이다. 그러면 우선 단어의 의미기술을 먼저 생각해야 하겠는데 이론적으로는 단어의 의미기술이 있어야 다음으로 통사적인 관계를 말할 수 있을 것이나 실지 작업의 과정은 먼저 단어의 간략한 기술에 입각하여 통사적인 의미의 작용을 살펴보면서 그 필요에 따라 단어의 의미기술을 재검하고 수정해가는 방법이 바람직하다. 그래서 우리도 그러한 절차로 문장의 의미를 기술하는 원리를 간략하게 살펴보기로 한다.

우선 우리말의 '배'를 생각해 보자. '배'에는 먹는 과일인 배, 사람의 복부를 나타내는 배, 물위로 사람이나 짐을 나르는 운송수단이 되는 선박을 나타내는 배의 세 가지가 있다. 그러면 이것을 우선 다음과 같이 나타내 볼 수 있다.

(97)
배 Noun ─┬ 1. 사람의 복부
　　　　　├ 2. 배과에 속하며 꽃받침이 열매로 바뀌는 과일
　　　　　└ 3. 수상 운송수단의 한 종류

이러한 간단한 기술은 우리가 흔히 쓰는 사전에서 볼 수 있는 의미기술의 방법이다. 그러나 이러한 기술만 가지고는 다음 (98)과 같은 문(文)들의 뜻을 기술하는 데에는 너무나 부족하다.

(98) a. 강 위에 배가 떠 있다.
b. 수돌이는 배가 아프다.
c. 수돌이는 배를 많이 먹었다.

먼저 (98)c부터 의미해석을 해 보자. '수돌이'는 남자를 가리키는 고유명사다. 다음으로 '는'은 수돌이가 먹는 행위의 행동주이며 아울러 이 문(文)의 **화제**(topic)임을 나타낸다. 다음으로 '먹었다'는 음식물을 입의 경로를 통하여 섭취하였다는 것, 그리고 그것이 과거의 일이었다는 것을 나타낸다.

셋째로 '많이'는 배의 분량이 많았다는 것을 나타낸다. 마지막으로 '배'의 뜻은 배과에 속하는 과일로서 영양이 있는 음식임을 나타낸다는 데 이의를 제기할 사람은 없을 줄 안다.

그러면 여기에서 당장 문제되는 것은 이 문(文)의 해석에서 '배'의 뜻이 (97)의 1이나 3과 같은 의미로는 해석되지 못하는 이유가 무엇인가 하는 점이다. 여기에서 우리는 '먹다'는 말은 그 성질이 첫째,

그 행위주는 동물이어야 하며 그 목적(대상)은 영양이 있는 음식이어야 한다는 점을 생각할 수 있다. 이것을 Chomsky(1985)의 환경자질 표시로 나타내면 아래 (99)와 같다.

(99) "먹다" Verb <입으로 씹어 체내로 섭취하다>
[+ANIMATE, -ka/i, +NUTRITION, -eul/leul......]

위 (99)가 의미하는 바는 '먹다'가 통사적으로는 동사(verb)이면서 그 의미는 '입으로 씹어 체내로 섭취하다'는 것을 나타내며 그것이 사용될 수 있는 문맥(context, environoment)은 주어(······ka/i)로는 유정(有情 +ANIMATE)의 것이 쓰일 수 있고 그 목적어의 위치(······eul/leul)에는 영양분이 있는(+NUTRITION) 것이 오는 그러한 문맥에만 쓰일 수 있다는 뜻이다.

다음으로 (97)에서처럼 세 가지의 뜻을 가진 '배'라는 말이 (98)c에서 그 2번의 뜻만으로 해석될 수 있는데 그렇게 되도록 문법, 의미기술을 하려면 (97)과 같은 어휘기술을 아래 (100)처럼 개선하여야 할 필요가 있다.

(100) 1. [+ANIMATE, +HUMAN, +BODY]
<동체하부의 앞부분>
"배" Noun 2. [-ANIMATE, +PLANT, +FRUIT] +NUTRITION]
<배>
3. [-ANIMATE, +VEHICLE, +ON WATER]
<선박>

여기에서 [-ANIMATE], [+VEHICLE], [+PLANT], ... 등은 이른

바 의미자질(semantic feature)이며 < >속에 표시한 것은 각기 의미의 **고유자질**(distinguisher)이다.

위 (100)의 세 가지 뜻 중에서 (98)c에 알맞은 것은 [+NUTRITION] 자질을 가진 2가 있을 뿐이다. 그 이유는 (99)에서 기술한 바와 같이 '먹다'는 +NUTRITION] 자질을 목적어로 가진 환경에서만 사용될 수 있으므로 (100)의 1이나 3은 이에 맞지 않기 때문이다.

다음으로 (97)b를 보자. 여기에서 "수돌이는"은 수돌이라는 개체가 이 글의 화제임을 나타낸다. 다음으로는 "배가 아프다"는 말이 있는데 이 부분은 수돌이라는 화제의 인물에 대한 논평(comment)에 해당한다. 그런데 그 논평은 다시 주어와 서술어로 되어 있다. 그 중에서 "아프다"는 것은 정상적인 건강 상태가 아니라는 것을 나타낸다. 그리고 그처럼 정상적인 건강이 아니고 아픈 상태에 있는 것은 다름 아닌 그 주어인 "배"이다. 여기에서 "아프다"는 것은 "건강이 나쁘다"는 것이며 그 주어는 [+ANIMATE]인 개체를 요구한다. 따라서 (98)b의 뜻으로는 (100)의 1만이 가능하며 다른 의미 2와 3은 [-ANIMATE]이므로 (98)b의 뜻으로는 택해질 수가 없다.

마지막으로 (98)a에서는 "뜨다"라는 서술어의 기술이 간단하지 않다. 이 단어는 그 주체가 구체적인 물질일 것이 요구되며 또한 그것이 뜨는 장소를 나타내는 말이 액체를 나타내는 말이어야 한다. 가령 다음 (101)a와 b는 정상적인 상황에서는 좋은 문(文)이 아니다.

(101) a. *수돌이의 애국심이 높이 떴다.

b. 만년필이 마루 위에 떠 있다.

위에서 a가 부자연한 이유는 "애국심"이 추상적인 것을 나타내는 단어이므로 "뜨다"와 맞지가 않다. 다음으로 b는 "뜨다"의 장소가 액체가 아닌 고체인 "마루"이므로 말이 되지 않는다. 여기에서 우리는 (101)의 a와 b의 구분을 하기 위하여 (100)의 세 가지 의미에 모두 [-ABSTRACT]라는 자질을 표시할 필요가 있다. 그리고 "애국심"은 [+ABSTRACT]로 표시하여야 한다.

(102) 1. [-ABSTRACT, +ANIMATE, +HUMAN, +BODY]
<동체하부의 앞부분>

"배" Noun 2. [-ABSTRACT, -ANIMATE, +PLANT, +FRUIT, +NUTRITION] <배>

3. [-ABSTRACT, -ANIMATE, +VEHICLE, +ON WATER] <선박>

그리고 또한 "뜨다"에도 다음 (103)과 같은 기술을 주어 (102)와 (103)을 연관시키면 (102)a와 b가 다 좋은 문장이 아님을 판단할 수 있게 된다.

(103) "뜨다" Verb <액체 위에 얹혀서 가라앉지 않다>
[+/-ABSTRACT] -i/ka+ [+ON WATER],...

그러나 이러한 점을 모두 고려해 봐도 (102)에 주어진 세 개의 뜻 중에서 어느 것이 (98)a의 "배"의 의미로 적절한 것인가를 판단할 근거를 얻을 수가 없다. 우선 직관적으로 판단해 보면 물 위에 떠 있을 수 있는 것으로 가장 연상하기 쉬운 것은 (102)의 3, 즉 선박일 것이다. 그러나 (102)의 2, 즉 과일인 배도 물 위에 떠 있지 말란 법은 없다. 그렇게 생각해 보면 (98)a는 두 가지로 해석될 수 있는 문(文), 이른바 모호한 문(ambiguous sentence 중의성을 가진 문장)이다.

그런데 더 생각해 보면 문제는 여기에서 멈추지 않는다. (98)a는 위 두 가지의 뜻 말고도 세번째의 뜻, 즉 인간의 복부가 떠 있다는 의미로 해석할 수 있는 가능성도 배제할 수가 없다. 물론 보통으로는 (102)의 1, 즉 복부의 뜻으로 해서 인간의 일부인 배가 물 위에 떠 있다고 하면 해괴스런 문장이 된다. 그래서 얼핏 보기에 (98)a는 그러한 의미로는 해석될 가능성은 없을 듯하다.

그 이유는 의미론적이라기보다도 화용론적인 데 있다고 생각된다. 즉 어떤 물체가 물 위에 떠 있다고 얘기하려면 그 전체가 떠 있는 경우에는 "뜨다"는 표현을 적용하지만 그 부분을 말하지는 않는 것이 이러한 "뜨다"라는 말을 사용하는 사람의 상식 또는 관례라고 생각된다. 이처럼 어떤 언어 형상이 그 통사나 의미구조에 의해서 지배되는 것이 아니라 화청자(the speaker-hearer)의 의도나 태도, 습관, 관례 등에 의해 좌우되는 경우 이러한 현상을 화용론적(話用論的 pragmatic)현상이라 한다. 그러므로 (98)a가 사람의 복부가 강 위에 뜬 상황으로는 해석되지 않는 이유는 다분히 화용론적인 직관에 의한 것이다. 그러나 다음 문장을 보자.

(104) 그 시체는 다른 부분은 물에 잠겨 있으나 배만은 강 위에 떠 있었다.

이와 같은 문(文)은 인간 개체가 전체가 아니라 그 일부도 물 위에 떠 있다고 할 수 있는 새로운 여건을 마련해 주는 문맥을 가지고 있다. 즉 이러한 문(文)에서는 한 개체 인간의 일부인 복부가 떠 있다는 것이 아주 자연스럽다는 말이다. 즉 "다른 부분은 물에 잠겨 있다"는 부분이나 다른 부분과는 달리 배 "만은" 떠 있다는 등의 문맥을 주어 무엇이 떠 있다면 으레 그 개체 전체를 일컫는 것으로 받아들이는 (위에 언급한) 화용론적인 직관을 배제할 수 있는 소지를 마련해 주는 것이다.

이렇게 생각해 보면 (98)a는 문맥에 따라서는 3중 중의성(triple-biguity)을 가진 문장이라는 사실을 알 수 있다. 그보다도 더 중요한 것은 한 문(文)의 의미는 통사적인 요소와 의미적인 요소뿐만 아니라 화용론적인 영향까지 받아서 그 의미해석이 가능하다는 사실이다. 과거의 의미론은 이러한 화용론적인 면을 무시하고 통사와 의미론에만 의존해서 의미를 기술하려 했던 점이 결정적인 결함이라 할 수 있다. 그러나 화용론적인 양상은 아직도 그 연구가 일천하며 또한 체계화하기가 매우 어려운 분야로서 이제부터 연구를 시작하다시피 해야 하는 분야이다.

7.9 문(文)의 의미적 특성

7.9.1 모호성(摸糊性 ambiguity)

우리는 하나의 문(文)이 두 가지 이상의 의미로 해석될 수 있는 경우를 이미 7.8.3에서 보았으며 그러한 문(文)을 **모호성**(또는 **중의성** ambiguity)을 가진 문(文)이라고 말하였다. 그런데 우리가 보았던 (98)a같은 문(文)의 모호성은 그 문(文) 안에 있는 어휘항목(vocabulary item), 즉 단어인 "배"의 뜻이 여러 개의 뜻을 가진 데에 기인한다. 한 문(文)의 모호성은 또한 그 문법구조의 **구조적 모호성**(structural ambiguity) 때문에 생기는 경우가 있다. 다음 예를 보라.

(105) The shooting of the hunter was unexpected.

이 문(文)은 그 뜻을 두 가지로 풀이할 수 있다. 그 한 뜻은 '그 사냥꾼이 쏜 일이 기대치 않던 일이었다'이며 다른 한 뜻은 '그 사냥꾼이 저격당한 것은 기대치 않던 일이었다'이다. 여기에서 뜻이 모호한 부분은 the shooting of the hunter인데 이것은 '사냥꾼이 쏜 것'과 '사냥꾼을 쏜 것'의 두 가지 뜻이 된다. 이러한 두 가지 뜻을 그 기저구조(基底構造 underlying structures)를 밝혀서 따져 보면 아래 (106)a, b와 같다.

(106) a. The hunter shot something.
b. Someone shot the hunter.

즉 이러한 경우는 그 기저구조 또는 뜻은 (106)과 같이 구조적으로 다른데 그것을 체언화한 표현은 다 같은 the shooting of the hunter와 같이 되어 문(文) (105)를 이루었으며 그 뜻이 두 가지로 모호하게 되는 결과를 초래한 것이다.

이상에서와 같이 한 문(文)의 뜻이 가지는 모호성의 근원은 그 문(文)안의 어느 단어의 뜻이 다의성(polysemy)을 가져서 생기는 경우와 문장구조가 구조적 모호성을 가져서 생기는 경우의 두 가지가 있음을 알았다.

7.9.2. 항진성과 모순성(tautology and contradiction)

우리가 어떤 문(文)을 들으면 우리는 그것이 말하는 바가 사실인가 아닌가를 생각하게 된다. 가령

(107) 지금 대전에서는 비가 오고 있다.
(108) John stole a purse.

같은 말이 있다고 하자. 그러한 경우 (107)이 사실인지 아닌지 알려면 대전에 가서 비가 과연 오고 있는지 눈으로 확인하든지 아니면 믿을만한 사람에게 장거리 전화를 걸어서 사실여부를 확인해야 한다. 또한 (108)의 진실여부도 존이 지갑을 과연 훔쳤는지 확증을 얻기 위한 여러 가지 방법을 강구해 봐야 사실여부를 알 수 있다.

이처럼 그 사실여부를 알기 위해서는 현실을 관찰하여 그것을 확인해야 하는 문(文)을 우리는 **합성적**(合成的 synthetic)이라고 한다. 그와 달리 아래 (109)와 (110)의 예들은 각기 문(文) 그 자체만을 듣고서도 그것이 사실인지 아닌지를 알 수 있다.

(109) a. My father is my parent.
b. 나의 아버지는 나의 부모님이시다.
(110) a. A man is inanimate.
b. 사람은 무생물이다.

이러한 문(文)들을 들을 때 청자는 만일 영어나 한국어를 아는 사람이면 (109)는 사실이고 (110)은 틀린 말임을 곧 알 수 있다. 이처럼 어떤 문(文)을 듣고 바로 그것의 사실여부를 알 수 있는 이유는 이 문(文)들의 언어구조와 뜻 자체가 그 사실여부를 알 수 있게끔 구성되어 있기 때문이다. 이러한 문장을 앞에서 든 합성적인 문(文)과 대조적으로 **분석적**(分析的 analytic)인 문장이라 부른다.

분석적인 문(文) 중에서 어떤 것은 언제나 사실이어서 그것을 항진명제(恒眞命題 또는 同義語反復 tautology)라 부르고 또 어떤 것은 언제나 사실이 아니어서 모순(矛盾 contradication)이라고 부른다. 가령 위 (109)는 항진명제를 가진 문(文)이며 (110)은 모순을 가진 문(文)이다. 그러면 아래 (111)a, b는 각기 어떤 명제를 가진 것인지

각자 생각해 보라.

(111) a. A parent is younger than his child.
b. A son is the male child of his parent.

7.9.3 동의성과 환언관계(synonymy and paraphrase)

위 7.9.1과 7.9.2에서는 어느 한 단독적 문(文)의 의미상 성질을 살폈는데 그와 달리 어느 두 개 이상의 문(文)이 있을 때 그들 사이에 어떤 의미관계가 있을 수 있는지를 살펴보는 것도 홍미있는 일이다. 가령 아래 두 문(文)의 뜻을 생각해 보라.

(112) a. 나는 오전 다섯시에 기상했다.
b. 나는 아침 다섯시에 일어났다.

이 두 문(文)은 그 뜻이 같다. 의미론에서 어떤 두 개의 표현이 "뜻이 같다"든지 "의미가 같다"는 말은 그 두개의 표현이 가리키는 상황이 동일한 것이라는 말이다. 매우 하찮은 것 같지만 이러한 의미에서 (112)a와 b는 의미가 같다고 할 수 있다. 그리고 이처럼 어떤 두개의 언어표현이 그 의미가 같을 때 이것들을 서로 **동의관계**(synonymy)를 가졌다고 한다. 즉 위 (112)에서 a는 b의 동의문이며 b는 a의 동의문이다.

또 다른 관점에서 볼 때 이 두 문(文)은 서로 **환언관계**(paraphrase)라고도 부른다. 즉 a는 b가 쓰일 수 있는 문맥에서 그 대신 쓰일 수 있는 환언이며, 그와 반대로 b도 a가 쓰일 수 있는 문맥에서 a대신 쓰일 수 있는 환언이다.

그러나 동의관계와 환언관계에는 약간의 어감의 차이가 있다. 즉 동의관계란 의미론적 보다 엄격한 동의성을 가리키는 경향이 있는 반면에 환언관계란 보다 더 느슨하게 '어떤 표현 대신에 사용할 수 있는 다른 표현'정도의 뜻으로 쓰인다.

Chomsky의 변형문법이란 이러한 환언관계에서 살펴보면 흥미로운 새로운 문법적 시도임을 알 수 있다. 즉 과거에 있었던 구조주의 문법들은 모든 문(文)들을 모두 있는 그대로 외형만을 기준삼아 분류처리하려는, 어떤 의미에서 평면적인 접근법임에 반하여 변형문법은 문(文)들 중에서 우선 환언관계에 있는 문(文)들을 가능한 대로 같은 문(文)으로 보아 동일한 성분분석을 부여하고 환언관계에 있지 않은 문(文)들만을 별개의 문(文)구조로 기술하려는 시도라고 볼 수 있다.

7.9.4 함의(含意 entailment)

아래 예문을 보자.

(113) a. Dick is an orphan.

b. Dick has no father.

여기에서 a와 b의 Dick이 같은 인물을 가리키는 경우, 만일 a가 참이면 b도 참이 된다. 이 때 문(文) a는 b를 **함의한다**(entail)고 한다. 그러나 여기에서 조심할 것은 b가 참이라고 해서 a가 참이 되는 것은 아니다. 그 이유는 orphan(고아)이라는 것은 양친이 다 없는 것을 말하는데 b가 참이라고 해서, 즉 아버지가 없다고 해서 반드시 어머니도 없으란 법은 없기 때문이다. 다시 말하여 S1과 S2라는 두 개의 문(文)이 있을 때 S1이 참이면 S2가 참이 되나 그와 반대로 S2가 참이어도 S1이 반드시 참이 되지는 않는 관계에 있을 때 S1이 S2를

함의한다(entail)고 말한다.

이것을 위 7.8.3에서 본 (112)a와 b의 관계하고 혼동해서는 안 된다. 함의관계는 그 진리치의 관계가 한 방향으로만 성립함에 반하여 동의관계에서는 양방향으로 다 성립하는 관계이다. 즉 (112)에서는 만일에 a가 참이라면 b가 참일 뿐만 아니라 b가 참이라도 a가 참이 된다. 이러한 경우를 위 (113)에서의 a와 b의 관계에 잘 비교하여 보기 바란다.

7.9.5 전제(前提 presupposition)

이상에서 우리는 두 개의 문(文)이 처음부터 있는 경우에 그 두 문(文)들 사이에 존재할 수 있는 의미의 관계를 살폈다. 이와 달리 어떤 문(文)은 하나밖에 없는데도 그것 안에 명시적으로 표현되어 있지 않은 어떤 다른 명제를 내포 또는 전제하고 있는 경우가 있다.

(114) a. When did you stole this purse?
(너 이 지갑을 언제 훔쳤니?)
b. You stole this purse.
(너는 이 지갑을 훔쳤다.)

여기에서 a를 말하는 사람은 "you(너)"라고 지칭되는 상대방이 지갑을 훔쳤다고 **전제**(presuppose)하고 그러한 질문을 하고 있다. 그러므로 만일 화자가 b와 같은 내용을 전제하지 않는다면 a와 같은 말은 성립이 되지 않는다. 이처럼 어떤 문(여기 예에서는 a)을 말하는 사람이 다른 명제(여기에서 b)를 사실이라고 전제해야만 말이 성립되는 관계에 있을 때 우리는 a가 b를 전제한다고 말하며 b를 a의 **전제**(presupposition)이라고 한다.

이와 같은 전제의 관계는 근래까지는 문(文)들 또는 명제들 간에 존재하는 것이라고 생각되어 왔으나 사실은 그렇지 않음이 밝혀졌다 (Strawson 1950). 다음 예문을 보자.

(115) a. The present king of France is bald.
b. There is a king in France.

만일 여기에서 문(文) a가 b를 전제로 가진다면 문제가 생긴다. 즉 현재 프랑스는 왕정이 아니므로 b는 사실이 아니다. 그러므로 만일 문(文) a가 b를 전제하는 것으로 하는 경우 a는 사실이 아닌 틀린 명제로 취급되어야 한다. 그러나 사실 a는 틀린 문(文)이나 명제라기보다는 현실을 잘 모르고 발언한 부적절한 발언이다. 그러한 부적절한 발언을 가지고 옳다/틀리다를 논하는 것은 우스운 일이다. 즉 (115) a에 대한 적절한 반응은 (116)이 아니라 (117)의 어느 하나라는 것이 더 적절하다.

(116) a. You are wrong. France does not have a king.

(117) a. Who do you mean? France does not have a king, you know.
b. What do you mean? Do you mean DeGaule is bold?

따라서 전제의 관계는 문(文)과 문(文) 사이에 존재하는 관계가 아니라 화자가 어떤 발언을 할 때 무엇인가를 전제하고 말하는 현상이다. 이렇게 생각할 때 전제는 논리적인 것이라기보다는 화용론적인 전제임을 알 수 있다.

문(文)이 문(文)을 전제하는 것으로 보는 견해는 더군다나 화자가 현재의 프랑스의 집권자를 왕에 비유하여(즉 은유적으로) 발언했을 경우는 더욱 난관에 빠진다. 전제를 화자의 화용론적 활동으로 보는 견해에서는 그러한 은유적 표현을 화용론적으로 다루는 것이 가능해지므로 더욱 편리해질 것을 상상할 수가 있다. 그러나 이러한 분야는 아직도 연구되어야 할 분야로 남아 있는 상태다.

7.10 맺는말

본장에서 우리는 언어의 의미와 관련되는 현상들을 그 큰 줄거리만 살폈다. 대저 한 표현 또는 문장의 의미는 그 구성성분인 단어/형태소의 의미와 그러한 단어들을 일정한 체제에 따라 연결 짓는 통사적인 구조, 그리고 그러한 정보에 의거하여 의미구조를 해석하는 모종의 체계가 합하여 어떤 의미를 나타낼 수 있는 가능성을 가지게 된다. 그러나 단어의 의미와 통사구조, 그리고 이것들을 결합하는 결합규칙(이것을 Katz-Fodor는 **투영규칙**, projection rule라고 불렀다)의 세 가지 만으로는 의미가 완전히 결정되는 것이 아니라 화청자의 의도, 전제, 언어사용의 양태 등과 **화맥**(speech context)에 따라서 최종적인 의미가 결정된다. 따라서 의미의 연구는 단어의 의미성분을 연구하는 성분분석(componential analysis)과 문(文)의 구조와 문(文)들간의 연관에 의하여 결정되는 논리적 관계는 물론 화청자와 언어의 관계에 의존하는 화용론적 양상까지가 다 충분히 연구되어야만 보다 더 완벽한 의미론이 이루어질 수 있는 것이다. 그런데 연구의 현상태는 단어와 통사적인 연구가 주로 이루어졌으며 그것이 아직 완숙하지도 못한 상태에서 화용론적인 연구가 시작되어지고 있는 형편이다.

참 고

의미론 전반에 대한 입문서로는 Katz(1972), Palmer(1976, 1981), Fodor (1976, 1977), Dillon(1977), Lyons(1977, 1981), Baldinger(1980), Hurford & Heasley(1983), Cruse(1986), Chierchia & McConnell-Ginet(1990), Lappin (1996), Saeed(1997), Kearns(2000), Allan(2001) 참조. 조금 더 차원 높고 화용론까지 다룬 책으로는 Leech(1981), Cruse(2004)를 참조. 의미론의 영역과 방법론의 개관을 위하여는 김한곤(1969) 참조. 의미의 삼각도에 대하여는 Ogden and Richards(1923)참조. 친족어 의미성분 분석은 김한곤(1967, 1983)을 참고. 문법범주와 의미범주들 간의 상응관계에 대하여는 Stockwell(1977)를 참조. 문(文)의 의미와 투영규칙에 관하여는 Katz and Fodor(1963)가 처음 제안함.

또한 Katz and Fodor의 변형이론에 입각한 의미론의 문제점에 관한 좋은 비판으로는 Bolinger(1965)를 참조. 그러나 이 논문은 상당한 수준의 어려운 논문으로 초보자에게는 어렵다. 의미의 논리학적인 입문에는 위의 Palmer(1976, 1981)에서도 간략한 개관을 볼 수 있으나 보다 본격적인 학습을 하려면 Allwood et al.(1977)을 공부할 것.

◈ 연 습 문 제 ◈

A. 다음 문제에서 가장 옳은 것을 하나 골라라.

1. 의미론은 ________를 다루는 학문이다.
   a. 언어 음성의 뇌신경학적인 연구
   b. 언어표현과 그 지칭개념 또는 지칭대상과의 관계
   c. 언어표현에 쓰이는 기호와 기호의 관계
   d. 언어에 사용되는 단어에 관한 연구

2. Grice에 의하면 의미는 크게 나누어 ______의 두 가지가 있다.

a. 직설적인 의미와 간접적인 의미
b. 일시적인 의미와 불변의 의미
c. 자연적인 의미와 비자연적인 의미
d. 보편적인 의미와 특수한 의미

3. 의미를 변형문법에 관련시켜 복합원리(compositionality principle)에 의한 기술을 처음 시도한 학자는 ________이다.
a. Chomsky
b. Jespersen
c. Kiparsky
d. Katz and Fodor

B. 다음 단어의 쌍들은 서로 대립되는 의미성분을 가지고 있다. 이들의 의미 성분 표시를 하여 그러한 대립의 상태를 나타내어라.
1. 신사 : 숙녀
2. sister : brother
3. father-in-law : son-in-law
4. 형 : 아우

C. "여인"과 "숙녀"는 의미상 어떤 차이가 있는가. 이들 단어의 성분분석을 해 보라. 그 차이를 성분분석에 의거하여 구분할 수 있는가? 만일 할 수 있다면 어떻게 하겠는가?

D. 다음 두 문(文)의 의미적인 관계를 무엇이라 부르는가?
1. Mr. Black is Tom's parent.
Tom is Mr. Black's child.

2. John teaches English.
   John is a teacher of English.
3. 김일규는 키가 크다.
   김일규는 키가 작다.

E. 다음 말에서는 어느 표현이 부자연한가? 그리고 그 이유는?
   a. How long is the bridge?
   b. How shot is the bridge?

F. 다음 각 문(文)에는 a, b, c에 주어진 의미개념 중의 하나가 포함되어 있다. 그 기호 위에 표시하라.
   1. John opened the door with a screw-driver.
      a. instrumental　b. frequency　c. degree
   2. 그러한 사람을 믿을 수 없다.
      a. past　b. future　c. present
   3. Mary is quite tall.
      a. antonymy　b. degree　c. comparison
   4. 네가 옳을지도 몰라. 하지만 나는 그렇게 생각하지 않아.
      a. modality　b. purpose　c. manner
   5. You must not be late for school.
      a. ability　b. possibility　c. necessity
   6. The boy began to read the poem aloud.
      a. duration　b. inceptive　c. progressive

G. 다음 문(文)들을 (84)~(87)에서와 같이 그 통사구조와 의미구조를 수상도로 표시하여라.

1. 영길이가 신문을 읽었다.
2. 순이가 갈지도 모른다.
3. Jim has finished the work.
4. You must read this book.
5. 순길이가 오지 않을 것이다.

H. 대화상 함의(conversational implicature)를 포함하고 있는 대화의 예를 하나만 들어보라.

I. 전제(presupposition)에 대하여 예를 들어 설명하라.

소라색 좋아하세요?

"하늘거리는 소라색 원피스를 입은 네 모습을 잊을 수 없다" 등 일상 대화에서 무심코 쓰는 소라색은 일본어 '소라이로(空色, そらいろ)에서 온 말이다. 하늘을 뜻하는 '공(空)'은 일본어 '소라(そら)'로 읽고 '색(色)'은 우리말 한자 독음으로 읽은 일본식 한자어다. 그러나 하늘색이라는 우리말이 있는데 소라색이라고 쓸 이유가 없다. 곤색도 마찬가지다. 일본어 '곤(紺, こん)'과 '색'으로 구성된 말로 검푸른 빛을 띤 짙은 남색을 가리킨다. 심지어 '검다'란 뜻의 구로(黑: くろ)를 붙여 '구로곤색'이라고도 한다. "면접 때는 곤색 양복을 입는 게 단정해 보인다" "그는 구로곤색의 경찰복을 입고 있었다" 등의 문장에서 곤색 • 구로곤색은 검남색 • 진남색으로 바꿔 써야 한다.

감색(紺色)이라고도 하나 자연의 색깔을 인용하는 경우가 많은 우리말의 특성상 '감'이란 과일의 주홍빛을 떠올릴 수 있어 검남색 • 진남색으로 쓰는 게 좋다. 일본식 한자어는 바꿔 쓸 수 있는 우리말이 얼마든지 있다.

제 8 장 언어는 변한다 : 역사비교언어학

≪역사언어학 및 언어변화에 대한 이해≫

8.1 언어의 변화

8.1.1 음변화(音變化)의 유형

한 언어의 역사적 발달 가운데 한 단계에서 다음 단계로 언어의 음체계가 바뀌어가는 음변화에는 다음과 같은 사항들이 주목된다. 만약 음변화가 음운의 수나 분포를 바꿀 때는 음운적 음변화(phonemic sound change) 즉 **음운변화**(phonological change) 또는 기능적 변화(functional change)라 한다. 만약 음변화가 어떤 음운의 이음(異音)들 간의 분포에만 영향을 미칠 땐 음성적 음변화(phonetic sound change), 즉 **음성변화** 또는 이음(異音)변화(allophonic change)라 한다. 음운변화는 /　/속에, 음성변화는 [　]속에 표시하는 것이 관례다.

음변화 중에는 동화나 이화(異化)와 같은 여러 가지 요인에 의해 일어나서, 음체계 일부에 개별적으로 나타나는 조건변화가 있다. 이 변화가 특정한 음성적 환경을 전제로 함에 대해, 그런 환경에 구애되지 않고 어떤 음이 모든 위치에서 다 바뀔 때를 무조건변화라 한다. 즉 음체계 전부에 보편적으로 나타나는 변화인 경우다.

한편 음체계가 영향을 입는 길에는 두 갈래가 있는데, 두 음이 한 음으로 될 때를 합류 또는 통합, 한 음이 두 음으로 발달될 때는 분기(分岐) 또는 분화라 한다.

통시적 어형변화란 언어의 역사적 변형에 있어서 음운이 변화, 탈락, 첨가하는 현상을 말한다. 역사적 발전에는 분화작용이 따르기 때문에 방언적 차이도 문제가 되며, 아동어와 실언(失言 lapse)까지도 변화의 싹으로 볼 수 있다. 통시적 변화에는 (1) 의미에는 관계없이 단순히 음운법칙에 의한 음운변화와 (2) 의미, 문법과 관계있는 보다 심리적인 음운변화(유추변화가 그 대표적인 것)의 두 경우가 있다. 한편 위에 말했듯이, 음운변화에는 전후 인접 음운의 조건에 따른 결합적 발달(또는 조건변화)과 자생적 발달을 구별해야 한다.

통시적 어형변화는 다음의 여러 유형으로 나눌 수 있다.

(1) 음의 첨가 ; 어두음첨가(prothesis), 어중음첨가(epenthesis), 어말음첨가(paragoge, epithesis), (2) 음의 소실 ; 어두음소실(apheresis), 어중음소실(syncope), 어말음소실(apocope), (3) 음의 융합(fusion, coalesence) ; 모음축약(contraction), (4) 音質의 변화 ; 동화(assimilation 및 umlaut), 이화(dissimilation), (5) 음의 轉位, 즉 음운도치(metathesis), 이밖에 악센트의 변화, 音長의 변화 등이 있다.

이러한 변화의 원인은 다양한데, 특히 발음을 쉽게 하기 위한 조음(調音 euphony)과 너무 긴 것은 짧게, 짧은 것은 길게 하려는 표현성에의 욕구 등이 있다. 동음이의어에 구별의 표지를 첨가하려는 원인도 있다. 또 민간어원(folk etymology)과 그 반대인 학자적 어원(étymologie savante)이 원인이 되는 수도 있다.

한편 역사적인 시간 경과에 따라 나타나는 변화 이외에도, 공시적인 변화를 여기에 합쳐서 음변화라 부를 경우도 있다. 이 경우 전자를 >로, 후자를 →로 표시하여 변화의 종류를 구별할 수도 있다.

〈무조건 변화 unconditioned change〉

조건변화에 반대되는 음변화로, 앞뒤에 오는 음들의 음성적 환경에 의하지 않고 무조건 일반적으로 적용되는 보편적 현상이며 자생적(自生的 spontaneous)변화 또는 자립(independent autonomous)변화, 고립(isolative)변화, 산발(散發 sporadic)변화라고도 한다. 가령 중세국어의 전기와 후기 사이, 즉 14세기경 일대 모음추이(母音推移 vowel shift)가 일어났다고 믿어지는 무조건변화가 있었다. 더 예를 들면 '곶>꽃, 가치>까치'나 '갈>칼' 등도 그것이다. 한 음소가 분화하여 두 음소가 되든가, 두 음운이 합류하여 한 음운이 되든가, 음운들의 대립관계가 새로 세워지든가 해서 음운체계에 변천이 일어나는 것이다. 무조건 변화의 원인에 대해서는 기능적·구조적 관점에서 설명하려는 시도가 있었고 최근의 생성음운론에도 다루어지고 있다.

합류(merger, convergence)

중화(neutralization)된 두 음운이 하나로 합쳐져 대립성을 잃게 되는 현상이다. 중세영어의 [æː]와 [eː]가 합류하여 현대영어의 [iː]가 되었다.

see, east[æː] ＼
　　　　　　　　 ＞ sea, east, green, deep[iː]
green, deep[eː] ／

국어에서도 모음 'ㆍ'가 15세기 중엽부터 제2음절 이하에서 주로 'ㅡ' 또는 특수한 환경에서 'ㅗ'로도 합류되었고 16세기 후반에는 'ㅏ'로 합류하는 예가 나타난다. 제 1음절에서의 'ㆍ'소실은 17세기 초 'ᄒᆞᆰ>흙'에서 비롯되나, 18세기 후반부터 주로 'ㅏ'로 합류되었다.

반대 방향의 발달에 분기(split)가 있다.

분기(分岐 split)

어떤 언어의 고형에서 한 음운이었던 것이 후대에 두 음운으로 된 결과를 가리킨다. 고대영어의 /n/이란 음운은 두 이음(異音)[n, ŋ]를 가졌었는데 [ŋ]은 /k/나 /g/앞에서만 나타났다. 예컨대 sing은 [siŋg]로 원래 발음되었다. 그 뒤 근대영어에 와서 /k, g/란 어말음이 소실되었으나 [ŋ]은 음운으로 승격되어 sing[siŋ]이란 발음을 갖게 됨으로써 sin[sin]과 음운대립을 이루었다. /ŋ/과 /n/의 대립은 어말뿐 아니라, 어중에서도 /siŋər/singer ：/sinər/sinner와 같이 구별된다.

분기와 반대 방향의 발달에 합류(merger)가 있다.

〈조건변화 conditioned change〉

음변화의 두 분류 가운데 하나로 무조건 변화와 대립된다. 어떤 음의 변화가 그 인접음의 영향에 의해서, 즉 앞뒤 다른 음과의 음성적 환경에 의해서 설명될 수 있을 때 이것을 조건변화 또는 결합적(combinative, combinatory)변화, 의존(dependent)변화라 한다. 이 변화는 보편적이 아니고 부분적으로 일어나며, 동화, 이화 현상들이 해당된다.

동화(assimilation)

서로 다른 두 음이 아주 같아지거나 비슷해지는 과정 또는 그 결과를 말한다. 두 음 중 하나가 다른 하나를 바뀌게 하거나 또는 서로 영향을 미치기도 한다.

만약 바로 옆에 있는 음을 변화시킬 때는 **인접**(隣接 contiguous) 동화 또는 병열(並列 juxtapositional)동화라 한다. 아비[a+pi]→[abi]에서 유성음간의 무성음 p가 유성화 된다. 만약 변화에 관계되는 음들이 서로 인접하지 않았을 때는 **비인접**(非隣接 incontiguous, nonconti-guous)동화, 격음(隔音 또는 원격 distant)동화 또는 확장(dilation)현상이라고 할 수 있다. 움라우트(곡음(曲音) umlaut)현상이나 모음변이(vowel mutation)현상이 여기 속한다. '*굼벙이>굼벵이'에서 ㅇ을 사이에 두고도 l음의 영향으로 ㅓ가 ㅔ로 바뀌었다.

한 음이 뒤따르는 다른 음의 영향으로 바뀌는 경우를 **역행**(逆行 regressive, retrogressive)동화 또는 예측(anticipatory)동화라 한다. '천리(千里)→*철리, 걷너다>건너다' 같은 인접동화나 '*올창이>올챙이'같은 격음동화가 모두 역행 방향으로 이루어졌다. 반대로 앞선 음이 뒤에 오는 음에 영향을 미치면 **순행**(順行 progressive)동화 또는 지연(遲延 lag)현상이라 한다. '찰나(刹那)→*찰라, 믈>물' 같은 인접동화나 '*사롬>사람'같은 격음동화는 모두 순행 방향으로 일어났다.

만일 두 음이 서로 영향을 끼쳤을 경우, **상호**(相互 reciprocal)동화 또는 연합(coalescent)동화라 한다. '독립(獨立)→*독닙→*동닙' 같이 인접동화에서 일어난다.

두 음 사이의 동화의 정도가 완전할 때 **완전**(complete, total)동화라 한다. '천리→*철리, 찰나→*찰라, *사롬>사람' 등. 두 음이 서로 꼭 같게 되지 않고 부분적으로 비슷하기만 할 때 **부분**(partial)동화라 한다. '독립→*독닙→*동닙'의 둘째, 셋째 단계나 '*굼벙이>굼벵이'에서 모음 ㅓ가 모음 ㅣ와 같은 전설모음인 ㅔ로 바뀐 것은, 모두 동일 조음위치까지 부분적으로만 동화된 것이다. 인접음이 그 언어의 음운체계에 맞춰서 부분동화되는 경우를 조정(調整 accommodation)현상이라고도 한다. 라틴어의 *agtos→actus에서 [g]가 [t]의 영향으로 무성화(無聲化)되는 것이 그 예다. 물론 국어에서 위의 부분동화 예도 해당된다.

한편 앞서 한 음의 완전한 소실을 일으키는 완전동화의 경우를 흡수(absorption)현상이라고도 할 수 있다. 영어 in+mobile→immobile이나 국어의 완전동화 예가 이에 해당된다.

동화는 적응(adaptation)이라고도 불리며, 이화(異化)와 반대된다. 동화현상이 일어나는 이유는 발음의 유사성을 높여서 음성기관이 움직이는 노력을 줄이므로 말의 속도를 빠르게 하는 데 있는 것이다. 우리가 말을 할 때 각개 음을 따로따로 끊어서 발음하는 것이 아니라 연결체로서 산출하므로, 이미 말한 바처럼 앞소리의 영향이 뒷소리에 지연되어 나타나기도 하고 뒷소리는 영상(映像)이 앞소리에서 예측되어 나타나기도 한다. 이 때 가운데 있는 음이 앞뒤 소리를 동시에 닮게 되면 이중(double)동화라 한다.

국어에서 일부 무성 자음들은 역사적으로 또는 공시적으로 일정한 조건하에서 다음과 같은 탈락 또는 약화의 과정을 겪었다.

(1) p>b>ß>w>(ø)

(2) t>d>ð>r

(3) k>g>γ>ø

(4) s>z>ø

(1) *글발 > 글ᄫᅡᆯ > 글월

(2) '渴'자의 음이 '갇'에서 '갈'로 된 예.

(3) *ᄀᆞᇫ개 > ᄀᆞᇫ애 (> 가위)

(4) *둘서 > *둘ᅀᅥ > 두ᅀᅥ > 두어

위의 변화는 간극(間隙) 3도 이상의 유성음들(흔히 모음, y, r, z 등)사이에서 그들의 앞뒤로 동화되어 일어나는 경우다.

변이(mutation)

'변이'란 어떤 말소리에 인접한 말소리가 영향을 끼쳐 변화된 현상을 총칭하는 용어다. 이런 변화로 어떤 언어의 역사가 한 단계에서 다음 단계로 진행되면서 음체계 전반에 일련의 영향을 입는 수도 있다.

이 변화가 모음에 대해 일어난 경우를 모음변이(vowel mutation, metaphony)라 한다. 영어의 *fōti에서 끝음절에 뒤따르는 i의 영향으로 앞음절의 ō가 고대영어 fēt 'feet'에서 ē로 바뀌었다. 이 때 전설모음 i와 반모음 y는 사라지기도 하지만 그 결정적 역할 때문에 전설(前舌 front)변이라 할 수 있으며 흔히 알려진 명칭으로 움라우트(典音 umlaut)라고도 한다. 이들은 역행격음 동화현상에서도 보인 바처럼 '*굼벙이>굼벵이'등의 많은 예가 있다. 독일어에서 분음부호(分音符號 diaeresis, dieresis) ··· 로 나타내 ä, ö, ü로 표시하는 모음은 역사적으로 a, o, u가 i앞에서 전설모음 변이를 겪은 경우가 흔하다. 국어에서도 후설·중설모음 ㅏ, ㅓ, ㅗ, ㅜ, ㅡ가 뒤따르는 i와의 동화 때문에 전설모음 ㅐ, ㅔ, ㅚ, ㅟ, ㅣ로 되는 경향이 18~19세기 교체기에 일어났다. 이 변화는 이중모음 'ㅐ, ㅔ'가 ε, e로 단모음화가 된 18세기 말 이후에 가능해진 것이다. 'ㅚ, ㅟ'만은 좀 더 뒤에 제한된 환경에서 단모음화 되었다. 감기다→*갬기다→*갱기다, 꺾이다→*꼒이다, 뽑히다→*뾥히다, 죽이다→*쥑이다, 뜯기다→*띧기다.

움라우트는 두 모음 사이에 ㅂ, ㅁ, ㅇ, ㄱ, ㄲ 등의 순음 및 연구개음 등의 변음(邊音 grave)이 개재될 때 잘 일어난다는 주장이 있었으나 반례들이 보인다. 즉, 벗기다→*벳기다, 안기다→*앤기다→*앵기다, 다리다→*대리다. 이 예들에서는 두 모음 사이에 치음 ㅅ, ㄴ, ㄹ 등의 중음(acute)이 개재되어도 움라우트가 일어난 것이다.

아마도 중간에 ㅅ, ㅈ, ㅊ, ㄴ, ㄹ이 개재되는 명사나 부사에서는 이 현상이 일어나지 않는다고 다음 예들을 근거로 주장할 수 있을 듯하다. 가시, 바지, 마치, 가마니, 마리. 이 경우도 음절수가 대개 2음절 정도여서 한음절만 바뀌어도 원형이 너무 손상되는 점이 움라우트 회피의 이유일 것이다.

움라우트는 같은 조건에서 보편적으로 꼭 일어나는 현상은 아니며, 교육적으로는 이 변화를 입기 전의 원형을 취하는 것이 보통이다. 단 '굼벵이' 같이 역사적으로 이미 굳어버린 예들은 움라우트된 형태를 취한다.

한편 ㅚ, ㅟ가 단모음 [ö, ü]로 읽혀진 적은 예가 보이는 때는 19세기부터인데, 그 조건은 ㅈ, ㅊ 뒤에 올 때에 한정되었다. 조기다→*죄기다, 여기서 ㅈ, ㅊ 등의 경구개음은 전설모음과 같은 조음위치이므로, 뒤따르는 모음을 전설(前舌)로 변이시키는 촉진작용을 한 셈이다.

모음변이의 또 한 경우로, 영어의 *hebun에서 뒤따르는 후설모음의 u의 영향으로 고대영어의 heofon 'heaven'이 나타났다. 이 경우를 후설(後舌 back)변이라 한다. 자음도 변이를 입을 수 있어서 두음(initial)변이라 불린다. 웨일즈어(Welsh)의 tad 'father'가 fy nhad 'my father'나 ei dad 'his father'로 바뀐 예가 해당된다.

구개음화(palatalization)

경구개음이 아닌 소리들은 전설부분의 움직임이 소극적인데, 전설모음 i나 반모음 y가 뒤따를 때는 경구개를 향해 혀의 앞부분을 올려 발음하는 현상이 구개음화(정확히는 경구개음화)다. 역행인접동화작용의 일종이며, 여러 언어에서 흔히 나타난다. 17세기와 18세기 교체기부터 서울말에서는 ‘굳+이→*구지, 같+이→*가치’처럼 ㄷ, ㅌ, ㄸ이 i, y앞에서 ㅈ, ㅊ, ㅉ으로 구개음화되었다.

ㅈ, ㅊ은 15세기까지도 치음 [ts, ts^h] (ㅈ은 모음간에서는 [dz])로 발음되었다는 증거가 있고, 현재 평안방언에서는 특히 i, y앞에서 치음이 그대로 남아 있다. 그런데 현대 서울말에서는 ㅈ이 어두에서 [tʃ]로, 모음사이에서 [dʒ]로 구개음화되어 있다. ㅈ은 바로 국어 자음체계에서 구개음화의 발단이었다. i, y 앞에서 ㅈ(ㅊ, ㅉ)의 [ts] > [tʃ] 또는 [dʒ]로의 변화가 발단이란 이유는 원래 치음이었던 ㅈ이 구개음으로 된 뒤에야 ㄷ이 그 구개음 ㅈ에 닮아 구개음화될 수 있기 때문이다. 따라서 ㅈ의 구개음화가 ㄷ등의 그것보다 앞서 17세기 후반까지는 이루어졌다고 보아야 한다.

경상 · 전라방언은 18세기 이전에 ‘길>*질, 키>*치’처럼 ㄱ, ㅋ ㄲ이 ㅈ, ㅊ, ㅉ으로 구개음화되었다. 또 18세기 후반 서울말에서 ‘*녀즈>여자’처럼 어두(語頭) ㄴ[n]이 [ɲ]로 구개음화되었다가 18세기말 이후 탈락되었다. ‘힘줄→*심줄’처럼 ㅎ이 ㅅ으로 바뀐 것도 흔히 구개음화의 일종으로 여긴다.

위의 몇 예들에서 확인할 수 있듯이, 구개음화는 형태소들이 통합될 경우(또는 어두에는) 필연적 · 보편적으로 일어난다. 그러나 통합의 경우가 아닐 때는 ‘무디다, 느티나무’처럼 ‘디, 티’의 연결이 가능하다. 그러므로 구개음화가 꼭 보편적인 것은 아니다. 위의 예들은 또한 원래 ‘*무듸다, *느틔나무’였던 것이 19세기에 ‘디, 티’가 되었으므로 18세기 초에 이미 있었던 구개음화의 대상에서 벗어났다고 할 수도 있다.

방언에 따라서 구개음화의 대상에서 벗어날 수도 있어서 보편적이 아닐 수 있다. 평안방언은 구개음화 현상을 일으키지 않는 지역으로 이름나 있다. 구개음화는 경상 및 전라 방언에서 17세기 이전에 시작하여 북상했는데 서울말은 'ㄷㅌㄸ'의 구개음화만 경험했고 평안방언은 아직 전혀 영향을 받지 않은 상황이다. 다른 방언에서는 ㄴ, ㅅ이 i나 y앞에서 [ɲ, ʃ]로 구개음화되었으나 평안방언만은 원음 그대로 '이(齒)'를 '니[ni]'로 발음하고 있다. 언어에 따라서는 구개음화된 연음(軟音 soft)과 구개음화되지 않은 경음(硬音 hard)이 완전히 분립되어 의미차를 가진 서로 다른 단어들을 구별하는 데 쓰기도 한다. 러시아어에서 yroл 'corner'와 yroль 'coal'의 대립이 그런 예다.

연구개음화(velarization)는 구개음화라고 줄여서 부르지 않음으로써 경구개음화와 구별하는 것이 좋다. 연구개음이 아닌 소리들은 후설부분의 움직임이 소극적인데, 연구개를 향해 후설부분(dorsum)을 올려 발음하면 연구개음화된 소리(velarized, retracted)를 얻을 수 있다. 영어의 call, table에서 어말의 소위 dark l[ɫ]음이 그것이다. 자음 앞의 l도 마찬가지다. light에서처럼 모음(특히 전설모음)앞에 오는 소위 clear l은 치경음(齒莖音) 원래대로 발음된다. 이와 같이 음성학적 수준에서 열차적(列次的 secondary) 조음자질로 취급될 수 있는 경우는 경구개음화된 소리(palatalized)에서도 마찬가지다. ㅂ이 i나 y앞에서 [p']로 구개음화되었다고 할 때 음성적 변이를 말할 뿐 음운까지 변한 것은 아니다. 덧붙여 연구개음(velar), 경구개음(palatal)과 연구개화된 음(velarized), 경구개화된 음(palatalized)은 구별해야 한다.

모음조화(vowel harmony)

다음절어형(多音節語形)에서 모음끼리 일정한 자질을 공유하는 순행격음동화 현상으로, 터키어 등의 알타이 어족(語族)이나 헝가리어 등의 우랄어족에 흔히 구개적(口蓋的) 모음 조화가 나타난다. 국어도 15세기 중엽에는 비교적 널리 모음조화가 지켜졌으나 차츰 사라져 현대국어에서는 의성의태어와 일부 어미에 국한된 현상으로 남아 있다. '살+ᄋᆞ샤→사ᄅᆞ샤, 눌+아→ᄂᆞ라, 벗+어→버서, 니ᇫ+어→니ᅀᅥ'는 어간과 어미, '나라ㅎ+ᄋᆞᆫ→나라ᄒᆞᆫ, 믈+은→므른'은 명사와 조사, 즉 두 형태소 사이에서 모음조화가 일어난 경우다. 한 형태소 내부에서도 'ᄀᆞ롬, 구룸, 가지'같이 모음조화가 보이는데, 이런 형태소들에서 종전에 모음조화가 안 되어 있다가 이렇게 바뀌었다는 증거는 찾을 수 없다.

모음조화를 위한 국어모음의 대립은 모음추이(vowel shift)를 겪기 전의 다음과 같이 재구(再構)된 체계를 바탕으로 한다.

	전설	후설	후설 · 원순
양성모음	ㅏ	ㆍ	ㅗ(음성모음은 피함)
음성모음	ㅓ	ㅡ	ㅜ(양성모음은 피함)
중성모음	ㅣ		(양 · 음성모음 뒤에 다옴)

15세기의 모음체계는 이미 모음추이를 겪은 뒤여서 위의 구개적 모음조화 체계와 일치하지 않는다. 모음조화가 형태음소론적 현상이므로 개신(改新)이 쉽지 않아서 모음체계 변화에 순응하지 않고 보수적으로 남게 되는 결과가 결코 기이한 것은 아니다.

15세기 국어의 모음조화에서 어미(또는 접미사)의 조화는 어간의 그것에서 찾아 볼 수 없는 제약이 있었다. 즉 '-고, -다'같이 자음으로 시작되는 어미는 그 자음이 모음의 조화를 저지했다는 특수 현상이다. 파생접미사 경우는 모음조화의 적용이 -ᄇᆞ/브-(형용사어간파생)에는 되어도, '-ᄃᆞᇦ-, -ᄅᆞᇦ-'에는 되지 않았다는 점은 예외적이다.

중성(中性) 또는 중립모음(neutral vowel)은 모음조화가 부분적으로 파괴되어 대립되는 두 계열의 모음 중 둘 이상이 합류한 결과 생기는 것이다. 국어에서는 아마도 *i와 *ï가 합류되어 중성모음 i가 정립된 것 같다. 중립성은 반드시 '완전중립'뿐 아니라 '부분중립'도 가능한데, 어떤 한정된 조건에서만 주립을 지키는 모음이 그것이다. 이 '부문중립'의 모음은 부분적 합류의 결과이니, 16세기 이후 비어두(非語頭)음절에서 ㆍ음의 소실로 ㆍ와 ㅡ가 부분적으로 합류되어 ㅡ가 부분중립모음이 된 것이다. 즉 ㅡ는 어두음절에서는 음모음, 비어두음절에서는 중성모음이었던 것이다. 18세기 이후, 어두음절의 ㆍ도 ㅏ로 합류하였으나 동계열모음의 합류이므로 중립화되지는 않았다.

15세기부터도 용비어천가 이후에는 많은 혼란상을 보이던 어간과 어미사이의 모음조화 파괴가 점차 심하여져, '나모>나무'와 같이 한 형태소 내부에서도 유지되지 않게 되었다.

현대국어에서는 음양(陰陽)의 음성상징이 필연적인 의성의태어나, '-아/-어'로 시작되는 어미에만 개별적으로 나타나 보편성을 잃게 되었다. 또한 중세국어에서 양성이었던 'ㅐ, ㅚ'나 중성이었던 'ㅣ, ㅡ'가 모두 음성모음을 취하며, 'ㅏ, ㅗ'만이 양성모음으로 명맥을 유지한다. 비어두의 'ㅣ, ㅡ'는 양성 · 음성모음을 다 뒤따를 수 있어 여전히 중성모음이 된다.

축약(contraction)

한 언어 형태에서 어떤 단어의 일부를 줄여 버리는 과정이나 그 결과를 말한다. 영어에 I've, can't 같은 예가 있고, 국어에 '그리+어→그려, 보+아라→봐라, 부터+이→부톄, 안ㅎ+밧ㄱ+이→안팟기;가히>개, 입시울>입슐(>입술)' 등이 그 예다. 이 가운데 일부의 예는 연속된 두 모음을 각각 발음할 때 드는 노력을 줄이고 말의 속도를 빠르게 하기 위해 한 음절로 줄이거나, 소위 그 간음(間音)으로 발음하는 현상이다. 그리고 이 현상으로 축약된 전체 단어의 길이를 보상하기 위해 **보상적 장음화**(補償的 長音化 compensatory lengthening)가 흔히 동반된다. '부톄'는 '부(평성) 텨(평성) + ㅣ(거성)'에서 뒤의 두 음절이 장음인 '톄(상성)'로 축약된 것이다. 중세국어에서 'ㅖ'는 [yəy]로 읽힌 중모음(重母音)이었다.

생략(elision, omission)

연속된 말 속에서 단어나 음절들 사이의 소리를 빼버리는 현상에 대한 총칭이며 탈락이라고도 한다. 흔히 이 현상이 일어나는 이유는 쉽게 발음하려는 경향이라고 설명된다. 반대 현상은 첨입(添入 intrusion, addition)이라 총칭하며, 두 현상을 비교 정리하면 다음과 같다.

	어 두	어 중	어 말
생략 elision	어두음 생략 aphaeresis 두부(頭部) 생략 prosiopesis	어중음생략 syncope	어말음생략 apocope
첨입 intrusion	어두음첨가 prothsis	어중음첨가 anaptyxis 삽입 epenthesis	어말음첨가 paragogue

여기서는 위의 표 가운데 생략에 해당되는 경우만 다루기로 한다.

우선 **어두음생략**(語頭音省略 aphaeresis)은 advantage가 vantage가 되거나 It is가 'Tis로 되는 것들이다. 이와 거의 같은 용어로 **어두모음생략**(語頭母音省略 aphesis)은 강세가 없는 어두의 모음이 소실되는 esquire→squire, along→lone 같은 경우다. **두부생략**(頭部省略 prosiopesis)은 회화체나 영탄적 문체에서 글머리의 어구가 표현되지 않는 현상이다. 즉 Good evening! 대신 Evening만 말하거나, I am은 생략하고 Glad to see you라고 하는 예 등이다.

어중음생략(語中音省略 syncope)이란 한 형태소 내부에서 하나 또는 그 이상의 음이 상실됨을 뜻한다. '기르마>길마, 그르메>글메, 거우루>거울' 등 **어말음생략**(語末音省略 apocope)이란 한 단어 끝에서 하나 또는 그 이상의 음이 생략되는 경우다. '고마>곰(態), 주머귀>주먹, 하야ᄒᆞ+다>하얗다' 등. 고대영어의 helpe가 중세영어의 help로 된 것은 -e가 뒤따르는 휴지(休止)에 同化되어 묵음화(黙音化)된 결과다.

동음생략(haplology)

생략현상 가운데 하나로, 한 단어 속에 같거나 비슷한 음이 중복되어 나타날 때 그 하나를 생략시키는 현상이다. 불어에서 Avez-vous vu?를 A'vous vu?라고 빨리 발음할 때 일어난다. 국어에도 '움믈'에서 인접한 두 ㅁ자음이 생략되어 '우믈'이 되었다가 '우물'에 도달하거나, '뫼시다'에서 비슷한 소리인 y와 i가 인접하지는 않았어도 y가 생략되어 '모시다'로 되는 현상이 있다. England는 원래 Engla(앵글족)과 land(땅)란 두 단어가 복합되면서 -la-란 한 음절 전체가 빠져 버린 것이다. 이화에서 언급한 '평양>펴양'이 되는 예들을 동음생략으로 보기도 한다. 동음생략이 같은 음의 하나를 생략하여 닮은 소리를 이화(異化)시킨다는 관점에서 보면 이화작용의 한 가지로도 볼 수 있기 때문에 상호 유관한 것이다. 그러나 동음생략으로 조음작용에 필요한 노력이 경감된다는 점에서는 이화에 상치(相馳)되는 면도 있다. 이화는 노력이 더 들더라도 표현을 더 명료하게 하려는 조처이기 때문이다.

모음전환(母音轉換 gradation, ablaut, apophony, vocalic alternation)

어떤 단어의 어간모음을 바꿈으로써 여러 가지 기능을 나타내게 하는 방법이다. 영어의 sing, sang, sung에서 모음전환(vowel gradation) 또는 내부굴절(internal inflexion, internal modification, introflexion, internal change)을 볼 수 있다. 국어의 '실(絲), 살(箭), 솔(松)'도 '세장(細長)'을 나타내는 의미상의 공통기반에서 볼 때 모음전환을 한 어휘라 할 수 있다. 위의 예들과 같이 조음위치의 변화를 일으킨 경우는 질적(質的 qualitative)모음전환이라 할 수 있다.

한편 음이 생략되거나, 짧아지거나, 길어지면 양적(量的 quantitative)모음전환이라 할 수 있다. 라틴어에서 'father'의 주격형 pater가 속격형 patris로 되는 경우다.

이화(異化 dissimilation)

두 음이 서로 간의 영향에 따라 아주 달라지는 과정 또는 그 결과를 말한다. 동화작용은 서로 다른 두 음을 같거나 비슷하게 하는 것임에 반해, 오히려 그런 중복된 연쇄를 막기 위해 그 중 한 음을 동화되기 어려운 음으로 바꾸는 작용이 이화(異化)다.

만약 변화가 바로 옆에 있는 음에 대해 일어나면 인접이화 또는 병렬이화라 한다. 옷감 [ot+kam]→[otk'am]에서 인접한 평음 t와 k

의 연속을 막기 위해 뒷 자음이 경음으로 바뀌게 된다. 이 예는 순행 이화의 경우도 된다. 즉 앞의 음이 있음으로 해서 그 영향이 뒤의 음에 나타났기 때문이다. '아ᅀᆞ(弟)>아ᄋᆞ>아으>아우' 같은 변화도 이 예에 속하는데, '아ᄋᆞ' 단계에서 인접한 두 모음이 축약되어 청각적 인상이 약화되는 어형을 피하기 위해 뒷 모음이 이화된 것이다. 이 예 역시 이화의 경우도 된다. 발달(發達)[pal+tal]→[palt'al]에서 원래의 t가 유성음 사이에서 또 유성음화된다면 유성음들만의 연속이 되므로 이를 막기 위해 경음화 시킨 것이다. 이 경우는 앞의 유성음뿐만 아니라 뒤따르는 유성음도 조건의 일부이므로 상호인접이화다.

서로 이웃하지 않고 떨어진 음이 중복될 때라도 단조로움을 깨뜨리고 새로운 맛을 주기 위해 비인접이화(非隣接異化)를 일으킨다. '*ᄒᆞᄅᆞᆯ(日), *ᄆᆞᄅᆞᆯ(棟), 붑(鼓), 거붑, 소곰'이 'ᄒᆞᄅᆞ, ᄆᆞᄅᆞ, 북, 거북, 소금'으로 되는 예가 그것이며, 순행이화의 방향이다.

'존자리'에서 네 자음이 중세국어에서 모두 설단음이므로 그 중 ㄴ을 ㅁ으로 바꾸어 '잠자리'가 되었다. 이 경우는 비인접이 개재된 상호이화라 할 수 있다. '하야로비>해오라비' 같은 음운도치도 이화의 일종으로 간주된다.

첨입, 첨가(intrusion, addition)

연속된 말 중의 단어나 음절들 사이에 어떤 음을 넣어주는 현상에 대한 총칭이다.('생략'항의 비교표 참조) 영어에서 law and order를 →[lɔ:rən'ɔ:də]로 발음할 때 첨입된(intrusive) r은 발음을 쉽고 부드럽게 하기 위한 것이다.

어두음첨가(語頭音添加 prothesis, prosthesis)는 발음의 편의를 위해 단어의 첫머리에 모음이나 자음을 덧붙이는 현상이다. 영어

beloved의 be-가 그 예다. 라틴어 schola 'school'이 스페인어에선 escuela, 불어에선 école로 어두모음을 첨가시켰다. 이 어두 e-의 첨가는 각 언어의 새 음절구조에 순응하기 위한 것이다.

어중모음첨가(語中母音添加 anaptyxis)란 두 형태소 사이에 그 어느 편에도 속하지 않는 음운이 첨가되는 현상, 또는 둘이나 그 이상의 자음 사이에 약한 단모음(短母音)을 넣어 그 단어의 음절구조를 단순하게 하는 현상이다. 영어의 anthele를 [æθəli:t]에서처럼 [ə]를 넣어 발음하는 경우를 말한다. 국어에도 '겨집>계집' 등이 해당될 것이다.

삽입(挿入 epenthesis)이란 어두 · 어중 · 어말음첨가를 총칭으로 다 가리키기도 하지만, 특히 어중에 하나 또는 그 이상의 음을 끼워 넣는 경우를 말한다. 삽입현상은 특히 차용어의 경우에 그 어형을 차용 받아쓰는 언어의 음운체계에 맞추기 위해 일어난다. 독일어 Landsknecht 'mercenary'가 불어로 lansquenet, 이탈리아어로 lanzi chenecco가 된 경우가 그것이다. 국어의 '죠ᄒᆡ>죵ᄒᆡ (>종이), 버워리>벙어리, 머리 >멀리' 등도 그 예다. 삽입현상은 청각효과를 강화해서 축약을 방지하는 작용이다.

어말잉음첨가(語末剩音添加 excrescent, paragogue, epithesis)란 발음을 더 쉽게 하기 위해 단어 끝에 어원적으로 불필요한 자음이나 모음을 군더더기로 덧붙이는 특수한 동화현상이다. 독일어의 Sekt 'champagne'를 영어의 sack에 비교해 보면 t가 첨가된 것임을 알 수 있다. 이 예는 영어에서 차용해온 단어이므로 독일어 음운체계에 맞추기 위해 취해진 형태다. 이 현상이 일반어휘나 차용어에 많이 일어나는 이유는, 어말음을 첨가하여 어형이 너무 짧아지는 것을 막기 위한 것이다. 국어에서 (ᄯᅡᇂ>)ᄯᅡ>땅, ᄌᆞ모>ᄌᆞ못(>자못), 긷>기둥

(>기둥)도 좋은 예이다.

전위, 음운도치(轉位, 音韻倒置 metathesis, anastrophe, transposition)

한 단어 속에서 어떤 음들의 순서 또는 한 문장 속에서 어순을 바꿔 정상적 용법을 벗어나게 하는 현상이며, 어떤 경우엔 그 언어 내에서 영구한 변화로 정착되기도 한다. 영어에서 asked가 aksed로 발음되는 경우가 그것이며 고대영어의 여러 방언에 많이 나타나 서(西)색손(saxon)어에는 ask가 axian이었다. 일부 학자들은 모음과 자음간의 자리바꿈만 가리키는 데 쓰자고 하여 hros>hors 'horse'같은 변화만을 포함한다.

국어에 '하야로비>해야로비>해오라비, 빗복>빗곱>배꼽, 아야로시>애야로시>애오라지, 시혹>혹시' 및 보조어간 '-더-' + '-시-'를 '-시더-'로, '-거-' + '-시-'를 '-시거-'로 바꾼 것도 좋은 예들이다.

이 현상은 원인이 분명하지는 않지만, 남의 말을 잘못 들었거나 착각을 일으켜서 생겼을 것이며, 많은 언어에서 예가 보인다. 물론 이 변화는 특정한 형태만 변화를 일으키게 되는 개별적 변화 중의 하나이며, 이화의 일종으로 생각된다.

8.1.2 형태 및 어휘적 변화

앞 절에서 음변화의 여러 유형을 보았는데, 형태 및 어휘적 변화도 여러 경우들을 찾아 볼 수 있다.

영어에서 between you and me라고 해야 할 자리에 between you and I 라고 하는 새로운 경향을 보게 된다.

이것은 아마 It is I 라고 해야 할 자리에 It is me 라고 관용적으로 쓰는 것이 오히려 일반화되어 이것을 I 로 고쳐야 한다고 하니까 위의 경우까지 I 로 고치게 된, 소위 부정회귀(不正回歸 또는 과정확어법(過正確語法 hypercorrection, hyperurbanism, overcorrection)의 현상이다.

국어에서도 원래 '디새'가 구개음화를 겪어 '지애 → 지와'로 되었다가 다시 '기와'로, '짗(羽)'이 '깃'으로, '치(舵)'가 '키'로 되었다. 이것은 구개음화된 발음은 낮은 계층의 사람들이 쓰는 발음이라는 의식에서 지나치게 바로 잡으려는 결과 부정회귀 된 형태들이 나타난 것이다.

영어의 Hamburger Steak란 음식이 독일 Hamburg식의 Steak란 뜻으로 도시 이름에 -er이 붙어 형용사로 쓰이던 것이었다. 이것을 Hamburger라고 짧게 부르게 되면서 점차 원래 뜻과 달리 sandwich식의 음식을 가리키게 되었고 또 ham과 전혀 다른 고기임에도 불구하고 ham+burger로 잘못분석(metanalysis 또는 recutting)하여 fishburger, cheeseburger같은 말까지 만들어 내었다. 국어의 '파리'와 '낚시'도 원래 '폴(蠅)'과 '낛'에 지정사 '-이라'가 자주 붙어 쓰이던 결과 '폴이+라', '낛이+라'로 잘못 분석된 것으로 보인다.

영어의 sirloin은 본디 불어의 sur-loin에서 sur-가 '위의'란 뜻으로 소 허리고기의 윗부분을 가리킨다. 그러나 영어에선 sur-란 어형이 많이 안 쓰이니까 sir라 말로 바꿔 귀한 고기라는 표현을 하게 된 것이라 한다. 국어에도 한자(漢字)에서 어원을 찾아 '님금'을 '님군(君)'으로 '여ᅀᆢ>여ᄋᆢ>여우'를 '여호(狐)'로 잘못 유추하여 쓰는 현상이 있어 이를 민간어원(民間語源 folk etymology, popular etymology)이라 한다. 민간어원에 의해 위의 예들 같이 형태의 변화를 일으키는 경우가 꽤 많다.

위와 같은 형태적 변화와 비슷하게 어휘적 변화로서 여러 가지 새로운 어휘를 어떤 언어에 추가시키는 경우가 있다. 그런 예로 **역형성**(逆形成 back formation)이란 현상이 있다. 영어의 pea(콩)은 원래 중세영어의 pease란 단수 명사가 점차 복수형으로 인식되어 복수형처럼 보이는 어미를 잘라내고 또 하나의 단수형 pea를 만들어 쓰게 된 것이다. 국어에서도 '젊지 아니하다'가 줄어서 된 '젊잖다 → 점잖다'라는 말에서 '점잔(을) 부리다/빼다'같은 명사로 쓰는 용법이 나온 것은 '얌전(을) 부리다/빼다'라는 말에 유추된 결과다.

영어의 brunch는 breakfast와 lunch가 **혼합**(混合 또는 混態 blending, contamination)되어 생긴 말이다. 마찬가지로 국어에도 '거러지'와 '비렁뱅이'가 혼합되어 '걸뱅이'라는 말이 만들어졌다. 이런 변화는 어휘에 그치지 않고 different from과 other than이란 유사한 용법이 연상을 일으켜 different than이 생겨나는 경우도 포함된다.

새 어휘를 추가하는 방법으로서, laser는 light amplification by stimulated emission of radiation의 **두문자어**(頭文字語 acronym)로 만들어졌으며 '졸정제'는 '졸업정원제'의 약성어(略成語)로서 만들어진 것이다.

어떤 긴 어휘의 일부만 따서 어휘화(lexicalized)하는 경우로서 television을 영국 영어에서는 telly로 일본에서는 '테레비'로 **약어**(略語 abbreviation, clipping)를 만드는 현상도 있다. 한편 television같이 이미 존재하는 단어가 두 개 이상의 형태소로 구성되어 더 분석될 수 있는 점을 이용하며 televise라는 동사를 새로 만들어 내기도 한다. 이것은 action과 act의 관계에 유추되며 새 단어를 만드는 규칙을 넓게 적용한 결과다.

어휘 추가의 또 다른 예로 인명, 지명 등의 고유명사를 **신어형성**(新語形成 new word coinage, neologism)에 쓰는 경우가 있다. 잘 알려져 있듯이 sandwich는 Sandwich지역의 제 4대 백작이 도박을 하면서 음식을 먹을 수 있도록 빵 두 개 사이에 끼웠던 데서 유래한 것이고, robot는 체코의 작가 Karel Capek의 Rossum's Universal Robots라는 희곡에 나오는 기계적 창조물에 붙였던 이름이라 한다.

이밖에도 어휘를 풍부하게 변화시키는 가장 일반적인 방법으로는 **복합** 또는 **합성**(compounding)으로 'egghead, 대머리'같은 예가 있고, **파생**(derivation)으로 'finalize, 끝내다'같은 것이 있다. 후자는 영어의 경우 'finalization' 같은 명사까지, 국어의 경우 '끝내주다'라는 새 유행어까지 만들어 내게 하고 있다. 그리고 **차용**(borrowing)의 방법으로도 수많은 어휘를 추가하게 되어 영어의 경우 2만개의 기본 어휘 중 3/5은 차용어(loan word)라 하며 국어도 총 어휘의 약 52%가 한자어 기원이라 한다. 그러나 물론 실제 자주 사용되는 어휘들을 집계해 보면 토착어(native word)가 훨씬 높은 빈도를 보여, 영어의 경우 4/5가 순수 영어 기원의 단어들이라 할 수 있다 한다.

한편, 어휘의 변화는 추가되는 것뿐만 아니라 그 가운데는 사라져서 더 이상 안 쓰는 경우도 많다. 셰익스피어 시대에 wherefore는 why의 뜻으로 쓰였으나 이제는 안 쓰이고, 고어의 '가람'은 '강'의 뜻이었으나 이제는 안 쓰이는 말이 되었다.

8.1.3 통사적 변화

앞서 보인 형태와 어휘에 있어서의 변화는 통사 부문에서도 그에 상당하는 것을 찾아 볼 수 있다.

고대영어에서는 다음과 같은 어순으로 놓인 말들이 모두 성립되었으나 현대영어에서는 *표 한 말은 성립될 수 없는 표현으로 바뀐 것이다.

The man killed the king.

The king killed the man.

(현대영어에서 이 어순의 의미는 정반대가 됨.)

*The man the king killed.

*The king the man killed.

*Killed the man the king.

*Killed the king the man.

고대영어에서는 격어미 등으로 활용형이 다 구별되었기 때문에 어순이 여섯 가지로 다르더라도 다 한 가지 뜻을 나타냈다. 그러나 현대영어에서는 과거에 어미에 의해 나타내던 문법적 관계를 어순으로 나타내도록 변하여 결국 맨 첫 문장만이 가능한 것이다. 국어에서는 이 경우를 번역하여 비교해 보면 다음과 같다.

그 사람이 임금을 죽였다.

임금을 그 사람이 죽였다.

그 사람이 죽였다, 임금을.

임금을 죽였다, 그 사람이.

죽였다, 그 사람이 임금을.

죽였다, 임금을 그 사람이.

결국 격표시가 많이 남아 있는 국어는 고대영어와 마찬가지로 원칙적으로 여섯 가지의 어순이 모두 성립된다.

이러한 통사적 변화는 어순 뿐만 아니라 여러 다른 문법범주를 나타내는 수단에도 일어날 수 있고, 또 문법범주 그 자체에도 변화가 있을 수 있다. 가령 고대영어에는 미래란 문법범주가 없었으나 shall, will의 조동사로 미래라는 시제를 나타내게 되었다. 반면 문법범주가 축소·상실되어 버리는 경우도 있어 고대영어에 있던 가정법이 꽤 간소화되었고 성(性 gender)도 3가지에서 점차 줄어 현대영어에서 별 의의가 없는 범주가 되었다.

8.1.4 의미의 변화

어휘 항목들의 의미 내용에도 변화가 일어나서 **확대**(broadening), **축소**(narrowing), **전환**(轉換 shift)의 세 경우를 보게 된다.

영어의 holiday는 원래 '성스러운 날'이 '휴일'로, picture는 '칠을 해서 표현한 것'이 '사진'까지로 확대된 것이며, 국어의 '친구'도 어른사이에서만 쓰이다가 '동무'란 말이 특별한 조건에서 쓰이자 아이들 사이에도 '친구'가 확대되어 쓰이게 된 것이다.

영어의 meat는 17세기엔 음식 전반을 가리켰고 flesh가 '고기'만을 가리켰으나 점차 축소되어 meat가 '고기'를 의미하게 되었다. girl도 원래 '젊은 남녀'를 다 지적하다가 '젊은 여자'만을 지적하는 뜻으로 축소되었다. 국어의 '뫼'도 원래 산 사람에게도 넓게 쓰였으나 지금은 제사 때 올리는 밥을 의미하는 것으로 축소되었다.

영어에서 knight는 '청년'을 의미하였으나 점차 기사의 연령을 의미하는 뜻으로 전환되었다. 또 silly는 고대영어에선 '기쁘다', 중세영어에선 '천진스럽다'였던 것이 현대영어에선 '바보스럽다'로 전환되었다.

국어의 '빚'은 원래 '값'이란 뜻이었으나 현재는 '부채'로 바뀌는 의미의 전환이 일어난 것이다.

8.2 규칙부문(規則部門)의 변화 유형

두 방언 사이의 공시적(共時的) 차이를 설명하거나, 한 언어의 **내적 재구**(內的再構 internal reconstruction)를 함에 있어서, 어떤 규칙이 그 언어의 역사 속에서 어떻게 변화했는가를 살피는 일은 중요하다.

그 변화는 규칙첨가(rule addition), 규칙상실(rule loss), 규칙재배열(rule reordering), 규칙단순화(rule simplification)등으로 유형화될 수 있다. 이 변화들은 문법 속에서도 규칙부문만의 주요변화(primary change)를 가리키며, 기저표시(基底表示 underlying representation)의 변화는 재구성(再構成 restructuring)이라 해야 한다. 가령 음운부문전체의 재구성은 아동의 시기에나 가능한 기저형의 변화이다. 한편 규칙부문의 변화는 문법 자체에는 비교적 영향이 약하나, 도출(導出)과정 끝의 소산(所産 output)에는 큰 영향을 미친다. 가장 흔한 규칙첨가의 경우를 보아도 가령 음운 부문의 맨 끝에서 새로운 소산을 만들게 함을 알 수 있다.

앞서의 '언어의 변화'와 여기서의 '규칙부문의 변화' 사이에는 어떤 관계가 있는가를 주로 음변화의 경우를 예로 들면서 여기에 밝혀야겠다. 종래의 언어학의 각개음(各個音)이란 요소들 하나 하나를 주목한 것이라면, 변형생성문법이 등장하자 하나의 변화보다는 우리의 언어능력을 이루고 있는 규칙들의 조(組)에 더 관심을 갖게 되었다. 이렇게 문법의 목표가 달라지자 거기 사용하는 술어도 새로워져서, 음변화가 개신(改新)을 야기 시킬 때 규칙첨가라는 술어를 쓰는 등등의 변동을 보이고 있다.

다음에 4가지 규칙부문의 변화 유형을 차례로 설명하면서도 역시 음변화의 경우를 예로 들겠으나, 이 유형들이 형태 · 통사 · 의미 등의 부문에도 적용될 수 있는 개념임은 물론이다.

8.2.1 규칙첨가(規則添加 rule addition)

새로운 음운규칙을 어떤 언어의 문법에 첨가시키는 주요변화의 한 유형으로, 개신(改新 innovation) 또는 언어능력의 변화다. 규칙첨가는 성인문법에서 흔히 후기 음운규칙으로 첨가되는 일이 많으나, 동화작용 등은 아동문법에서도 일어날 수 있는 규칙첨가다.

국어에서 예컨대 구개음화가 중세에는 없었으나 현대(평안도 제외)에는 보편화된 것도 이 규칙이 현대의 언어 능력에 더 첨가된 까닭이다. 그런데 이때 규칙을 어디에 첨가하는가 하는 문제를 놓고 음운부분(phonological component)의 중간이나(Postal 1968) 맨 끝이나(King 1973)는 논란이 있었으나 대부분 후자를 지지하고 있다. 좀 더 정확히 말하자면 음운규칙이 끝나고 음성규칙이 뒤따르는 그 사이에 끼어든다고는 볼 수 있다. 물론 이렇게 첨가된 규칙이 곧 규칙 재배열로 인해 도출(導出 derivation)과정의 초기로 옮겨질 수도 있다.

8.2.2 규칙상실(規則喪失 rule loss)

한 음운규칙이 어떤 언어의 문법에서 상실되었다고 봄으로써 음운변화를 설명하려는 것이다. 일종의 단순화(simplification)로도 볼 수 있는 주요변화의 한 유형이다. 부모들의 문법에 있는 어떤 규칙을 어느 시기의 아동들이 배워서 받아들이지 않았을 때 일어날 수 있는 현상이다.

Kiparsky(1968)는 중세고지독어(中世高地獨語 Middle High German) 이래 어말장애음을 무성화(無聲化)시키는 다음과 같은 규칙이 있었다고 본다.

[–son] → [–voice] / –#

위의 규칙은 아래 예들 중 '연맹'이란 단어의 주격형을 무성화시킨다.

/bund/ '연맹'	/bunt/ '얼룩지게하다'
[bunt] 주격	[bunt] 서술부사형
[bundəs] 속격	[buntəs] 중성 주·대격(主·對格)관형형

그러나 스위스의 어떤 독일방언에서는 이런 교체가 일어나지 않아 '연맹'이 주격형도 [bund]로 남아 있다. 이 같은 방언적 차이를 역사적으로 세 가지 방법에 의해 설명을 시도할 수 있겠다.

첫째, 이 방언에는 위의 무성화 규칙이 첨가된 일이 없다는 방법인데 이는 사실에 맞지 않는다. 즉 이 방언에는 과거 유성말음(有聲末音)이던 것이 현재 무성음으로 바뀐 예가 있으므로 위 규칙은 어느 땐가 적용이 되었던 것이다. ab 'off'와 weg 'away'의 예들에서 (표기법만은 과거의 발음을 잘 보존하고 있으나) 현재 표준독어나 이 방언 모두 [a:p, ve:k]란 무성말음(無聲末音)으로 발음하고 있다.

둘째, 그러면 위 규칙은 도입이 되었다 치고, 그 뒤 이 방언에 말자음을 다시 유성화시키는 규칙이 하나 더 첨가되었다고 설명하는 방법이다.

이 방법은 첫째 것보다도 더 만족스럽지 못한데, [a:p, ve:k]를 설명하지 못할 뿐 아니라, [bund]도 한 때 [bunt]로 발음된 것처럼 사실 아닌 가정을 하게 한다.

셋째, 위 무성화규칙이 이 방언에 존재하다가 상실된 것으로 설명하는 방법이 있다. 이 경우 기저형의 유성말음이 무성화 규칙에 의해 무성음화 되었다가 다시 그 규칙의 상실로 표면형에 유성말음이 나타나는 것으로 설명된다. 단지 ab weg는 무성화 규칙 적용 후 기저형 자체가 바뀌어 /a:p, ve:k/란 예외를 형성한 것으로 설명한다. 이 같은 셋째 방법이 가장 타당하며, 이런 현상을 규칙상실이라 하는 것이다.

8.2.3 규칙단순화(規則單純化 rule simplification)

규칙 첨가와 특히 대조되는 언어변화의 한 과정이다. 성인의 언어변화가 규칙 첨가로 일어나는 일이 대부분이지만, 아동의 언어학습은 단순화에 의해 세대적 차이를 더해가는 일이 많다. 규칙상실이나 뒤에 말할 규칙 재배열, 재어휘화의 경우에도 일종의 단순화 현상이 일어나는 셈이다.

Kiparsky에 의하면 단순화의 유형 속에 규칙재배열 변형, **확산**(extension), **수평화**(水平化 leveling)의 세 가지를 꼽고 있다. 첫째 규칙 재배열은 뒤에 별도로 말하고, 둘째 확산부터 설명하자. 확산은 규칙의 구조기술(structural description) 부분, 즉 A → B/_C에서 A와 _C 부분을 변화시킴으로써 일어나는 단순화로 **분극화**(分極化 polarization)라고도 한다.

흔히 제한되었던 규칙의 적용범위를 불완전한 학습으로 인하여 유추적으로 확산하는 현상이다. 가령 앞서 규칙상실에서 예로 든 중세

고지독어의 어말 장애음 무성화규칙은 다음과 같이 마찰음만 무성화하는 Alsace 방언에 비해 더 단순한 것이다.

[−sonorant, +continuant] → [−voice] / –#

이 방언은 앞서 규칙의 구조기술보다 자질 수가 하나 더 많으므로 복잡한 것이다. 이같이 마찰음에만 적용되던 규칙이 확산되어 모든 장애음에 다 적용되는 일반화 현상이 곧 단순화다. 마찰음보다는 장애음 모두가 더 광범위한 자연부류이므로 이 같은 변화의 방향은 일반적인 것이며 이 형태의 수도 줄이게 된다. 그러나 확산 과정을 최초 형태부터 명확히 재건해 내기는 대부분 불가능하다.

또 Slav어에서 구개음화를 적용할 때 유성폐쇄음과 유성마찰음의 대립이 작용하는데 이것이 더 분극화되어 유성폐쇄음과 유성계속음의 대립으로 확산되는 경우도 있다.

이런 경우들은 두 규칙 A. [ ] → [φ]와 B. [φ] → [ ]가 있을 때, A 다음에 B가 적용되는 순서를 전제로 A의 적용 결과에 B가 적용될 수 있다면 그런 기능상의 관계를 **급여관계**(給與關係 feeding relationship)라 한다. 언어변화에서는 흔히 급여순서(給與順序 feeding order)를 최대한으로 살리려는 경향이 지배적이며, 확산도 그러한 방향으로 규칙순서를 전환하여 얻는 것이다.

다음, 수평화는 확산과 대립되는 유추(類推)과정의 하나다. 대개 과거에 있었던 차이가 없어지거나 약해지는 단순화로서, 한 형태소의 둘 이상의 이음(異音)이 전보다 더욱 비슷해지거나, 똑같게 되는 현상을 말한다.

이러한 수평화 유추현상은 문법적 굴절 · 파생의 경우나 의미론적으로 관계있는 표현들 사이에서도 일어날 수 있으나 여기서는 음운론적인 경우를 예로 들겠다. 예컨대 독어에서 bunt와 bunde의 어말 폐쇄음에서 유성(有聲) · 무성의 교체가 사라져 모두 bund와 bunde로 발음이 될 때 수평화 되었다고 한다. 이 과정은 원래 형태로부터 분명히 추정할 수 있다.

수평화는 두 규칙 A. [ ] → [~φ](φ 앞의 ~는 φ가 아닌 다른 소리를 나타냄), B. [φ] → [ ]에서 A를 적용하면 B가 적용되지 않는 관계, 즉 **출혈관계**(出血關係 bleeding order)를 최소한으로 하기 위해 규칙순서를 B A로 바꾸는 단순화 과정이다. 이같이 출혈순서(bleeding order)를 언어변화 속에서 되도록 배제하려는 경향은 일반적인 것이다.

결국 수평화는 규칙의 구조변화(structural change)부분, 즉 A → B/_C에서 B부분에 대한 단순화를 말한다. 예컨대 움라우트(o → ö) 규칙과 o → ɔ 규칙이 차례대로 있을 때 순서를 바꾸면 bɔbə : bödə의 첫째 모음에서 혀높이의 교체는 수평화되어 bɔbə : bɔ̈də가 된다.

8.2.4 규칙 재배열(規則再配列 rule reordering)

음운규칙변화의 마지막 유형으로 규칙의 형태가 아니라 그 순서를 변화시키는 것이다. 이를 위해서는 적어도 두 규칙이 엄격한 배열순서를 가졌다는 전제가 필요하다.

현대 표준 독일어는 역시 어말장애음 무성화 규칙이 있고, 유성장애음 앞에 있는 모음을 장음화(長音化)하는 규칙도 있다. 이 두 규칙은 각각 11세기 전후, 14세기 전후에 일어난 변화로서 이 역사적 순서가 근대독일어까지도 유지되었었다. 그러나 현대독일어에 와서 두 규칙의 순서가 재배열되어, 다음의 바른편과 같은 도출과정을 보인다.

근대독어(복수)			현대독어		
기저형	/veg/ '길'	/vegə/		/veg/	/vegə/
1. 무성화	vek	_____	2. 장음화	veːg	veːgə/
2. 장음화	_____	veːgə	1. 무성화	veːk	_____
음성표시	[vek]	[veːgə]		[veːk]	[veːgə]

위에서 _____ 표시(규칙이 적용되지 못함)의 수를 세어 보면, 근대독어에선 2번, 현대독어에선 3번의 규칙 적용이 되었음을 알 수 있다. 이렇게 규칙이 최대로 적용될 수 있는 순서로 재배열을 이루는 경향이 언어변화의 방향이라고 설명된다.

그리고 근대독어는 유표적(有標的 marked)순서요 현대독어는 무표적(無標的 unmarked)순서라 하여, 언어변화의 방향은 유표적 순서가 무표적 · 순서로 바뀌는 경향이 있다고도 한다. 또 이 변화는 이형태의 수도 감소시킨다고 할 수 있는데, 유표적 순서일 때는 모음의 길이와 유성성(有聲性) 여부에 따른 두 면(面)의 이형태가 있지만, 무표적 순서일 땐 유성성만 차이가 난다. 따라서 이 형태의 수를 최소한 줄이려는 방향으로 규칙이 재배열된다고 할 수 있다.

그러나 이런 이형태 최소화 원칙은, 규칙을 최대한 투명(透明 transparent)하게 배열하려는 원칙이 실패되었을 때만 적용하는 조건으로 유보하는 것이 보통이다. 투명이란 개념은 **불투명**(不透明 opaque)의 반대로, 앞서 설명한 급여 · 출혈 또는 유표 · 무표적 순서의 개념이 적용될 수 없는 경우의 재배열을 설명하기 위하여 설정된 것이다.

8.3 비교방법과 내적 재구

8.3.1 비교방법

제 2장 3절에서 '언어의 기원과 계통'에 대해 살펴보았었고, 앞의 제 8장 1 · 2절에서 여러 가지 변화의 유형을 보아 왔다. 이 두 분야를 연관시켜 볼 때 어떤 언어의 변화 과정을 밝혀 그 언어가 속하는 계통을 추정해 보는 일이 가능해진다.

특히 어떤 언어가 문헌에 기록되기 이전의 상황에 대해 동일 계통에 속한다고 믿어지는 언어들을 비교하여 그 **공통조어**(共通祖語 Protolanguage 또는 Ursprache)를 **재구**(再構 reconstruct)함으로써 그로부터 여러 언어가 변천되는 과정을 밝힐 수 있다. 이때 동일 계통에 속한다고 생각되는 대상은 함부로 정하는 것이 아니다. 의성어나 차용어는 원래 유사성이 많이 보이지만 언어간의 친족관계를 증명할 수 있는 증거는 되지 못한다.

또 영어의 many나 two가 국어의 '많이, 둘'과 비슷한 듯해도 그것은 우연한 유사성(accidental similarity)일 뿐 비교언어학에서는 주목할 대상이 되지 못한다. 적어도 친족관계를 증명할 수 있는 증거로서 비교언어학적 의의를 가진 대상이라면 정밀한 음운대응이 규칙적으로 보이고 또 상당수의 **동족어휘**(同族語彙 cognate)가 있어야 한다.

음운대응이 규칙적으로 일어난다 함은 같은 환경에 놓인 음운은 특별한 이유가 없는 한 똑같은 변화를 입어야 한다는 말이 된다. 이러한 어휘가 많으면 많을수록 친족관계는 확고해지고, 만약 시간이 오래 지나 이 관계가 희미해지면 그러한 어휘의 수도 드물어지게 마련이다.

또한 음운대응뿐 아니라 형태의 비교도 중요하다. 문법적 형태부는 특히 쉽게 변하거나 차용되지 않기 때문에 친족관계 증명에 중요한 부분이 된다. 그 밖에도 통사, 의미면의 특징적 사항도 친족관계 증명에 도움을 줄 수 있다.

상이한 둘 또는 그 이상의 언어를 비교할 때 단순히 비교방법(comparative method) 또는 뒤에 말할 내적 재구와 구별하여 외적 재구(external reconstruction)라 한다. 국어는 알타이어들과 친족관계가 있을 것이라는 계통적 분류가 시도되어 왔으나, 알타이어들 자체가 충분한 음운대응 규칙이 세워져 있지 않아서 확정적인 결론이 나지 못하고 있다. 그 중에도 다음과 같은 어두 자음의 대응은 비교적 체계적인 규칙성을 보이는 것으로 알려져 있다.

퉁구스어군 : 나나이어 p　　만주어 f
　　　　　　에벤키어 h~ø
몽고어군 : 중세몽고어 h　　몽고문어 ø
　　　　　　칼카몽고어 ø　　몽구오르어 f, x
터키어군 : 고대토이기어 ø　　칼라쥬어 h
한국어 p

위의 대응규칙은 Ramstedt(1916)가 세운 것으로 이 토대 위에 그는 알타이 조어의 어두음 *p를 재구하였다. 이를 보면 국어의 p는 매우 보수적 상태를 유지함을 알 수 있다. 참고로 한 예를 들면, 한국어 빌-(訴) 만주어 firu– 몽고문어 irüge 중세몽고어 hirü'er에서 알타이 조어형 *pirü–를 재구할 수 있겠다.

8.3.2 내적 재구

한 언어의 어떤 형태가 없어져 알 수 없을 때, 다른 언어들과 비교하여 해결할 수 없고 그 언어 내에서 그 어떤 형태를 재구해 내는 방법을 써야 한다. 이것을 내적 재구(內的再構 internal reconstruction)라 하며, 외적 재구의 방법을 보충해서 언어의 역사를 연구하는 큰 방법론이 되어 왔다.

현대국어는 '하루'는 중세국어에서 휴지나 자음으로 시작되는 조사 앞이라면 'ᄒᆞᄅᆞ'로, 모음으로 시작되는 조사 앞이라면 'ᄒᆞᆯㄹ'로 나타났다. 그런데 이런 교체가 있기 이전의 단계를 내적 재구한다면 '*ᄒᆞᄅᆞᆯ'이란 단일형을 가정할 수 있다. 즉 이 단일형에서 ㄹ이 탈락하거나 제 2음절 · 모음이 탈락한 것이 위의 교체형들이라고 가정할 수 있겠다. 사실 '*ᄒᆞᄅᆞᆯ'은 제주 방언에도 'ᄒᆞᄅᆞᆯ'이란 단일형이 있는 것으로 보아 비록 문헌에서 찾아 볼 수는 없는 형태지만 신빙성이 있는 내적 재구형이라고 믿어진다.

8.3.3 어휘통계학

위의 비교방법이나 내적 재구의 방법으로는 동계 언어들이 공통조어에서 언제 분기해 내려왔는가 하는 시기를 추정할 수는 없다. 그래서 차용이 잘 안되고 변화도 적게 받는 일정 어휘들을 **기초어휘**(basic vocabulary)라 하여, 수사(數詞), 대명사, 신체관계 어휘 등 사용빈도가 높은 200개 어휘들의 목록을 언어 사이에 서로 비교하게 되었다. 이 기초어휘들은 모든 언어에서 대개 일정한 속도로 변화한다는 가정하에 두 언어가 1천년 동안에 약 80%의 동족어휘를 공유하게 된다는 유지 비율을 설정하였다. 이것을 공식화하면,

$$\text{분기연대 } t = \frac{\log c}{2 \log r}$$

(t=천년단위의 분기된 시간길이, c=동족어휘의 백분율, r=불변수(0.805))

라고 되며, 가령 그 값이 2.2가 나오면 오차를 약 200년씩 고려해 약 2000년 내지 2400년 전에 분기했다는 식으로 판정한다.

이런 계산법을 **어휘통계학**(lexicostatistics) 또는 **언어연대학**(glottochronology)이라 하는데, 다음과 같은 문제점이 지적될 수 있다. 첫째 기초 어휘를 정말 객관적으로 선정해야 하는 문제, 둘째 기초 어휘의 유지 비율이 언어마다 같지 않다는 반론 등이 있어 위의 공식을 수정하거나 전면 부인하는 학자들도 있는 것이다. 현재로서는 이 방법은 참고적인 보조방법으로 활용하는 데 그치는 것이 안전하다고 보아야 하겠다.

참 고

Ⅶ장의 1절은 전반적으로 Harmann & Stork(1972), Fromkin & Rodman (1983), 허웅(1964), 이기문(1972a, b), 남기심 · 이정빈 · 이홍배(1979) 등을 참조.

2절은 Sommerstein(1977), Byron(1977), Jeffers & Lehiste(1979), 문양수 외 (1977) 등 참조. 그 밖에 Lehmann(1962), Ellis(1966), King(1969), Lass(1969), Arlotto(1972), Anttila(1972), Anderson & Jones(1974), Lightfoot(1977), Ryden(1979), Arnason(1980), Hock(1986)도 참조.

3절은 Meillet(1925), Ramstedt(1916, 1952), 이기문(1962, 1984), 문양수 외 (1977), 김방한(1988)을 참조.

◈ 연 습 문 제 ◈

A. 다음 예들이 조건 변화이면 '조', 무조건 변화이면 '무'라고 괄호 속에 구별해 보라.

1. ( ) 두 음소가 합류하여 한 음소가 되었다.
2. ( ) 중세국어의 '하야로비'가 근대국어의 '해오라비'로 어중 모음이 음운도치되었다.
3. ( ) 근대국어에서 ㅁ, ㅂ, ㅍ 등의 양순자음 뒤에서 'ㅡ'가 'ㅜ'로 순행인 접동화를 일으켰다.
4. ( ) 17세기와 18세기의 교체기에 구개음화가 일어났다.
5. ( ) 한 음소가 분화하여 두 음소가 되었다.
6. ( ) 중세국어에서 'ㄴ'위의 'ㄷ'이 'ㄴ'으로 변했다.
7. ( ) 고대국어의 '*ᄒᆞᄅᆞᆯ', '*ᄆᆞᄅᆞᆯ' 등이 중세국어에서 'ᄒᆞᄅᆞ', 'ᄆᆞᄅᆞ' 등이 되었다.
8. ( ) 중세국어에서 전기(前期)와 후기 사이에 일대 모음추이가 일어났다.
9. ( ) 근대국어의 움라우트 현상은 역행원격동화였다.
10. ( ) 음운들의 대립 관계가 새로워져서 음운체계에 변천이 일어났다.

B. 다음 예들의 묶음을 각각 무슨 음변화의 유형으로 규정할 수 있는가?

1. 눌+아 → ᄂᆞ라, 벗+어 → 버서
2. 부텨+이 → 부톄, 그리+어 → 그려
3. 굳이 → 구지, 같이 → 가치

4. 기ᄅᆞ마 > 길마
5. 아비 → 애비, 겨집 → 계집
6. 거우루 > 거울
7. 거붑 > 거북, 소곰 > 소금
8. 찰나 → 찰라, 천리 → 철리
9. 빗복 > 배꼽, 시혹 > 혹시

C. 다음의 예들은 형태 · 통사 · 어휘 · 의미적 변화 중 어디에 속하는지 '형, 통, 어, 의'로 말하시오.

1. ( ) '점심'을 서울말에서 '겸심'이라고 한다.
2. ( ) 영어의 sail이나 drive는 원래 돛단배나 마차에 쓰던 동사인데 이제는 증기선이나 자동차에도 쓰게 되었다.
3. ( ) '잎담배'를 '입초'라 하는 것은 '엽초'와의 혼성에 의한 것이다.
4. ( ) 영어에서 한 때 more lower같이 이중 비교급이 쓰였으나 지금은 비문법적 표현이 되었다.
5. ( ) '가지가지'가 줄어서 된 '갖가지'를 '각(各)가지'라고 말하는현상이 있다.
6. ( ) 영어의 "Winston tastes good like a cigarette should"라는 문장에서 like는 as와 같은 접속사로 쓰이고 있다.
7. ( ) '얼굴'은 이조 초에는 몸 전체의 형태를 가리키는 말이었다.
8. ( ) 영어에서 15~16세기까지는 not을 긍정문 맨 끝에 붙여 He saw you not같이 써야 했으나 지금은 He did not see you라고 바뀌었다.

9. ( ) 의문대명사 '누'와 의문형 첨사 '고'가 합성되어 '누구'가 되었으나 이 전체를 의문대명사로 잘못 알고 '누구의' 등으로 쓰게 되었다.
10. ( ) 영어의 ox, pig, calf, sheep은 노르만족이 beef, pork, veal, mutton이란 불어 계통 단어들을 들여 온 후, 전자(前者)는 짐승 자체들만을, 후자는 그 고기들을 각각 의미하게 되었다.

D. 다음의 음변화 현상을 규칙의 변화유형으로 볼 때, '첨가 · 상실 · 간소화 · 재배열' 중 어느 것인지 밝혀 보라.

1. 15세기에는 '나무~낡', '구무~굵'으로 교체를 보여 준 명사들이 있었는데, 오늘날에는 '나무', '구멍' 등을 기저형으로 하는 것으로 생각한다.
2. 중세국어에 없던 구개음화 현상이 현대국어에 있다.
3. 중세국어에서 ㅐ[ay], ㅔ[əy] 등의 이중모음이 현대국어에서 [æ], [e] 등의 단모음으로 되었다.
4. 15세기 국어에서 음절말 자음의 중화 현상이 있었으나 ㅅ은 ㄷ과 음운적 대립을 유지하다가 16세기초 그 대립이 중화되었다.

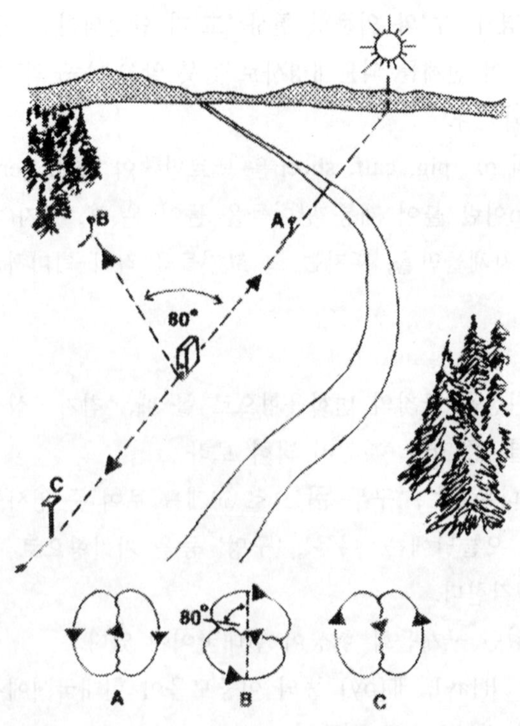

벌의 춤

(동물의 언어)

벌이 태양을 향해 비행하는 각도와 중력의 관계. A, B, C는 벌통 주변의 세 먹이통. 밑 그림은 세 먹이통으로 가는 길을 알리는 벌의 춤.

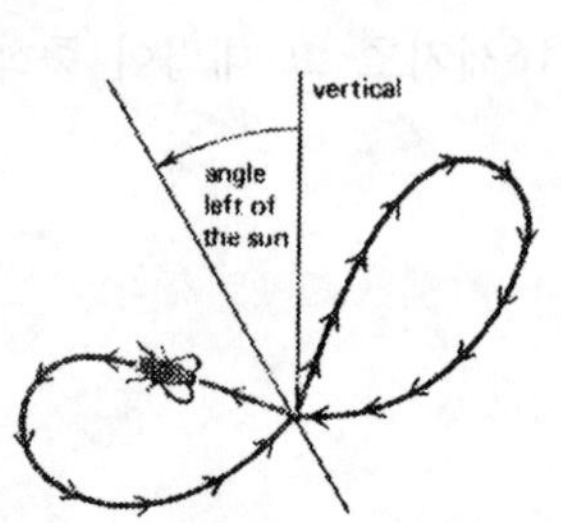

낫질춤. 벌통에서 6~18m에 꿀이 있을 때.

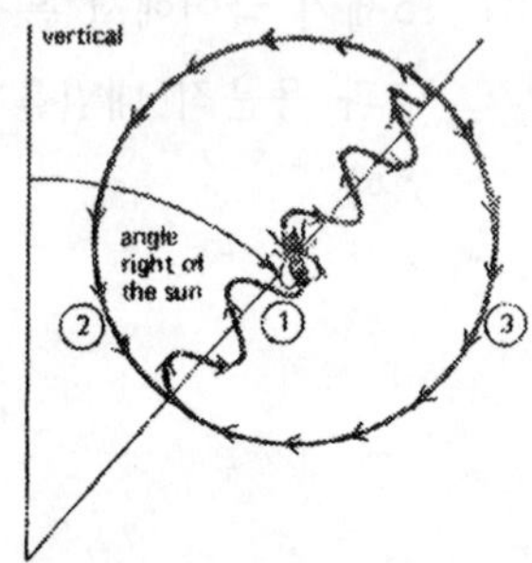

꼬리를 떠는 춤. ① - ② - ① - ③ 순서로 1분에 추는 횟수가 꿀이 있는 곳까지의 거리를 말함.

제 9 장 쓸모 있는 언어학 : 언어학의 응용

≪언어학과 인접 분야와의 협동≫

9.1 언어학의 인접학문들

지금까지 우리는 언어학의 하위분야인 음성학, 음운론, 형태론, 통사론, 의미론 및 역사언어학에 대하여 공부해 왔다. 이렇듯 언어학의 세분화로 인하여 그 깊이는 정도를 더해가고 있다고 할 수 있다. 그에 따라 각자가 감당할 수 있는 폭이 점점 제한될 수밖에 없음은 당연한 것이지만 그것이 세분화된 하위분야들 사이의 결별을 의미하는 것은 아닌 것이다. 오히려 언어 자체의 본질을 충실히 파악하기 위해서는 하위분야들 사이의 유기적인 관계의 정립이 반드시 필요하다고 하겠다. 그와 같은 작업은 각 하위분야만의 연구에서 오는 언어사실에 대한 왜곡가능성의 배제를 위해서도 필요한 것이다.

그러나 언어학의 하위분야들 각각에 대한 연구와 그들 사이의 연구만으로 언어의 본질을 추구한다고 할 경우, 학제간(學際間 inter-disciplinary)의 연구가 활발해지고 있는 요즘의 추세에 비추어, 노력의 시간에 비해 애써 얻는 연구결과의 효용성도 제대로 충분히 발휘되기 어려울 것이다.

한 예로 유전학의 지식을 이용한 언어의 기원 연구를 소개하겠다. 우리 모두가 지니고 있는 미토콘드리아의 핵산은 오직 여성 쪽에서 전해 받은 유전물질로서, 우리들의 어머니, 할머니, 증조할머니 등을 거쳐 완전히 우리들 자신의 인류 역사 중 가장 먼 시기까지 거슬러 올라간다. 머나먼 과거를 들여다보기 위해 미토콘드리아 유전학을 이용함으로써 지구상에서 누구누구가 서로 관계있는지를 규명할 수 있다. 세계를 아프리카, 아시아, 유럽, 오스트레일리아 및 뉴기니 등으로 나누어 이 지역 출신의 150명의 여성들로부터 미토콘드리아의 핵산을 수집하여 분석한 끝에 아프리카 그룹이 모든 그룹 중 가장 오래 전에 형성되었음이 분명해졌다. 이런 연구에 힘입어 언어의 족보도 인류가 발원한 아프리카로부터 그 단초를 잡게 된 것이다.

또 한 예를 더 들어 보면, 언어학과 문학 사이의 문제들을 같이 다루는 텍스트 장르와 문체의 연구가 필요하다. 시의 언어 내지는 대중가요의 운율, 문학적 은유 내지 일상 언어 속의 은유, 심지어 만화의 언어까지도 연구 대상으로 할 수 있다. 이렇게 텍스트 장르와 그 언어 특성을 연구하려면, 레지스터, 장르, 문체 등에 대해 주목해야 한다. 이 때 컴퓨터를 이용한 통계적 분석까지 동원하면 아마도 온당한 결과를 얻을 것이다.

사실 모든 과학의 연구는 그 과정 중에 어떠한 형식으로든지 언어를 반드시 필요로 하고 있다는 점에서 언어학과 관련을 가지고 있다고 할 수 있겠지만, 직접적이든 간접적이든 언어적인 현상을 대상으로 삼는 분야는 보다 적극적인 언어학의 인접학문이라고 할 수 있을 것이다. 그와 같은 적극적인 언어학의 인접학문으로는 인류학, 사회학, 철학, 논리학, 미학, 문학, 전산학, 전자공학, 물리학(음향학), 심리학, 생리학, 정신 · 신경학, 해부학 등을 들 수 있다. 여기서는 언어학의 인접학문 자체에 대한 깊은 내용보다는 그들이 언어학과 만나 이루는 학문 즉, 언어학과의 몇몇 응용 분야에 대하여 간단히 살펴보기로 한다.

한편 9장에서 말할 분야의 일부분을 응용언어학(applied linguistics)이라 지칭하면서, 그 속에 언어 교육, 독서/읽기(reading), 치료언어학

(clinical linguistics), 자연 수화(手話/手語 natural sign languages), 법언어학(forensic linguistics), 번역, 언어정책(language planning) 등의 응용 분야를 두루 포함하여 다루기도 한다.

9.2 심리언어학

우리 모두가 익히 잘 알고 있듯이 인간의 언어는 두뇌의 산물이다. 그런만큼 언어가 인간의 심리나 사고 작용과 1차적인 관련을 맺게 됨은 당연하다고 하겠다. 실제로 여러 언어의 보편적인 현상 속에서 언어가 인간의 심리작용에 기대고 있음을 살펴볼 수가 있다. 거의 본능적으로 자기중심적인 표현을 사용한다든가, 복잡한 내용에 대해서는 그의 표현도 함께 복잡해진다든가, 문장 속에서 심리적으로 가까운 요소들은 인접해서 나타난다든가 하는 사실 이외에도 말소리의 크기나 억양, 회상률 등도 인간의 심리작용과 불가분의 관계에 있는 것이다. 그 밖에도 언어의 인지, 지각 및 어린이의 언어 습득과정 등이 심리언어학 내지 언어심리학의 주된 관심사가 되어 왔다.

이렇듯 언어가 심리학과 밀접한 관계를 가지는 까닭은 언어가 우선 창조적이라는 데에 있다. 우리가 어떤 자연 언어를 알고 그것을 말할 수 있다는 것은 한정된 수의 문장을 듣고서 저장할 수 있는 기억력에 의한 것이 아니라, 추상적인 문장의 규칙에 맞추어 무한한 문장을 만들어 내기 때문이다. 이는 흔히 교향곡과 교향곡의 연주에 비유되기도 한다. 추상적인 교향곡이 실제로 연주될 때에는 지휘자나 연주가의 곡 해석에 따라 달리 연주되기 때문이다. 또한 같은 연주자가 같은 악기로 같은 곡을 연주한다고 하더라도 그 곡을 매번 꼭 같이 연주할 수는 없기 때문이다.

아울러 언어가 보다 적극적으로 심리학과 관련을 맺는 까닭은 언어의 표상작용(representation)에 있다. 즉 언어와 사물의 사이에서 의식 속에 주어진 것을 대상화하는 작용이다. 대상은 단어로 표현됨으로써 개별적인 대상이 아니라 관련유목(關聯類目)의 개념으로 묶이게 된다. 그것은 문장도 또한 마찬가지이다.

언어심리학에서 근대적인 통념을 탈피하는 데에는 Noam Chomsky의 공헌이 컸다고 할 수 있다. 그는 언어 수행 이전의 언어 능력과 표면구조의 밑바탕으로서의 심층구조를 상정함으로써 언어의 연구에 심리학적인 연구성과의 필요성이 상당히 있음을 보여주었기 때문이다. 이러한 경향은 근래에 인지과학(cognitive science)의 포괄적 구성과 내실화를 더욱 가속화시켰다.

최근에는 언어치료 연구로 신경언어학 분야가 크게 발달하여 두뇌의 인지적 연구, 뇌 손상과 실어증[1], 기타 언어 장애(말더듬, 자폐증) 등을 탐구하고 있다. 영상기기 즉 CT, MRI, PET 등의 실험을 통한 뇌 연구 방법이 추진되고 있으며, 치료언어학(clinical linguistics) 내지 언어병리학(speech pathology)이나 청각학(audiology) 같은 새 분야도 음성의학 및 신경언어학의 관련분야로서 확산되고 있다.

9.3 사회언어학

언어가 사유의 과정이나 도구 혹은 독백의 형태로도 쓰이기는 하지만, 앞의 제 1장에서 이미 지적한 바 있듯이 언어행위는 기본적으

---

1) 1861년 브로카(Broca)는 뇌 앞 쪽 손상을 입은 실어증 환자가 (토씨 같은) 문법 요소를 상실하고, 1873년 베르니케(Wernicke)는 뇌 뒤 쪽 손상 환자가 유창하기는 해도 어휘 선택이 틀린 부조리한 문장을 횡설수설하는 현상을 발견하였다. (p.434의 뇌 부위 참조)

로 사회적 활동이다. 왜냐하면 언어는 본질적으로 사회적인 장면에서 화자와 청자사이의 대화의 형태로 사용되기 때문이다. 따라서 언어행위라고 하면 일단 사회적인 상황을 전제로 해야 함을 알 수 있다. 이러한 언어행위가 성립되기 위한 기본적인 요소로는 화자, 청자, 제 3자, 특정언어, 시간, 장소를 들 수가 있다. 이들 여섯 가지 요소들이 관련되어 생기는 여러 가지 문제들이 사회언어학(sociolinguistics)의 연구대상이 된다.

화자와 청자 그리고 제 3자가 관련된 존대 및 겸양 관계의 경어법 문제가 그렇고, 그들이 속한 사회계층에 따른 사회방언과 전문어(jargon), 은어, 속어(slang), 금기어 등의 사용 문제가 그러하며, 특정 시간이나 장소에 따른 격식체와 비격식체의 사용 문제 또한 그렇다. 요즘 인터넷의 발달로 형성된 인터넷언어나 일반적 통신언어에 대하여서도 연구해 볼 필요가 있다. 또 언어와 성 차이의 문제에서 야기되는 성차별적 표현 등, 언어의 접촉 문제에서 발생되는 피진(pidgin)과 크레올(Creole) 등도 연구대상이 된다. 지역적인 거리의 차이에서 오는 언어 변이와 지역방언의 문제는 다음 9.4에서 자세히 다루겠다. 사회방언이나 지역방언을 조사하는 일은 현장언어학(field linguistics)[2]이 담당할 주요 분야들이기도 하다.

그 밖에도 언어의 화용적(話用的) 양상이나 수용성(acceptability) 등도 사회언어학의 중요한 과제라고 할 수 있으며, 발화의 상황적인 전환(switching) 등도 관심의 대상이 될 것이다. 사회언어학을 연구한다고 할 경우에 전제가 되는 사회계층의 구분부터가 어려운 문제로 제기될 수 있겠지만, 사회방언적인 차이는 어휘 이외에도 발음, 억양, 문법의 차이는 물론 의미범주화의 차이도 보여주고 있어 보다

---

2) 이론언어학에 반대되는 개념으로 '의자에 앉아 하는 언어학'(armchair linguistics)을 보충하기 위한 방법으로 많은 분야에서 활용될 수 있다.

많은 연구의 여지가 열려 있는 분야이기도 하다.

9.4 방언학

한 언어의 하위단위로서의 특정방언에 대해서도 앞서 공부한 언어학의 각개 주요 분야에서의 접근이 가능한 것이기는 하지만, 일반적으로는 그러한 경우를 방언학(dialectology)이라고 이르지는 않는다. 방언학의 주된 관심사는 한 언어 안에서 방언이 어떻게 분화되고 분화된 방언들은 어떻게 지도로 나타내며 그에 따른 방언구획은 어떠한 모습을 보여 주는가, 또한 그들 결과가 보여주는 언어적이 특성은 무엇이며 그러한 연구의 기초가 되는 방언 조사의 효율적인 방법은 무엇인가 하는 것이었다. 그 중에서도 방언지도의 작성과 방언조사 방법론은 그간 방언학의 중심부를 형성하여 왔고 그 결과로 독일, 프랑스, 이탈리아, 미국, 영국, 일본 등의 나라에서 이미 전국 규모의 언어지도를 만들어 보여 주고 있다.

그러나 보다 본질적인 문제로 언어와 방언의 차이는 무엇이며, 방언구획을 한다고 할 경우 등어선의 등급은 어떻게 정해야 하고, 방언 연구의 보고라 할 수 있는 전이(轉移)지대에 대한 처리와 해석을 어떻게 할 것인가도 여전히 남아 있는 셈이다. 또한 동일지역 내에서의 사회 계층에 따른 언어의 분화도 방언학이 다루어야 할 문제라 할 수 있다. 나아가 방언의 결과적인 모습뿐만 아니라 언어의 개신(改新)과 그 전파에 대한 문제도 방언학이 추구해야 할 중요한 문제이다.

국어에 대한 전국적인 세밀한 방언지도의 작성은 아직 이루어져 있지 않지만, 최근 이익섭(1981)의 영동지방의 방언에 대한 방언지도와 이기갑(1986)의 전남지방 방언지도가 작성된 바가 있고, 그에 따라 방언조사의 방법도 어느 정도 다듬어진 셈이라고 할 수 있다.

9.5 전산 · 수리 언어학

수학적인 방법론을 언어학에 도입하여 가능한 한 정확하고 간결한 언어기술을 꾀하기 위하여 발달된 분야로서 집합론이나 기호논리 또는 통계적인 방법 등을 바탕으로 하여 자연언어 및 형식언어의 문법을 다루고 있다. 수리언어학(mathematical linguistics)은 이미 20세기 초에 시작되었지만, 컴퓨터를 이용하는 전산언어학(computational linguistics)은 Chomsky가 제시한 자연언어 기술의 수학적 모형이 기초가 되었다고 할 수 있다. 전산언어학에서의 자연언어 처리가 컴퓨터와 자연언어의 사이에 가교를 놓는 일을 궁극적인 목표로 할 경우, 전산음성학, 전산음운론, 전산형태론, 전산통사론, 전산의미론 등이 이루어져야 하는데, 무엇보다도 먼저 필요한 작업은 문장의 의미 해석의 기초로서 통사분석을 하는 일이다. 자연언어와 형식언어의 가장 큰 차이점은 중의성의 유무라고 할 수 있는데 통사분석 과정에서 중의성의 문제는 아직도 과제로 남아 있는 셈이다. 의미론적인 문제의 해결을 위하여 범주문법(Categorial Grammar), 어휘기능문법(Lexical-Functional Grammar), 통합구절구조문법(Generalized Phrase Structure Grammar) 등의 문법이론들이 제기되고 있으나 현재로서는 그 어느 문법이론도 완벽한 자연언어의 기술과는 거리가 있는 형편이다. 자동화된 기계 번역은 물론, 음성언어의 보다 정확한 인식(speech recognition)과 합성(合成 speech synthesis), 정보검색 등의 기타 응용 시스템 개발도 전산언어학이 가지고 있는 미해결의 숙제라고 할 수 있다.

따라서 그러한 과정에서 무엇보다 큰 부담이 되는 것은 담화상황 속에서 표면발화 내용에는 드러나지 않는 화자와 청자 사이의 묵시적인 추론 따위가 전산언어학에 어떻게 수용이 될 수 있는가, 또 세계에 대한 지식에 의거한 발화 내지 해석을 어떻게 기계화할 수 있는가 하는 점이다. 그를 위해서는 Kaplan 등이 '전산화용론'이나, 개념의존적인 이론을 제시하는 것과 같은 노력으로 문제의 해결에 접근해 가고 있다.

전산언어학의 출발은 인공지능(AI)의 한 분과로부터 출발한 것으로도 볼 수 있지만, 점차 그 학문적 성격을 뚜렷이 하면서 독립한 분야로 자리 잡아 가고 있다. 이와 관련하여 계량언어학(quantitative linguistics) 내지 통계언어학(statistical linguistics), 사전 편찬(lexicography) 등에 쓰이는 코퍼스 언어학(corpus linguistics), 하이퍼텍스트의 문제, 그리고 인터넷과 월드와이드웹(WWW) 및 HTML의 구축 등으로 전산언어학과 관련된 분야는 급속히 확장되어 21세기의 총아가 될 전망이다.

9.6 언어교육

인간이 생활을 영위하면서 자신의 감정과 생각을 나타내거나 다른 이의 의사를 받아들이는 가장 중요한 수단이 언어임은 더 이상의 설명을 필요로 하지 않는다. 또한 개별 학문 분야가 추구하는 내용은 각각 다르다고 할지라도 얻어진 진리의 내용을 나타내는 수단은 다소의 차이는 있을지언정 모두 언어라고 하는 형식에 기댈 수밖에 없다. 그러한 언어의 본질을 알고, 언어의 보다 효과적인 습득과 능률적인 사용을 위하여서는 보다 합리적인 언어 교육 방법론이 모색되어야 할 것이다. 언어교육(language education)의 합리적이고도 과학적인 방법론은 바른 모국어의 교육을 위해서도 반드시 필요한 것이겠으나, 날로 국제화하고 있는 오늘날에 있어서는 외국어의 효과적인 습득을 위해서도 유용한 연구 분야라고 할 수 있다. 세부적인 내용에서는 다소 차이가 있을 것이나, 외국어의 습득과정은 흔히 어린이의 모국어 습득과정과 많은 공통점을 가지고 있기 때문이다. 따라서 언어 교육에서 다룰 주요한 내용으로는 무엇을 가르칠 것인가를 정하는 교과과정의 작성과 어떻게 가르칠 것인가에 관련하여 학습지도 방법 그리고 학습의 평가 방법 등이 될 것이다.

그러나 그에 앞서 이루어져야 할 것은 언어교육이라는 것을 전제로 할 경우, 그것이 이론이 아니라 실천임을 인식하는 것이다. 구체적으로 말하자면 전문적인 언어이론의 추구로 얻어진 문법을 있는 그대로 언어교육의 내용으로 선택하는 데에는 다소의 문제가 있을 수 있음을 알아야 한다는 것이다. 선택되는 문법의 목적이 언어학적 이론이 아닌 다른 것을 가르치고자 할 때에는 이론상의 절충도 필요한 것이기 때문이다. 그러나 그 경우에도 모종의 일관성이 유지되어야 함은 물론이다.

언어교육과 관련하여, 제1언어/모국어 습득, 제2언어/외국어 습득, 다언어주의(multilingualism), 소수 언어와 문맹 등의 문제도 다루어야 한다. 국어교육면에서만이 아니라, 우리 어문생활의 규범으로서 한글 맞춤법, 표준어, 외래어 표기, 우리말의 로마자 표기 등도 언어학적으로 조명되어야 할 것이다.

참 고

심리언어학에 대하여 참고가 될 수 있는 개론서로는 조명한(1985), 박병수(1977), 김진우(1985), 이정민(1986), 강범모(2005) 등을 들 수가 있다.

사회언어학에 대해서는 황적륜(1977), Hudson(1980), 장영준(1999) 등의 개론서를 참고로 할 수가 있다.

방언학에 대한 개론서로서는 이익섭(1984)과 Chambers & Trudgill(1980) 등이 있어 좋은 길잡이가 되고 있다.

전산언어학에는 Computational Linguistics라는 Journal과 Schank & Abelson(1977), Winograd(1983), McEnery(1992), Barnbrook(1996), Mitokov(2003) 등이 참고가 된다.

언어 교육에 관하여 참고할 만한 저술로는 Lado(1964, 1967), Finocchiaro(1965), Morris(1966), Klein(1986) 등이 있다.

◈ 연 습 문 제 ◈

A. 다음의 (가)항과 (나)항 가운데에서 (가)항의 어휘들이 어휘의 생성에 보다 많이 참여하는 까닭을 인간의 심리적인 면과 관련지어 생각해 보라.

(가)	(나)
길다	짧다
무겁다	가볍다
높다	낮다
굵다	가늘다
깊다	얕다

넓다　　　　　좁다
크다　　　　　작다

B. '여의사, 여판사, 여성의원, 여류작가, 여교수……' 등의 예와 '남자 간호원, 남자비서, 남자미용사, 박수무당……' 등의 예가 각각 유표적(有標的)인 까닭을 생각해 보라.

C. (1) 방언 조사시에 제보자의 나이, 신체적 조건 등이 고려의 대상이 되는 까닭을 서로 이야기하여 보자.

(2) 우리나라의 방언구획에 대하여 생각해 보고, 그렇게 구분할 수 있도록 한 요인들이 언어층위 가운데 어디에 속하는 것인가를 이야기해 보라.

D. 완벽한 기계번역을 하거나, 인간의 목소리로 기계를 작동시키는 것을 목표로 하는 경우에 부딪히게 될 가능한 문제점들을 생각해 보라.

E. (1) 외국어의 습득 과정과 어린이의 언어 습득과정이 가지고 있는 상사점과 상이점에 대해 생각해 보고, 나이가 들수록 외국어의 습득이 어려워지는 까닭을 서로 말해 보자.

(2) 학습 후 평가의 필요성을 생각해 보고, 주관식 평가와 객관식 평가의 장단점에 대하여 이야기해 보라.

〈신경 언어학의 대상이 되는 뇌의 좌반구(좌뇌) 측면도〉

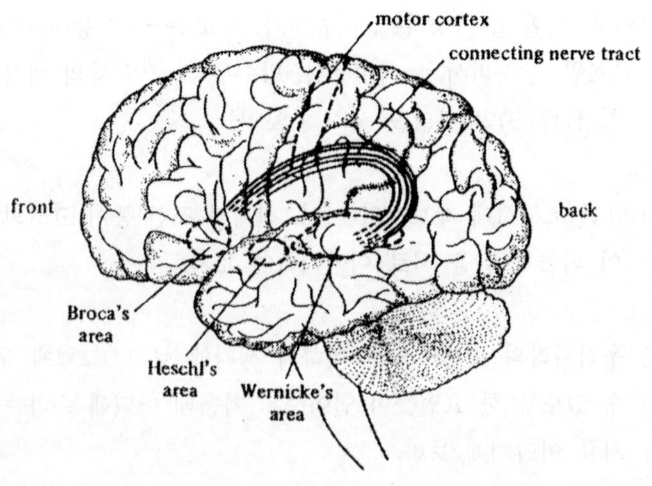

〈발성기관의 각도 비교〉

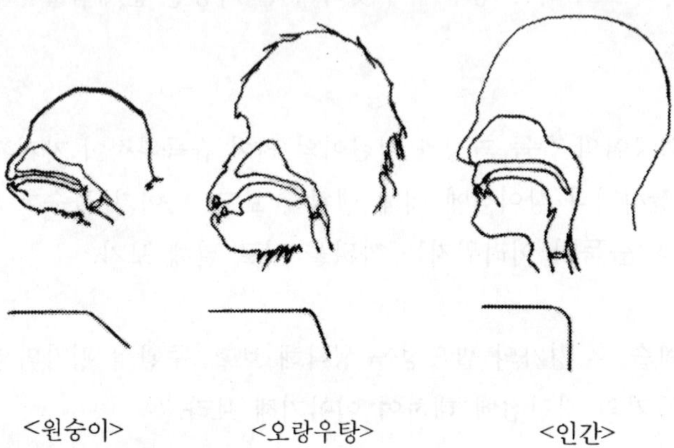

❑ 참 고 논 저 ❑

강범모(2005), 언어; 풀어 쓴 언어학 개론, 서울; 한국문화사.

강옥미(2003), 국어음운론, 서울; 태학사.

김경란(1997), 음운론 ; SPE 이후의 이론들, 서울; 한신문화사.

김방한(1988), 역사-비교언어학, 서울 : 민음사.

김봉주(1984), 형태론, 서울 : 한신문화사.

김영석, 이상억(1993), 현대형태론, 서울 : 학연사.

김완진(1996), 음운과 문자, 서울; 신구문화사.

김진우(1985), 언어 : 이론과 그 응용, (깁더판, 2004), 서울 : 탑출판사.

김한곤(1967), Korean Kinship Terminology, 어학연구 Ⅲ.1., pp. 70~81.

김한곤(1968a), 음향음성학적 방법에 의한 언어합성, 어학연구 Ⅳ.1., pp. 49~71.

김한곤(1968b), 서평, P. Ladefoged, Elements of Acoustic Phonetics, 어학연구 Ⅳ.2., pp. 71~97.

김한곤(1969), 의미론의 대상과 방법, 어학연구 Ⅴ.2., pp 1~18.

김한곤(1983), Korean Kinship Terminology : a Semantic Analysis Ⅱ, 말 8, 서울 : 연세대학교, pp. 21~48.

고영근(1983), 국어문법의 연구, 서울 : 탑출판사.

고영근(1989), 국어형태론 연구, 서울 : 서울대 출판부.

남기심, 고영근(1985), 표준국어문법론, 서울 : 탑출판사.

남기심, 이정민, 이홍배(1977), 언어학개론(개정판), 서울 : 탑출판사.

문양수 외(1977), 현대언어학, 서울 : 한신문화사,

박병수(1977), 심리언어학, 현대언어학, 서울 : 한신문화사, pp. 302~41.

안병희(1965), 문법론, 국어학개론, 서울 : 수도출판사.

안병희, 이광호(1990), 중세국어문법론, 서울 : 학연사.

안상철(1998), 형태론, 서울: 민음사.

이기문(1972a), 국어사개설(개정판), 서울 : 민중서관.

이기문(1972b), 국어음운사연구, 서울 : 탑출판사.

이기문, 김진우, 이상억(1984), 국어음운론, 증보판(2000), 서울 : 학연사.

이상억 편 (1984~), Phonology and Morphology, Ⅰ, Ⅱ, Ⅲ, (2005년 현재 38호까지 속간되고 있음.) 서울: 한신문화사. (30호 이후, 서울: 경진문화사.)

이상억(1994), 국어 표기 4법 논의, 서울 : 서울대학교출판부.
이상억(2001), 계량국어학 연구, 서울 : 서울대학교출판부.
이숭녕(1969), "주격 중출의 문장 구조에 대하여," 어문학 20, 한국어문학회.
이숭녕 외(1974), 국어국문학사전, 서울 : 신구문화사.
이익섭(1984), 방언학, 서울 : 민음사.
이익섭, 임홍빈(1983), 국어문법론, 서울 : 학연사.
이익섭, 이상억, 채완(1997), 한국의 언어, 서울 : 신구문화사.
이익환(1985), 의미론개론, 서울 : 한신문화사.
이정민(1986), 언어이론과 현대과학사상, 서울 : 서울대학교출판부.
이정민, 배영남(1987), 언어학사전(개정 증보판), 서울 : 박영사.
아현복(1971), 서울말의 모음체계, 어학연구 Ⅶ.2., pp. 19~24.
장석진(1993), 화용과 문법, 서울 : 탑출판사.
전상범(1995), 형태론, 서울 : 한신문화사.
전상범(2004), 음운론, 서울 : 서울대 출판부.
조명한(1985), 언어심리학 : 언어와 사고의 인지심리학, 서울 : 민음사.
최현배(1937), 우리말본, 연희전문 출판부. (개정판, 1959), 정음사.
허 웅(1963), 언어학개론, 서울 : 정음사.
허 웅(1968), 국어음운학 (개고 신판), 서울 : 정음사.
홍윤표(1969), 15세기 국어의 격 연구, 국어연구 21. 국어연구회.
황적륜(1977), 사회언어학, 현대언어학, 서울 : 한신문화사, pp. 342~74.

Akmajian, A. and F. Heny (1975), Introduction to the Principles of Transformational Syntax Cambridge: The MIT Press.
Allwood, J., L.G. Anderson and O. Dahl (1977), Logic in Linguistics, Cambridge: Cambridge University Press.
Anderson. John M. (1971). The Grammar of Case, Cambridge: Cambridge University Press.
Anderson, Stephan R. (1974), The Organization of Phonology, New York: Academic Press.
Anttila, R. (1972), Introduction to Historical and Comparative Linguistics, New York : Macmillan.

Arlotto, A. (1972), Introduction to Historical Linguistics, Boston: Houghton Mifflin.

Aronoff. M. (1976), Word Formation in Generative Grammar, Cambridge: The MIT Press.

Aronoff, M. and Janie Rees-Miller eds. (2001), The Handbook of Linguistics, Oxford: Blackwell Publishers Ltd.

Asher, R. E. & J. M. Y. Simpson eds. (1994), The Encyclopedia of Language and Linguistics, Oxford: Pergamon Press.

Austin, J. L. (1962), How to the do things with words, London: Oxford University Press.

Barnes, Jonathan Allen (2002), Positional Neutralization: A Phonologization Approach to Typological Patterns, Doctoral Dissertation. UC Berkeley.

Beckman, Jill (1998), Positional Faithfulness, Doctoral Dissertation. University of Massachusetts, Amherst.

Barnbrook, G. (1996), Language and Computers, Edinburgh ; Edimburgh Univ. Press.

Bloomfield, Leonard (1933), Language, New York: Holt, Rinehart & Winston, Inc.

Boersma, Paul (2000), Learning a Grammar in Functional Phonology. In J. Dekkers et al. (eds.) Optimality Theory: Phonology, Syntax and Acquisition. 465-523. Oxford : Oxford University Press.

Bolinger, D.L. (1968/75). Aspects of Language, 2nd ed., New York: Harcourt Brace Jovanovich.

Bresnan, Joan (1982), The Mental Representation of Grammatical Relations, Cambridge: The MIT Press.

Bynon, T. (1977), Historical Linguistics, Cambridge: Cambridge University Press.

Cambers, J.K & P.Trudgill (1980), Dialectology, Cambridge: Cambridge University Press.

Chomsky, N. (1955/75), The Logical Structure of Linguistic Theory,

Cambridge: University of Chicago Press.
Chomsky, Noam (1957), Syntactic Structures, Janua Linguarum, Series Minor 4, The Hague: Mouton.
Chomsky, Noam (1964), Current Issues in Linguistic theory, Janua Linguarum, Series Minor 38, The Hague: Mouton.
Chomsky, Noam (1965), Aspects of the Theory of Syntax, Cambridge: The MIT Press.
Chomsky, Noam (1966), Cartesian Linguistics: A Chapter in the History of Rationalist Thought, New York: Harper & Row.
Chomsky, Noam and Morris Halle (1968), The Sound Pattern of English, New York: Harper & Row.
Chomsky, N. (1973), Conditions on Transformation, in Festschrift for Morris Halle, ed. by S. A. Anderson and P. Kiparsky, New York: Holt, Rinehart and Winston.
Chomsky, N. (1976), Conditions on Rules of Grammar, Linguistic Analysis 2: 303-351.
Chomsky, Noam (1981), Lectures on Government and Binding, Dordrecht: Foris Publications.
Chomsky, N. (1986a), Kowledge of Language: Its Nature, Origin, and Use, New York: Praeger Publishers.
Chomsky, N. (1986b), Barriers, Cambridge: The MIT Press.
Chomsky, N. (1988), Some Notes on Economy of Derivation and Representation, MIT Working Papers 10, MIT.
Chomsky, N. (1994), Bare Phrase Structure, MIT Occasional Papers in Linguistics, Number 5.
Chomsky, N. (1995), Minimalist Program, Cambridge: The Mit Press.
Cote, Marie-Helene (2000), Consonant Cluster Phonotactics: A Perceptual Approach. Doctoral Dissertation, MIT.
Curme, G.O. (1931), Syntax, Boston: Health.
Davies, W. D. and S. Dubinsky (2001), Objects and Other Subjects:

Grammatical Functions, Functional Categories and Configurationality, Dordrecht: Kluwer Academic Publishers.

Di Sciullo, Anne-Marie ed. (2002), Asymmetry in Grammar, John Benjamins.

Epstein S. D. and N. Hornstein (1999), Working Minimalism, Cambridge: MIT Press.

Epstein S. D. and T. D. Seely (2002), Derivation and Explanation in theMinimalist Program, Blackwell Publishing.

Fillmore, C.J. (1968), "The Case for Case", in Bach, E. and R. T. Harms, eds. (1968), Universals in Linguistic Theory, New York: Holt Rinehart & Winston.

Finocchiaro, M. (1965), English as a second Language from theory to practice, New York: Regent Publishing Co. Inc.

Fishman, J.A. (1970), Sociolinguistics: A Brief Introduction, Massachusetts: Newbury House Publishers.

Flemming, Edward (1995), Auditory Representation in Phonology, Doctoral Dissertation. UCLA.

Freidin, R. (1996), Current Issues in Comparative Grammar, Dordrecht: Kluwer Academic Publishers.

Fromkin, Victoria & Robert Rodman (1974), An Introduction to Language, New York: Holt Rinehart & Winston, Inc.

Fromkin, Victoria, Robert Rodman & Nina M. Hyams (2003), An Introduction to Language, 7th ed., Boston: Heinle.

Gazdar, G., E. Klein, G. Pullom, I, Sag (1985), Generalized Phrase Structure Grammar, Oxford: Basil Blackwell.

Gleason, H.A. (1955), An Introduction to Descriptive Linguistics, New York: Holt Rinehart & Winston, Inc.

Gleason, H.A. (1961), An Introduction to Descriptive Linguistics, 2nd ed., New York: Holt Rinehart & Winston, Inc.

Grammont, M (1933), Traité de Phonétique, Paris: Librairie Delagrave.

Grice, H.P. (1957), "Meaning", The Philosophical Review, LXVI.3, 377-88.

Grice, H.P. (1975), Logic and conversation, in Syntax and Semantics 3, New York: Academic Press.

Grinder, John T. and Suzette H. Elgin (1973), Guide to Transformational Grammar: History, Theory, Practice, New York: Holt Rinehart & Winston, Inc.

Halliday, M. A. K. (1985), An Introduction to Functional Grammar, Edward Arnold.

Harris, Zellig S. (1951), Structual Linguistics, Chicago: The University of Chicago Press.

Hartmann, R.R.K. and F.C. Stork (1972), Dictionary of Language and Linguistics, London: Applied Science Publishers.

Heffner, Roe-Merrill, S. (1950), General Phonetics, Madison: University of Wisconsin Press.

Hjelmslev, Louis (1963), Prolegomena to a Theory of Language (trans. by Francis J. Whitfield), Madison: University of Wisconsin Press.

Hockett, Charles F. (1958), A Course in Modern Linguistics, New York: Macmillan.

Hoeningswald, H.M. (1960), Change and Linguistic Reconstruction, Chicago: University of Chicago Press.

Horn, L. R. and G. Ward (eds.) (2004), The Handbook of Pragmatics, Blackwell Publishing.

Horne, Kibbey M. (1966), Language Typology, 19th and 20th Century Views, Washington D.C.: Georgetown University Press.

Howe, Darin and Duglas Pulleyblank (2003), Harmony as Faithfulness. Ms. University of Calgary and University of British Columbia.

Hudson, R.A. (1980), Sociolinguistics, Cambridge University Press.

Hyman, Larry M. (1975), Phonology: Theory and Analysis, New York: Holt, Rinehart and Winston, Inc.

International Phonetic Association (1949), The Principles of the International Phonetic Association (reprinted, ed. 1971), London: IPA.

Ito, Junko and Armin Mester (1999), The Phonological Lexicon. In Natsuko Tsujimura (ed.) The Handbook of Japanese Linguistics. 62-100. Malden, MA: Blackwell.

Ito, Junko and Armin Mester (2001), Covert Generalization in Optimality Theory: the Role of Stratal Faithfulnes Constraints. Studies in Ponetics, Phonology and Morphology 7. 273-300.

Jackendoff, R.S. (1972), Semantic Interpretation in Generative Grammar, Cambridge: MIT Press.

Jackendoff, R. (1977), X'-Syntax: A Study of Phrase Structure, Cambridge: The MIT Press.

Jakobson, Roman, C. Gunar M. Fant and Morris Halle (1951), preliminaries to Speech Analysis, Cambridge: MIT Press.

Jeffers, R.J. and Ilse Lehiste (1979), Principles and Methods for Historical Linguistics, Cambridge: MIT Press.

Jespersen O. (1924), The Philosophy of Grammar, London: george Allen & Unwin Ltd.

Jespersen O. (1929), A Modern English Grammar on Historical Principles, London: George Allen and Unwin.

Jones, Danial (1950), the Phoneme, Its Nature and Use (1967, 3rd. rev. ed.), Cambridge: Heffner.

Jones, Danial (1960), An Outline of English Phonetics, 9th ed., Cambridge: Heffner.

Kang, Y. S. (1991), Phonology of Consonant-Vowel Interaction. Seoul: Hanshin Pub.

Katz, J.J. & J.A. Foder (1963), The structure of a semantic theory, Language 39, pp.170~210.

Kenstowicz Michael and Charles W. Kisserberth (1979), Generative Phonology, New York: Academic Press.

Kim, Chin-Wu (1965), On the autonomy of the tensity feature in stop classification, Word 21, pp.339~59.

Kim, Chin-Wu (1970), A Theory of Aspiration, Phonetica 21, pp.107~116.

Kim-Renaud, Young-Key(1986) Studies in Korean Linguistics, Seoul : Hanshin.

Kiparsky, Paul (1968), How abstract is Phonology? Indiana University Linguistics Club, mimeo.

Klein, W. (1986), Second language acquisition, Cambridge University Press.

Kuno, S et al. (eds.) (1985), Harvard Studies in Korean Linguistics: Proceedings of the 1985 Harvard Workshop on Korean Linguistics Harvard OKL-1985), July 12-13, 1985. Seoul: Hanshin Publishing Co.

Kuno, S. et al. (eds.) (1985/ 1987/ 1989/ 1991/ 1993/ 1995/ 1997/ 1999/ 2001/ 2003), HarvardStudiesinKoreanLinguistics 1/ 2/ 3/ 4/ 5/ 6/ 7/ 9/ 10, Dept. of Linguistics, Harvard University.

Ladefoged, Peter (1962), Element of Acoustic Phonetics, Chicago: University of Chicago Press.

Ladefoged, Peter (1971), Preliminaries to Linguistic Phonetics, Chicago: University of Chicago Press.

Ladefoged, Peter (1975), A Courses in Phonetics, New York: Harcourt Brace Jovanovich, Inc.

Lado, R. (1964), Language Teaching, New York: McGraw Hill, Inc.

Lado, R. (1967), Language Testing, London: Lowe and Brydone, Ltd.

Lakoff, Geroge (1971), On Generative Semantics, ed. Danny D. Stelnberg and Leon A. Jakobouits, Cambridge: Cambridge University Press.

Langacker, Ronard W. (1967), Language and Its Structure: Some Fundamental Linguistic Concepts, New York: Harcourt, Brace and World.

Langacker, Ronard W. (1972), Fundamentals of Linguistics Analysis, New York: Harcourt Brace Jovanovich.

Leech, G. (1974), Semantics, Harmondsworth, Middlesex: Penguin Books.

Leech, G. (1981), Semantics: The Study of Meaning (2nd, Revised & Update Ed.)

Lehmann, W.P. (1962), Historical Linguistics: An Introduction, 2nd ed.,

(1973), New York: Holt, Rinehart and Winston.

Lieberman, Philip (1975), On the Origin of Language: An Introduction to the Evolution of Human Speech, New York: Macmillan Publishing Co., Inc.

Lilies, Bruce L. (1975), An Introduction to Linguistics, Englewood-Cliffs, N.J. : Prentice Hall, Inc.

Lisker, Leigh and Arthur S. Abramson (1964), A cross-language study of voicing in initial stops: Acoustical measurements, Word 20, pp.384~422.

Lyons, J. (1970), New Horizons in Linguistics, Penguin Books.

Makashay, M. (2001), Lexical Effects in the Perception of Obstruent Ordering. In E. Hume and N. Smith and J. van Weijer (eds.) Surface Syllable Structure and Segment Sequencing. Working Papers in Linguistics, Ohio State University 55.

Maling, Joan & Kim, Soowon (1992), Case Assignment in the Inalianable Possession Construction in Korean, Journal of East Asian Linguistics 1 (1), 37-68.

Martin, S. E. (1954), Korean Morphphonemics, Balimore.

Martin, S. E. (1992), A Reference Grammar of Korean: A Complete Guide to the Grammar and History of the Korean Language, Rutland, Vermont & Tokyo: Charles E. Tuttle Company.

McEnery, T. (1992), Computational Linguistics, Wilmslow : Sigma.

Meillet, A. (1925), La methode comparative en linguistique historique, Oslo: Aschehoug.

Meillet, Antonie and Marcel Cohen (1952), Les langues du monde, Vols.1 & 2, Paris: Champion.

Morris Charles W. (1938), Foundations of the Theory of Signs, Foundations of the Unity of Science Vol.1, No.2, Chicago: The University of Chicago Press.

Morris, I. (1966), The Art of Teaching English as a Living Language, London: Macmillan & Co, Ltd.

Mitokov, R. (2003), The Oxford Handbook of Computational Linguistics,

Oxford : Oxford Univ. Press.

Nespor, M. and I. Vogel (1986), Prosodic Phonology. Foris, Dordrecht.

Nishiyama, Kunjo, John Whitman, & Eun-Young Yi (1996), "Syntactic Movement of Overt Wh-Phrases in Japanese and Korean," N. Akatsuka et al. (eds.) (1996), Japanese/Korean Linguistics 5, 337-351.

Ogden, C.K. and I.A. Richards (1923), The Meaning of Meaning, London: Routledge. (8th, 1946)

Palmatier, Robert A. (1972), A Glossary for English Transformational Grammar, New York: Meredith Corporation.

O'Grady W. (1991), Korean Case: Extending the Computational Approach, Korean Linguistics 11, The International Circle of Korean Linguistics, 29-52.

O'Grady W. et al. (2000) Contemporary Linguistics: An Introduction, 4th ed., New York: Martin's Press.

Padgett, Jaye (2003), Emergence of Contrastive Palatalization in Russian. In E. Holl (ed.) Optimality Theory and Language Change. 307-335. Dordrecht, Netherlands: Kluwer Academic Press.

Palmer, F. R. (1976, 1981), Semantics, Second Edition Cambridge: Cambridge University Press.

Pierrehumbert, J. (1980), The Phonetics and Phonology of English Intonation, MIT dissertation.

Pike, Kenneth L. (1947), Phonemics, Ann Arbor: University of Michigan Press.

Plank, F. ed. (1984), Objects: Towards a Theory of Grammatical Relations, Academic Press.

Pollard, Carl and Ivan A. Sag (1987), Information-Based Syntax and Semantics: Volume 1, Fundamentals, Stanford: CSLI.

Poppe, Nicholas (1965), Introduction to Altaic Linguistics, Wiesbaden: Otto Harrassowitz.

Pustejovsky, J. (1995), The Generative Lexicon, Cambridge: The MIT Press.

Radford, Andew (1981), Transformational Syntax, Cambridge: Cambridge University Press.

Radford, A. (1997), Syntactic Theory and the Structure of English, Cambridge: Cambridge University Press.

Ramstedt G. J. (1916), Ein anlautender stimmloser Labial in der mongolisch-turkischen Ursprache, Journal de la Societe Finno-Ougrienne 32.2.

Ramstedt, G. J. (1939), A Korean Grammar, Helsinki.

Ramstedt G. J. (1952), Einführung in die altaische Sprachwissenschaft, II, Formenlehre, MSFOu 104. 2.

Rask, R. (1814), An Investigation into the Origin of the Old Norse or Icelandic Language, The Danish Academy of Science.

Robins, R.H. (1967), A Short History of Linguistics, Bloomington: Indiana University Press.

Ruhlen, Merritt (1975), A Guide to the Languages of the World, Stanford: Stanford University.

Sapir, Edward (1921), Language: An Introduction to the Study of Speech, New York: Harcourt, Brace & World Inc.

Sapir, Edward (1929), The Status of Linguistics as a Science, Language 5.

Sapir, Edward (1931), Conceptual Categories of Primitive People, Science 74.

de Saussure, Ferdinand (1915), Cours de linguistique générale, Paris: Payot. (Trans. as A Course in General Linguistics by Wade Baskin. New York: Philosophical Library, 1959).

Schane, Sanford (1973), Generative Phonology, Engle Cliffs N.J.: Prentice Hall, Inc.

Schank, R. & R. Abelson (1977), Scripts, Plans Goals and Understanding, Lawrence Earlbaum Associates, Inc.

Schmidt, J. (1872), Die Verwantschaftsverhältnisse der indogermanischen Sprachen

Searle, J. R. (1969), Speech Acts: An Essay in the Philosophy of Language,

Cambridge: Cambridge University Press.

Selkirk, Elizabeth (1982), The Syllable. In Harry van der Hulst et al (eds.) The Structure of Phonological Representations: part II. 337-384. Dordrecht, Holland: Foris.

Selkirk, E. (1986), "On Derived Domains in Sentence Phonology," Phonology Yearbook 3. 371-405.

Sells, Peter (1985), Lectures on Contemorary Syntactic Theoies, Standford: CSLI.

Shibatani, M. (1976), "Relational Grammar and Korean Syntax: So-called 'Double-subject' and 'Double-object' Constructions Revisited," Language Research 12:2, 241-251

Shieber, Stuart M. (1986), An Introduction to Unification-Based Approaches to Grammar, Stanford: CSLI.

Skaličkavá, A-. (1960), The Korean Consonants (Rozpravy Ċeskoslovenské akademié věd. Ročník 70, Sešit 3, Praha).

Sloat, Clarence, Sharon Henderson Taylor & Jamer E. Hoard (1978), Introduction to phonology, Englewood Cliffs N. J.: Prentice-Hall, Inc.

Smolensky, Paul (1993), Harmony, Markedness, and Phonological Activity. paper presented at Rutgers Optimality Workshop I.

Smolensky, Paul (1996), The Initial State and 'Richness of the Base' in Optimality Theory. Technical Reprt JHU-CogSci-96-4. Johns Hopkins University.

Sommerstein, A.H. (1977), Modern Phonology, Baltimore: University Park Press.

Song, Seok-Choong (1967), Some Transformational Rules in Korean, Ph. D. dissertation Indiana University.

Stanley, R. (1967), Redundancy rules in phonology, Language 43.1. pp.393~436.

Steriade, Donca (1999), Phonetics in Phonology: The Case of Laryngeal Neutralization. In Matthew Gordon ed. UCLA Working Papers in

Linguistics 2. 25-145. UCLA.

Stockwell, R. P. (1977), Foundations of Syntactic Theory, Englewood Cliffs, New Jersey: Prentice-Hall, Inc.

Strawson, Peter F. (1950), On Referring, Mind 59, 320~44. Reprinted in Irving M. Copi and James A. Gould, ed. (1967), Contemporary Readings in Logical Thory.

Street, John C. (1962), Review of Poppe, Vergleichende Grammatik der altaischen Sprachen, Teil Ⅰ, Vergleichende Lautlehre (Wiesbaden, 1960), Language 38, pp.92~8.

Tesar, Bruce and Paul Smolensky (1998), Learnability in Optimality Theory. Linguistic Inquiry 29. 229-68.

Thomason, Richard H. ed. (1974) Formal Philosophy, Selected Papers of Richard Montague, New Haven: Yale University Press.

Trubetzkoy, N.S. (1939), Grundzüge der Phonologie, TCLP 7, Prague. (Trans. as Principes de phonologle by J. Cantineau, Paris, Klincksieck, 1949: Principles of Phonology by C.A.M. Baltaxe, Berkely: University of California Press (1969).

Wardhaugh, Ronald (1972), Introduction to Linguistics, New York: McGraw-Hill Book Co.

Waterman, John T. (1963), Perpectives in Linguistics, Chicago: University of Chicago Press.

Winograd T. (1983), Language as a Cognitive Process Vol 1.: Syntax, Addison-Wesley Publishing Co.

Whitman, J. (1990), Topic, Modality, and IP Structure, Harvard Studies in Korean Linguistics III.

Yang, I.-S. (1972), Korean Synatx: Case Markers, Delimiters, Complementation, and Relativixation, Seoul: Paekhap Publishing Co.

모국어 제대로 말하기 [2]

여쭙다 : 요즘 젊은 안내원이 늙은이들에게 "질문이 있으면 내게 여쭤 보세요."라고 한다. 무례한 표정이 아니면서 이런 표현을 하니 더욱 기겁을 할 일이다. "궁금하신 것이 있으**시**면 내게 물어 보세요."라고 해야 할 자리에 아무 악의 없이 이렇게 잘못 쓰고 있는 것이다. 어른께 존경의 표시로 '여쭙다'를 쓴 꼴인데, 그만 그 말이 자기를 높여 버리고 만 것이다. 위에서 '내게' 대신 '제게'를 쓴다면 더욱 좋을 것이다.

또 한 가지 문제는 "**질문이 계시면** 제게 여쭤 보세요."라고도 하는 경우다. 그러나 경어를 써 드려야할 어른에 대해 '계시다'를 써야지, '질문'은 인물이 아니기 때문에 '계실' 수가 없는 대상이다.

와중 : 이 말은 渦中이라는 한자어로 '소용돌이의 가운데'나 '어떤 일이 복잡하고 어지럽게 얽힌 가운데'란 뜻이 있다. 요즘 부쩍 '도중'이란 말 대신 '와중'을 원래 뜻과 맞지 않게 쓰는데, "어제 서울로 오는 도중에 아이를 잃었다."라고 하면 좋을 경우에 "어제 서울로 오는 와중에 아이를 잃었다."고 사실과 다르게 과장한다. 혼란한 "전쟁의 와중에 아이를 잃었다."고 한다면 잘 어울린다.

<부　록>

1. 언어학 각 분야별 주요 서목
2. 언어학 이론 해설 논저 목록
3. 주로 1990년 이후의 음운론, 통사론, 의미론 관계 한국어에 관한 논저
4. 언어학 관계 웹사이트/홈페이지
5. 언어에 관한 총설

1. 언어학 각 분야별 주요 서목 (간행 연도순)

사전

Greimas, A. J. and J. Courté++s (1979), Semiotics and Language: An Analytical Dictionary, Bloomington: Indiana Univ. Press.

Crystal, David (1980), A Dictionary of Linguistics and Phonetics, (Updated 4th ed. 1997), Oxford: Basil Blackwell, Inc.

Crystal, David (1987), The Cambridge Encyclopedia of Language, Cambridge: Cambridge University Press.

Crystal, David (1992), An Encyclopedic Dictionary of Language and Languages, Oxford: Basil Blackwell, Inc.

Dalby, Andrew (1998), Dictionary of Languages: the Definte Reference to more than 400 Languages, London: Bloomsbury.

安井捻 (1971), 新言語學辭典, 東京: 硏究社.

이정민, 배영남 (1987), 언어학사전, 개정 증보판, 서울: 박영사.

개설

Dinneen, F. P. (1967), An Introduction to General Linguistics, New York: Holt, Rinehart and Winston.

Langacker, R.W. (1967), Language and Its Structure: Some Fundamental Linguistic Concepts New York: Harcourt, Brace and World.

Bierwisch, M. (1971), Modern Linguistics, The Hague: Mouton.

Langacker, R. W. (1972), Fundamentals of Linguistic Analysis, New York: Harcourt Brace and Jovanovich.

Wardhaugh, R. (1972), Introduction to Linguistics, New York: McGraw-Hill Book Co.

Elgin, Suzette Haden (1973), What is Linguistics?, Englewood Cliffs, N.J.: Prentice-Hall, Inc.

Grinder, J. T. and S. H. Elgin (1973), Guide to Transformational Grammar: History, Theory, Practice, New York: Holt, Rinehart and Winston, Inc.

Ruwet, N. (1973), An Introduction to Generative Grammer, North-Holland Linguistic Series 7, Amsterdam: North Holland Publishing Co.

Fromkin, V. and R. Rodman (1974), An Introduction to Language, 3rd ed. (1983), New York: Holt, Rinehart and Winston, Inc. (박의재, 성낙일 역 (1985), 언어학개론, 서울: 한신문화사.)

Liles, B. L. (1975), An Introduction to Linguistics, Englewood Cliffs, N.J.: Prentice-Hall, Inc.

Akmajian, A., R. A. Demers and R. M. Harnish (1979), Linguistics: An Introduction to Language and Communication, Cambridge, MA.: The MIT Press.

Simpson, J. M. Y. (1979), A First Course in Linguistics, Edinburgh: Edinburgh University Press.

Smith, N. & D. Wilson (1979), Modern Linguistics: The Results of Chomsky's Revolution, Bloomington: Indiana University Press. (이기동, 이용재 역 (1980), 현대언어학-촘스키 혁명의 결과-, 서울: 한신문화사.)

Crane, L. B., E. Yeager and R. L. Whitman (1981), An Introduction to Linguistics, Boston: Little, Brown & Company. (신현숙, 이기동 역 (1983), 언어학개론 서울: 한신문화사.)

Lyons, J. (1981), Language and Linguistics: An Introduction, Cambridge: Cambridge University Press.

Radford, A. (1988), Tranformational Grammar: A First Course, Cambridge University Press (서정목, 이광호, 임홍빈 역 (1990), 변형 문법, 을유문화사).

Finegan, Edward, & Niko Besnier (1989), Language: its Structure and Use, New York: Harcourt Brace Jovanovich.

Department of Linguistics/The Ohio State University (1991), Language Files: Materials for an Introduction to Language, Columbus: Ohio State University Press.

Burling, Robbins (1992), Patterns of Language: Structure, Variation, Change,

San Diego: Academic Press.

Caplan, David (1992), Language: Structure, Processing, and Disorders, Cambridge, MA.: The MIT Press.

Akmajian, A., R. A. Demers, A. K. Farmer and R. M. Harnish (1995), Linguistics: An Introduction to Language and Communication, 4th ed., Cambridge, MA.: The MIT Press.

Clark, Virginia P., Paul A. Eschholz & Alfred F. Rosa (1998), Language: Readings in Language and Culture. 6th ed., New York: St. Martin's Press.

Aronoff, Mark & Janie Rees-Miller (2001), The Handbook of Linguistics, Oxford: Blackwell.

남기심 외 2인(1977), 언어학개론, 서울: 탑출판사.

문양수 외 9인(1977), 현대언어학, 서울: 한신문화사.

김진우(1985), 언어: 이론과 그 응용, (개정판, 2004), 서울: 탑출판사.

김한곤, 이상억(1989), 언어학신론, 서울: 개문사.

장석진(1994), 현대언어학, 지금 어디로, 서울: 한신문화사.

장영준(1999), 언어의 비밀, 서울: 한국문화사.

강범모(2005) 언어: 풀어 쓴 언어학 개론, 서울: 한국문화사.

음성학

Jones, Daniel (1918), An Outline of English Phonetics, 9th ed. (1960), Cambridge: Heffer.

Heffner, R-M. S. (1950), General Phonetics, Madison: Univ. of Wisconsin Press.

Ladefoged, P. (1962), Elements of Acoustic Phonetics, Chicago: The Univ. of Chicago Press.

Malmberg, B. (1963), Phonetics, New York: Dover Publication, Inc. (오원교 역 (1980), 음성학, 서울: 신아사.)

Denes, Peter B. and Elliot N. Pinston (1963), The Speech Chain: the Physics and Biology of Spoken Language, Bell Telephone Laboratories.

Mol, H. (1963/1970), Fundamentals of Phonetics I: The Organ of Hearing (1963): Fundamentals of Phonetics Ⅱ: Acoustical Models Generating the Formants of the Vowel Phonemes (1970), Janua Linguarum, Series Minor NR. 26, The Hague: Mouton & Co.

Pike (1964), Phonetics, Ann Arbor: The University of Michigan Press.

Abercrombie, D. (1967), Elements of General Phonetics, Chicago: Aldine Atherton, Inc.

O'Connor, J. D. (1973), Phonetics, Harmondsworth, Middlesex: Penguin Books Ltd.

Ladefoged, P. (1975), A Course in Phonetics, 4th ed. (2004), New York: Harcourt, Brace & Jovanovich, Inc. (황기룡 역 (1986), 음성학입문, 서울: 한신문화사.)

Singh, S. & K. S. Singh (1976), Phonetics: Principles and Practices, Baltimore: University Park Press.

Catford, J.C. (1977), Fundamental Problems in Phonetics, Bloomington: Indiana University Press.

Lieberman, Philip (1977), Speech Physiology and Acoustic Phonetics, New York: Macmillan.

Lieberman, Philip and Sheila E. Blumstein (1988), Speech Physiology, Speech Perception, and Acoustic Phonetics, Cambridge: Cambridge University Press

Johnson, Keith (1997), Acoustic and Auditory Phonetics, Oxford: Blackwell.

Hewings, M. & S. Goldstein (1999), Pronunciation Plus, Cambridge: Cambridge University Press.

The International Phonetic Association (1999), Handbook of the International Phonetic Association, Cambridge: Cambridge University Press.

Rogers, H. (2000), The Sounds of Language: an introduction to phonetics, London: Longman.

Beverley Collins & Inger Mees (2003), Practical Phonetics and Phonology, Routledge.

전상범(1995), 영어음성학개론, (개정판, 2005), 서울: 을유문화사.
이호영(1996), 국어음성학, 서울: 태학사.
신지영(2000), 말소리의 이해, 서울: 한국문화사.

음운론

Trubetzkoy, N. S. (1939), Grundzüge der Phonologie. trans. Christiane A.M. Baltaxe (1969), Principles of Phonology, Berkeley: University of Califonia Press. (이덕호 역(1977), 음운론, 서울: 범한서적.)

Harms, R. T. (1968), Introduction to Phonological Theory, Englewood Cliffs, N.J.: Prentice-Hall.

Dell, F. (1973), Les règle et les sons: introduction à la Phonologie générative, Paris: Hermann.

Schane, S. A. (1973) Generative Phonology, Englewood Cliffs, N.J.: Prentice-Hall. (전재호 역(1977), 생성음운론, 서울: 형설출판사. 전형진 역(1986), 생성음운론, 서울: 한신문화사.)

Hyman, L. M. (1975), Phonology: Theory and Analysis, New York: Holt, Rinehart and Winston. (고병암 역 (1986), 음운론의 이론과 분석, 서울: 한신문화사.)

Kenstowicz, M. and C. W. Kisseberth (1977), Topics in Phonological Theory, New York: Academic Press.

Sommerstein, A.H. (1977), Modern Phonology, Baltimore, Maryland: University Park Press.

Sloat, C., S. H. Taylor and J. E. Hoard (1978), Introduction to Phonology, Englewood Cliffs, N.J.: Prentice-Hall. (이현복, 김기섭 공역 (1983), 음운학개설, 서울: 탐구당.)

Kenstowicz, M. and C. W. Kisseberth (1979), Generative Phonology: Description and Theory, New York: Academic Press.

Lass, R. (1984), Phonology, Cambridge: Cambridge University Press.

Ohala, John J., and Jeri J. Jaeger (1986), Experimental Phonology, Orlando:

Academic Press.

Katamba, F. (1989), An Introduction to Phonology, London: Longman.

Clark, John & Colin Yallop (1990), An Introduction to Phonetics and Phonology, Oxford: Basil Blackwell, Inc.

Durand, Jacques (1990), Generative and Non-Linear Phonology, London: Longman.

Prince, Allan and Paul Smolensky (1993), Optimality Theory: Constraint Interaction In Generative Grammar. New Brunswick, NJ: Rutgers University Center for Cognitive Science.

Goldsmith, John A. ed. (1995), The Handbook of Phonological Theory, Oxford: Blackwell.

Archangeli, Diana & D. Terence Langendoen (1997) Optimality Theory: an Overview, Oxford: Blackwell.

Davenport, Mike, and S. J. Hannahs (1998), Introducing Phonetics & Phonology, Arnold Publishers.

Roca & Johnson (1999), A Course on Phonology, Oxford: Blackwell.

Roca & Johnson (1999), A Workbook in Phonology, Oxford: Blackwell.

Goldsmith, John A. ed. (1999), Phonological Theory: The Essential Readings, Oxford: Blackwell.

Kager, Rene (1999), Optimality Theory, Cambridge: Cambridge University Press.

Dekkers, Joost, Frank van der Leeuw, & Jeroen van der Weijer eds. (2000), Optimality Theory: Phonology, Syntax, and Acquisition, Oxford: Blackwell.

Ewen, Colin j. & Harry van der Hulst (2001), The Phonological Structure of Words, Cambridge: Cambridge University Press.

McCarthy, John J. (2002), A Thematic Guide to Optimality Theory, Cambridge: Cambridge University Press.

Blevins, Juliette (2004), Evolutionary Phonology: the Emergence of Sound Patterns, Cambridge: Cambridge University Press.

전상범(1977), 생성음운론, 서울: 탑출판사.

이기문, 김진우, 이상억(1984), 국어음운론, 증보판(2000), 서울: 학연사.

정국(1994), 생성음운론의 이해, 서울: 한신문화사.

김경란(1997), 음운론: SPE 이후의 이론들, 서울: 한신문화사.

전상범, 김진우 외(1997), 최적성이론, 서울: 한신문화사.

안상철, 이봉형, 이보림(2000), 최적성이론의 이해, 서울: 한신문화사.

전상범(2004), 음운론, 서울: 서울대 출판부.

형태론

Nida, E. A. (1949), Morphology: The Descriptive Analysis of Words, Ann Arbor: The University of Michigan Press.

Marchand, H. (1969), The Categories and Types of Present-Day English Word-Formation, München: C.H. Beck.

Akhmanova, O. (1971), Phonology, Morphonology, Morphology, The Hague: Mouton.

Adams, V. (1973), An Introduction to Modern English Word Formation, London: Longman.

Matthews, P. H. (1974), Morphology: An Introduction to the theory of word-structure, Cambridge: Cambridge University Press.

Aronoff, M. (1976). Word Formation in Generative Grammar, Linguistics Inquiry Monograph 1, MA.: Cambridge, MIT The Press.

Mohanan, K. P. (1981), Lexical Phonology, MIT Ph.D. dissertation, Reproduced by IULC (1982).

Selkirk, E. O. (1982), The Syntax of Words, Cambridge: MIT Press.

Baver, L. (1983), English Word-formation, Cambridge: Cambridge University Press.

Scalise, S. (1984), Generative Morphology, Studies in Generative Grammer 18, Dordrecht: Foris Publication. (전상범 역 (1987)), 생성형태론, 서울: 한신문화사.)

Bybee, J. L. (1985), Morphology: A Study of the Relation Between Meaning & Form, Amsterdam: John Benjamins Publishing Company.

Katamba, F. (1993), Morphology, London: MacMillan.

Spencer, Andrew & Arnold M. Zwicky ed. (1998), The Handbook of Morphology, Oxford: Blackwell.

Stockwell, Robert & Donka Minkova (2001), English Words: History and Structure, Cambridge: Cambridge University Press.

Katamba, Francis (2005), English Words-Structure, History, Usage. 2nd ed., London & New York: Routledge.

김영석, 이상억(1992), 현대형태론, 서울: 학연사.

전상범(1995), 형태론, 서울: 한신문화사.

안상철(1998), 형태론, 서울: 민음사.

▦ 통사론

Chomsky, Noam (1957), Syntactic Structures, Janua Linguarum, Series Minor 4, The Hague: Mouton.

Chomsky, Noam (1965), Aspects of the Theory of Syntax, Cambridge: The MIT Press.

Bach, E. (1964), An Introduction to Transformational Grammer, New York: Holt, Rinehart and Winston.

Stockwell, R.P., P. Schachter and B.A. Partee (1973), The Major Syntactic Structures of English, New York: Holt, Rinehart and Winston.

Bach, E. (1974), Syntactic Theory, New York: Holt, Rinehart and Winston.

Akmajian, A. & F.Heny (1975), An Introduction to the Principles of Transformational Syntax, Cambridge MA.: The MIT Press. (윤석화 역 (1982), 변형영어통사론, 서울: 한신문화사.)

Culicover, P. (1976), Syntax, New York: Academic Press.

Li, C.N. (1977), Machanisms of Syntactic Change, Austin: University of Texas Press.

Stockwell, R.P. (1977), Foundations of Syntactic Theory, Englewood Cliffs, New Jersey: Prentice-Hall, Inc. (이홍배, 허광일 공역 (1982), 기초통사론, 서울: 형설출판사.)

Baker, C.L. (1978), Introduction to Generative-transformational Syntax, Englewood Cliffs, New Jersey: Prentice-Hall, Inc.

Soames, S. & D.M. Perlmutter (1979), Syntactic Argumentation and the Structure of English, Berkeley: University of California Press.

Matthews P.H. (1981), Syntax, Cambridge: Cambridge University Press.

Stowell, T. (1981), Origins of Phrase Structure, Doctoral dissertation, MIT. (이기용, 나병모 편역(1988), 구구조의 생성, 한신문화사)

Radford, A. (1981), Transformational Syntax, Cambridge: Cambridge University Press. (서정목, 이광호, 임홍빈 공역 (1984), 변형문법이란 무엇인가, 서울: 을유문화사, 이홍배 역 (1984), 촘스키의 확대표준통사론, 서울: 한신문화사.)

Chomsky, N. (1986), Barriers, Cambridge, MA.: The MIT Press. (임영재, 김양순 역(1990), 장벽 이론, 한신문화사).

Grimshaw, J. B. (1990), Argument Structure, Cambridge, MA.: The MIT Press.(김희숙 이재관 역(1999), 논항구조론, 한국문화사).

Chomsky, N. (1995), Minimalist Program, Cambridge: The Mit Press.

Baltin, Mark & Chris Collins eds. (2001), The Handbook of Contemporary Syntactic Theory, Oxford: Blackwell.

한국 영어영문학회 편 (1979), 영어문법론 (영미어문학연구총서 10), 서울 : 민음사.

신수송(1991), 통합 문법 이론의 이해, 한신문화사.

양동휘(1994) 문법론, 서울: 한국문화사.

양동휘(1996), 최소 이론의 전망, 한국문화사.

양동휘 외 5인(1998), 최소주의 이론, 한신문화사.

이홍배(2002/2003:개정판), 최소주의 통사론, 한국문화사.

의미론

Ullamnn, S. (1951), The Principles of Semantics, Oxford: Basil Blackwell & Mott Ltd. (남성우 역 (1979), 의미론의 원리, 서울: 탑출판사.)

Ullamnn, S. (1962), Semantics: an Introduction to the Science of Meaning, Oxford: Basil Blackwell & Mott Ltd. (남성우 역 (1987), 의미론: 의미과학 입문, 서울: 탑출판사.)

Steinberg, D.D. and L.A. Jackobovits (eds.) (1971), Semantics, an Interdisciplinary Reader, Urbana, Ⅲ: University of Illinois Press.

Katz, J. (1972), Semantic Theory, New York: Harper and Row.

Leech, G. (1974), Semantics, Harmondsworth, Middlessex: Penguin Books.

Fodor, J. (1976), Introduction to Semantics, New York: T.Y. Crowell.

Palmer, F.R.R. (1976), Semantics: A new outline, Cambridge: Cambridge University Press. (현대 언어과학연구회 역(1984), 의미론, 서울:한신문화사.)

Bolinger, D. (1977), Meaning and Form, London: Longman.

Dillon, G.L. (1977), Introduction to Contemporary Linguistic Semantics, Englewood Cliffs, N.J.: Prentice-Hall, Inc.

Fodor, J.D. (1977), Semantics: Theories: Theories of Meaning in Generative Grammar, New York: Crowell. (김봉주 역(1982), 의미론, 서울:한신문화사.)

Lyons, J. (1977), Semantics 1, 2., Cambridge: Cambridge University Press.

Baldinger, K. (1980), Semantic Theory, Oxford: Basil Blackwell.

Lyons, J. (1981), Language, Meaning & Context, Fontana Paperbooks. (현대 언어과학연구회 역(1984), 언어의미와 상황맥락, 서울:한신문화사.)

Hurford, J.R. & B. Heasley (1983), Semantics: a coursebook, Cambridge: Cambridge University Press.

Cruse, D.A. (1986), Lexical Semantics, Cambridge: Cambridge University Press.

Chierchia, Gennaro and Sal.ly McConnell-Ginet (1990) Meaning and Grammar: An Introduction to Semantics. The MIT Press.

Cann, Ronnie (1993) Formal Semantics: An Introduction. Cambridge

University Press.

Lappin, Shalom eds. (1996) The Handbook of Contemporary Semantic Theory. Blackwell.

van Benthem, Johan and Alice ter Meulen (1997) Handbook of Logic and Language. Elsevier.

Saeed, John I. (1997) Semantics. Blackwell Publishers.

de Swart, Henriette (1998) Introduction to Natural Language Semantics. CSLI.

Kearns, Kate (2000) Semantics. Hampshire: Macmillan.

Allan, Keith (2001) Natural Language Semantics. Blackwell Publishers.

Jackendoff, Ray (2002) Foundations of Language: Brain, Meaning, Grammar, Evolution. Oxford University Press.

Cruse, Alan (2004) Meaning in Language: An Introduction to Semantics and Pragmatics. Oxford University Press.

Collin, Finn and Finn Guldmann (2005) Meaning, Use, and Truth. Ashgate.

심재기, 이기용, 이정민(1984), 의미론 서설, 서울: 집문당.

장석진(1994), 통합문법론: 담화와 화용. 서울: 서울대학교 출판부.

강범모 외 12인(1999), 형식 의미론과 한국어 기술, 서울: 한신문화사.

이성범(1999), 언어와 의미: 현대의미론의 이해. 서울: 태학사.

강범모(2001), 범주 문법: 한국어의 형태론, 통사론, 타입논리적 의미론, 서울: 고려대 민족문화연구원.

역사언어학

Hoenigswald, H. M. (1960) Language Change and Linguistic Reconstruction, Chicago: The Univ. of Chicago Press.

Lehmann, W.P. (1962), Historical Linguistics: An Introduction, New York: Holt, Rinehart and Winston, (김재복 역(1984), 역사언어학 개설, 서울: 형설 출판사.)

Lehmann, W. P. and Y. Malkiel eds. (1968), Directions for Historical

Linguistics, Austin: Univ. of Texas Press.

Ellis, Jeffrey (1966) Towards a General Comparative Linguistics, The Hague: Mouton & Co.

King, Robert D. (1969), Historical Linguistics and Generative Grammar, Englewood Cliffs, N.J.: Prentice-Hall.

Lass, Roger (1969), Approaches to English Historical Linguistics, New York: Holt, Rinehart & Winston.

Cowan, W. (1971), Workbook in Comparative Reconstruction, New York: Holt, Rinehart & Winston.

Anttila, R. (1972), An Introduction to Historical and Comparative Linguistics, New York: Macmillan.

Arlotto, A. (1972), Introduction to Historical Linguistics, Boston: Houghton Mifflin. (이을환, 이주행, 정동빈, 민현식 공역(1987), 비교역사언어학 서울: 학연사.)

Stockwell, R. P. & R. K. S. Macaulay ed. (1972), Linguistic Change and Generative Theory, Bloomington: Indiana University Press.

Keiler, Allan R. ed. (1972), A Reader in Historical and Comparative Linguistics, New York: Holt, Rinehart & Winston.

Anderson J. M. & C. Jones eds. (1974), Historical Linguistics I & II, Amsterdam: North-Holland.

Bynon, T. (1977), Historical Linguistics, Cambridge: Cambridge University Press.

Lightfoot, D. W. (1977), Principles of Diachronic Syntax, Cambridge: Cambridge University Press.

Baldi, P. & R. N. Werth ed. (1978), Readings in Historical Phonology, University Park: The Pennsylvania State Univ. Press.

Jeffers R. J. and I. Lehiste (1979), Principles and Methods for Historical Linguistics, Cambridge, MA: The MIT Press.

Ryden, M. (1979), An Introduction to the Historical Study of English Syntax, Almquist & Wirksell.

Arnason, K. (1980), Quantity in Historical Phonology, Cambridge: Cambridge University Press.

Hock, Hans Henrich (1986), Principles of Historical Linguistics, Berlin Mouton de Gruyter.

김방한 (1988), 역사-비교언어학, 서울: 민음사.

2. 언어학 이론 해설 논저 목록

[여기 수록된 논저들은 그 내용의 전부나 일부가 언어학의 기본적 이론을 해석·소개하는 것들로써 초학자들의 길잡이가 되리라 믿는다.]

음성학/음운론

김재민 (1973), 음운 • 음성 • 자질, 영어영문학, 47.

——— (1977), 자음지속시간과 조음운동, 언어 2.2.

김진우 (1968), 영어음운론 (Ⅰ): A Note, 영어영문학 25.

——— (1970), 음운론의 최근 문제들, 어학 연구 6.2.

김한곤 (1968a), 음향음성학적 방법에 의한 언어합성, 어학연구 4.1.

——— (1968b), 서평: Peter Ladefoged, Elements of Acoustic Phonetics, 어학연구 4.2.

문양수 (1981), 변형 생성 문법에서의 언어 변화, 한국어 계통연구를 위한 방법론, 한글 172.

——— (1985), 국어의 생성음운론적 연구 방법, 역사언어학, 전예원.

배양서 (1967), 프라그학파의 음운론, 영어영문학 21.

이맹성 (1965), Discussion of the Method of Transformational Analysis in Comparison with Phonemic and Morphophonemic Analysis, 영어영문학 17.

이병건 (1974), 음운론에 있어서의 추상적 조건 (Ⅰ) - 현대 한국어의 모음을 증거로 하여-, 어학연구 10.2.

——— (1986), 자립분절음 음운론, 어학연구 22.3.

이상억 (1977), 자립분절 음운론과 국어, 이숭녕 선생 고희기념 국어국문학 논총, 탑출판사.
―― (1984), 소위 "율가 (律價)계산법"에 대하여, 한글 186.
―― (1987), 현대 음운이론과 국어의 몇 문제, 언어 12.2.
―― (1990), 음운론의 제분야와 음향학에의 접목, 한국음향학회지 9.4.
―― (1993), 쉽게 쓴 국어음성학, 새국어생활 3.1. 국립국어연구원.
―― (1994), 인지음운론, 장석진 편, 현대 언어학 지금 어디로, 한신문화사.
이용재 (1978), 음운론과 언어계층 문제, 언어 3.2.
이현복 (1971), 서울말의 모음체계, 어학연구 7.2.
전상범 (1975), 규칙 재배열과 자유교체, 어학연구 11.2.
―― (1976), 음운론에 있어서의 경계문제, 어학연구 12.2.
한국언어학회 공동토론회 (1976), 국어의 기저음운 (이병근), 언어 1.2.
한문히 (1983), Methode Radio-cinematographique en Phonétique, 언어 8.1.

언어이론 일반 및 통사론, 의미론 등

계명일 (1966), 변형문법의 원리적 고찰, 어학연구 2.1.
고영근 외 4인 (1980), 국어학의 방향 정립을 위한 기초 연구, 관악어문연구 4.
김경학 (1984), 구절구조문법과 국어의 이중목적어 구문, 문법연구 5.
김권호 (1968), A Note on Scale-and-Category Grammatical Theory, 영어영문학 26.
김석득 (1962), 형태음소론 (Morphophonemics) 소고, 국어학 1.
김윤한 (1979), The Origin of the Phoneme Theory, 언어학 3.
―― (1984), 소장문법학파의 언어연구 방법론, 언어학 3.
김재민 (1974), Chomsky 문법이론의 배경, 영어영문학 51. 52.
김한곤 (1967), Outline of Stratificational Grammar by Sidney Lamb, 영어영문학 24.
―― (1969), 의미론의 대상과 방법, 어학구조 5.2.
―― (1973), 변환 생성이론의 S와 지배권 이탈 제약에 대하여, 어학연구 9.2.
―― (1975), Conditions on Coordination and Structure Constraint, 어학연구

11.2.

남기심 (1977), 국어학이 걸어온 길, 언어과학이란 무엇인가? 문학과 지성사.

문양수 (1974), 역사언어학, 어학연구 10.2.

박기덕 (1977), 성층문법에 입각한 한국어 분석시도, 말 2.

——— (1984), 언어학 이론의 역사적 고찰, 말 9.

박남식 (1968), Some Basic Assumptions in Transformational Linguistics, 어학연구 4.1.

——— (1969a), The Syntactic Component in a T.G., 어학연구 5.1.

——— (1969b), 의미 해석부와 발음 해석부 -현황과 역사-, 영어영문학 82.

박병수 (1974), 어휘해체분석 (lexical decomposition)이라는 것에 대하여, 어학연구 10.2.

——— (1975), '지각책략'에 대하여, 언어와 언어학 3.

——— (1979), 해석의미론 (Interpretive Semantics) 해설, 문법연구 4.

박순함 (1969), 통사론을 중심으로 한 변형생성문법의 변모과정, 영어영문학 32.

——— (1971), 격문법 이론의 윤곽, 영어영문학 40.

박시현 (1980), Antonie Culioli의 언어이론에 대하여, 말 5.

박형달 (1979), '언어사실과 언어이론의 관계'에 대하여, 언어학 4.

——— (1982), 유형론에 대한 제 반성, 말 7.

——— (1984), 언어활동의 상징적 (기능적) 분석방법론에 관한 연구, 언어학 7.

서정수 (1974), 국어의 부정법 (否定法) 연구에 관하여, 문법연구 1.

——— (1977), 현대 국어 구문론 연구에 대하여, 나라사랑 26.

——— (1978), 국어의 보조동사 (공동연구), 언어 3.2.

서정철 (1975), 테니에르의 통사론, 언어와 언어학 3.

석경징 (1981), 한국어의 언화층의 화용론적 근거, 언어와 언어학 5.

성기철 (1985), 국어의 화제와 격식성, 언어 10.1.

손호민 (1969), Aspects이후의 변형문법, 영어영문학 32.

——— (1970), 미국 언어학계의 근황, 한글 145.

신수송 (1976), 현대 독어학의 Dependenz Grammatik, 어학연구 12.1.

신익성 (1979), Wilhelm von Humboldt 언어관과 변형 이론의 심층구조, 어학연구 15.1.

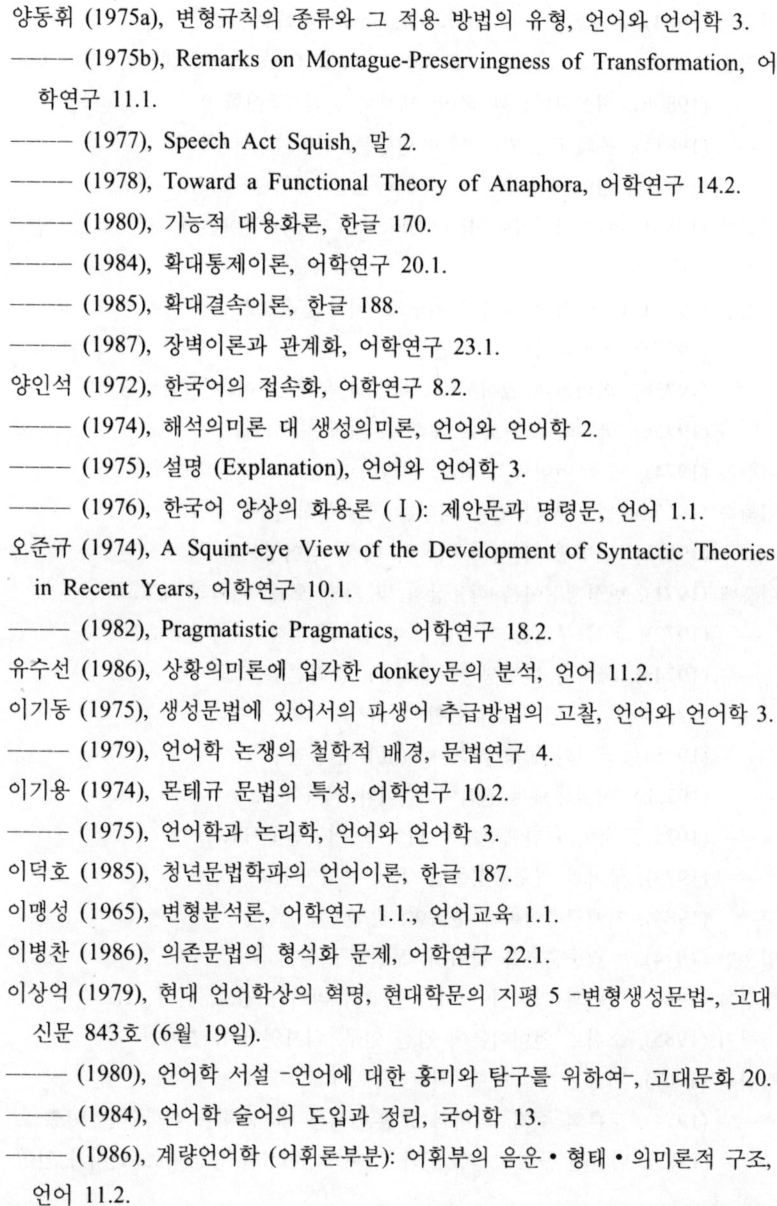

양동휘 (1975a), 변형규칙의 종류와 그 적용 방법의 유형, 언어와 언어학 3.

—— (1975b), Remarks on Montague-Preservingness of Transformation, 어학연구 11.1.

—— (1977), Speech Act Squish, 말 2.

—— (1978), Toward a Functional Theory of Anaphora, 어학연구 14.2.

—— (1980), 기능적 대용화론, 한글 170.

—— (1984), 확대통제이론, 어학연구 20.1.

—— (1985), 확대결속이론, 한글 188.

—— (1987), 장벽이론과 관계화, 어학연구 23.1.

양인석 (1972), 한국어의 접속화, 어학연구 8.2.

—— (1974), 해석의미론 대 생성의미론, 언어와 언어학 2.

—— (1975), 설명 (Explanation), 언어와 언어학 3.

—— (1976), 한국어 양상의 화용론 (I): 제안문과 명령문, 언어 1.1.

오준규 (1974), A Squint-eye View of the Development of Syntactic Theories in Recent Years, 어학연구 10.1.

—— (1982), Pragmatistic Pragmatics, 어학연구 18.2.

유수선 (1986), 상황의미론에 입각한 donkey문의 분석, 언어 11.2.

이기동 (1975), 생성문법에 있어서의 파생어 추급방법의 고찰, 언어와 언어학 3.

—— (1979), 언어학 논쟁의 철학적 배경, 문법연구 4.

이기용 (1974), 몬테규 문법의 특성, 어학연구 10.2.

—— (1975), 언어학과 논리학, 언어와 언어학 3.

이덕호 (1985), 청년문법학파의 언어이론, 한글 187.

이맹성 (1965), 변형분석론, 어학연구 1.1., 언어교육 1.1.

이병찬 (1986), 의존문법의 형식화 문제, 어학연구 22.1.

이상억 (1979), 현대 언어학상의 혁명, 현대학문의 지평 5 -변형생성문법-, 고대신문 843호 (6월 19일).

—— (1980), 언어학 서설 -언어에 대한 흥미와 탐구를 위하여-, 고대문화 20.

—— (1984), 언어학 술어의 도입과 정리, 국어학 13.

—— (1986), 계량언어학 (어휘론부분): 어휘부의 음운 • 형태 • 의미론적 구조, 언어 11.2.

이승환 (1984), A Review of Story Grammar, 어학연구 20.3.
이익환 (1980a), Non-Transformational Realistic Grammar에 대하여, 언어 5.1.
——— (1980b), 형식의미론과 국어: 제한어 분석, 국어학 9.
——— (1981a), 몬테규 문법과 영어 명령문, 언어와 언어학 7.
——— (1981b), 영어 수동구문과 몬테규 문법, 어학연구 17.2.
이인영 (1985), 현대 러시아어 상 (相)의 담화기능-배경이론에 대한 재고, 어학연구 21.3.
이정민 (1973), Grice적 추리와 논리구조, 어학연구 9.2.
——— (1975a), 생성의미론, 문법연구 2.
——— (1975b), 의미론에 있어서의 '전제'의 문제, 언어와 언어학 3.
——— (1975c), 국어의 보문화에 대하여, 어학연구 11.2.
이현복 (1974), 영국 언어학의 현황, 나라사랑 14.
이혜숙 (1967a), 변형생성문법과 의미론, 한국문화연구논총 10.
——— (1967b), 변형생성문법의 이론적 배경, 영어영문학 21.
이홍배 (1971), 변형생성이론 적용상의 몇 가지 오류, 어학연구 7.2.
——— (1972), 국어 부정문 기술에 있어서의 문제점, 어학연구 8.2.
——— (1974a), 국어의 변형생성문법 (Ⅰ), 문법연구 1.
——— (1974b), 미국 언어학의 현황, 나라사랑 14.
——— (1975a), 국어의 변형생성문법 (Ⅱ), 문법연구 2.
——— (1975b), 어휘해체에 관하여, 언어와 언어학 3.
——— (1975c), 국어의 관계절화에 대하여, 어학연구 11.2.
——— (1979), 국어의 변형생성문법 (Ⅲ), 문법연구 4.
——— (1984), 지배결속이론과 한국어, 말 9.
임홍빈 (1974), 주격중출론을 찾아서, 문법연구 1.
장경희 (1986), 언어의 형식이 지니는 개념적 의미와 정보, 언어 11.2.
장병기 (1985), 소쉬르 언어이론에 관한 연구, 역사언어학, 전예원.
장석진 (1967), 변형문법의 변형, 어학연구 3.1.
——— (1974), 토론회 주제: 의미의 표현-해석론 대 생성론, 어학연구 10.2.
——— (1975), 비단절 문법: '스쿼시'와 '불투명 논리'를 중심으로, 언어와 언어학 3.

—— (1976), 화용론의 기술, 어학연구 12.2.
정연규 (1972), 변형문법에 있어서의 의미이론, 영어영문학 43.
조준학 (1980), 화용론과 공손의 규칙, 어학연구 16.1.
한재현 (1983), 한국어 통사범주의 일반화, 언어 8.1.
홍보업 (1973), 의미론 연구의 최근의 발전, 이종수 박사 송수 기념논총.
황적륜 (1980), 언어와 사회-새로운 언어이론의 방향, 어학연구 16.2.
Bach, E. (1981), Nontransformational Syntax, 어학연구 17.1.
Partee, B.H. (1981), A New Look at the Well-formedness Constraint, 어학연구 17.1.
Shibatani, M. (1976), Relational Grammar and Korean Syntax, 어학연구 12.2.
어학연구회 토론회 (1970), 국어 통사 구조와 변환 생성 이론, 어학연구 6.2.
—— (1971), 국어의 모음 체계, 어학연구 7.2.
—— (1971), 의미의 표현: 해석론 대 생성론, 어학연구 10.2.
한국언어학회 공동토론회 (1976), 국어의 존대법 (황적륜), 언어 1.2.
—— (1976), 국어의 시제 (남기심), 언어 1.2.
—— (1979), 국어의 조사 (홍윤표), 언어 4.2.
—— (1979), 국어의 피사동 (김석득), 언어 4.2.
한국영어영문학회 편 (1967), 영어영문학 21.
—— (1969), 영어영문학 32.
—— (1979), 영어문법론 -영 • 미 어문학 연구 총서 10, 민음사1

3. 주로 1990년 이후의 음운론, 통사론, 의미론 관계 한국어에 관한 논저

음성학/음운론

Cho, Mi-Hui (2002), Evidence for Constraint Promotion in Acquisition: Cases of Vowel Lengthening and Onset Constraints. Studies in Phonetics,

Phonology and Morphology. 8. 149-164.

Cho, Y.-M. (1987), "Phrasal Phonology of Korean," in S. Kuno et al. (eds) Harvard Studies in Korean Linguistics II, Cambridge, MA: Harvard Univ. Press.

Cho, Y.-M. (1990), "Syntax and Phrasing in Korean," in S. Inkelas and D. Zec (eds.) The Phonology-Syntax Connection, 47-62. Chicago: University of Chicago Press.

Cho, T. and Sun-Ah Jun (2000), "Domain-initial Strengthening as Enhancement of Laryngeal Features: Aerodynamic Evidence from Korean," in J. Boyle, J-H. Lee, and A. Okrent (eds.), Chicago Linguistic Society 36 [also in UCLA Working Papers in Phonetics. 99:57-69.

Cho, T. and P. Keating (2001), "Articulatory and Acoustic Studies of Domain-initial Strengthening in Korean," Journal of Phonetics 29(2): 155-90.

Chung, Chin Wan (1999), Reduplication in Korean. Doctoral Dissertation. Indiana University.

Chung, S.J. and M. Kenstowicz (1997), "Focus Expression in Seoul Korean," Harvard Studies in Korean Linguistics. 93-105.

Han, Eunjoo (2002), Optimal Paradigms in Korean Nominal Inflection. Phonetics, Phonology and Morphology. 8. 303-322.

Han, Jeong-Im (2000), "Intervocalic Stop Voicing Revisited," Speech Sciences 7, 203-216.

Jun, Jongho (1995), Perceptual and Articulatory Factors in Place Assimilation: Optimality Theoretic Approach. Doctoral Dissertation, UCLA.

Jun, Jongho (2004), Place Assimilation. In B. Hayes , R. Kirchner, and D. Steriade (eds.) Phonetically Based Phonology 58-86. Cambridge University Press.

Jun, Sun-Ah (1993), The Phonetics and Phonology of Korean Prosody, PhD dissertation, Ohio State University.

Jun, Sun-Ah (1995), "Asymmetrical Prosodic Effects on the Laryngeal

Gesture in Korean," in B. Cornell and A. Arvaniti (eds.) Phonology and Phonetic Evidence: Papers in Laboratory Phonology IV. 235-253.

Jun, Sun-Ah (1998), "The Accentual Phrases in the Korean Prosodic Hierarchy," Phonology 15:2, Cambridge University Press.

Jun, Sun-Ah (2005), Prosodic Typology, Oxford University Press.

Jun, Sun-Ah and M. Oh (1994), "The Domain of Spirantization and /s/-palatalization in Korean," in Linguistics in the Morning Calm 2.

Jun, Sun-Ah and M. Oh (1996), "A Prosodic Analysis of Three Types of Wh-Phrases in Korean," Language and Speech 39:1, 37-61.

Jun, Sun-Ah and H. Lee (1998), "Phonetic and Phonological Markers of Contrastive Focus in Korean," in Proceedings of the 5th International Conference on Spoken Language Processing, Vol. 4, p. 1295-1298, Sydney, Australia.

Kang, O.-M. (1992), Korean Prosodic Phonology, PhD dissertation. University of Washington.

Kang, Yoonjung (2003), Perceptual Similarity in Loanword Adaptation: English Postvocalic Word-Final Stops in Korean. Phonology 20. 219-273.

Kang, Y.-S. (1992), "Prosodic Structure of Korean," The Proceedings of the Seoul International Conference on Linguistics, 199-203.

Kenstowicz, M. and H. Sohn (1997), "Phrasing and Focus in Northern Kyungsang Korean," MIT Working Papers in Linguistics.

Kim, S.-J. (1998), "Patterns of Nasalization in Korean: the Case of Lateralization," The Proceedings of the 11th International Conference on Korean Linguistics. 439-448.

Kim, S.-J. (2000), "Prosodic Conditions for Epenthetic Nasals," Speech Sciences, 7:4. 123-148.

Kim-Renaud, Young-Key (1974), Korean Consonantal Phonology. Doctoral Dissertation, University of Hawaii.

Lee, H. and H. Kim (1997), "Phonetic Realization of Seoul Korean Accentual Phrase" in Harvard Studies in Korean Linguistics VII. Seoul: Hanshin

Publishing Co.

Lee, Jin-Seong (1992), Phonology and Sound Symbolism of Korean Ideophones. Doctoral Dissertation. Indiana University.

Lee, Ponghyung (2002), Intervoiced Voicing. Studies in Modern Grammar 30. 181-207.

Lee, Ponghyung (2003), A Perception-Based Analysis of Korean Umlaut. Studies in Phonetics, Phonology and Morphology 9. 431-451.

Lee, Ponghyung (2004), Korean Sonorant Modifications as Domain Initial Strengthening. Korean Journal of Linguistics. 29. 607-633.

Oh, M. (1998), “The Prosodic Domain of Tense Consonant Lengthening in Korean,” in David Silva (eds), Japanese and Korean Linguistics 8. 317-330.

Oh, M. (2001), “Focus and Prosodic Structure,” Speech Sciences 8. 21-31.

Oh, M. (2003), “An Optimality Theoretic Analysis of Tonal Realization in Korean,” Speech Sciences 10. 89-102.

Park, M.-J. (2003), The Meaning of Korean Prosodic Boundary Tones, PhD dissertation, UCLA.

Rhee, Seok-Chae and Yoo-Kyung Choi (2001), A Statistical Observation of Vowel Epenthesis in English Loanwords in Korean and its Significance. Studies in Phonetics, Phonology and Morphology 7. 153-176.

Silva, D. (1989), "Determining the Domain for Intervocalic Stop Voicing in Korean," in S. Kuno at al. (eds) Harvard Studies in Korean Linguistics III, Harvard Univ. Cambridge, Mass.

Silva, D. (1990), "Korean Obstruent Voicing: Investigations into Prosodic Structuring." in S. Kuno et al. (eds.) Harvard Studies in Korean Linguistics III. Harvard Univ. Cambridge, Mass.

Silva, D. (1998), "Phonological Phrasing of SOV sentences in Korean: an Optimality-based Account of a Quantitative Sample Study," The Proceedings of the 11th International Conference on Korean Linguistics. 499-508.

이기문 • 김진우 • 이상억(1984), 국어음운론(증보판, 2000), 서울: 학연사.
이상억(1990), "현대국어 음변화 규칙의 기능 부담량", 어학연구 26:3. 441-467.
오정란 (1993), 현대국어음운론(개정판, 1997) 서울: 형설출판사.
김차균 (1993), 우리말의 음운, 서울: 태학사.
이병건(1995), 음운론논문집, 서울: 한신문화사.
김완진 (1996), 음운과 문자, 서울: 신구문화사.
배주채 (1996), 국어음운론개설, 서울: 신구문화사.
최명옥 (1998), 국어음운론과 자료, 서울: 태학사.
이상억 (2001), 계량국어학연구, 서울: 서울대 출판부.
강옥미 (2003), 한국어음운론, 서울: 태학사.
최명옥 (2004), 국어음운론, 서울: 태학사.
이진호 (2005), 국어음운론 강의, 서울: 삼경문화사.

통사론

Ahn, Hee-Don (1990), "On Light Verb Construction in Korean and Japanese," H. Hoji ed. (1990), Japanese/Korean Linguistics, 395-411.

Ahn, Sung-Ho (2003), "A Note on the Topic-Comment Stage in Korean EFL Syntactic Development," 생성문법연구 13:2, 369-382.

Chae, H.-R. (1997), "Verbal Nouns and Light Verbs in Korean," 어학연구 33: 4, 581-600.

Chung, Daeho (1998), "WH-Scope Identification via Quasi-Binding," N. Akatsuka et al. (eds.) (1998), Japanese/Korean Linguistics 7, 293-309.

Hong, Ki-Sun (1991), Argument Selection and Case Marking in Korean, Ph. dissertation, Stanford University.

Jun, Youngchul (1998), "Syntactic Reflexes of Tripartite Structures of Generic Sentences," N. Akatsuka et al. (eds.) (1998), Japanese/Korean Linguistics 7, 347-362.

Kim, Soowon & Joan Maling (1998), "Resultatives: English vs. Korean," N. Akatsuka et al. (eds.) (1998), Japanese/Korean Linguistics 7, 363-379.

Kim, Y.-S. et al. (1994), 생성문법의 탐구: 양동휘선생 회갑기념 논총, 한국문화사.

Kim, Yong-Suk (2002), The A/A-Bar Dependencies in Korean, Kyungjin Publishing Co.

Kim-Renauld Young-Key (ed.) (1994), Theoretical Issues in Korean Linguistics, Stanford: CLSI Publications.

Lee, Chungmin (1999), "Contrastive Topic: A Locus of the Interface, Evidence from Korean amd English," K. Turner et al. (eds.) (1999), The Semantics/Pragmatics Interface from Different Points of View (CRiSPI 1), Elsevier Science.

Lee, Chungmin (2002), "Contrastive Topic and Proposition Structure," Di Sciullo and Ann-Marie (2002), Asymmetry in Grammar, John Benjamins

Park, B.-S. and Kim J.-B. (eds.) (2004), Perspectives on Korean Case and Case Marking, Thaehaksa. (박병수&김종복 (2004), 한국어 격현상 연구)

Park, Seung-Hyuk and Yoon, Jong-Yurl (eds.) (1994), Head Movement: The Interface Between Morphology and Syntax, Hankuk Publishing Co.

Park, Seung-Hyuk et al. (eds.) (1993), Minimalist Approaches to Syntax and Morphology,

Yang, D.-H. (1990), "Small Clause," in Cho Seongshik et al. (eds.) (1990), A Dictionary of English Linguistics, Shina Publishing Co. (영어학사전)

Yang, In-Seok (1993), Linguistic Exploration: Syntax&Semantics & Pragmatics, Hanshin.

Yoon, James Hye Suk (1989), A Restrictive Theory of Morphsyntactic Interaction and Its Consequences, Hanshin Publishing Co.

Yoon, James Hye Suk (1996), "Ambiguity of Government and the Chain Condition," Natural Language & Linguistic Theory 14: 105-162.

Yoon, Jong-Yurl (1990), Korean Syntax and Generalized X-bar Theory, Hanshin Publishing Co.

You, Seok-Hoon (1996), Argument Licensing in Complex Verbal Constructions in Korean, Hankuk Publisher.

가도와키 [門脇誠一] (1997), "朝鮮語の接頭辭 내について," 國立國語研究所 (1997), 55-68.

간노 [菅野裕臣] (1997), 現代朝鮮語の研究 (文法), 國立國語研究所 (1997), 9-26.

강명윤 (1999), "국어의 중목적어 구문의 구조에 대한 새로운 모색," 한국어학 10: 67-90.

姜龍熙 (1999), 日本語と韓國語における二重對格構文について, 東京大學大學院 綜合文化研究科 言語情報科學專攻.

강현화 (1998), 국어의 동사 연결 구성에 대한 연구, 한국문화사.

고광주 (2001), 국어의 능격성 연구, 월인.

고영근 (1989), 국어 형태론 연구, 서울대 출판부.

고영근 (1993), 우리말의 총체 서술과 문법 체계, 일지사.

권재일 (1992), 한국어 통사론, 민음사.

권재일 (1994), 한국어 문법의 연구, 서광학술자료사.

권재일 (2004), 구어 한국어의 의향법 실현 방법, 서울대학교 출판부.

김민수 편 (1993), 현대의 국어 연구사, 서광학술자료사.

김종복 (2004), 한국어 구구조 문법, 한국문화사.

남기심 & 고영근 (1991), 표준 국어 문법론, 탑출판사.

남기심 (2001), 현대국어 통사론, 태학사.

남윤진 (2000), 현대국어의 조사에 대한 계량언어학적 연구, 국어학회/태학사.

노마 [野間秀樹] (2002), 한국어 어휘와 문법의 상관 구조, 태학사.

목정수 (2003), 한국어 문법론: 비교론적 관점에서 본 조사와 어미의 형태 & 통사론, 월인.

박병수 & 김종복 (2004), 한국어 격현상 연구, 태학사.

박병수 & 윤혜석 & 홍기선 (1999), 문법 이론, 한국문화사.

박승혁 (1998), 최소주의 문법론, 한국문화사.

서울大學校大學院 國語研究會 編 (1990), 국어연구 어디까지 왔나: 주제별 국어학 연구사, 동아출판사.

서정목 (2000), 변형과 제약, 태학사.

서정수 (1996), 현대 국어 문법론, 한양대학교 출판원.
성광수 (1999), 격 표현과 조사의 의미, 월인.
성기철 (1985), 현대 국어 대우법 연구, 개문사.
송석중 [Song, S. J.] (1993), 한국어 문법의 새 조명: 통사 구조와 의미 해석, 서울: 지식산업사.
시정곤 외 4인 (2000), 논항 구조란 무엇인가, 월인.
안병희 & 임홍빈 & 권재일 (1997), "언어 연구의 회고와 전망," 인문논총 38, 서울대학교 인문학연구소.
안희돈 원저, 강명윤 고광주 김의수 안덕호 역 (2000), 영어와 한국어의 통사 구조 연구, 경진.
오고시 [生越直樹] (2001), "現代朝鮮語の하다 動詞における하다形と되다形," 朝鮮文化硏究 8, 東京大學 朝鮮文化硏究室.
유타니 [油谷幸利] (1997), "用言基本形に格助詞が接續する文について," 國立國語硏究所 (1997), 69-82.
윤만근 (1999), 최소 이론의 변천, 경진문화사.
이상억 (1993), "통사적 현상의 기능 부담량에 대하여: 현대 국어에 대한 계량적 조사", 서울대 대학원 국어연구회 편, 안병희 선생 회갑기념논총: 국어사 자료와 국어학의 연구, 문학과 지성사. 475-487.
이성범 (1999), 언어와 의미: 현대 의미론의 이해, 태학사.
이익섭 & 이상억 & 채완 (1997), 한국의 언어, 신구문화사.
이익섭 & 채완 (1999), 국어 문법론 강의, 학연사.
이정민 외 4인 (2000), 의미 구조의 표상과 실현, 서울: 소화.
이정민 외 5인 공편 (2005), 의미구조와 통사구조, 그리고 그 너머, 한국문화사.
임홍빈 (1998), 국어 문법의 심층 1, 2, 3, 태학사.
임홍빈 & 이홍식 (2002), 한국어의 구문 분석 방법론, 한국문화사.
임홍빈 & 장소원 (1995), 국어 문법론 1, 한국방송통신대학.
장석진 (1993), 정보 기반 한국어 문법, 도서출판 언어와 정보.
장석진 (1994), 통합 문법론: 담화와 화용, 서울대 출판부.
장영준 (2000), 한국어 통사구조 새로 보기, 도서출판 박이정.
채희락 (2000), "Complements vs. Adjuncts (in Korean)," 현대문법연구 19.

최호철 (1995), “국어의 보어에 대하여,” 한국어학 2: 447-488.
한국어학회 (1999), 국어의 격과 조사, 월인.
홍기선 [Hong, Ki-Sun] (1994), “Subjecthood Tests in Korean,” 어학연구 27-2, 서울대 어학연구소, 99-136.
홍재성 (1987), “현대 한국어 동사 구문의 연구,” 탑출판사.
후지사와 후미또 [藤澤文人] (1996), 현대 한국어의 형태론 연구, 계명대학교 출판부.

의미론

Kang, B. (1994), Plurality and Other Semantic Aspects of Common Nouns in Korean, Journal of East Asian Linguistics 3-1.
강범모 (1999), 어휘의미 정보의 구조와 표상-한국어 명사 의미를 중심으로-, 한국어 의미학 5.
곽은주 (1999), 사건의미론, 형식의미론과 한국어 기술: 458-497, 한신문화사.
남승호 (1998), 한국어 부정극어의 유형과 그 허가조건, 언어학 22.
남승호 (1999), 부정과 부정극어, 형식의미론과 한국어 기술 : 206-262, 한신문화사.
송석중 (1982), On Interpreting the Scope of Negation in Korean, 어학연구 18-1.
윤영은 (1999), 조응사 결속과 동적의미론, 형식의미론과 한국어 기술: 359-416, 한신문화사.
윤영은 (2000), ‘아무’와 ‘ANY’, 언어 25-3.
이성범 (1999), 비진리조건적 추론, 형식의미론과 한국어 기술 : 263-314, 한신문화사.
이익환, 이민행 (1998), 지시적 표현과 정보구조의 해석을 위한 인지적 모형, 언어 23-1.
이정민 (1992), (비)한정성/ (불)특정성 대 화제/초점, 국어학 22.
이정민 (1999), 일반양화사 이론, 형식의미론과 한국어 기술 : 57-113, 한신문화사.

이환묵 (1996), 범주상승과 자연언어의 변형, 언어 21-1.
임홍빈 (2000), 복수표지 '들'과 사건성, 애산학보 24.
장석진 (1984), 화용의 이론과 실제: 동문서답, 어학연구 22-1.
전영철 (2002), 한정성 효과: 한정성 제약과 비한정성 제약, 언어와 정보 6-2.
정대호, 이정민, 남승호 (2002), '-이나'와 '-도'의 의미론: 분류사구와 결합하는 경우를 중심으로, 어학연구 38-1.
채완 (1983), 조사 '는'의 의미, 국어의 통사 의미론, 탑출판사.
최재웅 (1996), '-만'의 작용역 중위성, 언어 21-2.
최재웅 (1998), 비례양화사: '많은'을 중심으로, 성곡논총
최재웅, 이민행 (1999), 초점, 형식의미론과 한국어 기술 : 157-205, 한신문화사.

4. 언어학 관계 웹사이트/홈페이지

- 고대문자 링크 http://www.ancientscripts.com/links.html
- 국립국어연구원 http://www.korean.go.kr
- 국제음성기구(IPA) http://www.arts.gla.ac.uk/IPA/ipa.html
- 국제음성통신학회 http://www.isca-speech.org/
- 국제한국언어학회 http://www.ickl.or.kr
- 기계번역 시스트랜(SYSTRAN) http://www.systransoft.com/
- 뇌지도(Whole Brain Atlas)
  http://www.med.harvard.edu/AANLIB/home.html
- 라커스대 최적성이론 아카이브 http://roa.rutgers.edu/index.php3
- 링귀스트(LINGUIST)리스트 http://www.linguistlist.org
- 부라운 코퍼스
  http://www.ldc.upenn.edu/cgi-bin/ldc/textcorpus?doc=yes&corpus=BROWN

· 세계의 고대 문자(Ancient Scripts of the World)
  http://www.ancientscripts.com/
· 세계의 동물 울음소리
  http://www.georgetown.edu/faculty/ballc/animals/animals.html
· 세계의 색채어 (The World Color Survey)
  http://www.icsi.berkeley.edu/wcs
· 수메리아어전자코퍼스 http://etcsl.orinst.ox.ac.uk/
· 언어 데이터 컨소시엄(Linguistic Data Consortium)
  http://www.1dc.upenn.edu/
· 에스아이엘(SIL) http://www.sil.org
· 엘프어(Elvish) http://www.elvish.org
· 영국국가코퍼스(BNC) http://info.ox.ac.uk/bnc/
· 온라인 사전 웹사이트(A Web of On-line Dictionaries)
  http://www.yourdictionary.com
· 워드넷 http://www.cogsci.princeton.edu/~wn/
· 웹스터 법언어학 홈페이지 http://web.bham.ac.uk/forensic/
· 유럽어 자원 협회(European Language Resources Association)
  http://www.elra.info/
· 의미론 아카이브 http://semanticsarchive.net/links.html
· 인공 언어(Artificial Languages)
  http://www.geocities.com/Tokyo/Pagoda/5961/lingvoj.HTM
· 전산언어학 학회 http://www.aclweb.org
· 카이스트(KAIST) 국어정보베이스 http://kibs.kaist.ac.kr/
· 코퍼스언어학 http://ikc.korea.ac.kr/~bmkang/corpus.htm

· 클링온 어학원(Klingon Language Institute) http://www.kli.org
· 평가 및 언어자원 배포처(Evaluations and Language Resources Distribution Agency)
http://www.elda.org/sommaire.php
· 한국어학습
http://www.mct.go.kr/koreanthroughenglish/chapter10_1.htm
· 한국음운론학회 http://society.kordic.re.kr/~pmc/
· 한글학회 http://www.hangeul.or.kr
· 21세기 세종계획 http://www.sejong.or.kr
· UCLA 음성학 랩(UCLA Phonetics Lab Archive)
http://hctv.humnet.ucla.edu/departments/linguistics/VowelsandConsonants/index.html

5. 언어에 관한 총설(總說)

1. 언어의 수(數)에 대하여

1. 언어는 인류를 다른 동물과 구별짓는 가장 중요한 특징이다. 아무리 미개한 종족이라도 언어는 있다. 그러나 아무리 고등(高等)한 유인원(類人猿)이라도 인류와 같은 언어는 없다. 혹 울음소리 등으로 몇 가지 의사 소통을 하는 경우도 있으나, 인류의 언어처럼 과거나 미래에 대한 정보를 전달하지는 못한다. 또한 인류의 언어를 습득할 능력도 없다.
2. 언어는 민족이나 종족에 따라 현저히 다르므로 다른 언어권의 사람들이 자신의 언어를 사용하여 서로 의사 소통을 한다는 것은 불

가능하다. 그러면 세계에서 사용되는 언어의 수효는 얼마나 되는가? 이것은 간단히 답할 수 있는 문제가 아니다.

3. 영어, 불어, 독어, 러시아어 등은 각각 서로 의사 소통이 되지 않으므로 이들은 별개의 언어일 것이다. 중국 간도에서 한민족이 사용하는 한국어는 음운, 문법, 어휘 등이 중국어와 아주 다르다. 중국어와 별개의 언어로 보아서 무리가 없을 것이다. 그렇다면 서로 의사 소통이 되지 않는 언어는 별개의 언어인가?
4. 한국어는 지역에 따라서는 아주 다르다. 제주도나 함북지방에서 쓰이는 말을 서울 사람은 다 이해하지 못한다. 그러면 제주도나 함북지역의 말은 각기 별개 언어로 볼 수 있는가?
   이들 지역의 말의 차이점과, 한국어와 중국어의 차이점은 성격이 다르다. 위 세 지역의 말은 음운, 문법, 어휘 면에서 다르지만, 동시에 규칙적인 유사성을 가지고 있다. 또한 이 말들 사이에는 중간자적 성격의 말이 분포하고 있다. 제주도에서 북으로 이동함에 따라 말은 점차 변하고 차이점도 커지다가 마침내 함북지방 말에 이르게 되는 것이다. 그러므로 제주도와 함북지역 사이의 어떤 지역에서도 인접한 지점들의 말이 서로 통하지 않는 경우는 없다. 이들 지역의 말은 모두 한국어의 방언에 속한다.
   반면 한국어와 중국어는 음운, 문법, 어휘의 면에서 현저히 다르며 어떠한 유사성도 없다. 둘 사이에는 중간자적 위치에 있는 말은 없다. 즉 경계선을 사이에 둔 다른 언어인 것이다.
5. 위에서 우리는 의사 소통의 가능성에 따라 방언과 언어가 나뉘어질 수 있음을 보았다. 이러한 생각은 항상 유효한 것인가?
   독일어와 덴마크어는 의사 소통은 가능하지 않으나 그 차이는 크지 않다. 덴마크 인접 지역에서 사용되는 저지(低地) 독일어는 공통어인 고지(高地) 독일어보다 오히려 덴마크어에 가깝다. 저지 독일어와 덴마크어의 관계는 서울 방언과 제주 방언의 그것과 비슷하다. 그러나 유트랜드 반도를 동서로 횡단하는 분명한 언어 경계선이 인정된다.

불어와 이태리어, 스웨덴어와 노르웨이어, 폴란드어와 보헤미아어는 별개의 언어지만 그 경계선 부근의 언어 차이는 대단히 작다. 독일어와 네덜란드어의 경우도 상황은 같다. 독일 지역의 방언과, 인접한 네덜란드 지역의 방언은 의사 소통이 자유로울 정도로 차이가 아주 작다. 공통 독일어와 공통 네덜란드어가 별개의 언어라고 할 정도의 차이를 겨우 보여 줄 뿐이다.

두 언어가 서로 다른 언어인지, 동일 언어의 방언인지를 결정하는데, 언어의 지리적 분포나 상호 차이는 큰 역할을 하지 못한다. 그보다는 오히려 그 지역에서 사용되는 공통어나 정서법이 동일한지 여부가 중요한 기준이 된다.

여기서 문제가 되는 것은 국가와의 관계이다. 스위스는 독립국이므로, 거기에서 사용되는 독일계 방언은 독일어와 다른 언어인가? 이 방언은 독일어와 같은 공통어와 정서법을 가지므로 독일어로 불린다. 스위스에서 쓰이는 불어와 이태리어도 상황은 같다. 영국 영어와 미국 영어는 발음은 다소 다르지만 의사 소통에 장애를 줄 정도의 차이를 보이지는 않으며, 정서법이 거의 같으므로 같은 영어임에 틀림이 없다.

유사한 둘 이상의 말이 동일 언어의 방언인지 별개의 언어인지 여부는 그들이 쓰는 공통어와 정서법이 같은가, 다른가에 따라서 결정할 수 있다. 그러나, 그 말들이 음운, 문법, 어휘 면에서 현격히 다를 경우 이러한 기준을 적용하기는 어렵다. 간도(연변)의 한국인은 중국어를 쓰며 그것을 해득할 수 있는 사람도 많지만 그들의 언어인 한국어는 중국어와는 별개의 언어인 것이다.

6. 한 나라의 국민 대다수가 동일 언어의 여러 방언을 쓰면서 동시에 같은 공통어(표준어)와 정서법을 가질 때, 그 공통어와 정서법을 그 국민의 국어라고 한다. 국어는 한 독립국가를 이룬 민족이 행정, 문학, 학술상의 공용어로 쓰는 언어라고 할 수 있다. 한 국가에서 사용되더라도 공용어가 아닌 소수 민족의 언어는 국어라 하지 않는다. 따라서 아메리카 인디언의 말은 국어가 아니다.
7. 동일 언어이지만 차이가 많은 방언을 쓰는 사람들은 자기 고유의 말을 써서 의사 소통을 하기는 어렵다. 그러므로 수도나 정치, 경제, 문화 중심지의 말을 사용하거나 그 나라에서 쓰이는 정서법에 가까운 말을 사용하거나 한다. 이러한 말을 공통어라 한다. 방언 사용자가 쓰는 공통어가 반드시 동일하지는 않다. 이 공통어는 대개 정서법을 기준으로 삼기 때문에 문법, 어휘 면에서는 비교적 통일되어 있으나 발음에는 보통 방언적 색채가 농후하다. 그러나 라디오의 보급률이 높아지면서 발음에서도 통일되는 경향이 두드러졌다. 동시에 방언 사용자의 모방의 규범이 되는 말로서 표준어가 제정되기도 했다.
8. 한 국가에 둘 이상의 국어가 사용되는 일이 있다. 스위스에서는 독일어, 불어, 이태리어, 벨기에에서는 불어(왈룬어), 네덜란드어(플레미쉬어)가 국어로 공인받고 있다.

   한 언어가 둘 이상의 국가에서 국어로 사용되는 경우도 있다. 영어는 영국과 미국, 독일어는 독일과 오스트리아 그리고 스위스, 스페인어는 스페인과 남아메리카(브라질 제외), 중앙 아메리카, 멕시코의 국어이다. 남아메리카와 중앙 아메리카의 스페인어는 국가에 따라 분화의 정도가 커서 방언을 사용한 의사 소통이 어렵지만, 정서법에 가까운 말을 사용할 경우 대화는 가능하다.

중국어는 많은 방언이 있는데, 북경, 상해, 광동 등의 말은 서로 전혀 통하지 않을 만큼 다르다. 북경말이 표준어적인 위치에 있으나 공통어로서 전국에 걸친 세력이 있는 것은 아니다. 광동말은 동남아의 화교 사회에서도 유력하게 쓰이는데, 북경말과 함께 공용어로 인정된다면 중국에는 국어가 둘 있다고 해도 좋을 것이다.

스페인의 카타로니아와 프랑스의 프로방스의 말은 각각 표준 스페인어, 표준 불어와 상당히 다르다. 그러나 카타로니아어는 스페인 국어의 하나로 인정을 받고 있지만, 프로방스말은 불어의 방언으로 취급되고 있다.

9. 이와 같이 국가를 이루지 않는 민족, 종족의 말을 개별 언어인지 방언인지 구분하기는 쉽지 않다. 아메리카 인디언의 여러 방언처럼 공통어가 없는 경우는 의사 소통의 가능성을 기준으로 이러한 구별을 해야 할 것이다. 그러나 과학적인 기준을 세우기는 어렵다. 그러므로 언어의 수효에 대한 견해도 학자에 따라서 다르다. 또한 세계의 모든 언어에 대한 조사 결과 몇 '언어'로 분류하는 것이 가능하게 되더라도 그 '언어'의 의미는 매우 다양할 것이다. 알래스카에서 200인 정도가 사용하는 에야크어(Eyak)는 8억 내지 9억이 쓰는 중국어, 3억 2천만 이상이 쓰는 영어, 1억5천만 이상이 쓰는 러시아어 등과 함께 언어로 취급되지만 그 의미는 다르다.

10. 언어는 지리적으로 여러 방언으로 나뉘지만 동일 지역 안에서도 사회적 요인에 기인하여 언어 분화를 일으키기도 한다.

사회 계층에 따라 말이 다른 경우가 있는데 이를 계급 방언이라고 한다. 고대 인도에서는 계급에 따라 사용하는 언어가 달라서, 상층 계급은 산스크리트어(범어 梵語), 하층 계급은 프라크리트어를 썼다.

특수 직종이나 지위의 사람들은 공통어와는 조금 다른 말을 쓰는 일이 있는데 이를 특수어라고 한다. 음운, 문법, 기초 어휘는 같으나 공통어에는 없는 특수 어휘를 사용한다. 상인, 직공, 승려, 군대, 관리 사회에 이러한 특수어가 쓰일 수 있다.

성별의 차이에 기인해 언어 분화가 생기기도 한다. 일본어는 어느 방언에서나 남성과 여성의 말이 다소 다르다.

불량배나 건달, 도적 등이 그들 사이에서만 의미 해석이 가능한 말을 사용하는 일이 있는데 이를 은어라고 한다. 단어를 축약하거나 음을 바꾸는 등의 방법으로 다른 어휘를 만들지만 음운, 문법은 공통어와 같으므로 별개의 언어라 할 수는 없다. 그러나 때로는 전혀 다른 언어를 근간으로 하여 은어를 만들기도 한다. 발트해에서 흑해에 걸쳐 거주하면서 미국으로 이주하기도 한 유태인들이 독일어를 변형시킨 일종의 혼합어 이디쉬어(Yiddish)를 은어로 사용하는 것이 그 예이다.

11. 학자나 승려들은 그들의 모국어와는 다른 말을 쓰는 일이 있다. 15세기 경까지 유럽의 학자. 승려들은 라틴어를 공통어로 사용해서 많은 책이 라틴어로 쓰여 졌다. 인도의 학자들은 지금까지도 범어를 쓰는 경우가 있다. 일본, 한국, 베트남에서 한문은 공통 문자로서 중요한 역할을 한다.

국제적 혹은 문화적 공통어로서는 영어, 불어, 독일어가 널리 사용되고 있다. 세계어로서 인공어를 사용하자는 운동이 있는데 에스페란토가 그것이다. 어느 민족에도 우위를 두지 않는다는 생각은 많은 지지를 받았다. 그러나 여기에는 우수한 문화나 유력한 민족이라는 배경이 없었으므로 매력있는 언어가 되지 못했고 따라서 광범위한 보급도 이루어지지 않았다.

12. 서로 다른 언어를 쓰는 민족들이 주로 상업상의 목적으로 접촉할 때 의사 소통을 위한 혼합어가 생길 수 있다. 지중해 연안에서 쓰이는 사비르어(Sabir)는 불어, 스페인어, 이태리어, 그리스어, 아라비아어에서 어휘를 취하였으나 각 언어의 문법적 특성은 상실한 혼합어이다. 동남 아시아 항만에서 공통어로 쓰이는 피진(Pidgin)은 중국어 문법에 영어 어휘를 합한 혼합어이다.

13. 언어는 사회 습관의 일종이다. 음성과 의미의 연합 관계는 필연적이라기보다는 습관적이다. 사회 구성원 사이에서 통용되는 이러한 습관의 총체가 언어이다. 그러므로 그 말의 사용자를 떠나서는 언어가 존재할 수 없다. 만약 그 언어 사용자가 사멸(死滅)한다면 언어도 사멸의 길을 걷게 된다.

어떠한 원인으로 사회가 해체되어 언어 사용자들이 자신들의 말 대신 외국어를 쓰는 수가 있다. 또 사회는 존속하더라도 외국어의 영향을 크게 받아 결국 고유어를 잊게 되는 경우도 있다. 어떠한 경우건 고유어는 소멸한다. 이때 그 언어는 사어(死語)가 되었다고 한다. 아메리카 인디언의 말이나 고(古)프러시아어(Old Prussian)가 그 예이다.

민족에 따라서는 다른 민족의 언어를 쓰게 되는 경우도 있다. 만주의 만주족은 대부분 만주어 대신 구조가 아주 다른 중국어를 사용한다. 만주족의 일부인 시보(Sibo)족이 신장자치구 이닝 지역에 청나라 초기에 변방 수비대로 이주되었다가 정착하여 현재 10만명 가량이 언어의 섬을 이루고 사는 것이 만주어가 현재까지 그대로 쓰이는 유일한 경우다. 불가리아인은 현재 슬라브계의 언어를 쓰지만 원래 터키계 언어를 썼었다. 원래 원불가리아인(현재의 불가리아인들과 구별하기 위해 proto-Bulgarian라 함)들은 중앙아시아에서 건너온 사람들로, 확실하지는 않지만 터키계의 언어를 썼다. 이들이 현 불가리아땅으로 들어와 그곳에 살고 있던 슬라브인과 합쳐진 것이다. 이들 언어는 일부 어휘만 남고 슬라브어에 융화되어 버려서 현재 불가리아사람들이 쓰고 있는 언어는 슬라브어다. 다른 슬라브어와 비교해서 격이 없어진 것 등 차이점이 많은 편이다.

언어는 사멸하기도 하지만 소수민족이 정치적, 문화적 압박에 대한 반항의 표현으로 사멸하거나 사멸 중인 자신들의 언어를 부활시키기도 한다. 아일랜드의 게일어(Gaelic), 리투아니아의 리투아니아어(Lithuanian), 유태인의 히브루어(Hebrew) 등이 그것이다.

14. 이상과 같이, 세계의 언어 수를 파악하고자 할 때 우리는 많은 문제점에 봉착하게 된다. 아직 발견되지 않은 언어도 있을 것이고, 이름만이 알려져 있거나 사멸하고 있는 언어도 있을 것이다. 조사 연구가 충분히 이루어지지 않은 지역에 대한 언어 수는 학자에 따라 상당한 차이를 보여 주기도 한다.

프랑스 한림원은 전 세계의 언어를 2796종으로 본다. Louis H. Gray는 사어의 상태지만 과거에 사용되었던 것으로 알려진 언어를 포함하고 다수의 소(小)방언은 제외하는 등의 작업 결과 역시 2796종으로 결론을 내리고 있다. A. Meillet와 Marcel Cohen이 감수한「Les Langues Du Monde(세계의 언어)」신판(파리, 1952)에서 언어 수에 대한 기술은 Gray와 많은 차이가 있다. 예를 들면 Gray는 반투 제어(諸語)가 83종, 에스키모 및 아류우트 제어가 24종, 북미 제어가 351종, 멕시코 및 중미 제어가 783종의 언어로 이루어졌다고 한다. 그러나 이 책에서는 반투 제어를 138종, 에스키모 및 아류우트 제어를 4종, 북미 제어를 236종, 멕시코 및 중미 제어를 167종으로 보고 있다. 「General Report of the International Auxiliary Language Association」(1945)에서는 세계의 언어를 2500내지 3500종이라고 추정한다.
요컨대 대부분의 언어에 대한 파악이 불충분한 시점에서 언어의 수를 명확하게 결정짓는 것은 너무 서두르는 일일 것이다.

2. 언어의 형태적 분류

1. 언어는 여러 가지 기준으로 분류할 수 있는데 구조적인 면에서 분류하기도 한다. 각 언어의 구조는 서로 아주 다르다. 음운적 특징뿐만 아니라 형태적 구조, 통사, 어휘 등이 다양하다.
이러한 여러 특징 중에 특히 주목을 끄는 것은 형태적 구조로, 이를 기준으로 한 언어 분류가 19세기 중엽에 이미 있었다. 여기에서는 이와 같은 언어의 형태적 구조에 의한 분류, 즉 형태적 분류의 역사에 대해 약술하고자 한다. 아울러 이와 밀접한 관계에 있는 언어 발달론의 변천사에 대해서도 간략히 살펴볼 것이다.
2. 언어를 고립어(孤立語), 교착어(膠着語), 굴절어(屈折語)로 나누는 Schleicher의 유명한 삼분법은 이미 그 이전의 많은 연구들에서 단초(端初)를 볼 수 있다.
Friedrich von Schlegel은 「Über die Sprache und Weisheit der Indier(인도인의 언어와 예지에 대하여)」(하이델베르크, 1808)에서 언어를 크게 둘로 나누었다. 하나는 어근의 내부적 교체, 즉 굴절에 의해 의미 한정을 나타내는 종류로 범어 및 라틴어, 그리스어, 게르만어, 페르시아어 등이 여기에 속한다. 다른 하나는 문법적 형태에 의해 의미 한정이 이루어지는 종류로 앞의 언어들과 친족 관계가 없는 언어들이 속한다. 중국어는 단음절의 단어로 의미 한정이 가능하므로 여기에 속하는 언어들과 비교적 소원한 관계에 있다. 이 분류법은 표면적으로는 이분법이지만 내용상으로는 삼분법의 관점을 포함하고 있다.

3. 그의 형 A. W. von Schlegel은 「Observation sur la Langue et la Littérature Provençales (프로방스의 언어와 문학에 대한 고찰)」 (파리, 1818)에서 문법적 형태가 없는 언어(중국어), 접사를 쓰는 언어, 굴절을 하는 언어로 삼분하고 있다.

4. Franz Bopp도 그의 저서 「Vergleichende Grammatik des Sanskrit, Zend, Griechischen, Lateinischen, Litthauischen, Gothischen und Deutschen(범어, 젠드어, 그리스어, 라틴어, 리투아니아어, 고오드어, 독일어의 비교 문법)」 (베를린, 1833-52)에서 삼분법을 취한다.

   (1) 어근이 단음절이고 합성력이 없는 언어 - 중국어
   (2) 어근은 단음절이지만 합성할 수 있는 언어 - 범어, (1)과 (3)에 속하지 않는 언어
   (3) 합성과 함께 어근의 내부적 교체에 의해 문법 형식이 생기는 언어 - 셈 제어

5. Jacob Grimm은 「Über den Ursprung der Sprache (언어의 기원에 대하여)」 (베를린, 1851, 1852)에서 언어 발달 과정을 세 단계로 보았다.

   제 1 단계에서 모든 단어는 짧으며 단모음과 단순한 자음으로 되어 있다. 단어 간의 관계는 후행 단어가 표시했으며 굴절은 없다. 제 2 단계에서는 음의 종류가 다양해지고 단어는 다음절이 되었

다. 부속어는 더욱 독립성을 상실하고 단어의 일부가 되어 굴절을 일으켰다. 제 3 단계에서는 여러 가지 모음 변화와 자음 추이가 생겨서 굴절 어미가 많이 소실되고 풍부하고 자유로운 조사가 그 역할을 대신하게 된다. 그리하여 라틴어에서 로만 제어가, 게르만 조어(祖語)에서 영어나 독일어가 생겼다는 것이다.

6. Wilhelm von Humboldt는「Über die Verschdenheit des menschlichen Sprachbaues (인류의 언어 구조의 다양성에 대하여)」(베를린, 1836) 서론에서 중국어처럼 단어의 고립성이 특징인 언어 이외에 굴절성, 교착성, 포합성(抱合性) 등으로 유형화할 수 있다고 보았다. 포합어는 멕시코어와 같은 아메리카 원주민어처럼 동사 활용시에 어근과 인칭 요소 사이에 목적어적 요소가 삽입되는 언어이다. 그러나 실제의 언어는 유형적으로 정연하게 분류된다기보다는 하나 이상의 유형에 걸쳐 있다고 봄이 타당하다는 것이다.

7. A. Fr. Pott도「Jahrbücher der Freien deutschen Akademie(독일 아카데미 연보)」(프랑크푸르트, 1849) 제 1 분책(分冊)에서 고립어, 교착어, 굴절어, 포합어로 분류하고 있다.

8. August Schleicher는 Humbldt의 사분법 대신 삼분법을 택하였다. 이 점은 그의 여러 저서에서 기술되고 있는데,「Compendium der vergleichenden Grammatik der Indo-Germanischen Sprachen Ⅰ (인도-게르만어의 비교 문법 요강 Ⅰ)」(바이마르, 1861)에 다음과 같이 요약되어 있다.

(1) 고립어 : 의미 형식 (Bedeutungslauten)의 분절과 교체가 가능하지 않으며 W로 형식화됨. (중국어)

(2) 접합어 : 교체가 안되는 의미 형식에 관계 형식(Beziehungs-

lauten)이 접합하며 Ws로 형식화됨. (핀어, 타탈어, 데칸어)

(3) 굴절어 : 어근 자체가 관계를 표시하므로 규칙적으로 교체할 수 있으며(Wx형) 접합이 가능함. (WXs 형) (셈어, 인도-게르만어)

언어의 생성에 대해서는 크게 2기(二期)로 나누어 설명하고 있다. 즉 선사 시대에는 보다 단순한 언어 형식에서 복잡한 언어 형식이 생겼다. 즉 고립어에서 접합어가, 접합어에서 굴절어가 생겼다. 역사 시대에 이르러 음과 형식에서 언어의 사멸이 일어 나고 동시에 기능과 문장 구조에도 현저한 변화가 생겼다. Schleicher의 분류는 그 단순 명료함으로 인해 후대의 학자들에게 큰 영향을 미쳤으며 대표적인 언어 분류법의 자리를 차지했다.

9. F. Max Müller는「Lectures on the Science of Language(언어학 강의)」(런던, 1873, 초판 1861)에서 역시 삼분법을 취하고 있지만 그 정의 방식이 Schleicher와는 다소 다르다. 즉 어근의 결합 방법에 따라 세 종류의 언어가 있다고 보았다.

(1) 어근적 단계 - 각 어근이 완전한 독립성을 갖추고 있고 단어로 사용될 수 있다. (고대 중국어)

(2) 어미적 단계 - 두 어근이 한 단어를 합성할 수 있으며, 이때 한쪽의 어근은 독립성을 상실하는 일이 있다. (우랄-알타이 어족, 타밀어, 타이어, 보티아어(Bhotiya) 등)

(3) 굴절적 단계 - 두 어근이 한 단어를 합성할 수 있으며, 이때 양쪽의 어근이 독립성을 상실하는 일이 있다. (아리아 어족, 셈 어족)

10. W. D. Whitney는 「Language and the Study of Language (언어와 언어 연구)」 (뉴욕, 1868)에서 Max Müller와 Schleicher의 견해를 반박하고 있는데, 그의 생각은 종래의 진화론적, 형태론적 언어 분류에 대한 비판론의 시초가 되는 것으로서 주목할 만하다. 그는 Max Müller가 셈어의 Qutala(그가 죽였다.), Qutila(그가 죽임을 당했다.)와 같은 문법적 굴절을 논외로 취급하고 있으며, 실상 인구어(印歐語)와 셈어의 차이가 인구어와 교착어의 차이보다 훨씬 크다고 지적한다. Max Müller는 언어 구조와 사회 구조의 병행설을 발표했다. 즉, 고립어는 가족어(Family language)로 서로 잘 알고 있는 한 가족(부족) 구성원이 간단한 암시에 의해 상호 이해하는데 필요하다. 교착어는 유목어(Nomad language)로 이동이 빈번한 유목 생활에서는 의사 소통을 위해 어근의 고정이 필요하다. 그리고 굴절어는 국가어(State language)로 안정된 사회에서는 어근과 접사의 융합이 이루어지더라도 상호 이해가 용이하다. 이에 대해 Whitney는 고도의 조직을 갖춘 중국의 언어를 가족과 관련시킨다거나 교착어가 유목 생활에 필요하다는 등의 설명은 설득력이 없으며, 더구나 인구어는 국가 형성 이전에 이미 사용되고 있었기 때문에 이 견해는 무리가 많다고 한다.
한편 Schleicher가 언어의 형태적 특징을 기호화한 점에 대해 그 우수성은 인정하지만, 단순한 형식만으로 형태적 특징을 나타내고 그에 따라 언어의 단계를 나누는 것은 타당하지 않다는 것이다. 사고의 도구로서 굴절어보다 뛰어난 교착어가 실재하며, 중국어는 형식상으로는 무형식에 가까우나 논리적 사상 표현이 용이한 고등 언어라고 한다.

11. H. Steinthal은 「Charakteristik der hauptsächlichsten Typen des

Sprachbaues(언어 구조의 주요 유형의 특징)」 (베를린, 1860)에서 언어를 8종으로 나누고 있다.

A. 무형식어

1. 병렬적(nebensetzende) -------------- (1) 후인도 제어
2. 교체적(abwandelnde)
   a. 반복과 접두사로 한정을 표시함. --- (2) 폴리네시아 제어
   b. 접미사로 한정을 표시함. --------- (3) 우랄-알타이 제어
   c. 포합으로 관계와 한정을 표시함. --- (4) 아메리카 제어

B. 형식어

1. 병렬적 -------------------------- (5) 중국어
2. 교체적
   a. 문법 요소의 느슨한 접합에 의함. -- (6) 이집트어
   b. 어근의 내부적 교체에 의함. ------- (7) 셈어
   c. 고유의 접미사에 의함. ----------- (8) 범어

여기에서 후인도 제어는 가장 미발달한 언어로, 범어는 최상위어로 보고 있다. 이는 심리적 원리에 입각한 분류인데 형태적 구조만을 고려할 경우 결과는 달라질 것이라고 한다. 또한 각 언어에 주어진 단계는 절대적 의미가 있는 것이 아니라 오히려 상대적 가치를 갖는다고 본다. 예컨대 위에서 중국어는 핀어나 우랄어보다 상위에 있으나 언어 구성 원리의 측면에서는 역의 결과가 나오게 될 것이다.

중국어를 비교적 상위의 언어로 파악하고 있는 점은 주목할 만한 새로운 견해이다. 그러나 범어를 최상위어로 보는 것은 우수한 문

화를 갖춘 민족은 언어도 우수하다는 종래의 관점을 답습한 결과이다. 또한 실질과 형식의 구별 유무에 따라 형식어와 무형식어를 구별하고 있으나, 실질과 형식의 규정을 인구어적 견지에서 하고 있으므로 보편성있는 기준이 되기 어렵다.

12. Gustav Oppert는「On the Classification of Languages, a contribution to comparative philology(언어의 분류에 대하여-비교언어학에의 기여)」(마드래스, 런던, 1879)에서 독특한 견해를 발표하고 있다.

즉, 언어의 본질은 변화할 수 없는데, 이 불변적 특징은 친족 명칭 등에서 가장 잘 파악될 수 있으며 그에 따라 다음과 같은 분류가 가능하다.

1. 구체적 〈C〉

(1) 이성과의 대화시에 동성에게와는 다른 단어를 쓰는 이어적(異語的 heterologous)인 언어 <α>

① 형제자매를 같은 단어로 부르는 언어 <1>

② 형과 자(姉)는 구분하지만 제(弟)와 매(妹)는 구분하지 않는 언어 <2>

③ 형제자매를 각각 다른 단어로 부르는 언어 <3>

(2) 이성과 동성에게 같은 단어를 쓰는 동어적(同語的 homologous)인 언어 <β>

① <1>의 언어

② <2>의 언어

③ <3>의 언어

2. 추상적 〈A〉

(1) 문법적인 성(性)이 둘인 이성적(二性的 digeneous)인 언어 <α>

(2) 성이 셋인 삼성적(三性的 trigeneous)인 언어 <β>

이상의 분류에 따르는 다음의 예들은 하등한 언어에서 고등한 언어 순으로 배열된 것이다.

<Cα1> 에스키모어, 폴리네시아어, 바스크어
<Cα2> 아메리카, 오스트레일리아의 일부 원주민어
<Cβ1> 말레이시아어, 아프리카 아시아의 대부분 언어
<Cβ2> 몽고어, 퉁구스어
<Cβ3> 중국어, 일본어, 핀어, 터키어, 드라비다어
<Aα> 고대 이집트어, 셈어 등
<Aβ> 아리아 제어

한편 다음과 같이 형태적 분류도 시도하고 있다.

<Ⅰ> 고립어
<Ⅱ> 포합어
<Ⅲ> 음편어(音便語 Euphonic) --- 북아프리카 흑인어
<Ⅳ> 두운어(頭韻語 Alliterl) --- 남아프리카 원주민어
<Ⅴ> 교착어
<Ⅵ> 교착 굴절어 ---힌두스탄어, 벵골어
<Ⅶ> 2음절 굴절어 --- 셈어
<Ⅷ> 굴절 종합어 --- 범어, 고대 그리스어
<Ⅸ> 굴절 분석어

여기에서 <C-A> 분류를 횡으로, <Ⅰ-Ⅸ> 분류를 종으로 할 경우 <Aβ>와 <Ⅸ>의 교차점에 이태리어, 현대 독일어, 영어 등이 있다고 한다. 이처럼 인구 제어를 가장 고등한 언어로 보는 태도는 종래의 연구 흐름을 반영한 것이며 이는 후술하게 될 Jespersen (1894)에서도 이어진다.

13. Otto Jespersen은 그의 명저「Progress in Language with Special Reference to English (언어의 진보 - 특히 영어에 관련하여)」(런던, 뉴욕, 1894)에 새로운 언어 발달론을 발표했다. 이는 당시 큰 영향력을 떨치던 Schleicher의 언어 발달론에 예리한 비판을 가하고 그와는 아주 다른 결론에 도달한 것이었다.

그는 Humboldt의 사상에 입각하여 "가장 단순한 기구로 가장 다량의 의미를 표현할 수 있는 언어가 최상위에 있다."는 생각을 논의의 출발점으로 삼고 있다. 그러므로 영어는 고드어나 라틴어보다 불규칙성이 적으며, 불필요한 반복이 없고 추상적인 성질이 표현을 용이하게 하므로 우위의 언어인 셈이다.

Jespersen은 인구어의 곡용, 활용 어미가 교착에 의해 생겼다는 견해에 반대한다. 예를 들어 고대 노르드어(Old Norse)의 'Peir finna sik(그들은 그들 자신을 발견한다)'가 'Peir finnask'를 거쳐 스웨덴어와 덴마크어의 'De finnas', 'De findes'(그들은 발견된다)로 각각 변화한 것은 교착의 결과이지만, 이러한 경우는 드물다. 또한 고대 노르드어의 'finnask, fannsk'를 보면 굴절적 토양 위에 새로운 굴절이 생긴 것에 지나지 않음을 알 수 있다. 영어의 경우 복수 접미사 -en(예. oxen)은 어간의 일부였으나 음운 변화의 결과 단수형에서만 소실되고 복수형에서는 접미부가 소실되어 결과적으로 -en이 복수를 표시하게 되었다. 인구어의 어미 중 상당수가 이와 같은 과정을 겪었을 것이며 따라서 굴절이 교착의 결과라는 생각은 설득력이 없다.

그는 인구어의 조어가 이미 알려진 최고 언어보다 더 복잡한 구조를 갖추고 있으며 "언어의 진화는 분해할 수 없는 불규칙한 덩어리에서 자유로이 규칙적으로 결합할 수 있는 짧은 요소로의 진보적 경향을 보인다."고 주장한다. 이것은 획기적인 생각이다. 또한 범어에서 영어로의 변화를 Schleicher가 "쇠망"이라 한데 대해 "발달"이라 본 것도 주목할 만한 점이다.

그러나 아메리카 인디안어, 아프리카 원주민어 등에 일부 원시적 특징이 있다 하더라도 이들을 미발달 언어로 보는 태도는 문제가 있다. 또한 단어의 단음절화를 진보라 볼 수 만은 없다. 단음절어는 2 음절어에 비해 음절 구조가 필연적으로 복잡해진다. 우리는 중국어에서 음절 구조의 단순화와 동시에 2 음절어의 증가를 볼 수 있다. 문법 구조도 지나치게 불규칙하고 비체계적인 경우 언어의 기능을 저해하게 되므로, 이러한 언어는 실재하기 어려울 것이다. 5000년 전의 고대 인구어 문법 체계가 영어보다 복잡하였다는 사실을 근거로 하여 그 이전의 언어는 더욱 불규칙하고 복잡했으리라고 보는 것은 위험하다.

14. Georg Von Der Gabelentz는「Die Sprachwissenschaft, ihre Aufgaben, Methoden und bisherigen Ergebnisse (언어학 - 그 과제, 방법 및 이제까지의 성과)」(라이프찌히, 1901)에서 언어의 발달에 대해 Jespersen과는 다르게 쓰고 있다.

그는 모든 접합적 요소(Afformativ)가 독립 단어에서 유래한다는 교착설(膠着說)에 동의한다. 단어는 시대의 흐름에 따라 교착, 약화, 소실을 거듭하고 소실한 것에 대한 새로운 보충을 준비한다.

발달의 선은 구부러져 고립 쪽으로 다가오나 본 궤도로 돌아오지 않고 이에 근접한 병행선을 이루게 된다. 그는 이를 나선(螺線)에 비유하고 있다. 켈트어, 아르메니아어, 알바니아어를 제외한 인구어는 최고 단계에서 굴절이라 칭하는 일종의 교착 상태에 있다가 점차 붕괴되어 고립어 상태로 향하였다. 현대 인도어는 변화의 속도가 더욱 빨라서 더 규칙적인 교착 상태가 되었으나 현대 로만제어, 영어는 새로운 상태와 분리되어 순수한 고립적 체계를 향해 급진하고 있다는 것이다.

그는 언어의 생성에서 역사 이전의 변천 속도나 과정을 누구도 확언할 수 없다고 한다. 인도차이나 어족의 경우 마니푸리어(Manipuri), 쿠키어(Kuki), 나가어(Naga) 등의 교착어가 있는 반면 티베트어처럼 활용하지만 고립어로 이행하고 있는 언어, 고대 차이나어, 타이어와 같이 거의 순수한 고립어, 현대 차이나어와 같이 고립어에서 교착어로 이행하는 언어 등 다양한 단계의 언어가 포함되어 있어 나선상(螺線狀)이 진행중임을 알 수 있다고 한다. 그러나 이들 상호 간에 친족 관계가 확립되어 있지 않으므로 그의 견해의 정당성 확보는 미약하다.

15. W. Schmidt는「Die Sprachfamilien und Sprachenkreise der Erde(세계의 어족과 언어권)」(하이델베르크, 1926)에서 Gebelentz와 유사한 견해를 보이고 있다.

즉 언어는 파동상(波動狀)으로 발달하는데 저위(低位) 언어가 선행하는 고위 언어의 끝인지 후속하는 고위 언어의 시작인지 확인할 수가 없고 또한 그것이 몇 번째의 단계인지를 결정하기는 더욱 곤란하다. 그러므로 새로운 언어학은 각 언어를 정밀히 연구하고 비교 연구를 통해 친족 관계를 확인하며 변화를 고대에 소급하는 등의 방법을 취해야 한다는 것이다. 그는 또한 언어학적 연구와 문화사적 연구를 결합하려는 시도를 하고 있는데 이러한 태도는 타당성이 있다고 생각된다.

16. 이상에 논술한 바와 같이 언어의 형태적 분류가 정밀도를 더 해 감에 따라 소박한 언어 발달론을 탈피하려는 노력이 기울여지게 되었다. 이와 함께 비진화론적 태도가 대두되었는데, 다음에서 이러한 견해를 살펴보기로 한다.

Franz Nikolaus Finek는「Die Haupttypen des Sprachbaues(언어 구조의 주요 유형)」에서 구조가 현저히 다른 8종의 언어(차이나어, 그린랜드어, 수비아어, 터키어, 사모아어, 아라비아어, 그리스어, 조르지아어)를 기술하고 있다.

그는 언어를 (1) 발화의 시작 전에 존재하는 표상 복합체(表象複合體)의 분석 방법, (2) 분석한 것의 결합 방법에 따라 분류하는데, "표상 복합체"를 분석할 수 있다는 견해는 비판의 여지가 있으나 종래의 역사적 발달론의 입장을 탈피하려는 태도를 보인다.

17. T. G. Tucker는「Introduction to the Natural History of Language(언어 자연사 서설)」(런던, 1908)에서 문법이나 의미의 유기성 여부를 기준으로 하여 언어 유형화를 시도하고 있는데 진화론적 입장은 현저하지 않다.

18. Edward Sapir는「Language – An Introduction to the Study of Speech(언어 – 언어 연구 서설)」(뉴욕, 1921)에서 분명한 비진화론적 입장에서 언어 분류를 하고 있는데, 이는 형태적인 분류사에 일획을 긋는 중요한 것이었다.

그에 따르면 기존의 연구 결과는 분류 기준이 미흡하고, 소수 언어를 대상으로 한 결론을 일반화시켰으며 공식의 단순화(삼분법)

를 추구하는 등 비과학적인 입장을 취했다. 더욱이 당대를 풍미하던 진화론적 입장과 대부분 연구자들의 모국어인 인구어에 대한 찬양적 태도가 언어의 본질을 이해하는데 큰 장애가 되었다. 그러므로 연구자는 편협한 가치관을 없애고 모든 언어를 동일선상에서 조망하는 습관을 가져야 한다는 것이다.

그는 형태적 특질을 접사를 취하는 고립적(Isolating)인 것, 자모의 교체, 음의 길이, 강도, 높이의 교체 등에 의하여 어근의 의미를 변화시키는 접합적(Affixing)인 것, 기호적(Symbolic)인 것으로 나눈다. 접합적인 것중에서 영어의 'goodness'처럼 'good'과 'ness'의 결합이 규칙적이고, 'good'이 자립어이면서 '-ness'의 자립성도 뚜렷한 것은 병렬적(Juxtaposing)이며, 'depth'처럼 'dep-'와 '-th'의 자립성이 희박한 것은 융합적(Fusing)이다. 여기서 병렬적 접합은 교착이라 한다. 굴절은 일반적으로 융합에 의하면서 단어에 대한 관계적 개념이 필요하므로 고립, 교착, 융합, 기호의 계열에서는 제외된다.

다음으로 분석적(Analytic), 종합적(Synthetic), 복종합적(Polysynthetic)이라는 특질이 있다. 분석적 언어는 중국어와 같이 한 단어에 한 개념만을 결합하는 것이며, 종합적 언어는 라틴어, 아라비아어와 같이 한 단어에 여러 개념이 표현될 수 있으나 의미범위가 적당한 정도를 넘지 않는 것, 그리고 복종합적 언어는 종속적으로 취급될 수 없는 개념이 파생 접사나 어근 요소의 기호적 교체에 의해 표시되는 것으로 종합적인 언어보다 더 종합적인 것이다. 그는 또한 형태소 개념을 다음과 같이 분류하여 언어의 형태적 분류의 한 근거로 삼고 있다.

Ⅰ. 기초적(구체적) 개념 : 'farm', 'kill'과 같이 대상, 동작, 성

질을 나타내는 개념

Ⅱ. 파생적 개념 : 'farmer'의 '-er', 'duckling'의 '-ling'과 같이 Ⅰ보다 덜 구체적이지만 Ⅲ보다는 구체적인 개념

Ⅲ. 구체적인 관계적 개념 : 'books'의 '-s', 'killed'의 '-ed'와 같이 보다 추상적인 개념

Ⅳ. 순수한 관계적 개념 : 영어의 전치사와 같은 순수히 추상적인 개념

이 개념에 따라 기본 언어 유형을 네 종류로 구분한다.

A. 순수 관계적, 비파생적 언어, 혹은 단순한 순수 관계적 언어 : Ⅰ, Ⅳ의 개념만 있는 언어

B. 순수 관계적, 파생적 언어, 혹은 복합적인 순수 관계적 언어 : Ⅰ, Ⅱ, Ⅳ의 개념이 있는 언어

C. 혼합 관계적, 비파생적 언어, 혹은 단순한 혼합 관계적 언어 : Ⅰ, Ⅲ의 개념이 있는 언어

D. 혼합 관계적, 파생적 언어, 혹은 복합적인 혼합 관계적 언어 : Ⅰ, Ⅱ, Ⅲ의 개념이 있는 언어

이상의 분석 기준에 따라 25종 정도의 언어에 대해 세분하여 분류를 하고 있다. 이러한 비진화론적 견해가 Whitney에서 시작되어 Franz Boas를 거쳐 Sapir에 이르러 강력해진 것은 아메리카 언어학의 두드러진 특징이다.

비진화론적 관점이 종래 언어 발달론의 잘못을 수정하는데 큰 기여를 한것은 사실이다. 그러나 발달론적 견해를 금기시하는 태도에도 문제가 없지 않다. 형태에 관해서는 Jespersen의 이론도 경

청할 가치가 있다. 언어의 진보성은 형태적 구조만으로 결정될 수는 없을 것이다. 언어에 관한 전체적 개관, 음운, 문법 뿐만 아니라 어휘 구조의 면에서도 검토가 이루어져야 올바른 결론에 이르게 될 것이다.

19. 근년에 언어 유형학이라는 이름으로 언어의 구조에 관한 연구가 이루어진 바 있다. 코펜하겐 학파에서는 개개의 문법 범주를 통해 언어의 유형을 살펴보려는 시도를 했다. 예컨대, Paul Forchheimer는 단수와 복수의 기원적 관련성에 따라 언어를 대별할 수 있음을 밝혔다. 아메리카의 언어학자 C. F. Hockett나 Joseph Greenberg는 단어 수에 대한 형태소 수의 비율을 계산하는 방식으로 유형학적 연구를 시도했다. Stephen Ullmann은 어휘의 의미론적 구조에 의하여 언어의 유형을 나누었다.

이와 같이 유형학은 형태 이외의 구조에도 주의를 기울이게 되었으므로 이전과 같은 비과학적 면모를 보이지는 않는다. 개개의 언어 특징은 친족 관계의 유무에 관계없이 인접 언어에 영향을 줄 수 있다. 반면 알타이 제어와 한국어, 한국어와 일본어 관계처럼 다수의 공통 특징이 그들 사이의 친족 관계 규명에 유력한 암시가 되는 것도 사실이다. 유형론이 언어 계통론과 결코 무연(無緣)한 것이 아님은 이러한 이유 때문이다.

3. 비교 방법의 발달

1. 언어는 시대의 흐름과 함께 지속적인 변화를 한다. 고대 영어나 중세 영어는 현대 영어와 아주 다르다. 독일어나 불어도 현재의 모습과 다른 형태를 고문헌에서 확인할 수 있다. 이 변화는 음운, 문법, 어휘 등 언어 전반에 걸친 것이다.

2. 언어가 이와 같이 변화하는 것은 그것이 사회 습관에 의하여 성립되어 있는 것이기 때문이다. 어떠한 언어 공동체의 구성원은 그가 사는 사회의 언어적 사회 습관을 모방, 연습, 실행함으로써 언어를 습득하게 된다. 이렇게 습득한 언어도 개개인 사이에 의사 전달의 지장이 없는 범위에서 근소하게나마 차이가 있지만, 언어 체계는 동일한 것이 보통이다.
그러나, 동일 언어 공동체의 구성원 사이에 언어 체계의 차이를 보이는 경우가 있다. 노년층과 청년층의 언어 차이가 그것으로, 대개 어휘적인 면에서 차이를 보이지만 문법 체계나 음운 체계가 다른 경우도 있다. 연령층에 따른 이러한 언어 차이는 청년층에서 성인의 언어 체계를 모방하려는 노력에 못지 않게 자신이 속한 세대의 언어 습관을 모방하려는 경향도 강하게 보이게 되므로 생기는 결과일 것이다. 그리하여 발음을 편안하게 하려는 경향이나 문법적 규칙의 불규칙화를 받아 들이게 된다. 세대 간의 언어 차이는 언어의 시대적인 변화의 한 요인으로 작용한다. 이외에도 언어는 표준어나 유력한 방언, 외국어의 영향으로 변화하는 일이 있다
3. 같은 언어를 쓰는 언어 공동체가 민족 이동이나 정치적, 종교적 원인으로 인해서 분리될 경우 시대의 흐름에 따라 각 언어 집단에는 변화가 일어 나지만 그 변화의 방향은 결코 같지 않다. 변화의 차이는 점차 커져서 결국은 별개의 언어라고 할 수 있는 상태에까지 이르게 될 것이다.
이와 같이 동일한 언어에서 분열하여 변화하였기 때문에 다르게 된 둘 이상의 언어를 동계어라 하고 그들 상호 간에는 친족관계가 있다고 한다. 그들 제(諸) 언어는 동일 어족(語族)에 속하며 (큰 어족의 일부분을 이룰 때는 어파(語派)라 한다.) 기원이 된 언어

는 조어(祖語)라 한다. 예컨대 불어, 이태리어, 스페인어, 루마니아어 등은 라틴어에서 분화하여 생긴 언어이므로 이들은 친족 관계가 있는 동계어(同系語)이며, 라틴어는 조어가 된다.

친족 관계를 기준으로 어족과 어파를 나누어 가면 형태적 분류와는 다른 결과에 도달하게 되는데 이를 계통적 분류라고 한다. 이러한 관점에서의 언어 연구는 아직 만족할 만한 결론에 달해 있지는 못하다. 언어의 친족 관계 연구는 주로 인구 제언어의 비교 연구에서 발달하여 왔다. 여기서는 그 연구사를 약술하면서 친족 관계의 증명 방법에 대해 검토해 보기로 한다.

4. 언어의 기원에 대해 사람들은 고대에서부터 많은 관심을 가지고 있었다. 그리스어 또는 히브루어 기원설과 같이 어느 한 언어가 다른 언어들의 기원이 되었다는 일원론이 대부분인데 그 합리성에는 결함이 있다. 문헌학자 Joseph Justus Scaliger가 그의 논문(1610)에서 유럽어를 11 부류로 나누고 그들 사이에 어떠한 관계도 없음을 주장한 것은 이러한 풍토에서 주목할 만한 일이었다.

5. 독일의 사상가 G. W. Leibniz는 1710년에 유럽 및 아시아, 이집트 등에서 사용되는 언어는 문헌상에 나타나지 않는 동일한 조어에서 나온 것이라는 견해를 발표했다. 이것은 어떠한 증거도 없는 추정에 불과했으나 조어를 상정했다는 점은 비교 문법 연구사의 새 장을 연 것으로 평가된다.

러시아에서는 18세기 후반에서 19세기 초엽에 걸쳐 비교 어휘집의 출간이 빈번했다. 이 책들은 자체의 결함에도 불구하고 비교 연구의 자극제로 큰 역할을 했다. 특히 1800년에서 1805년까지 아시아, 아메리카, 아프리카 언어들의 어휘집 6권을 낸 Hervás는 언어의 친족 관계 규명을 위해서는 어휘보다 문법 범주가 더 중요하다는 것을 인식한 선각자였다.

6. 범어가 유럽에 소개된 것은 인구어 비교 문법 발달사에 중요한 의미를 갖는 일이었다. 1786년 William Jones는 캘커타 아시아 협회의 기관지에 그리스어와 라틴어, 범어는 우연이라 볼 수 없는 현저한 유사성을 보이므로 이들 언어가 공통 어원에서 분기했을 가능성이 있다고 발표했는데, 이는 비교 문법 발달의 직접적 동인(動因)이 된 것이었다.
7. Friedrich von Schlegel(1808, 본고 Ⅱ-2 참조)에서는 인구 제어의 친족관계에 대한 바른 전망과 함께 '비교 문법(vergleichende Grammatik)'이라는 용어를 처음으로 사용하여 언어 계통 연구의 방향을 제시했다.
8. 비교 문법의 창시자로 불리는 Franz Bopp의 「über das Conjugationssystem der Sanskritsprache in Vergleichung mit jenem der griechischen, lateinischen, persischen und germanischen Sprache (범어의 동사 활용 체계에 대하여 - 그리스어, 라틴어, 페르시아어, 독일어와의 비교)」(프랑크푸르트, 1816)는 인구어의 비교 연구를 처음으로 실행한 책이었다. 그는 여기에서 각 언어의 동사 활용 어미는 공통의 기원이 있는 것으로 보고 있다. 그러나 음운의 비교에서는 어떤 법칙성도 발견하지 못했다. 그의 연구는 범어, 젠드어, 그리스어, 라틴어 등의 굴절에 대한 비교 문법(1833-52)을 발표함으로써 완성된 셈이나 역시 형태의 비교만 중시하고 음운의 비교에는 관심을 두지 않았다.
9. 덴마크의 언어학자 Rasmus Kristian Rask의 명저 「Undersögelse Om Det Gamle Nordiske Eller Islandske Sprogs Oprindelse(고대 노르드어, 즉 아이슬란드어의 기원에 관한 연구)」(1818)는 그

가 이 논문을 학술원에 기고한 것이 1814년이었다는 이유로 Bopp보다 앞선 비교 문법서로 거명되기도 한다.

이 책 서문에는 친족 관계 확인을 위해 중요한 비교 연구법이 거론되고 있다. 즉 비교 연구를 하려면 언어의 전 구조를 대상으로 해야 하며 이중 중요한 것은 문법 체계이다. 어휘는 언어 상호간에 빈번히 차용되지만 형태 교체나 굴절은 거의 차용되지 않으므로 문법적 일치는 친족 관계 수립의 강한 방증이 된다. 또한 두 언어가 기초 어휘에서 공통점이 있고 나아가 '문자 전환'(음운 대응)의 규칙을 세울 수 있다면, 이들 언어는 친족 관계에 있다고 볼 수 있다. 대명사와 수사는 이 점에서 매우 중요하다는 것이다. 그의 견해는 당시로서는 진보적이었으나 이에 대한 투철한 인식이 실제 연구에서 명료하게 드러나지는 않는다. 그러나 고대 아이슬란드어의 친족 관계에 대하여 올바른 결론을 내렸으며 게르만제어 내에서의 그 위치를 논하고 그린랜드어, 바스크어, 핀어 들과는 계통이 다름을 밝혔다. 'Grimm 법칙'으로 알려진 자음 대응 규칙 대부분을 발견한 것도 그의 큰 업적 중의 하나로 손꼽을 만하다.

10. Bopp, Rask와 함께 인구어 비교 언어학의 창시자 중의 하나인 Jacob Grimm은 대저서「Deutsche Grammatik(게르만어 문법)(1819, 1822)에서 Rask가 발견한 게르만어의 자음 변화를 다음과 같이 공식화하였는데 이것이 'Grimm 법칙'이라 불리는 것이다.

그리스어	p.	b.	f.	t.	d.	th.	k.	g.	ch.
고드어	f.	p.	b.	th.	t.	d.	.	k.	g.
高地독일어	b(v)	f.	p.	d.	z.	t.	g.	ch.	k.

이는 지나친 도식화로 인해 사실과 맞지 않는 점도 있었지만 음운 변화에도 규칙성이 있음을 인식시키는 데 큰 역할을 했다.

또한 그는 다른 게르만 제어가 4개의 단모음 a, i, u, e를 가지는 데 대해 고드어는 범어와 마찬가지로 a, i, u의 3개 단모음만 있으므로, 이것이 조어의 상태를 나타내는 것이라고 보았다. 그러나 고드어의 3모음과 범어의 3모음은 대응하지 않는다. 또한 고드어의 i가 아무 조건 없이 다른 게르만 제어의 i, e로 분화했다는 주장은 그에게 아직 음운 대응의 개념이 명료하지 않았다는 것을 보여 주는 일이다. 어쨌든 이 원시 언어 3모음설은 1864년에 이르러 Georg Curtius가 반론을 제기할 때까지 꽤 오랫동안 학계를 지배했다.

11. August Schleicher(1861, 본고 Ⅱ-8 참조)는 처음으로 인구 조어의 음운 체계와 어휘, 어미 등을 재구하였다. 이 재구형은 인구어 중에 범어가 최고형이라는 생각을 없애는 데 효과적이었다. 또한 일 대 일의 음운 대응을 고려한 재구 방식이나 재구형에 * 표시를 하는 점 등은 일견 현대 언어학과 흡사하다.

그러나 재구된 조어로 짧은 우화를 쓰는 등 재구형이 실재했다고 믿는 우를 범했다. 또한 인구 제어의 친족 관계를 계통수(系統樹)로 도표화했는데, 각 언어들이 조어로부터의 분기 후에 상호 간에 아무 접촉이나 영향이 없었던 것으로 나타나는 결함이 있다.

언어 계통수설의 결함은 그의 제자 Johannes Schmidt의 「Die Verwandtschaftsverhältnisse der Indogermanischen Sprachen(인도 게르만 제어의 친족 관계)」(바이마르, 1872)에서 시정되었다. 즉 인구어 내에 방언적 차이가 생기면서 각 중심지에서 각 방언적 차이점이 파도처럼 사방으로 퍼졌다. 그리하여 어떤 특징이 갑과을 지역에서는 같으나 병 지역에서는 다를 수 있으며, 어떤 특징은 갑과 병 지역에서 같으나 을 지역에서는 다른 현상이 생기게 된다. 이러한 추이에 의해 생기게 된 일련의 방언 중에는 정치적 혹은 종교적 중심지이기 때문에 타 방언의 모방 대상이 되면서 인근 방언을 흡수하는 경우도 있다. 이 방언이 세력을 확대하는 과정에서 다른 유력한 방언과의 충돌도 발생하는데 언어 경계는 이렇게 해서 생겼다는 것이다. 계통수설보다는 이 파동설이 언어 발달의 본질에 접근하는 것으로 보인다.

12. 1870년대는 인구 제어의 음운 비교에 대한 새로운 연구 결과가 잇달아 비교 연구가 면모를 일신한 해였다.

Hermann Grassmann은 "Über die Aspiraten und ihr gleichzeitiges Vorhandensein im An-und Auslaut der Wurzeln(대기음(帶氣音)이 어근의 두음 및 말음으로서 동시에 존재한 데 대하여)"(1863, Kuhn's Zeitschrift 12)에서 인구어 폐쇄음의 대응에서 예외로 보이는 것을 이화(異化)로 설명했다.

G. I. Ascoli는 저서「Corsi di Glottologia(언어학 강의)」(1870)에서 범어의 경구개 폐쇄음 C가 조어의 제 3의 자음에서 온 것으로 보는 견해는 잘못이며, 후행하는 *e의 영향으로 제 1 계열의 자음이 구개음화하여 생긴 것으로 보고 있다.

Karl Verner는 "Eine Ausnahme der ersten Lautverschiebung(제 1 음 추이의 한 예외)"(1876)에서 인구 조어의 *p, *t, *k가 선행 모음에 액센트가 있을 때는 게르만어에서 f, p, h 가 되었으나, 액센트가 없을 때에는 유성화 하였다는 견해를 밝혔다. 이것이 유명한 'Verner의 법칙'이다. Karl Brugmann은 "Nasalissonans in der Indogermanischen Grundsprache(인도 게르만 기어(基語)의 성절

(成節)적 비음)"(1876)에서 인구 조어에 *n, *m, *r, *l의 음절 주음을 가정하여 다른 언어와 대응시켰는데, 이로 인해 모음 대응상의 많은 예외가 설명될 수 있었다.

13. 인구 제어의 모음 체계는 예외가 있으나 다음과 같이 대응하는 것으로 알려졌다.

범어, 이란어	그리스어	라틴어	켈트어	게르만어	리투아니아어	슬라브어
a	ε	e	e	e(i)	e	e
a	o	o	o	a	a	o
a	α	a	a	a	a	o

Schleicher 이전에는 이러한 대응에도 불구하고 범어의 모음 체계가 고형이라고 생각하였다. Brugmann의 음절 주음과 상술한 구개음 법칙이 발견됨으로써 e, o, a 구별이 있는 그리스어, 라틴어가 오히려 오래된 체계임이 분명해 졌다. 한 음운이 아무 조건도 없이 둘로 분화될 수 없다는 것이 인식되었으며, 이것은 비교 언어학에서 매우 중요한 작업 원칙이 되었다.

Brugmann의 발견으로 소위 Ablaut, 즉 동일 어원인 형태소에서 음절 주음이 교체하는 현상에 대해 종래에 모음의 강화 단계가 있었다고 하는 견해는 약화의 단계 이후에 단순한 강화가 있었던 것으로 수정되었다. 이러한 생각은 인구 조어에 이미 모음의 약화가 있었다는 점을 지적한 것으로 획기적인 것이었다. 특히 Ferdinand de Saussure는 "Mémoire sur le système primitif des voyelles dans les langues indo-européennes(인구 제어의 원시 모음 체계에 관한 연구 신고)"(1878)에서 Ablaut를 더욱 명백하게 체계화시켰다. 이로써 인구 제어의 더욱 복잡한 음운 대응이 가능해지고, 조어의 1음절 어근설은 2음절이나 3음절 어근도 있었으리라는 견해로 바뀌었다.

14. 새로운 이론들이 추가되면서 언어학자들은 음운이 규칙 정연하고 체계적으로 변화하는 것이라는 확신을 갖게 되었다. K. Brugmann과 H. Osthoff는 「Morphologische Untersuchungen (형태 연구)」(1878) 제1권 서문에서 "Die junggrammatische Richtung(젊은이 문법학파적 방향)"을 표방하면서 "음운 법칙의 무예외성"이라는 기본 원칙을 강조했다. 이것은 젊은이 문법학파에 속하는 A. Leskien(1876)과 Verner(1875)도 발표했던 내용이지만 그에게서 특히 강조되었다.

이러한 신운동은 다른 학파의 반론에 부딪히게 되었다. 음운 법칙에 예외가 없다는 생각은 더 이상 유효하지 않지만, 그 뒤의 많은 논쟁과 문제의 검토로 인해 음운 법칙의 본질을 반성하고 예외의 원인을 규명하는 계기가 되었으므로 결과적으로 학문의 발전에 큰 공헌을 한 셈이다.

15. 그리하여 음운 법칙에 예외를 생기게 하는 원인으로 특히 두 가지가 명백해 졌다. 그 하나는 유추(analogy)이다. Schleicher는 언어를 일종의 자연 유기체로 생각하였으므로 언어의 사적 변천에 대한 올바른 인식을 할 수 없었다. 그러나 언어가 개인이 후천적으로 습득하는 사회 습관의 일종으로 생각되면서 언어학자들은 그 사적 변천에 대하여도 바른 인식을 하게 되었다.

종래에는 일인칭 단수 현재에서 범어가 규칙적으로 -mi로 활용하는 것을 고형으로 보고, 그리스어는 어떤 경우에는 조어의 *-mi를 보유하지만 어떤 경우에는 -w로 변화했다고 생각되었다. 그러나 Wilhelm Scherer는「Zur Geschichte der deutschen Sprache (독일어 역사에 대하여)」(1868)에서 다르게 보고 있다. 즉 그리스어의 -w와 -μι는 인구 제어에서도 그에 대응되는 구별을 볼 수 있으므로 인구 조어에도 존재하였으리라는 가정이 가능하다. 그러므로 범어에서는 -mi가 유추 작용에 의하여 -w에 대응하는 어미를 구축한 결과 활용이 규칙화했다는 것이다. 이 설명은 Brugmann 등에 의해 받아 들여져 음운 법칙의 외견상의 예외를 축소하는데 도움이 되었다.

16. 음운 법칙의 예외를 생기게 하는 또 하나의 중요한 원인은 가까운 친족 관계를 가지는 타 언어나 방언, 문자 언어 등에서 개개의 형식이 차용되는 것이다. 차용으로 인해 규칙적인 변화 체계가 외견상 불규칙한 모습으로 나타나는 수가 있다. 이때 중요한 것은 어휘나 문법 형태소의 차용 요소를 분별하는 일인데 이 점에 유의하게 되면서 인구어의 비교 연구는 더욱 과학적인 학문이 되었다. H. Hübschmann이「Kuhn's Zeitschrift」(1877) 23집에 아르메니아어의 이란어 차용어를 연구하고 고유 요소를 밝힘으로써 아르메니아어와 다른 인구어의 비교 연구의 기초를 쌓은 것이 그 예이다.

[본 총설 대부분은 일본 研究社 '世界言語概說' 下卷 服部四郎의 總說 앞 부분 pp.3-73에서 발췌 번역한 것임.]

식물도 '말'을 한다

독 막스 플랑크 연구소 – 자극 받으면 냄새로 의사 표현

고통받은 토마토가 소리를 지른다. 판타지 영화의 한 장면이 아니다. 독일의 막스 플랑크 연구소(MPI)의 관찰결과 이런 일이 실제로 존재하는 것으로 밝혀졌다고 시사주간지 슈피겔이 보도했다.

슈피겔은 "MPI의 과학자들은 식물이 주변의 자극을 받으면 특정 화학물질을 분비해 이를 주변에 알린다는 사실을 밝혀냈다"며 "이는 인간이 말로 주변에 정보를 알리는 것과 같은 효과를 낸다"고 설명했다. 특정 화학물질이란 외부의 자극을 받을 때 분비하는 식물성 호르몬을 가리킨다.

이 물질들이 내는 수백 가지 냄새들이 식물들의 의사소통에 사용되는 어휘인 셈이다.

콩과 식물들은 외부의 공격에 더욱 적극적으로 반응한다. MPI 분자생물학과 이안 볼드윈 박사는 "식물은 자신이 다쳤다는 것뿐 아니라 심지어 누가 자신을 다치게 했는지도 주변에 알린다"고 밝혔다. 그의 관찰에 따르면 콩은 해충의 애벌레가 자신의 잎을 갉아먹기 시작하면 즉각 독특한 냄새를 대기 중에 발산한다. 이 향내는 애벌레를 잡아먹는 천적을 불러들인다. 이 곤충은 냄새를 통해 어떤 애벌레가 얼마나 많이 잎사귀를 갉아먹고 있는지를 읽을 수 있다. 동시에 잎에서 애벌레의 식욕을 떨어뜨리는 방어 물질을 배출한다. 또 근처에 있는 다른 콩과 식물들도 이 냄새를 파악해 애벌레에 대한 방어태세를 작동한다.

찾 아 보 기

— ㄴ —

— ㄷ —

— ㅈ —

— A —

— B —

— **Q** —

— **R** —

— **S** —

– T –

– U –

– V –

저자 소개

<학력 및 경력>

1964-73	서울대 문리과대학 및 대학원 국어국문학과 문학사, 석사취득, 박사과정수료
1973-78	Fulbright Scholar로 미국 University of Illinois at Urbana 대학원 언어학과, M.A. & Ph.D. (언어학 석사, 박사) 취득
1975-77	미국 Havard-Yenching Institute, Research Fellow (객원연구원, 2년간)
1979-82	고려대학교 문과대학 국어국문학과 부교수
1980-81	호주 Australian National University 초빙교수 (1년간)
1982-현재	서울대학교 인문대학 국어국문학과 교수
1985-86	독일 Humboldt 재단 초청, München 및 Bochum 대학 연구교수 (1년간)
1987-89	서울대 교무부처장 (2년간)
1990	독일 Constanz 대학 연구교수 (1-2월)
1994-97	호주 University of Sydney 한국학 담당 초빙교수 (3년간)
1996	제3차 환태평양 아시아 한국학자대회(PACKS) 대회 (호주 시드니대) 조직위원장
2001-02	서울대 한국학 연합전공 주임 (2년간)
2002-04	국제한국언어학회(ICKL) 회장
2003	독일 Humboldt 재단 초청, Technical Univ. at Berlin 대학 연구교수 (3-8월)
2003-04	일본 Kyushu 대학 객원 연구교수 (9-1월)
2006-현재	서울대 인문학연구원 한국어연구소장

< **저서/*편저** >

1970 국어의 사동·피동 구문 연구, 국어연구회. 1999 집문당.

1974 표준한국어 II-문법, 대역편, 동경: 고려서림.

1978 Middle Korean Tonology, Doctoral Dissertation, University of Illinois at Urbana. 1979 Seoul: Hanshin Publishing Co.

1984 국어음운론, 학연사. <이기문, 김진우와 공저>

1989 언어학신론, 개문사. <김한곤과 공저>

1992 현대형태론, 학연사. <김영석과 공저>

1992 영어권 한국어 I-III, 문화체육부, 1998 Korean Through English (Revised Edition) Book I-III, Hollym.

1993 한국어 I-III (중문본), 1994 (일어판), 문화체육부/한림출판사.

1994 국어표기 4법 논의, 서울대학교 출판부.

1995 한국어 I, II, III (노어판), 문화체육부/한림출판사.

1996 외국인을 위한 기초 한국어 사전 (Korean-English/English-Korean: Basic Korean Dictionary), Hollym.

1997 한국의 언어, 신구문화사. <이익섭, 채완과 공저>

1998 한국어 교육의 방법과 실제, 한국방송대 출판부. <10인과 공저>

1998 서울의 한옥: 홍문섯골 이벽동댁, 남산골 한옥마을 도편수 이승업가, 한림출판사.

2000 국어음운론 (증보판), 학연사. <이기문, 김진우와 공저>

2001 계량국어학 연구, 서울대학교 출판부.

2002 *서울말연구 2, 도서출판 박이정.

2003 *Korean &/or Corpus Linguistics, 경진문화사.

2004 *계량언어학 3, 도서출판 박이정.

2005 *ICKL 창립30주년 기념논문집, 도서출판 박이정.

2006 언어와의 만남, 학연사.

언어와의 만남

2006년 9월 20일 인쇄
2006년 9월 30일 발행

지은이 / 이 상 억

펴낸이 / 한 점 덕

펴낸곳 / 學 硏 社

서울특별시 영등포구 문래1가 39번지
센터플러스 814호
전화 02) 2164-3311
팩스 02) 2164-3314
전자우편 hypub@chol.com
등록 1976. 12. 23. 제12-6호

ISBN 89-8060-027-5 93710

값 18,000 원